洛閩源流録

（清）張夏 輯

清康熙二十一年彝叙堂刊

鳳凰出版社

1

圖書在版編目（CIP）數據

洛閩源流録 / (清) 張夏輯. -- 南京 : 鳳凰出版社,
2019.4
ISBN 978-7-5506-2824-3

Ⅰ. ①洛… Ⅱ. ①張… Ⅲ. ①程朱學派一研究 Ⅳ.
①B244.65

中國版本圖書館CIP數據核字(2018)第210627號

洛閩源流録

輯　者　(清)張　夏
責任編輯　崔廣洲
出版發行　鳳凰出版社(原江蘇古籍出版社)
　　　　發行部電話 025—83223462
出版社地址　南京市中央路165號，郵編：210009
出版社網址　http://www.fhcbs.com
印刷裝訂　三河友邦彩色印裝有限公司
　　　　三河市高樓鎮喬官屯村
開　本　十六開
出版日期　二〇一九年四月第一版
　　　　二〇一九年四月第一次印刷
書　號　ISBN 978-7-5506-2824-3
定　價　貳仟陸佰肆拾圓整(全三册)

出版説明

人是一種會思想的動物，無論是要適應環境，克服生存的困難，抑或爲了生活得更有意義，思想皆不可或缺。在一般的中文習慣中，思想的涵義比『哲學』更寬泛，這種語用習慣的差異，也影響到學者對學術視野的選擇。一般而論，思想史的範圍也較哲學史爲廣闊，雖然很少得到清晰地界定，但它不失爲一種有效的學術視野。

在近代中國學術史上，思想史研究的興起與哲學史大約同時。一九〇二年三月，梁任公在其創辦的《新民叢報》連續發表了《論中國學術思想變遷之大勢》系列論文，這可能是最早由國人撰著發表的思想史論文。而第一本由國人撰寫的中国古代哲學通史，則爲一九一六年謝無量的《中國哲學史》。這兩種早期著述自有其學術史的意義，但其中對學科的性質與研究方法等多無明確的説明。事實上，無論是學者的闡述，還是其實際的操作，在思想史與哲學史之間都不易劃出清晰的界限，直到當代也仍然如此。拋開細節不論，就語用習慣及有關實踐而言，思想史表徵一種對歷史文化廣闊而深入的關照，其研究方法，關注的問題，都較哲學史爲多元，史料基礎也不可同日而語。尤其是在郭沫若、侯外廬等人建立起來的研究傳統中，思想史有明确的社會史取向，或因其與傳統的文史之學有親和性，以至在今天，這種思路仍然很有吸引力。

文獻發掘向來是思想史研究的基本環節。爲了促進有關研究，我們選輯多種文本編爲『中國古代思想史珍本文獻叢刊』，全編選目包括經典文本，如儒、道二家的經解，重要思想家作品的早期刻本，和某些并不廣泛受到關注的作家文集的舊刻本。本編中也選録了數種記録古代民俗信仰的文獻，如《關聖帝君聖跡圖志》等。此外，本編也著意收録了數種通常被視爲藝術史史料的文本，如《寶綸堂集》、《徐文長文集》等，我們認爲對思想史關注而言，範圍與深度同樣重要。

選集本編，也有文獻學上的意圖。中國古代有悠久的文獻學傳統，大量古籍文本的傳刻與整理造就了古代中國輝煌的文化。本編收録的這些刻本不僅是古代學術發生、衍變的物質證據，也是古代文化的重要部分。本編所收録的全部作品皆爲彩版影印，最大限度地保存了文獻的細節。其中有部分殘卷，視具體情況，或者補配，或者一仍其舊。本編的選目受制於編者的認識與底本資源，有不妥、不備之處，希望讀者不吝指正。

《洛閩源流録》總目録

（清）張夏 輯　清康熙二十一年彝敘堂刊

第一册

第二册

第三册

第一册

張菰川先生手授

雒閩源流錄

彝敘堂藏板

雒閩源流録序

壬戌冬孟予始得登東林講堂瞻拜道南諸先賢神位若啓若翌如在如承徘徊不能去旣解維猶睪思

高望惝然其有失也不踰月秋紹張先生不我遐棄惠示以手纂雒閩源流錄反覆玩味至臘底始卒業充然有得不覺喟然歎興

曰嗟乎前代人物之盛萃於斯千古理學之傳辨於斯矣予弱冠卽喜觀雒閩諸書然未定所宗中更爲陸楊陳王諸說所淆亂故

歷壯強以至艾耆浸淫老
釋沉溺文詞與流俗人無
異近始迻我彝好專主紫
陽寔繇幸獲高子遺書沉
潛紬繹復綜考幾亭少墟

◎

涇陽整菴諸先生辨論鑿
鑿然別黑白而定一尊因
縱觀近儒所輯或正閏兼
收或眞僞相雜名爲表揚
理學而大義未明微言孰

晰惜也不如其已以故兀兀窮年嘿無著述行與草木同腐環顧門弟子大都以舉業爲重尚未見有尋原反本以先聖絕學析疑

問難推後大傳者此予所
以私憂也惟我秋紹先生
學有本原攄武東林久以
明道爲己任蒐輯雖詳而
必歸之一辨論甚簡而已

極其精論學以踐履爲驗故名節政治與議論俱存論人以篤實爲根故高曠圓通與虚寂並黜誠可爲先儒之集成後學之宗主

矣予尤羡其及門婺源黃
氏康謠若思庭友庭直庭
獻諸兄弟親師論學尊聞
行知恐此書之流傳不廣
浸久失眞而亟爲梓行以

公諸當世且康謠嘗著省
過箴庭友亦有立志說豈
惟篤信師說抑將身體而
力踐之此眞程朱門下之
所敬而取也予故樂觀厥

成而爲之序以告世之從
事著述與夫講爲師弟子
者
時
康熙二十一年壬戌冬杪

葑溪志矩老人彭瓏述

於信好齋

雒閩源流録序

孔子曰道之将行也與命也道之将廢也與命也若是乎道有行有廢惟聽乎天而已然儀封人謂天将以夫子為木鐸孟子叙道統以孔子繼堯舜湯文之

後不聞以有德無位為疑朱子集註附載伊川贊明道之詞亦不稍自嫌者何耶愚嘗思之孔孟之道不行扵春秋扵戰國而見尊扵漢然後歷代因之程朱之道亦不用於汴宋扵南宋及

理宗始一表章之至故明遂力
崇之後之論治者謂西京盛經
術東京尚節義縣孔孟可也謂
勝國一代人材風俗之美縣程
朱可也蓋廢者道之暫命之變
行者道之常命之正君子所以

屈一日而伸萬世也繇斯以言凡人君尊用聖賢之道用建治統其道協二帝三王之道其治成唐虞三代之治郎當世臣民遵之者為正經背之者為邪曲固不待言而判矣故明之初朝

廷宗程朱以法孔孟馴致太平
乃弘正以還畸人立幟異喙爭
鳴日以掊程擊朱爲事宇内一
二正儒非不明距其失而貞不
勝邪雖吾新安人士世守三夫
子之書至是亦盡棄其學從風

而靡載在徃牒良可怪嘆既而小徃大來東林起南關中起址異地同符而吾鄉少原余先生暨登原汪先生出而應之遂與顧端文高忠憲馮恭定諸先生麗澤講習周旋朝野砥柱中流

凡所以破異端似是之非撤後學異同之蔽者務盡其心不遺餘力一時學者得受正學弗迷所往之數君子者實大有功焉顧數君子議論散見於語錄書問皆隨物造端所發明者及一

人一事而止未嘗彙類諸儒為之折衷叙正故其論卒未有定自晳人日遠典籍散亡而諸好異趨新之徒久伏思發相與乘間抵隙陽合陰判以芽禍於其間閱今數十年邪說又作其更

改回護之術矯假牽合之詞且弥工而彌熾也恭遇

聖朝大啟斯文闡明道揆申飭學宫誦法朱註特録二程後人世官翰林所以廣風厲寓匡直者視舊加毖上令下從亦已風草

乃上之彝訓雖明在是而下之率由恐不盡然余友錫山張孤川先生慭然憂之於是網羅一代研討十年着雒閩源流錄十七卷其書上稽洪建下訖啟禎別派分門不羌毫髮將以扶王

道正人倫翼聖真解愚惑用意
良至誠今日不可少之書也聲
諧不敏嘗與於紫陽講會獲聆
六邑名賢緒論沿閩溯雒略識
原委惜汩沒辭章未有所聞年
來養病斗室輒檢先儒格言以

當良藥會兒曹寓京江從先生游受讀是錄承命寄余山中一展玩間舊疑頓豁中心躍如者久之竊念東林紫陽道義之交其来有自今先生繼起顧高任重道遠樹立卓然而吾儕雖庸

鶩幸得師資遇鞭策而不克奮興於學非夫也可不勉乎且吾聞之雨未至礎先潤是錄行邪熄正著而孔孟程朱之道益大行世益大治天兆之矣書此以勵子姪併諭同志而正之旅

川先生

旨

康熙歲次壬戌七月既望婺江

後學餘庵黃聲諧謹序

維閩源流錄自序

嗚呼世之儒者往往陽儒陰釋以進釋退儒始而薄程朱繼而卑孔孟繇是道術凌雜世教日衰然則何以正之亦正之以儒而已孔孟其儒之始祖乎程朱其儒之大宗乎是故欲正之以孔孟不若即正之以程朱欲正之以程朱不若即正之以學程

朱之真儒嘗取宋明儒派合參之宋人之爭衡程朱者前有王蘇後有張陸皆禪學也彼安石父子之篡祀由京卞借名競黨龜山出而一疏斥去公論昭然其蘇學亦祇行于北而程學盛行於南不以學禁稍沮朱子因之錄伊雒淵源固易辨也橫浦稱能正色立朝其得表章以史衛王報舊

知特請於上史敗而聲迹旋湮象山著荆門軍之政其徒尊之乞易名置祠尚援濂洛爲重要亦非溢數吾朱子雖嘗三黜乎歿未幾而賜謚文旋與周張二程並躋文廡所著諸書亦皆通行而後人爲録考亭淵源在宋史既成道學有傳之後又易辨也明儒之變派則異是當其初孝陵首正

道揆金華之傳未散紫陽之教增新故台
海挺立大節澠池篤勵躬行河津標復性
之宗泉南啟主一之鑰其揆一也自陳王
倡異而其徒決裂太甚隱恠有述詖邪生
心一時講壇徧地絃誦徹天問之則皆講
新學伐程朱者名爲道席之極盛實當道
席之極亂時則有若餘干蘭谿虛齋二泉

諸先生皆以醇儒守先待後而泰和三辨
王學高陵出甘泉之門不徇其說莊渠旣
焚毀達摩遺跡又摻剔慈湖禍根三先生
者尤持論鑿鑿大有匡維然至隆萬閒屢
議廡祀先薛繼陳繼王而胡僅得末祔竟
如晉楚分歃蔡衛爭長非閏位之奪正乎
旣而東林鼎建我顧高兩夫子並作一提

性善以破無善一主格物以救空知辨析
絲毫庶幾障川東流俾夜復旦乃爲謫籍
孤臣未免聯席倉皇異同回互尋罹璫禍
身隕節完而恩䘏之後復以牽連黨議未
湔謗史極於南遷尚爲口實嗟乎生不逢
崇政坐講之儀結垂拱延和三召之契沒
未膺淳佑從祀之典亦不聞有靖康明詔

淳熙正議蠭葦乎其間吾道窮矣大抵宋儒之道多阻抑於小人害尚淺故其名先晦後顯明儒之道先掩蝕於新學害尤深故其實雖存若亡學者居今日而尚論前人或聞其名未覩其實或習其言未考其行苟無記錄何以詳驗本末始終而知其爲足以砥衰還盛也乎況邪慝流殃設吾

黨不早論定得無有紊亂先型以迷惑後生者乎此維閩源流一錄夏之所以不得已而作也惟是禪學者流不難掃除六經其見吾錄必有掩耳閉目走匿不欲讀者否則有倡爲不必分辨之說以調停異徒者又其甚非病以方人即詆爲偏黨欲箝吾口而掣吾筆將若之何雖然吾不敢以

此量天下士也斯錄也非吾之私言也一
代眞儒學程朱以學孔孟者之公言也賢
者起而或有取焉則於道術之歸一世教
之復興未必無少助安敢逆料其無益而
竟置之哉

旹

康熙壬戌仲春月吉錫山後學張夏書於

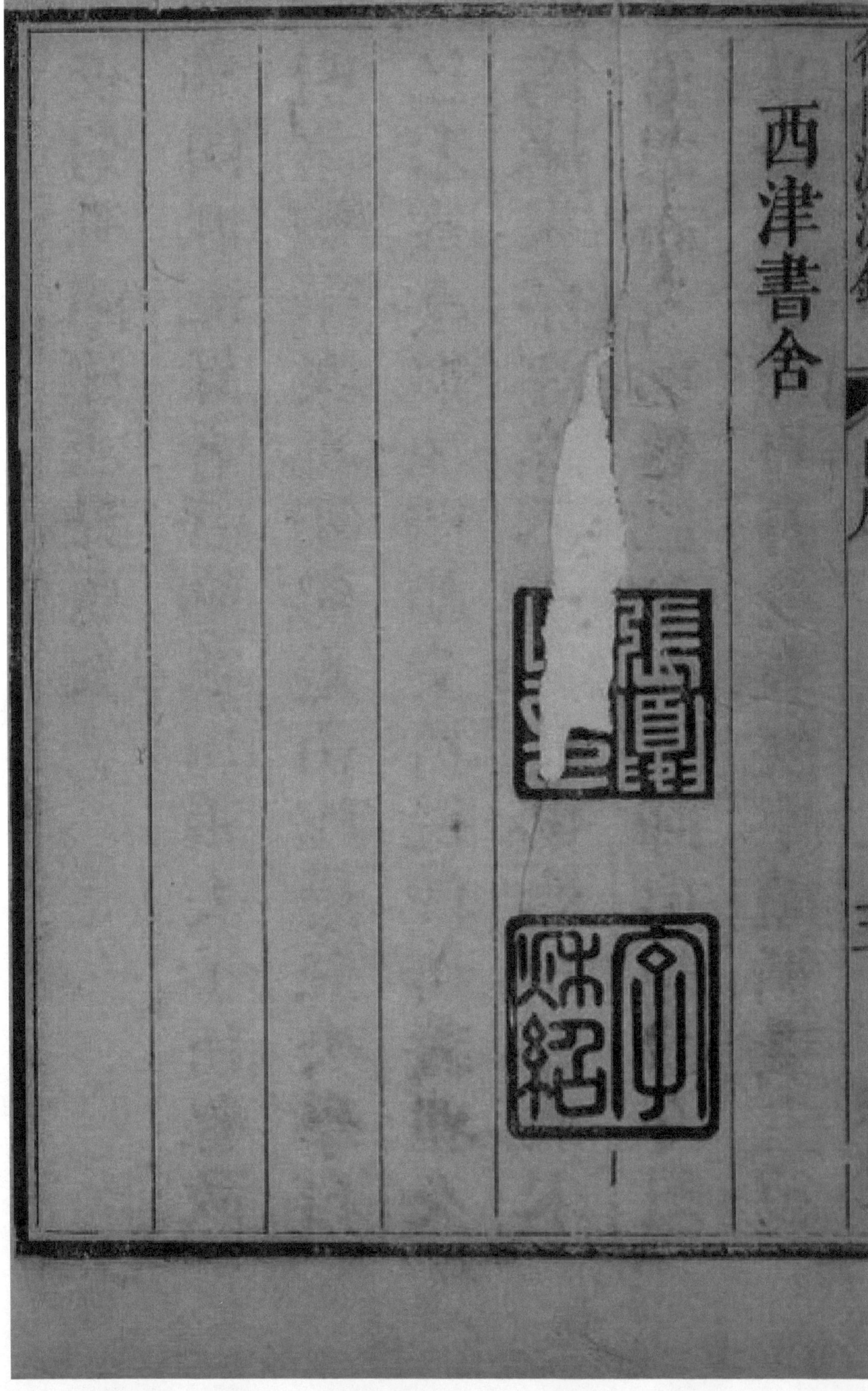
西津書舍

挍刻雒閩源流錄題後

雒閩源流錄者吾師菰川張夫子所錄故明諸儒學案也衢僻處山陬愚鈍失學自巳未歲幸摳衣門牆蒙指授經傳義理及爲學次序諄諄不倦從此惕然知警猶未得門而入也越三年而吾師出是錄令讀且命挍讐衢再拜受教既卒讀循環三復

撫卷歎曰是錄寔繼伊雒淵源而作吾師之心其卽朱子之心矣乎竊聞之孔孟之道至濂雒而復著而伊雒之學至南渡後而漸畸或拜其外或竄其中所謂海內學術之弊只有江西頓悟永康事功二端而中間掩覆推遷更有萬難徵詰者我朱子錄伊雒淵源以正之何其謹嚴也自此以

後黄蔡親承之眞魏續肩之迨由宋入元而王何金許遞衍之於是維閩一燈顯於明初號爲統一迺曾未百載而異學繁興倐然欲烝祧朱儒而直禰孔子卽曾孟亦若在所不屑旣而理窟辭遁則又岐程朱而二之曰朱失程意且岐二程而二之曰伊川戾於明道不及遠甚噫竟判閩於維

而絕維閩于洙泗矣幸而天佑斯文正儒迭起相與大聲疾呼竭力匡救若洚水之橫決賴有隄障不至陸沉顧僞風易滋新說久熾貞邪參互無所折衷加以俗情惑人謂停失衡姑息養患沿至今日而聚訟者尚未有定也不有君子爲之疏淸剔穢世之學者何由因朱以求程因程朱以上

求孔孟也哉今觀錄中以雒閩爲宗主而標儒宗以示準的次時代以鏡盛衰分支派以定正閏俾後學一覽廓然至于立言之際和而不同辨而有體非心朱子之心者不能爲而語其功宜亦有追配焉者矣蓋吾師隱居抱道嗣席東林得先正顧高諸君子之傳所以有此衢不敏竊謂是錄

關係道脈不可不公諸同志爰率諸弟捐
槖授之梓比告竣遂不揣卑庸僭題末簡
自識其心悅誠服之意若夫儒先闡奧與
吾師敘論大義微言闡揚曷罄有諸先生
之弁敘在小子何敢贅焉

旹

康熙壬戌季秋月朔婺源門人黃昌衢百

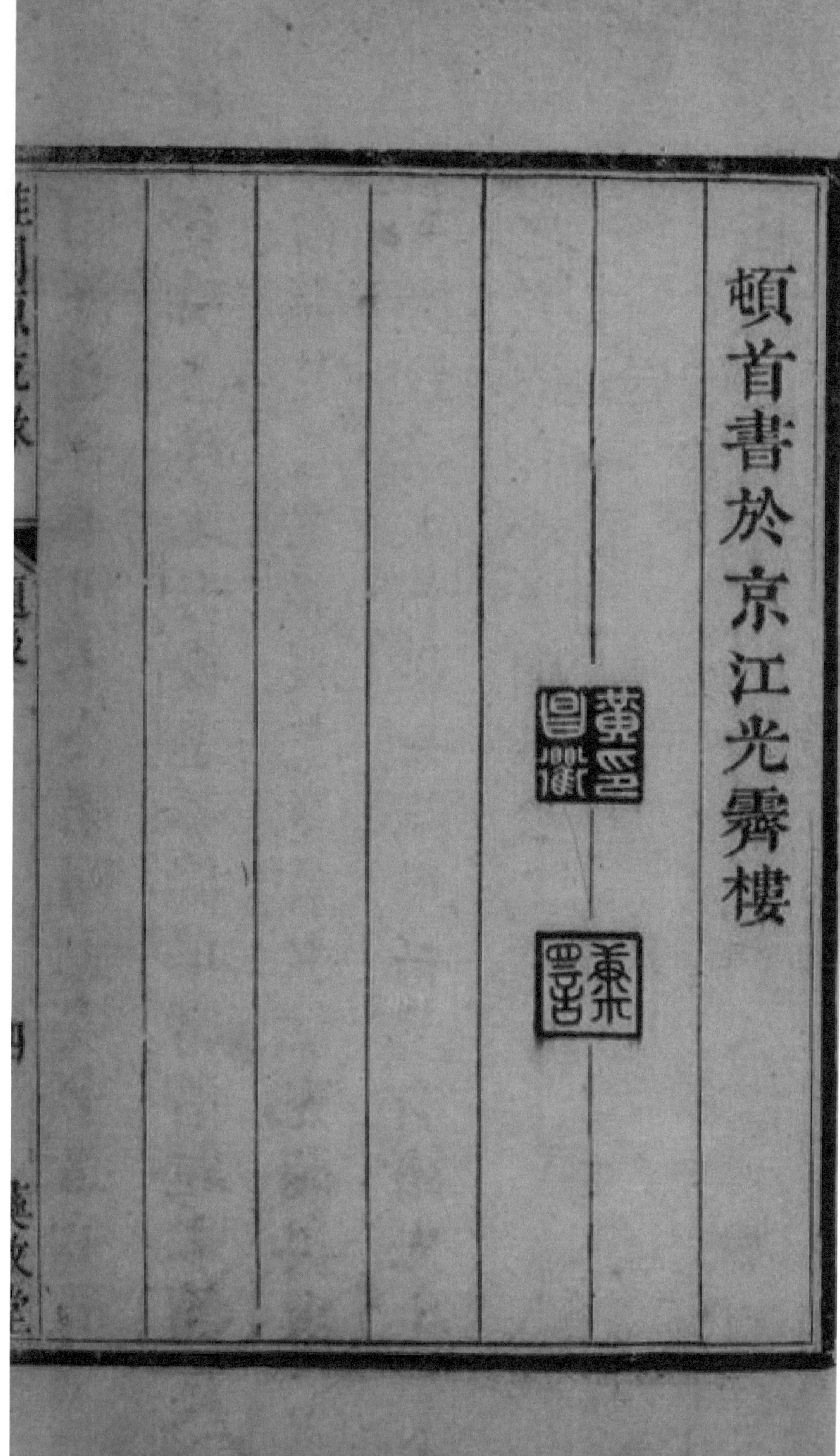

頓首書於京江光霽樓

凡例 二十二則

一朱子伊雒淵源錄爲程子作也謝方石氏伊雒淵源續錄爲朱子作也及立齋宋氏方山薛氏各著考亭淵源錄取名尤顯切具列考亭友徒而宋儒大備矣厥後少墟馮氏集元儒百人廼更名元儒攷畧豈元人於雒源有不盡合者乎今夏僭不自量私纂故明一代諸儒學行梗概遡統程朱故題曰雒閩源流錄葢爲程朱後人作也

一採集諸儒自洪武初年起至崇禎末年止間有

一二稍遲歲月而以志節終者於篇末特存之

其後此賢哲自當別爲記載不敢贅入錄中

一元儒考畧大書十八人細注八十二人名下標附字今稍變其法俱用大書惟分爲三品最上爲正宗傳中稱先生得十六人其次爲羽翼稱字得四十七人皆頂格書之又其次爲儒林亦稱字幾及三百人下一格書之偶有非正宗而關係師友淵源者亦稱先生在儒林既下一格在羽翼則於目錄下不標先生字以別之固無嫌於同辭也

一朱子原錄衹錄見成文字謝氏續錄亦採宋史道學儒林二傳及取行狀語錄合成之馮氏攷畧則每人立一小傳體裁異矣是錄雖皆原本舊文而當羣言淆亂之餘不得不稍施筆削用寓微意亦每人立傳而間附遺事剩語意在參二錄考畧之長愧未逮也

一錄前有總目表見大凡其每卷之首又各分載目錄以便簡閱

一傳首書姓名傳中或稱字號或稱先生以出自學者之筆不敢僭擬史法也

一書地書官悉沿舊名不叅 新制亦論世之法當然耳

一先後依歷朝時序併畧照科目年分或有以師生授受連書之者不至年世懸絕惟陳王兩家之學恐混列無辨另分江門一卷姚江三卷編次於後

一偶有鄙見或綴于卷端或散見錄中聊抒一得之愚徐俟百世之論安能與時賢聚訟耶極知狂妄僭踰無所逃罪然亦有不得已於斯者矣

一驗學自當以躬行爲主顧各家子孫行狀與夫

一山人游客乞米之傳諛墓之文所難輕徇今此總以出處去就死生義利人倫大節爲斷及詳考今昔宇内公評始入之

一建文末附靖難諸人嘉靖間附議禮諸人暨其時手擬青詞而托於寓諷意與不用道家語者皆盡失儒者本色故悉芟之

一聖賢正終曳杖易簀萬古爲法乃後儒臨殁有衒奇作怪類坐化飛昇之跡者非邪妄而何原傳中一字沾染必屏不錄

一正宗十六先生朝野久有公論擬進廡位所宜

詳慎訂正敬軒整菴兩先生傳旣折衷高子遺書餘皆讀全集參諸錄詮次爲編而正學月川敬齋涇野涇陽景逸六先生尤私心宗法易稿至數番始定雖淺薄不足測海窺天而傳中具有步驟曲折亦冀同志者之細讀有所證入也

一傳文寧隱過無掩善如於許存仁不書以象牙飾牀語於朱楓林不書不辨宮徵事爲賢者諱也如何粹夫面數永嘉十三愆鄭環浦與華亭力爭姚江從祀文獻錄皆不著仍撿志傳補之表其大也此類不能悉數觀者參按他書自見

至若呂新吾之刻閨範本無邪心史玉池之救
臺臣非爲中立惟書其寔以俟公論倘繩以前
時門戶之說吾寧受過矣
一孔門文學子游子夏皆聞道者也故明文人若
李何若七子則有文無學李崆峒既負濠累後
見莊渠自悔不學年已老矣王鳳洲居喪執禮
三年後始茹葷御室十年後始具衣冠與燕會
居無姬侍家無優樂嘗請釐文廟配享綽有儒
風而自言讀書萬卷未嘗從六經入以講學者
爲可耻終未化維蜀之見王守溪中年作明理

克己二箴晚益純明著性氣辨上講學親政二篇而躬歷相位不能任道歸震川與聞莊渠之緒觀所爲浙東儒派策問未及討究眞源特文人之出色者耳他如郝京山定九經瞿慕川論中庸併撰述諸書二子皆竄名儒林然余聞京山自垣中謫令江陰頗失廉譽慕川又始終依托權門言有枝葉何足道乎下此艾東鄉立言正而有遺行張西銘著書博而落塵網去道逾遠是錄所採文學之儒前惟濳溪華川後惟西原后渠稚川五家而已

一從來人品自人品學術自學術如近世北直趙忠毅楚中楊忠烈吾鄉繆文貞李忠毅諸君子氣節甚高嘗往來東林而或邊幅不修或儒墨未辨列在忠臣傳自覺生色入之儒林中得無反見病乎不寧惟是武塘魏忠節親遊高子之門當赴逮時著有高橋別語猶闕而不書他可推矣雖然有品者未必皆有學而無品者其學必非眞故愚爲是錄遇學醇品正與品正學偏者並錄之而微辨之遇言學可聽而人品有玷者竟削去不敢寬假爲之出脫其學品俱瑕者

又無論焉

一陳莊王湛品正學偏君子爲吾道辨之則是小人以私意毀之則非當時秉鈞軸而惡陳莊及欲罪王文成者皆儼然自命爲大儒而忌賢害正不自知其墮入下流況平日出處卑汚議論詭僻躬負種種悖戾又可使薰蕕同器乎是錄雖力辨陳王而陳王在所必存雖節取正論而丘氏張桂槃不之錄此稟孔門家法非敢意爲進退也

一諸儒有合傳者有附傳者俱於目錄之下注明

姓氏或門人子弟一節附見者則畧而弗注

一陳學近正不妨寬收王學泛濫已極謹擇而書之尚嫌其合少離多從別論可也有能救正陳王不悖程朱者亦進諸羽翼之列僅得八人說見卷中

一是錄始於壬子春成於辛酉冬初承同邑彙旃高先生出示所著三楚文獻錄得採十之一繼承休寧啟我汪先生寄示明儒通考目錄四卷得採十之二三蒙益良多而亦不敢蹈勦襲雷同之弊非立異也為書體裁各有攸宜也

一朱子嘗爲周程張邵司馬六君子贊及錄伊雒淵源獨遺涑水是嚴於辨學處然後來邁進六子於文廡竟以六贊爲據矣至謝氏續錄後敘中惓惓於杜清獻車玉峰兩公而遺魏鶴山馮氏攷畧亦遺汪文烈潘陽節先正當有主見後生未敢遽議今以夏之寡陋掛漏宜多年來顚事捜輯固有向擅儒名及購讀本傳無關問學如某某者至如朱以功馮忠齋龔端愍劉文正諸先生曾窺語錄著述一斑知其所學合正而朱馮龔誌傳無考記文正事者多異辭亦遂闕

疑誠是錄之憾也況當老成半謝離索成愆中
問出入品第有未及商改者補遺訂誤統以俟
當世大君子倘能早賜是正幸莫大焉
一傳末附載今昔名家評論以資發明或舉姓名
或稱字號或標書目皆隨筆屬詞有一人而前
後殊稱者初不以是寓軒輊觀者諒之
康熙壬戌孟陬十二日錫山後學張夏謹識於川
上之樹人堂

雒閩源流錄總目

正宗羽翼各注二字餘皆儒林不及詳注

李仕魯　謝應芳　華宗韡　傅淳
朱右　方克勤　趙謙　金固
方孝孺正宗　王叔英　周是修　卓敬
程本立　胡子昭　林嘉猷鄭智合傳　俞貞木

卷之三

曹端正宗　李德附　郭睿　倪峻　李時勉
陳敬宗　楊鼎　尤文羽翼　吳訥
彭勗　薛瑄正宗　閻禹錫　張鼎
喬縉　李彔　衛述楊璧附　張傑
劉誠

卷之四

段　堅羽翼　王鴻儒張炅純附　周　蕙　薛敬之

王　爵　李　錦咸寧人　劉　觀羽翼　夏　寅

何喬新　吳與弼羽翼　鄭　伉　謝　復

婁　諒　任　泰　陳眞晟正宗　彭　韶

李宗栻　楊守陳羽翼　楊守阯

卷之五

胡居仁正宗　余　祐　夏尚樸　陳　選羽翼

張元禎羽翼　姚文灝　張　鈗　羅　僑

謝　鐸羽翼　羅　倫羽翼　劉　彬　何　垔

史英　吾旱　王敞　周瑛羽翼

丁璣　周孟中　鄒智鍾晚附　陳騏

宋端儀

卷之六

章懋正宗　程昌　黃傅　應璋

董遵　陸震　凌瀚　章拯

黃仲昭　張吉羽翼　李汰　邵珪

王雲鳳羽翼　蔡清正宗　陳琛林俗林希元附　邵寶正宗

楊廉　談緡　張綬　陳鳳梧

邵清　劉玉　楊文

卷之七

羅欽順正宗　王承裕　汪循　徐問

汪禔　張邦奇　胡鐸羽翼　馬卿

樊深　魏挍正宗　王敬臣　金洲

韓邦奇羽翼　韓邦靖　張岳　沇霽

卷之八

呂柟正宗　崔銑　馬理　舒芬

祁勑　薛蕙　王思　鄭佐

劉瑞　何瑭羽翼　華金　李錦渭南人

周滿　呂潛　郭郛附張節李挺　王材羽翼

卷之九

卷之十

右一卷至十三卷正宗十六人羽翼三十九人儒林一百九十二人併合傳附傳共二百五十餘人

卷之十四 江門

陳獻章羽翼　莊昶羽翼　賀欽羽翼　陳茂烈羽翼

李承箕兄承芳合傳　陳庸　張詡　林光

李孔修　謝佑　何廷矩　湛若水

區越　梁儲　丁積　朱伯驥

馮裕　方重杰　何維栢　霍任

唐伯元　劉秉鑑　洪垣　方瓘

謝顯　潘子嘉　汪尚寧　鄭燭

何廷仁　朱得之

卷之十六　姚江二

羅洪先羽翼　胡瀚　劉澍　尤時熙羽翼

薛甲　張棨　游震得雷再得附　余世儒

周怡　張緒　來知德　孫應鰲

余時英　萬吉　王漸逵　殷士望

詹一麟　查鐸　胡大賓　劉迥

卷之十七　姚江三

李材余宗濬附　朱英骯　賀時泰　辛全

張後覺王教等附　孟秋　張元忭　孟化鯉羽翼

劉元卿　李天植　鄒元標　方大鎮

孫慎行　施弘猷　蕭自麓（陸粹明附）　笪繼良

呂維祺　蔡懋德　劉宗周　黃道周

右十四卷至十七卷正宗缺羽翼八人儒林九十五人併合傳附傳共一百一十餘人通前總計正宗十六人羽翼四十七人儒林二百八十七人共三百五十二傳三百六十餘人

卷之十八補遺

朱善　孔克表　王沂　許繼

程通　黃寬　趙復　張廷芳

潘府　劉閔　徐灝　陳交

王宗聖　許象先　王獻藎　張洪

鄒觀光　吳瑞登　薛敷政　王永圖

余玉節　汪康謠　熊祚延　戴思孝

儲乾　劉理順　李邦華　郭正中

右補遺二十八人附傳一人俱儒林廣爲卷之十八通計前後共儒林三百一十五人合前正宗羽

翼總計三百八十一傳幷及合傳附傳約計四百餘人

閩源流錄總目終

雒閩源流錄卷一

無錫張夏纂　門人婁源黃昌衢 昌僬 校

自孔子而上道統在上若舜皋虞歌湯尹一德文有望散武有旦奭君若臣任之而其下不與焉自孔子而下道統在下若思孟迭傳以訖濂雒關閩師若弟任之而其上不與焉彼漢唐宋元諸君大率以詐力取天下以法術守之其所學不出黃老申韓及文章技藝之末而已惟故明太祖之興也天縱聖神重闢區夏方舉兵擾攘中即孜孜訪求眞儒延見請益每有宣諭必暗合詩書迥出腐生

章句之表旣登大寶詔天下有能傳朱學者所在有司以聞於是立國則以仁義爲本治世則以教化爲先凡議禮制度考文之事莫不本身徵民準今酌古與諸儒從容面議詳求至善旣定而後布之孰謂堯舜禹湯文武之統逾越二三千年不復見於上乎此誠帝而儒者第帝紀列傳不同裁茲錄不敢遽述學者別考之前史本紀可矣嗟乎人所疑於高廟者謂其剛明有餘喜怒不測晩年偏任名法殺戮過多似亦未免襍霸耳以管見竊言之如得許存仁而歎相見何晩夢卜之遺風也聘

陳遇而稱中行先生莘渭之盛舉也聽陶安李習
而定鼎金陵夏后之鼓鐘磬鐸也引宋濂王禕輩
問對殿廷虞廷之都俞吁咈也定取士制而主四
書五經尼山之贊修刪定而即周禮之三物賓興
也設教民榜而申大誥六言放勳之勞來匡直而
亦木鐸之誨人不倦也諸如尊崇孔廟頒行朱註
感錢唐諫而仍祀孟子從楊砥請而罷祀楊雄皆
純乎其爲王道以用人則惟已以改過則不吝所
以當其時大正學術蔚起儒風晚識方正學於少
壯更拔諸囚伍中許爲莊士俾輔後人卒捐十族

峻士君子義利之防培三百年綱常之氣後來北
徇南巡議大禮諍國本遇一事變必有死臣爲國
生色皆方先生導之也而孰非太祖之所貽也哉
當天啓時關中馮從吾氏嘗疏稱本朝以理學開
國艮爲確論夏草野書生固不辨菽麥輒敢表而
揭之以附於飲水思源之義今錄洪武建文兩朝
儒者得四十餘人分爲二卷雖隱見不同大抵生
本元餘遠續宋派爲明祖作養而出者也其承傳
脉絡自具各傳中觀者詳焉

錢唐　許存仁　葉儀何壽朋附　范祖幹汪與立附

唐懷德　胡翰　陶安　陳遇

朱升子同附　汪克寬　趙汸　汪仲魯

宋濂　曾魯　孫大雅　王褘子紳孫稌附

錢唐字惟明浙江象山人博學敦行才氣尤高元末隱山谷明太祖登極惟明年將六十應詔赴京敷陳王道裁正禮樂超拜刑部尚書名講書經二典三謨陛立而對有料其草野不知君臣禮者惟明正色曰以古聖王之言陳於陛下不跪不爲倨嘗諫宮中不宜揭武后圖忤旨待罪午門外至日昃上悟命賜飯立撤其圖上將以孔子釋奠止令行於曲阜京師天下不必通祀惟明

上疏諫曰孔子百王宗師先儒謂仲尼以萬世爲土故天下祀孔子如祝聖壽報本之禮不可廢也令遂止洪武三年上讀孟子至土芥寇讐之說大不然之議欲去其配享詔敢諫者罪以不敬且命金吾射之廷臣莫能發一言惟明獨抗疏入諫輿櫬自隨袒胸當箭曰臣得爲孟軻死死有餘榮上見其誠懇立命太醫院療其箭瘡越明年上下詔曰我聽得孟子辯異端闢邪說發明先聖之道今後依還祭祀於是孟子配享得不廢由惟明死諫之力也厥後上更命儒臣修孟子節文惟明以耳聵乞歸尋謫壽州卒惟明爲人秉心如丹故諫諍自

矢石不懼閑衛吾道功存孔孟蓋千年來一人而已愚按漢之梅福首請封孔子之後而成帝從之歴代因之說者尚推其功以爲當侑享文廟今觀惟明先生干雷霆觸金矢以死諫全孟祀無論明廷當日未見其偉自漢宋以來諸儒尊師衛道多不恤禍患未有以身殉之若是勇且誠者也蓋其尊孟子仰所以尊孔子況嘗上疏請天下通祀先聖及立講二典三謨正大之識高明之氣事事不可及耶此固孟門之季路而昌黎之同心也論明儒從祀者必當首列之矣

許存仁名元以字行浙江金華人大父謙學於仁山金氏得朱子之傳世所稱白雲先生者也元末明祖初起幸金華訪求其後名存仁未至而乘輿已還乃驛赴金陵一見與語大悅曰何相見之晚也拜京學教授仍命入傳皇太子及諸王歲乙巳九月始置國子學命爲博

士丙午五月上發濠梁省陵墓命從行八月奉命進講經史極陳洪範休徵咎徵之應上悅吳元年四月上至白虎殿見諸子有讀孟子者問曰孟子何言爲要對曰勸國君以行王道施仁政省刑罰薄稅斂乃其要也冬十月定國子學官制即擢爲祭酒最見禮遇出入兩宮凡埀十年自稽古禮文之事至於人才進退時政張弛無不預議及設立教國子條例數十事皆見施行會存仁嘗以學宮什器用諸私室言官以移用官物坐之章入上覽之笑而已既而浙江僉事程孔昭誣劾其過失乃詔勿治安置韶州後遇赦還尋卒其在韶即張文獻

公祠以居好事者繪爲南華謫居圖傳玩之存仁恪守家敎一宗朱氏非五經四書不讀非濂洛關閩之學不講遭遇高廟特簡爲一朝國子祭酒稱首天下士翕然向風說者謂明初學脉之正實原於此

葉儀字景翰浙江金華人元末受學於許白雲先生先生語以學者必以五經爲本以開明心術變化氣質爲先景翰朝夕惕勵研究奥旨久之授徒講學士爭趨焉其語學者曰聖賢言行盡於六經四書其微詞奥義則近世先儒之說備矣由其言以求其心涵泳從容久自得之不可先立己意而妄有是非也王

師下金華名爲五經師辭疾不仕隱居養親以終其身邑人吳沉稱其理明識精一介不苟安貧樂道死而不變所著書曰南陽樵稿門人何壽朋字德齡蘭谿人洪武初舉孝廉以二親俱老辭父没舍所居宅易地以葺居恒窮理守道不炫于人晚自號歸全學者稱歸全先生

范祖幹字景先浙江金華人元末受業白雲先生之門悉得其旨趣其學以誠意爲主而嚴之以愼獨篤之以固執引誘學者惓惓眞切惟恐其不入於善四方士大夫嘗問安否以卜斯文興喪戊戌太祖親帥

師下發景先與葉儀同以大學進尋辟爲諮議以親老辭時李文忠鎮嚴郡特加敬禮恒稱師而不字郡守王宗顯廉其孝行立純孝坊以表之學者因稱爲純孝先生所著有羣經指要讀書記大學中庸發微栢軒集藏于家門人汪與立字師道蘭谿人修德立行與同邑何壽朋齊名而文學過之嘗謂學者當視古人爲不足毋視今人爲有餘人以爲名言隱居教授不求聞達優游林泉以壽終

唐懷德字思誠浙江金華人性敏好學於六經百家之言無不研究受業於許文懿公而以濂洛爲宗粹

然一出於正元廉訪副使暢篤聘講淮陰聞者傾服武威余闕持節海右特禮下之或請闕書楊雄九州箴未知所出思誠卽援筆寫之不遺一字嘗與宋濂宿錢塘辯諸子是非凡九十餘種歷誦其文以對隨叩立應濂推其博思誠曰徒博陸澄之書厨耳吾則藉之以窮理而施諸事也明興用部使者薦除金華縣教諭轉衢州學錄卒所著有破萬總錄六經問答鉤玄集書學指南存齋稿共百餘卷行於世

胡翰字仲申浙江金華人自幼聰睿嘗道拾遺鏹坐候其人還之父奇之益督以學因登許文懿公之門

以所著文質諸黃溍柳貫二公皆稱許不容口或勸之仕輒辭過廣川弔董生謁曲阜拜孔子墓而歸當世名公多所交接若武威余闕宣城貢師泰尤稱知已元季兵起避地南華山中著書自樂明初應聘至金陵卽爲鄉里奏罷籍田出兵之令全救甚多除衢州教授洪武乙酉奉詔纂修元史賜金幣以歸所著有春秋集義胡仲子集長山先生集行於世

陶安字主敬南直當塗人幼穎敏有大志通判馬昂夫令賦喜雨詩立就奇之肆力問學博極羣書得程氏讀書日程及呂舍人學規益究心濂洛沉潛道藝元至正

甲申舉江浙鄉薦爲明道書院山長再調高節書院講明朱陸異同已而避亂家居乙未太祖統兵渡江至太平府主敬從其師李習率父老出城迎謁見上狀貌驚謂習等曰主上龍姿鳳質非常人也我輩今有主矣因說上曰今四海鼎沸豪傑並爭悉多攻城屠邑志在子女玉帛爾非有撥亂救民安天下之心明公率衆渡江神武不殺人心悅服以此順天人行弔伐天下不足平也上曰善吾欲取金陵何如對曰金陵古帝王都龍蟠虎踞限以長江據其形勢出臨四方何向不克上大悅留參幕府未幾命爲都事丙申從克金陵遷左司郎中

贊機務已亥上得劉宋章葉四臣因問四臣者何如對曰臣謀略不如基學問不如濂治民之才不如溢琛上多其善讓辛丑知黃州寬賦省徭招來流亾民咸悅服改桐城令甲辰移知饒州賜詩以行時征伐用急獨善諭民樂輸軍與不乏乙巳信州賊來攻城主敬與千戶宋炳率吏民分城拒守選卒爲遊兵晝夜巡捍身登城諭賊欲因以招撫之會援兵至賊大敗遁去諸將怒請盡屠從賊者主敬曰民爲賊脅奈何殺之繇是民皆得全及去饒饒人思德建生祠尸祝之吳元年初置翰林院名爲學士知制誥兼修國史尋定律令命爲議律官

洪武元年上御東閣與侍臣論前代興亡事主敬進曰喪亂之原繇於驕佚上深納之嘗賜門帖云國朝謀略無雙士翰苑文章第一家時名四方宿儒集議禮制屬爲總裁大配禮嵩用其議祫禘禮定於詹同齋戒禮朱升五祀禮崔亮朝會禮劉基祝祭禮魏觀軍禮陶凱而主敬皆參決焉又奏社壇創屋非宜若祭而遇雨當於齋宮望祭又言古者天子五冕用各不同上是之御史有言其隱過者上以爲誣立黜御史是年出爲江西行省參政上諭之曰江西上游都會撑卿撫治比莅任寬仁達吏事政績彌著四年卒年五十七疾劇猶草上時

務十二事上憫其忠遣使祭於其家贈姑孰郡公上嘗與儒臣論學術主敬進曰道之不明邪說害之也上曰邪說害道猶美味之悅口美色之眩目鮮不爲所惑自非大豪傑之士不能決去邪說不去則正道不興天下烏得而治對曰陛下所言深探其本矣主敬之學尤精于易筮驗如神所著有文集行於世崇禎末追謚文獻

陳遇字中行南直上元人資稟純粹識度超遠博通經史尤邃先天之學元末爲江東明道書院山長轉溫州路教授子弟多從之游及中原亂棄官歸扁所居室曰靜誠每日焚香拜天願早生神聖救此殘創

丙申太祖渡江御史秦元之薦其學行才識上因以書聘之書稱中行先生期以伊吕孔明濟世安民之事旣見與語大悦運籌帷中日見親信幸其第者三諸計畫多秘不傳甲辰上卽吳王位命以官不受戊申上卽帝位中行陳治道以復中國先王禮教爲首務三授翰林學士皆不受乃賜肩輿一衞士十人護其出入洪武庚戌春嘗奉命偕中官趙信往浙江廉察民隱還朝畧有所陳賜白金彩段除中書左丞力辭辛亥名對華蓋殿賜坐命草平西詔賞賚有加授禮部侍郎兼弘文館大學士復辭時西域進馬甚奇

名入看遂引漢故事爲諫上大悅賜大銀一錠除太常少卿又辭會疾醫藥頻至疾愈入謝上望見連呼君子君子戊午復除禮部尚書又固辭上曰士有志節者不以功名關懷朕不強卿以成卿之名也自是每燕閒輒名問古今得失保國安民大計中行每進言必根諸仁義會功臣蒙譴者多皆力爲救解多所全宥上嘗論曰先生有子令帶刀侍朕朕當重用對曰臣三子皆幼俟其成立圖補報上悅賜兼金對衣當是時寵遇之隆雖公侯大臣無與埒者甲子秋病卒年七十二上震悼不已遣官賻祭加東園秘器賜

葬鍾山上所賜詩文翰墨甚多併生平著述嘗燬于火今略見世德錄中子恭縣鄉貢仕至工部尚書文章政事克世其家愚按靜誠先生在元季固兩爲儒官至遭際明祖初就徵名即運策帷中又嘗奉命入浙廉察民隱還朝密有所陳而其語皆不傳疑是智謀之士然觀其首請復先王禮教每進言必根諸仁義純合孔孟家法且屢辭大位併不願官其子超然於富貴功名之外非有實得於已者能強爲之乎古聖帝明王必有賓師之臣先生是已

朱升字允升南直休寧人幼師陳定宇櫟聞九江黃楚望澤講道湓浦偕趙汸往從學焉既有得乃歸讀書郡城紫陽祠是秋登鄉貢進士戊子授池州路學正以身示法江南北學者雲集已丑淮甸兵起壬辰

蘄黃兵至徽允升所居窮僻雖避兵遁竄而時時著述不輟其學以刻聖傳心爲主踐履致用爲功上窮道體幽探化原務究極天人之藴合理數而一之謂濂洛旣典考亭繼作而道學大明於世然先儒傳注之意所以求經之明也而近世科舉業往往混誦經註旣不能體味乎傳註而反斷裂其經文使之血脈不通首尾不應知味樂學何所自乎於是取易詩書周官儀禮禮記四書孝經小學各爲旁注及書傳補正輯注刻行之尋隱居歙之石門山講學不倦丁酉太祖兵下徽州以鄧愈言其賢降駕親訪之對曰高

築牆廣積糧緩稱王上大悅命預帷幄籌議尋辭歸明年梅花初月樓成上灑宸翰四字賜之嗣是連歲被徵每蒙手勑別有訪問大抵禮樂征伐之事密贊居多平生處已以儉待物以仁恩以處鄉隣巽以處患難犯而不較寬而有制是以遐邇宗師小大悅服自幼學至于捐館六十年間雖出處不常未嘗一日釋卷編錄考索日益月加動成卷帙吳元年丁未授翰林侍講學士中順大夫知制誥同修國史戊申上登極沛恩親製誥詞錫之有曰眷我同宗之老實爲耆哲之英匹何晉本院學士特免朝謁以示優禮車

駕幸汴得告歸省墳墓嘗受命偕諸儒臣修女誡及譔齋戒文已酉三月請老歸石門庚戌冬卒年七十二學者稱楓林先生子同字大同少從父受周官儀禮遂優於典制洪武初連舉孝廉茂才擢天官晉禮部侍郎大被寵遇凡太常典禮多其制作與潛溪宋公典試南宮所抜多名士後遭誣卒于官嘗從楓林公於紫陽祠及石門因自號紫陽山樵以寓景仰朱子之意

汪克寛字仲裕一字德輔南直祁門人少穎慧十歲父取東山問學于饒先生講授之書及當時問答之

言俾習之遂於理學有悟乃取四書自定句讀晝夜
誦習不輟且徧讀六經諸史延佑丁巳年十四得江
浙秋試三場題目揮筆成篇鄉老驚異曰此天才也
明年郡守延雲峰胡先生于郡庠開堂試以激厲後
進仲裕與焉旣謁吳仲延先生而歸扁其齋曰思復
銘于壁以自勵泰定丙寅中江浙鄉試前列明春至
京會試論春秋與主司不合兼對策過直下第歸慨
然曰道不行於時矣益刻厲爲學痛自修飭斥去舉
業覃精經學教授宣歙間其教學者誘掖奬勸無不
成材數與師山鄭公講理論學意氣相得鰲峰王署

諸老欲以文章舉薦皆力辭嘗偕弟時中讀書城南扁曰中山書堂學者以其四山環繞名曰環谷因稱爲環谷先生至正壬辰鄆黃兵至家被焚掠貧不改樂明興洪武庚戌朝廷命行人賫幣禮聘至京同宋濂王禕等刪修元史時徵天下逸士纂修得十六人以仲裕爲首是年九月書成特旨一班俱晋祿仕仲裕以老疾力辭不受遂宴于禮部受金幣馳驛而還居三年卒于家年六十九所著有春秋胡傳附錄纂疏易傳音義考詩傳音義會通禮經補逸綱目凡例考輿等書行於世愚按環谷先生卒在洪武五年且嘗應聘修史故程篁墩贊其像曰

此考亭世適門生第四人也此龍與史局第一人也是固明儒矣關中馮少墟氏雖已編入元儒攷略末卷其文頗略不足備尚論竊謂不妨互存因爲訂錄如右

趙汸字子常南直休寧人母夢飛鳥自齊雲巖來集于懷覺有娠孩抱聞讀書輒能成誦及長勵志求道不事舉子業徧諸郡邑師儒旣而負笈四方恒鬻產以爲裹糧執贄具或非之弗顧聞九江黃楚望杜門著述往拜之楚望窮經以積思自悟爲主故教人引而不發使其自思一再登門乃得授六經疑義千餘條復往得口授六十四卦義與學春秋之要過嚴請益於夏先生大之夏示以家傳先天易書如杭謁黃文獻公於官署黃公

誦所進書大異之待以殊禮謁翰林虞公于臨川遂授館於其家相與求草廬吳氏之傳值江西憲試請題虞公擬策問江右六君子徐孺子陶淵明歐陽永叔曾子固劉原父陸子靜末舉朱陸二氏立教不同子常具對朱陸二子入德之門尤爲詳備末乃舉朱子曰子靜所說專是尊德性而某平日所論卻是道問學上多了今當反身用力去短集長庶不墮于一偏也又舉陸子追維曩昔粗心浮氣徒致參辰豈足酬議觀二先生之說豈鵞湖之論至是而有合耶使其合併於暮歲微言精義必有契焉子靜則已往矣抑不知子朱子後來德盛

仁熟所謂去短集長者使子靜見之又當以爲何如也虞公大爲贊歎趙郡蘇伯修與予常友善比入守邦畿要同往以母老辭歸名其室曰東山精舍自是雞鳴則起證心默坐涵養本原以爲致思之地而後凡所得於師指及文字奥義必用向上工夫以求之其爲學大約在求放心以精思爲本領以自悟爲歸宿得楚望氏宗傳雖志不苟仕而内藴經濟頗長壬辰兵起奉母避地方塘巳亥結茅于星溪之古閬山山深閴寥人事幾絕潛心著書壬寅春始歸東山太祖初起嘗統兵過其家物色之屢被徵辟皆以疾辭洪武二年再召修元史乃

如京師事竣不願仕請還上允之未幾疾作卒于家年五十二學者稱東山先生有東山集嘗言周易春秋二經皆夫子手筆聖人精神心術所存必盡得不傳之妙然後孔孟之教大備其於春秋不舍史以論事不離傳以求經不純以襃貶泥聖人以爲左杜主史穉經而不知筆削本旨公穀知求筆削之旨而不考魯史舊章俱不能無弊爰離經析義分爲八類辯而釋之名曰春秋屬辭以著聖人筆削之旨作春秋集傳十五卷以明聖人經世之志著左氏傳補注十卷師說三卷以爲學者求端用力之階於易著序卦圖說經文開端乾坤屯三

卦解別著蓍書問答一卷皆行于世愚按程敏政道一編王守仁晚年定論編其說皆本于趙東山然東山擬策謂朱陸初分晚合特揣度之詞二編出竟指爲實事矣況守仁改易早晚陽朱陰陸非整菴困知記清瀾學蔀通辯明考其年譜先後孰從而正之哉故曰言不可不愼也

汪仲魯名叡以字行南直婺源人方幼族叔祖古逸翁喜其有造收教之未幾翁卒執弟子服哀哭殮葬如禮既冠游江淮兩浙應試不利歸取友于鄉從倪仲弘士毅鄭師山玉朱允升升趙子常汸諸先生論學至窮晝夜於諸經子史靡不潛心考究然後反諸身而自得之體認擴存以實踐焉會元季兵興乃與弟同集義旅以靖鄉里用參政愚寧普舉授浮梁州

同知辭歸養親又舉授休寧縣尹擢知婺源州時平
引退明興以弟同累檄取至金陵事白得釋除安寧
稅令肺疾作辭歸當臥病中日勤誨後生如同邑李
文徵休寧范平仲吳蘊中程子靜皆得造就受任于
朝凡遠近祖墓莫不省治立石以表之宗祠癸亭一
如古制甲子秋名見命釋西伯戡黎篇詳明稱旨授
承務郎左春坊左司直遂周旋兩宮間與學士朱善
劉三吾同班接席人稱三老上嘗憫其年老氣喘勅
賜朝房俾便趨名御製薰風南來詩以賜命續和和
畢進呈上悅值春夏有四罪至死者將誅仲魯輒溯

泣俯伏進諫請決以時無傷天地生物之仁上允奏稱善居二年乞歸養病期秋再至上御奉天門宣名賜坐詳諭以老病無庸再來理宜杜門謝客輸租應役以俟考終之意仲彝叩首謝明日辭朝出都門送車百輛觀者塡道莫不嗟嘆以爲千載一遇其爲學推孔孟之道必求諸其中爲人體和用莊內孝外恕默而智言而信爲文博厚灊雅嘗取新安師友爲集以明理學源流及著浯溪集行于世學者稱蓉峰先生壽七十九

宋濂字景濂浙江浦江人少受學於柳貫黄溍吳萊聞

人夢吉四先生之門比長以文章名海內至正中大臣薦爲國史編修以親老固辭入龍門山著書歲庚子明太祖聞其賢遣使徵至金陵築禮賢館以居之上問取天下大計首以不嗜殺人對上甚喜俾授太子經每詢以治道必以仁義爲言及四宇平定上方偃武修文正彝倫復衣冠制禮樂立學較凡先王之典多講行之而景濂實預其事甞召講春秋左氏傳奏曰春秋乃孔子褒善貶惡之書苟能遵行則賞罰得中天下可定也上一日御端門論及黃石公三畧且口釋之景濂起進曰尚書二典三謨帝王大經大法靡不畢具願陛下留意

講明上納而謝之洪武初甘露屢降上問災祥之故對曰受命不於其天於其人休符不於其祥於其德是以春秋不書祥而記異上嘗言古帝王當宴安之餘多好神僊朕謂國治民安心神恬康卽神僊對曰漢武好神僊而方士至梁武帝好佛而異僧至使移此心以求賢輔天下其有不治乎以議孔廟禮忤旨謫知安遠縣景濂爲司業議當尊三皇立五學並祀舜禹湯文爲先聖上斥之時浙人貝瓊著釋奠解以辨其誤大意謂三皇宜祀而不得祀之於學也學之有廟祀孔子而建則宜以孔子爲先聖顔子爲先師而三皇不預今欲祟三皇爲先聖使居孔子之上不足以褒其功降孔子爲先師使混於高堂生之列適所以貶其德未幾召入上問帝王宜讀何書景濂請讀眞德秀大學衍義上立

取覽悅之景濂講衍義中司馬遷論黃老事講畢復言曰漢武嗜神僊之學好四征之功民力既竭重刑罰以震服之臣以爲人主能以理義養性則邪說不能侵興學較教民則禍亂無從作刑罰非所先也上曰朕上畏天地下畏兆民兢兢業業不敢自逸景濂離席頓首曰陛下此心古先哲王之心也書曰予臨兆民凜乎若朽索之馭六馬爲人上者奈何不敬正謂此爾願陛下慎終如始天下幸甚初受詔總修元史發凡舉例一出成法手定其紀傳之大者至是奉命序祖訓錄集辨奸錄纂大明日曆一百卷寶訓五卷上皆稱善方上之大封

功臣也名宿大本堂討論達旦遂歷據漢唐以來故實
量其中而奏之傅于理而後已其傅皇太子一言一動
皆以禮法諷諭使歸於道讀書至切於政教及前世興
亾之故必拱手揚言曰君國子民之道當如是不當如
彼且推人情物理以明其義皇太子毎斂容嘉納敬禮
未嘗少衰其佐成均所教多公侯大臣子弟蒞之以莊
率之以正日進諸生立兩序據坐執經敷揚閫奥之旨
廸以孝弟忠信之道學者帖然尊服嘗侍上至後苑觀
穫上曰農事成矣對曰國以民爲本民以食爲天陛下
知稼穡之艱難而念民生之艮苦實盛德也上問曰三

代以上所讀何書對曰上古載籍未立不專誦讀而尚躬行人君兼治教之責躬行以率之天下有不從教化者乎侍上旣久每燕見必命茶賜坐陳對間直諒不務文飾而隨事寓諫能使上意解命之參大政則力辭問以廷臣賢否第言其善者深密不洩禁中語有奏輒焚稿嘗書溫樹二字室中有問內事者指二字以示之初除江南儒學提舉尋改起居注繼爲翰林學士爲國子司業兼太子贊善大夫晩爲承旨先後二十餘年以道德輔佐明祖俾天下歸心愛戴厥功居多日本使奉勅請文獻百金卻不受上問之對曰天朝侍從之臣受日

本金非所以崇國體也洪武十年致仕後以孫慎累安置茂州行至夔病卒年七十三居恒德尊而不居位顯而彌恭晚年於性命之理益究其極視外物之往來若不相干嘗曰古人爲學使心正身修措之行事俯仰無愧而已繁詞複說道之蔽也故作事不尚表襮務合於義教人皆隨其質而導之使入於善尤篤於倫品父子兄弟夫婦之間皆盡道可法與人交和易任眞無鈎距縱爲所給亦弗與較臨財廉非其分不取大書於門曰寧可忍餓而死不可苟利而生凡四持文衡試天下士得人爲盛接引後學惟恐弗及四方士以得一見賜一

言爲幸及告歸上有後學無師之嘆又嘗許爲純臣爲賢君子說者謂獲上信友皆內誠外恕之驗雖已貴顯布衣蔬食無異寒士不事生産不置田宅或勸爲子孫計荅曰富貴豈一家物哉吾乃所以遺之也惟刻意於學自少至老手未嘗釋卷當致政歸青蘿山闢一室曰靜軒終日閉戶纂述人不見其面戒子孫毋至城市姻婭有以郡縣事爲託者皆峻謝之談及時事輒引去不與語切於仁愛聞民有困乏者食爲不飽視近而甚明夜燃燈于几臥絺帷中閱蠅頭小書一黍上能作十餘字皆可辯點畫人以爲不飲酒寡嗜慾所致初宋南渡

後新安朱子東萊呂氏並時而作皆以斯道爲己任婺實呂氏倡道之邦而其學不大傳朱子一再傳爲何基氏王柏氏又傳之金履祥氏許謙氏皆婺人遂爲朱學世適景濂旣因金許門人而究其說獨念呂氏之傳且墜奮然思繼其絕學每與人言而深慨之嘗奉勅作觀心亭記而以精一執中爲說作六經論而謂六經皆心學作七儒解而歸之願學孔子作諸子辯而終於周程二子又著叚干篇歷闢金陵胥山東嘉永康金谿橫浦六家之學之非而獨以金華之學爲正且曰當時得濂洛之正者鼎立而爲三金華也廣漢也武夷也其道則

一而已武夷主於知行並進廣漢則欲嚴於義利之辯金華則欲下學上達雖其教人入道之門或殊而三者不可廢一也循其言求之不可謂之無與於斯文矣惜乎矜侈聞見信好機祥多作佛老二家文字載諸集中未免博而不精耳其出藍弟子則寧海方孝孺也所著有龍門子潛溪內外集蘿山集翰苑集芝園集孝經新說周禮集註浦陽人物記等書行於世學者尊爲潛溪先生宣德中謚文憲門人吳興林靜曰天付斯文于人也豈偶然哉必有不合而同不期而至者故吾夫子與朱子生同庚戌今潛溪先生宋公之生又於是歲人謂聖賢之出鍾靈降秀爲世禎祥天之所俾信乎其不偶也周室既衰先王之道如日斯晦微夫子六經孰正人道孰明是大有功於萬

世者也時降道汙寥寥千有餘年乃能集其成會其
要得吾夫子之指歸者其惟朱子乎公乘文明之會
贊一代之治以其餘力使學者復古屏棄科舉之趍
一闡于理義之學其功不在朱子下海宇之內一人
而已耳然則夫子之道被于萬世當時仕止乎尊朱
子在宋號爲尚文之國立朝僅四十日終厄僞學而
公得君行道者甚久澤能加于人文可垂于世光明
竣大焰燿無窮豈天之付公者獨厚而公之報乎天
者亦將未艾也公年六十八即謝政天子數留止公
公固辭曰天道惡盈人道止足詞意誠欵上知不可
強廼止益見公進退從容皆合乎道宜其居爲儒宗
出爲勳德以文華國以道佐命實有係于斯文之重
輕矣世之論公者徒以文學際遇爲事至公之得乎
天而契乎聖賢者又烏能窺其端倪也哉　薛應旂
祠碑略曰浦江金華屬邑也金華之學自東萊呂成
公倡之而何王金許四賢相繼而出說者謂爲朱學
世適今其立言著論昭然具在固非後人之所敢擬
議者然要之皆聖門之羽翼也先生繼起是邦遭逢
聖主文章事業掀揭宇宙士人籍籍咸稱名臣至其
所深造自得者上躋聖真直達本體則反爲文章事

業所掩而不得明列于理學之列幾乎世有真儒若先生者哉觀其斥詞章爲淫言詖辭藻爲宿機期于刻削刊落以歷趨乎道德居常或終日靜坐或支頤看雲或拄冠行松間或擊磬而浩歌翛翛然如塵外人及讀其所稱著與凡六經之論七儒之解觀心之記則實有不能自已於言者是豈徒欲以文章事業名世者哉奈何學術難明見闘易眩而先入之言之易行所以疑先生者僅僅若此也不知皋夔稷契伊傳周召得其時則爲名臣顏閔冉仲有曾思孟不得其時則爲大賢固不當以彼此論也况究觀先生之學在宋則有若陸子靜在元則有若吳幼清蓋皆聖學正傳後先一轍其與前四賢之繫簡紓直世必有能辨之者而俎豆獨後品儕未當豈所以表先正而示後學哉此固於先生無所重輕而祀典之寖混學術之不明余竊憂之故因先生之祠成不避而大書之石

愚按呂東萊氏從朱子于寒泉精舍共輯近思錄是其學本同也陸子靜則其生平所欽慕及爲考官時又嘗見其卷而識之後爲鵞湖之會不過欲化其同作和會計耳即吳草廬推服朱子甚至嘗合贊爲豪傑之才聖賢之學世人徒泥其德性問學之

語遂坐爲陸學其實呂吳二子皆非祖陸悖朱者也潛溪早受學于柳貫而貫嘗受學于仁山金氏是固朱學也著段千篇而痛闢金谿其不爲陸學又明甚嘗尚論東萊思傳其學自是公心要之傳呂亦所以廣朱耳何方山不察竟以別派目之耶不惟不識潛溪抑且彊分朱呂然此當是方山中年議論及著考亭淵源錄後必不爲爾矣

曾魯字得之江西新淦人七歲能暗誦九經一字勿遺禮部簡正禮欲以神童舉於朝其父止之稍長博極羣書自謂未要於至道遽長書一通謁虞文靖公集於臨川虞公大悅曰昔程子與張敬夫年十六七慨然有志聖賢之道子能如是何讓古人時年甫十九矣由是益潛心濂洛關閩之學分別理義密如蠶

縧牛毛尤愛吳文正公所述書無論大小一一訪獲之玩繹未嘗釋手久之充然有得盤桓林泉以道自娛若將終身焉壬辰寇亂乃集衆衞里稚牛釃酒開陳順逆禍福衆皆警服無敢犯非義者人號曰君子鄉洪武二年徵修元史厥功最多史成賜金幣仍留編類禮書遷人儀曹易高麗祭常開平不書年號之文發安南陳叔明簒弑其主日熞之罪甚得大體五年二月上問丞相曰曾魯在禮部今何職耶對曰不過主事即日超六階拜中順大夫禮部侍郎得之以順字犯父諱辭就朝請下階吏部以國法有定不許

前後奉命草詔撰賦俱稱旨是年考京畿鄉試得疾至冬乞歸而卒年五十四得之蓄德熙和內行淳備嘗三年間葬十餘喪撫存孤姪甚至輕財仗義喜周人急四方賓客日登其門倒屣迎之了無倦容嘗修元史時宋濂實爲總裁相知最深共坐官舍更析互辨每至夜分歎末學之空疎傷古道之寥落又復相視輒然一笑嚴陵徐尊生嘗有言曰南京有博學之士二人一以舌爲筆一以筆爲舌其意葢謂曾與宋也所著述有六一居士集正訛南豐類稿辨誤藏于家他俱未脫稿嘗扁其齋曰守約學者稱守約先生

孫大雅名作以字行別字次知南直江陰人世以儒名自曾祖澂川四傳至大雅而學益茂至正兵起大雅挈家三吳間盡棄他物惟載先代藏書兩敝簏張士誠聞而廩之卒以毋病謝去用是益貧然熙怡自若略不爲動從游者爲買田築室寓于淞焉洪武癸丑名纂修日曆書成例授翰林編修官以老病乞外除太平府教授尋遷國子助教明年分教中都又明年還成均晉國子司業前後八載皆儒官大雅器宇端凝負才通爽而處世不阿或以是非煽之惟自切責不以怨人生平酷好著書嘗著東家子江西饒介

之先見其稿而喜之屬曰幸勉成之必有知者及成得十二篇潛溪宋公得其圖說答性難等篇極爲稱許以近代儒者况之謂王魯齋金仁山許白雲諸公未知孰先後也別著詩文有蒼螺集行於世

王褘字子充浙江義烏人幼秀爽奇敏及長長身山立屹有偉度習古學師事黃溍元政亂爲書七八千言上時宰嫌其切直格不聞隱青巖山著書戊戌太祖徵署中書省椽叅預機務語稱子充而不名愛其文章命爲四言詩以授皇太子辛丑進平江西頌上覽喜曰吾固知浙東有二儒卿與宋濂耳學問之博卿不如濂才思

之雄濂不如卿授江西儒學提舉累遷起居注出同知南康府事洪武元年名議卽位禮忤旨降漳州通判尋上疏言帝王祈天永命在乎修德修德之要有二忠厚以存心寛大以爲政周歷年八百漢享祚四百皆繇此道願法天道順人心寛刑威減賦稅以固國本疏奏上嘉納之（陳建曰此我朝開國名臣第一大奏疏其言精醇剴切洞達理要雖周名孔孟之告君無以越此矣）二年詔修元史爲總裁官除繫剔穢力任筆削書成拜翰林待制同知制誥兼國史院編修預教大本堂出使吐蕃尋名還居原官經明理達善開導名對殿廷必賜坐從容燕語嘗進講大學陳德厚民懷之說上大悅

五年上以雲南弗臣命子充持詔往諭之即日就道既至見故元梁王諭以順逆禍福梁王君臣相顧駭服已有降意改館而加禮焉會元之遺孽有自立沙漠者遣使脫脫來徵糧且約連兵拒我覘知梁王有二心遏殺我使以固其意梁王兩可未決匿子充於民間脫脫知之愈責誚梁王梁王不得已乃出子充與相見脫脫欲屈之子充罵曰汝爝火餘焰尚欲與日月爭光耶度不免顧梁王曰汝朝殺我大兵夕至矣遂遇害時六年六月之二十八日也至十四年征南將軍傅友德等既下雲南子充死節事始聞於朝建文元年卹贈翰林學士

奉議大夫謚文節開國文臣有謚自子充始正統間改忠文所著有青巖叢錄等書行於世學者稱華川先生子紳字仲縉聞父死節隻身走雲南求遺骸不得述滇南慟哭記與方正學友善嘗尊正學爲百代儒宗勸其著書以淑來學正學不應仲縉悟遂略文藝潛心道德建文即位以薦名爲國子博士預修高廟實錄元年四月上言父死節狀請卹得贈官賜謚越明年卒紳子稌字叔豐少有志向遊於方門深見器許妻以女迨其難之及也與正學表姪鄭珣至聚寶門外謀收葬不可得卒坐逮繫文皇念其祖死國之忠特從宥免且欲官之

力以疾辭歸隱青巖下爰輯方氏遺文爲侯城集以傳嘗與童景庸書云痛念遜志名蹟日就湮沒欲執事與令兄商確搜輯其學行幽潛生平始末爲家傳行狀以傳同志有愛慕之心者自能默識謹藏或可待時發揚於萬一其時正在厲禁嚴緝中也初文節公之死傳聞葢剉以醢故仲縉抱痛每食必斥重味叔豐性至孝一遵父志子孫相承閱數十年不變事母丁氏如事其父送終盡禮三年不御酒肉學問該博士從游者曰衆郡邑交重之恒禮爲鄉飲賓至以分獻于聖廟疎髯偉貌出必儼然古冠服人爭觀之曰此王先生也著有青巖

禱聖朝文纂金華賢達傳蹟文章正宗諸編卒年五十九門人私謚曰孝莊先生華川先生著從祀議言漢董仲舒唐孔穎達宋范仲淹歐陽修真德秀魏了翁元吳澄七人當從祀略曰自夫孟軻既往聖學不明邪說盛行異端並起歷秦至漢諸儒完經翼傳局於顓門之學而於聖人之道莫或有聞惟董仲舒號稱醇儒其學博通諸經於春秋之義尤精所以告其君者如天人性命仁義禮樂以及勉強尊行正誼明道之論皆他儒所不能道至其罷黜百家表章六經以隆孔子之教使道術有統異端息滅民到於今賴之功殆不在孟子下秦焚之後聖經闕佚漢儒收拾散亾各爲箋傳而偏學異說各自名家晉宋以來爲說滋蔓去聖既遠莫可考證唐初孔穎達受詔撰定諸經之疏號曰正義自是以來著爲定論凡不本於正義者謂之異端議學者之宗師百世之取信也聖人之道或著事功或載文章用雖不同實則一致三代以下人才莫盛于宋東都其間慨然以聖人之道爲己任而著之行事者若范仲淹而已其言先憂後樂雖伊尹之任無以尚之況當其時

天下學術未知所宗尚而仲淹首以中庸授張載以爲道學之倡蓋其爲學本乎六經而其議論無不主於仁義歐陽修與仲淹同時明聖賢之學而著之文章其易春秋諸說詩本義等書發揮經學爲精至其欲刪諸經正義讖緯之說一歸於正尤有功聖道至于本論等篇比之原道何愧自周敦頤接聖賢千載不傳之緒而程顥兄弟承之朱熹有作五經四子皆有傳注論進統宗會元集聖賢大成中更學禁眞德秀魏了翁力以尊崇朱學爲已任而聖賢之學乃復明眞氏所著有大學衍義讀書記魏氏所著有九經要義大抵皆黜異端崇正理貫諸聖人而不謬足以纘朱氏所傳之緒者也及元興許衡起于北方尊用朱氏之學以教人吳澄起于南方孝經大學中庸易詩書春秋禮皆有傳注隱括折衷于禮經尤多刪正凡以補朱氏之未備而其眞修實踐蓋無非聖賢正大之學按祀法有功於聖道則祀之是七人者有功於聖人之道而從祀闕焉此甚不可又言曾晳孔鯉祀廡下曾參孔伋配堂上父子失序宜歸正及司馬光於程顥程頤爲先進張載於二程爲表叔而位次皆在下其先後次第亦不可不明若夫荀况揚雄何

休王弼之徒有不當與於從祀者茲又未敢以遽數也云云　愚按華川之議若此其後果得祀者董仲舒眞德秀歐陽修三人也旣祀而旋罷者吳澄一人也訖今尚未祀者三人則孔穎達范仲淹魏了翁也議罷荀况楊雄何休王弼之徒而不悉數姓氏後亦次第罷祀外有原議所不及而後人剏議增祀之者又得九人弘治間祀楊時萬曆末祀羅從彥李侗此據洛閩傳緒而言最爲得禮正統時與眞德秀同祀者胡安國蔡沉二人以其有功經學嘉靖時與歐陽修同祀者后蒼王通胡瑗陸九淵四人其祀王胡也固參採先臣程敏政議其祀后陸歐陽也則當時執政不無寓私意乃華川於此或在所詳焉或在所略焉雖曰互有得失亦足覘其學識之陶鑄古今衡量羣儒可俟百世矣今人於華川第以文章忠節目之而不知其懋於理學郎從祀一議海涵岳負其位置居何等也嗟乎若華川先生以行已則有耻以奉使則不辱至以死殉之豈非
聖門所謂士之上者與

雒閩源流錄卷一終

◎

雒閩源流錄卷二

無錫張夏纂　門人婺源黃昌衢 昌儀 校

吳海　劉宗道　余應　梁寅

陳謨　張九韶　張存　解開

何英　郭櫝　桂彥良　范準

李仕魯　謝應芳　華宗韡　傅淳

朱右　方克勤　趙謙　金固

方孝孺 正學先生　王叔英　周是修　卓敬

程本立　胡子昭　林嘉猷 鄭智傳　俞貞木

吳海字朝宗福建閩縣人當元季以學行著稱見四方

兵亂遂絕意仕進深自韜匿閒與同志講說經義更相倡酬一時名人如貢師泰王翰林泉輩皆推畏友明興部使者欲薦之有司轉相推轂力辭不就闢一室于家園隙地酣經枕史娛適其中因採摭古人孝子順孫節婦烈女及兄弟之相友娣姒之相宜者附以感應禍福各爲一卷以傳布閭巷令小生稚女誦而習之名曰命本錄謂克培其本則司命者皆無權也又著書論楊墨佛老爲六經之賊管商申韓爲治道之賊遺事外傳爲史氏之賊支詞蔓說爲文章之賊謂上之人亟宜取其書而禁絕之使天下曉然知正道之當趨岐徑之當棄

名曰書禍。平居喜聞過或有告之者立改其失因扁其客坐曰聞過軒又自號魯齋。志所願學也爲文嚴整雅奥咸有矩程而一歸諸理後學咸宗仰之有聞過齋集行于世

劉宗道名駰以字行福建漳州人洪武壬辰徵秀才八千餘人入試朝政宗道第一仍命學士詹徽簽察諸儒中特興者復居德行第一以布衣侍坐共論治道拜都察院左都御史條上二十事言甚切直上命所司採行之學者號愛禮先生有愛禮集傳于世陳眞晟讀之稱其繼陳北溪而起大有功于名教云

余應字則亮福建政和人早從江惟志游以私淑文公之學性凝重寡言笑恒以禮自律家邇闤闠足跡未嘗入縣門早失所恃事繼母愉而婉處繼母弟順而友凡飲食衣服必先弟而後及巳洪武初以明經薦起爲儒學訓導遷晋守司知事執父喪一遵文公家禮不用緇黃鄉人化之

梁寅字孟敬江西新喻人貧而力學元末舉於鄉辟爲集慶儒學訓導以親老辭歸隱居教授太祖平定四方徵天下名儒修禮樂新一代之制孟敬就徵巳六十餘矣以禮律制分爲三局孟敬在禮局審討精詳諸儒推

服書成賜金帛授官以老病辭許之結屋石門山四方稱爲粱五經或問之曰吾輩免亂離之禍享太平之福何以祝吾君孟敬舉手加額曰願吾君恭己九重存心四海攬天理而遏人欲進君子而退小人人以爲愈於華封三祝新昌有人士負氣自豪篚仕得巖邑比行來見請教孟敬曰清慎勤乃居官三字符也子力行之復何言其人請問天德王道之要孟敬微笑徐荅曰言忠信行篤敬天德也不傷財不害民王道也其人退語人曰孟敬議論平平耳越三年其人以不撿罷官歸語人曰吾不敢復見石門先生

陳謨字一德江西泰和人洪武初徵至京師賜坐議禮學士宋濂待制王禕交章請留爲國子師以式國人引疾辭歸家居教授屢應聘爲江廣考試官所拔士往往知名自幼能詩文初習周易後兼通詩書三禮諸傳旁及諸子百家涉流探原辨析純駁犂然歸于至當雖不願仕而於當時之務一一籌諸胸中有扣如響嘗謂學必敦本莫加於性莫重於倫莫先於變化氣質若禮樂刑政錢穀甲兵度數之詳皆所當講一時經生學子靡然從之惰者作拘者暢塞者通爭謂江西大儒復出事親至孝晨昏省定之禮甘旨修髓之奉不懈益虔其於

弟友愛尤篤族黨中有爲不善不敢使聞所著有海桑集書經會通詩經演疏行于世學者稱海桑先生楊文貞公嘗贈以詩曰純明程伯子灑落邵堯夫或曰其爲人似云

張九韶字美和江西淸江人幼穎異年十三即能詩詞博通經史元末累舉不第洪武三年用薦爲縣學教諭十年擢國史助教爲人篤實每教諸生必端坐不言有所請問徐徐應答不過一二語然理義明暢人深服之十一年遷翰林編修十三年四月致仕太祖親爲文賜之嘉其有著書立言之功合善始善終

之義未有云卿之去矣朕將誰從不勝徬徨歎息焉所著有理學類編八卷羣書備考十二卷及元史節要行于世

張存字性中南直丹陽人洪武中歲貢任江西安遠縣主簿五歲能賦詩長從宋文憲劉文成二公游其學以敬爲主著有雪洞集行于世祀邑學鄉賢祠

解開江西吉水人洪武元年以明經薦授縣學教諭訓廸有方吉中人文道學之盛實自解氏始其學以主敬爲本戒懼愼獨爲功學者稱爲鍔簡先生

何英江西鄱陽人性警敏絕人不事詞章在學於王

松塢得饒雙峰黃勉齋之傳造詣益深松塢寄以詩有臞梅谷裏先春意之句遂號梅谷明初累薦不起建玉溪書院以納天下來學所著有四書釋要詩經詳釋易經發明諸書歿祀邑學鄉賢祠

郭櫺字德茂浙江太平人其高祖世卿郎正肅公之兄也（正肅公諱磊卿字子奇號兑齋游朱文公門端平六君子之一）傳至德茂自僊居徙黃巖之松山里後屬太平縣遂爲太平人少勤問學北壯特有所悟繇伊雒上遡洙泗求聖賢用心燕居獨處衣冠修整即祁寒暑雨危坐終日及與人接和氣滿容雖居貧嘗有以自樂其所涵養耑用靜中功夫言動應

酬一循乎禮邑士人多從之游其爲教謂必先收放心方見得吾道端倪卽聖賢言語皆有歸著又曰學者若不懲忿窒慾則自家都壞了此是大切要處父沒會兵荒不克葬者十餘歲茹蔬抱戚未嘗破顏迄葬已始御酒肉母疾衣不解帶親爲沃面滌身浣衣滌廁凡六閱月手指濕爛成瘮終不以人代與其兄友愛尤篤鄉里化之雖狡猾者亦革面輸欵終元之世隱居教授嘗作感秋酷熱諸詩以寓意洪武初用御史李時可薦始就饒陽知縣三年邑大治以從兄故坐免邏者察諸途搜篋中惟所著易說襍評暢菴稿數十卷及爪髮一束以

聞太祖嘉其廉賜紗幞銀帶寶鈔以旌之既歸貧益甚課其子熈躬擔井臼一日諸生及門聞打麥聲視之乃先生也卒年六十二門人私謚曰貞成先生熈亦博學篤行能世父業從子元亮有文名著尚書該義

桂彦良原名德以字行浙江慈谿人洪武初應薦名見命作香几贊特授太子正字俾入侍太本堂錫賚有加上嘗從容咨以治道對曰道在正心而正心之要又在懲忿窒慾他日上謂彦良曰法數行而數犯奈何對曰用德則逸用法則勞法以靖民則民勞而弗靖德以靖民則民靖於德矣上曰善上嘗以帝者師稱之又謂江

南大儒惟卿一人對曰臣不敢當宋濂劉基上曰濂文人耳基峻隘不如卿也尋改晉王府右傳一以正大之學輔導旣致仕條陳十二事名曰萬世太平要策以進著有和陶詩淸節等集行於世

一范準字平仲南直休寧人幼恂恂孝友性敏善記甫弱冠讀諸經史百氏之書殆盡復念明經應世未足稱儒者於是力求聖賢之學師事朱楓林趙東山汪蓉峰三先生至正壬辰紅巾寇起東書從楓林避地石門者三年丙申郡邑大亂喟然歎曰族祖求遯翁與程徽菴以道鳴於宋吾當繼其後遂絕意當世嵩

求身心至忘寢食雖俯仰之資愈困處之泰然非其道一介不取日以講學爲業游於閩從學者益衆及歸隱雲溪葺東山詩文併訂春秋集傳廣行之洪武戊午以明經舉本邑訓導辛酉召爲葭川吳堡令開設舊治安復流傭乃興學校淸苦自甘洞民化服諸大吏多士咸頌爲有用道學乙丑擢工部主事逾月卒于官年四十八無以爲殮久之始得歸葬平仲爲文弘議濶論要在發明孔孟嘗曰孝弟忠信爲學之本記誦詞章之習抑末耳著有虀甕稿西游率稿謬稿塞白稿何陋軒稿宗譜等書行於世

李仕魯字宗孔山東濮州人少時奮志下帷三年不窺外戶胸藏該博造詣淵沉益切尚友之志聞婺人朱公遷得晦翁嫡傳千里負笈從之百舍重繭一見深相契合耑精探究盡得其所學而歸值元季大亂隱居不出以待天下之淸明祖龍潛時即熟其名洪武初詔求天下有能傳朱學者所在以聞有司乃舉宗孔應詔乘傳至京入見上迎謂之曰吾求子久矣即命爲黃州府同知宗孔奏言臣所夙願惟欲朝夕陛前備顧問以行所學上曰姑以民事試子耳抵任風裁峻整政理寬和民瘼殘者卹之吏莠政者斥之

朞年而刑清訟簡境內又安用以治行卓異聞于朝名拜大理寺卿律比精嚴守正不撓時有僧金碧峰者應對稱上旨寵眷日隆求爲僧建職司宗孔進曰陛下建極之初意所祈向即爲後世子孫天下臣民之標表奈何不崇聖學而信外道乎懇疏至三十章上堅决不從宗孔曰陛下既深信其道無惑乎臣言之不入也願還陛下勿放歸田里上震怒命武士捽搏之死於堦下愚按明祖作極之初而爲僧人建職司此緘不可不諫然古者人臣三諫不聽則號泣從之進言亦有節度矣今宗孔懇疏至三十章又出戇言以干震怒不惟殺其身也至使其君被殺諫臣之名豈未聞數斯辱之戒與信而後諫之旨耶雖曰上以責難陳善下以守正闘

邪君子仰其忠而惜其愚焉

謝應芳字子蘭南直武進人自幼潛心理學至正初隱白鶴溪上題所居室曰龜巢因以爲號授徒講道郡守辟教鄉校子弟先質後文指授斐然浙江行省舉爲三衢清獻書院山長不就未幾兵起避地吳中挾其妻子宕漾一舟瀕危數四踰年而後僦室以居時時乏絕未嘗以爲憂也旣而吳人慕之爭致爲弟子師差得自給明興江南平歸隱芳茂山年踰七十好古嗜學不減疇昔每令諸孫誦原道太極圖說西銘等篇以資玩繹年九十七而終在鄉則表鄉忠公

之墓正張雎陽之像去學宮土地祠之配變喪禮用佛教之俗在吳中亦準是以施之嘗緝顧元公墓以諷切張氏蓋雖倉皇播遷而一言一行惓惓以正人心闢邪說表章儒先扶植名教爲急如此著有辨惑編三卷耑辨流俗誤信神佛之失澠池人曹端最喜讀之别著思賢錄五卷懷古錄三卷毘陵續志十卷龜巢稿二十卷並行於世子林有文學工書法亦著有雪樵集煮雪窩稿延陵通紀字學原委等書

華宗韡字公愷南直無錫人父幼武字彥清幼孤事節母陳以孝聞高尚不仕著黃楊集公愷幼嗜書寒

暑靡怠尤研精易學嘗廣搜諸家傳注參覽以求其指歸元季兵起奉其親往來蘇松間造次顛沛務悅親心時平還錫定居延祥里遂爲鵞湖華氏之始祖勤畬耕讀以修身教家爲務久之營祠堂徧祀隆亭堠陽間五大祖墓於是斟酌古禮以冠昏喪祭之儀可通行於士庶者條而錄之附以古人嘉言懿行總爲一帙名曰慮得集以訓示子孫洪武中累徵孝廉明經儒士俱辭疾不就喟然歎曰吾平生志不在溫飽成童時讀小學大學日知其味有契於心弱冠時膝下周旋仰成嘗亦多過雖弗憚改深愧不貳之戒

近乎立年則志乎誠正修齊之學見賢則思齊見善
則企及故蒙先公特垂愛焉循循然惟欲誘我進於
善嗚呼先公雖棄世而諄諄之意終身不敢忘也故
力學冀於成人竊揆如是達則忠君濟物窮則以淑
其身奈何才疎識卑時命蹇剝加之痼疾乃無一遂
亦繇禀質柔弱過乎畏慎而然深省所蔽凡臨事之
所當爲者卽奮厲自強期以必克及乎進也輒得其
咎退也雖悔而無尤比比若是蓋得夫節之初九之
象也審矣碌碌而無聞也尚何言哉年四十一遇冬
至閉關惕然深念乃以平昔不能擦執而切身之用

者四要刊書于几日以自省曰勿貪可無悔守分可無憂堅制可無怨克勵可無求斯足槩其篤志困學矣居恒好自簡束即閒居燕坐衣冠必整肅遇事有不平能以理自遣未嘗露聲色又嘗慕效朱丹谿之爲人旁通醫術多蓄善藥以施有疾者不問其值繇是名聞遠邇人多德之丁丑九月病革名别家人索筆賦詩而逝年五十七學者稱貞固先生

傅淳字伯厚浙江慈谿人家世業儒父時階以道學鳴於時伯厚能傳其家學洪武中屢詔徵名卒不就鄉人稱爲退菴先生所著有洪範敷言性理叢說大

學補略視志稿等編藏于家

朱右字序賢浙江寧海人光廷先生九世孫嘗游李五峰陳兩峰之門避亂隱居益力於學旣而讀書有覺爰録其尤要而切近者輯而爲編名曰性理本原其書首揭河圖洛書本諸天以示乎人次敘太極圖說定性書好學論西東二銘纉諸人以復乎天後附通書感興詩而自序其首曰道之大原出於天而天亦氣化中一物耳然其所以爲造化必有尸之者理而已矣故曰天生蒸民有物有則又曰體物而不可遺則理者又天地萬物之本原也是故君子即物以

察理未嘗有無理之物卽理以觀物未嘗有物外之理子程子曰冲穆無朕萬象森羅已具殆難以跡求之也蓋性理大全未作之前此書已兆其端而後人有疑朱子之格物爲求向外者此序亦先破其蔽矣

洪武三年詔徵天下在野名儒至京考禮伯賢與其選將行鄉人謝肅爲序以送之期其復三代之禮樂比至兼預修元史大明日曆二書終晉府長史

方克勤字去矜浙江寧海人好古嗜學研究羣經及濂雒關閩遺書尋鄉先達授受原委精思力察而允蹈之慨然以爲不合天人以爲學非學也居家孝友

備至與人交洞見肝膈自奉簡素一布袍數十年不易日不再肉同列飲醉大詬去待之益恭酒解來謝去矜陽爲不知者曰昔之夜吾亦大醉不識君何謝也元末隱山谷中明初徵不就索之急乃以易試中第二授濟寧知府爲政以風俗爲急德化爲本終日衣冠坐堂上召諸吏授詩書法律性不喜近名嘗自誦曰近名必立威立威必害人吾不忍爲也庭不陳械鈕懸韋鞭楹間示無刑罰存心畏慎晝所爲夜必告於天居五月誣棄倉灰謫役江浦子孝孺上書請代不報遂以病卒于京台人稱爲愚菴先生同時宋

濂謂其學問得之考亭其後謝鐸亦以聞知稱之

趙謙字撝謙浙江餘姚人原名古則後因薦者言遂以謙名宋宗室秦悼惠王之後幼孤貧寄食從山寺與釋子同塾書克已復禮之目爲用功準的聞金華鄭四表學有淵源往師之得其傳歸隱萬書閣日潛心爲洪武初徵修正韻衆以其年少出爲中都國子監典簿與同官論事不直罷歸築考古臺述六書之旨著聲音文字通周易提綱諸書凡三百餘卷大臣薦宜大用上曰吾欲老其才而用之復薦於皇太子乃召爲瓊山教諭明年進所著書詔翰林博議不報

復還瓊山作瓊臺布學範教化大行嶺表以南稱爲趙夫子其於世利聲華澹然無繫直義所在目無王公雖以此致阨窮不悔也卒于番禺年四十五

金固字守正江西新淦人四歲母口授五言詩輒能成誦稍長能詩刻厲學問日親良師友講説遂究心於易就質於安成劉雲章吉水夏道原兩先輩稱忘年交其學以孔氏爲宗漢以下則曰周程張朱吾師也洪武中臨江太守聘爲郡學訓導誡諸生以敦本務實崇正學爲正人無徒苟事文藝爲利祿計至評論古今人才賢否亦必準此意諸生翕然化服生平

孝友恭儉出於天性一言一行皆以誠爲主動循禮法布素泊然家無餘蓄乙巳五月靁郡庠顧謂次子行曰明日之夕吾其死乎得微疾諸生進醫藥不飲曰命矣手書四十字詩一章寄示長子幼孜於外書遺命數事示行又書四十字詩一章謝素所往來者翌日自題其神主晚沐浴更衣端坐卒年五十七所著有淯湘稿藏於家

方孝孺字希直一字希古浙江寧海人愚菴公克勤仲子生之夕有大星隕其家幼精敏絕倫雙眸炯炯如電日讀書積寸爲文雄邁醇深鄉人呼爲小韓子年十五六從

父官游齊魯問覽周公孔子廟宅問陋巷舞雩所在慨然以爲彼七十子中顏閔未可幾及其餘若樊遲冉求輩使與之同時豈皆讓之但今世無孔子者出不得所依歸耳自是精思力踐進修不已弱冠從潛溪宋公游盡得其所學潛溪嘗欲甥之而不可亟稱其文名流老輩皆推讓弗及而先生方未視文藝恒以明王道闢異端爲已任嘗曰不以伊周之心事其君賊其君者也不以孔孟之學爲學賊其身者也謂道之於事無乎不在因列所當勉者爲二十一箴又作襍誡三十八章以自警謂化民必自正家始作宗儀九首家人箴一十五首

以告其族人謂先王之治先德教而後刑政作深慮十道其言多先哲所未發又自悼空言浸多絕無自得之味思一屛絕之而以顏曾所以自治者治其心爲日稍久覺向時過鈌愈衆其論靜則本於無欲謂能無欲雖手執筆而耳聽訟口斷曲直而目察銖兩中之寂然者未嘗少變也其論敬以操而不失則內直內直則方外者在是而聖人之天德可庶幾而至矣其論攻異端如攻病當追求其本魁然鉅夫非自耗其元氣病何繇入之善養生者當補元氣元氣既完病卽易去耳聞者咸以爲程朱復出嘗臥病絕糧家人以告笑曰古人有三

旬九食甑無儲粟者躬豈獨我哉洪武中以薦名至京太祖見而異之使往見東宮錫之宴故欲所坐几以試之先生必正乃坐上喜謂皇太子曰此莊士也當老其才以輔汝試靈芝甘露論論遣還家會讐家得罪獄詞株連有司籍其家械送闕下上識其名特釋之使奉其祖母挈其妻子家屬還鄉鄉人感發以爲盛事越五載又以薦名至上方任名法爲治曰今非用孝孺時乃授漢中府教授先生入蜀日與諸生講明聖學蜀獻王聘爲世子師曰方先生古之賢者也先生初號遜志獻王爲名其讀書之廬曰正學人因稱爲正學先生丙子典

應天府鄉試取中劉政等二百四十人建文帝立名爲翰林博士晉侍講學士侍經筵備顧問凡大政議輒咨之帝好讀書有疑必名使講解當臨朝臣僚奏事面决可否亦必命就扆前批答時修太祖實錄及類要諸書命爲總裁官靖難兵起日名謀議詔檄皆出其手燕兵渡淮及江畫策堅守誓死社稷預作絕命詞及燕師入城帝潛遜去宮中火起傳言帝崩即杖衰絰號哭闕下鎮撫伍雲執以獻文皇怒命繫獄猶遣人諭之再三不從姚廣孝計欲服天下請名之草即位詔乃出之獄中及見悲慟徹殿陛文皇降榻勞曰先生何自苦余欲法

周公輔成王耳先生曰成王今何在文皇曰渠自焚死先生曰成王卽不存何不立成王子文皇曰國賴長君先生曰何不立成王之弟文皇曰朕家事先生何自苦置之左右授筆札曰詔天下非先生草不可先生擲筆於地大哭曰死卽死詔不可草文皇曰汝不顧九族矣先生奮然曰殺我十族亦無若何且罵且哭文皇大怒令以刀抉其口兩旁至耳割其舌磔之聚寶門外罵聲不絕至死乃已年四十七門人廖鏞廖銘兄弟拾殘骸瘞之聚寶山麓瘞畢而廖氏見收死之夫人鄭氏已先縊遂誅其宗族親朋八百四十七人焚滅其先人墓毀

棄其文集詔天下有敢藏一字者罪必誅有溧水人魏澤者以刑部尚書謫寧海典史匿其幼子於上海余氏冒其姓方氏得不絕魏澤字承恩有過方先生故居詩云荷輿衝雨入侯城經過令人感慨生黃鳥向人空百囀清猿墮淚只三聲山中自可全高節天下難居是盛名卻憶令威千載後重歸華表不勝情文皇每言及先生憤憤頓足不能平久之與近臣閒論不覺心屈曰孝孺是箇忠臣仁廟亦謂羣臣曰方孝孺輩皆忠臣也詔從寬典方氏遺族始有赦還鄉者因立私祠祀之成化初遺文始行今所梓遜志齋集四十卷是也寧海令郭紳實任梓事併新其祠萬曆初詔復建文年號優卹殉難諸臣後有司始上言先生有遺裔

在雲間命錄之於是雲間亦立祠及崇禎末追謚曰文正先生和粹貞亮天性忠孝年十三居母喪三年不肉食父守濟寧被誣謫戍江浦上書請代不報潛溪卒夔州自漢中走荆榛往祭墓且言之蜀王卹其孤發與王紳林佑郭璿鄭居貞劉剛王琦鄭楷趙象葉見泰王叔英許繼諸名士友善每以書往復切劘道誼聞風者莫不興起斯道爲之復振蓋其學術源流于伊雒其文章大類蘇氏而正論過之自三百年來論華除忠臣者必以先生爲稱首而理學反以氣節掩雖說者或少其格心之學應務之才與夫善死之道要之成仁取義立懦

廉頑正不以胡廣中庸易也近世已有議及文廡一席者論定可俟矣所著述自遜志集外有周易枝詞周禮考次目錄武王戒書注宋史要言帝王基命錄文統皆以厲禁不傳謝鐸像贊曰我台之學考亭是師逮於愚菴實聞而知愚菴之子是曰正學益擴而弘上泝伊雒如鱗在藪如星在辰旁觀一世絕類離倫潛溪之門盡天下士驚咤起立謂莫敢比心實希聖自覗歛然銘盤書紳襟識惓惓家人有箴宗儀有紀謂道之行莫先於此學以氣充磅礴四行執顧執忌禍福死生迄宋及元士氣益下有復古初不在作者 愚按建文遺臣題詩蛾嵋亭有云一箇忠臣九族殃全身遠害亦天常嘗論而細玩之則方正學先生之以十族死固非中道也然獨不得爲狂狷耶又先生嘗言曾子子夏可以爲篤實而未至於光輝李谷平氏譏之謂負是不知曾子似其所學尚粗未到精處也然未得爲入室獨不得爲升堂耶祀之文廟當於振刷士氣匡扶人倫不爲無補或又以其凶死

◎

爲疑則古有結纓而死君難者不巍然十哲之列耶論語稱殺身成仁春秋書及其大夫此吾方先生祀議也

王叔英字原采浙江黄巖人初冒母姓陳後乃復王篤志力學洪武中同方正學楊太中葉見泰林佑並徵至京固辭還鄉因與正學友善相切劘賢名籍甚旣而應辟爲僊居訓導久之改德安府學考滿擢知漢陽縣著惠政遇旱禱雨與神約三日不雨至四日則自減一食五日減二食至六日不雨當絶食飲水以俟神之顯戮不忍見斯民飢死而已獨生是夕即大雨連三日不止慮其爲潦也復禱晴於神如前誓

是夕果開霽邑人大悅建文元年正學柄用欲復井田原采貽書力阻之略云方今明良相遇千載一時但天下之事固有行於古亦可行於今者如夏時周冕之類是也亦有行於古而難行於今者如井田封建之類是也可行者行之則人之從之也易難行者行之則人之從之也難從之易則民樂其利從之難則民憂其患此君子之用世所以貴乎得時措之宜也尋召爲翰林修撰上資治八策曰務學問謹好惡辯邪正納諫諍審材否愼刑賞明利害定法制而卒論創守相成寬猛迭濟之宜識者器之預修太祖實

錄未成靖難兵起奉命募兵廣德未幾燕兵渡江郡人皆散去兵部尚書齊泰來奔原釆疑其貳志令州人執之既至泰告以故乃釋泰圖再舉已而臥病僧寺知事不可爲乃起沐浴具衣冠賦絕命詞曰人生穹壤間忠孝貴兩全嗟予事君父自省多過愆有志未及竟奇疾忽見纏肥甘空在案對之不能嚥意者造化神有命歸九泉嘗聞夷與齊餓死首陽巔周粟豈不佳所見良獨偏高踪遠難繼偶爾無足傳千秋史臣筆愼勿稱希賢復書於案曰生既久矣竟何補於當時死亦徒然庶無慚于後世遂自經死時年未

四十死後妻死於獄二女死於井天台道士謝希年受遺囑瘞之廣德城西五里祠山之麓原采自少以孝行稱既出仕好獎拔善類嘗表薦楊士奇於朝士奇繇此名用正統中士奇題碣曰翰林修撰王公原采之墓而祭以文畧曰先生之學聖賢是師先生之行綱常允持先生之心金石其貞先生之道霜雪其明又追稱之曰先生學醇行正子道臣道終其身無一毫之苟忠孝二字蓋足以當之成化間莆田周瑛守廣德嘉靖初安福鄒守益謫州判皆修其墓崇禎末補謚文忠

周是修原名德以字行江西泰和人少孤貧值元季亂奉母逃難苦行力學從游鄉先生胡渚樵以孫妻之又從國子學錄蕭執受詩往反十餘載學成不仕洪武末始舉明經授霍丘訓導高廟名問汝年幾何對曰四十有四又問家居何爲對曰教人子弟讀書爲善耳遂擢周府奉祠正建文初年有訴王府不法者官屬皆下吏是修以嘗進諫獲免改衡府紀善預修纂翰林數陳論國家大計及指斥用事者誤國用事者怒衆共挫折之屹不爲動燕師既渡江駐金川門宮中悉自焚明日是修留書其家別諸友人付以

後事晩具衣冠入應天府學拜先師畢爲贊繫帶上
自經於尊經閣下時壬午六月十五日年四十九御
史言其不順天命宜加追戮文皇曰彼食其祿自盡
其心置不問是修內貞外和孝友忠信非其義不苟
取襟懷坦明灑落而冲澹悠然其學自經史百氏下
至陰陽醫卜之説靡所不通爲文章未嘗締思援筆
立就而雍容雅贍詞理條達稍暇著述吟哦不虛寸
晷嘗曰忠臣不以得失爲憂故其言無不直貞女不
以死生爲慮故其行無不果取先代近世忠節遺事
輯爲一書名曰觀感錄朝夕省覽卒成其志居恒汲

汲誘導人善人有過失多爲之隱以是無少長貴賤咸樂親之性知人所薦士如梁用之劉叔毖皆知名當世初靖難兵急翰林諸人有與是修約同死義者後皆負約惟是修如其言楊東里爲立傳且贊曰是修之學雖間未純然於明綱常爲世道計必身履之而不徒託之空言豈非卓然特立者歟蓋愧服之也所著有詩小序詩集義詩譜三卷論語類編二卷廣衍太極圖一卷綱常懿範十二卷邇言四卷家訓十二卷又芻蕘集進思集十餘卷藏於家崇禎末補謚貞毅

卓敬字惟恭浙江瑞安人性孝且敏年十五讀書寶
香山晨昏定省之禮雖遠不廢嘗風雨夜歸迷失道
得一兕牛馮之歸比入門引燭放之乃黑虎也學成
於天文地理律曆兵刑靡不究悉尤邃性理著書五
十卷發明周子通書邵子皇極之蘊洪武戊辰登進
士除給事中嘗言諸王服飾逾制宜早辯太祖笑而
納之遷宗人府經歷進戶部侍郎建文帝卽位燕王
來朝惟恭密奏曰燕王智慮絕人酷類先帝夫北平
者強幹之地金元所繇興也宜徙封南昌以絕禍本
夫萌而未動者幾也量時而爲者勢也勢非至勁莫

能斷幾非至明莫能察帝覽奏大驚袖之翌日名見
榻前曰燕王至親卿何得及此對曰楊廣隋文非父
子耶帝默然良久曰卿休矣事竟寢及燕師入京惟
恭不往迎首以奸黨捕至抗聲不遜下之獄文皇猶
憐其才使人諷之受官姚廣孝啣其素薄已力勸殺
之遂不屈而死臨刑從容歎曰變起宗親畧無經畫
敬死有餘罪神色凛然經日猶如生遂誅三族所著
遺書詩文共一百卷門人購而藏之他日文皇嘗曰
國家養士三十年惟得一卓敬宣德間門人黃朝光
作年譜行狀後朝光子養正攜其小像併書至京求

傳侍講安福劉球爲作傳且以忠貞私謚之崇禎末補謚忠貞

程本立字原道浙江崇德人少有大志讀書不事章句與海鹽沈壽康友善壽康執手告曰世之學者爭務科舉以經學爲名而無實吾所不取子之質近厚年且富當志於聖賢之學自是篤志修撿聞金華朱震亨兄弟得考亭正傳於許文懿公之門乃往從學寓金華最久造詣益深更從同邑鮑恂貝瓊游資其開發洪武丙辰舉明經秀才擢秦府引禮舍人改周府晉長史丁卯從王來朝坐累謫雲南馬龍他郎甸

長官司吏目晉家大梁從一僕之任會死可伐煽誘百蠻爲逆遂單騎入其巢諭降之是冬諸蠻復變西平侯沐恩布政使張紞共屬以兵事徧行各縣且撫且禦遇民飢處即便宜賑濟歷勞九載邊方晏然戊寅建文帝立用薦徵入翰林預修高廟實錄尋擢僉都御史作御史箴以自勵俸入外不通餽謁辛巳以失誤陪祀改江西按察司副使未行聞燕兵入金川門知事不競自經壬午六月十三日也越三日文皇即位詔追奪恩典家無遺貲人皆歎曰淸御史所著有巽隱集十卷藏於家後百三十年郡人福建布政

使吳昂刻行於閩邑人相與祀之學宮愚按革除忠臣載建文彙編者不下二百人入金陵表忠祠亦百餘人茲錄僅存其平素知學者數人非敢畧此廢彼凡以爲吾道增光爲後儒立法云爾其間方先生不顧十族死最剛周是修拜別先師死最正程原道自經於燕師入京之頃死最延王原采卓惟寅死雖不同而各從容引罪死最忠皆所謂見危授命臨大節而不可奪者也嗚呼謂非君子人與其方氏門人之死而有傳者附列一二又以徵師友授受之符焉或問他人不以學名而能死節者何如曰吾夫子固言之矣志士仁人無求生以害仁有殺身以成仁蓋志士得之至性仁人繇學而熟成功則一未可以優劣論也第吾人不僅爲一節之死不可爲卒然之死即守死而或未必善其道然則求其生死盡道者所貴豈不在學也與

胡子昭字仲常原名志高雲南大足人性方介富經術遠游漢中從方遜志先生學蜀獻王知其賢賦詩

贈之以明經儒士薦爲榮縣訓導建文初擢翰林檢討轉山東按察僉事與參政鐵鉉等誓死守濟南力禦燕兵出奇計擊走之軍聲大振以功晉刑部左侍郎壬午九月坐奸黨死臨刑詩曰兩間正氣歸泉壤一點丹心在帝鄉時年四十一父母年八十餘及子五人皆謫戍正德中巡按御史熊相立祠祀之濟南人作七忠祠位次第三崇禎末補謚介愍

林嘉猷原名昇以字行浙江寧海人與同邑鄭智行六千里至漢中求正學先生師焉方氏之門四方學者至無虛日而正學獨以得二子爲喜相勗以進於

聖賢之道曰匡我不及者二子也洪武丙子嘉猷以儒士按文四川蜀獻王聞其賢與智同名至成都薦爲府僚訝其名字不相符爲更名良顯建文初辟嘉猷入史館爲編修智爲監察御史而嘉猷累遷陝西按察僉事用忠節化良燕府嘗名入居處最久得二郡王隱情素傾世子以告正學於是上遣錦衣千戶張安持書詣燕許世子王燕燕內使王儼引見世子計且得行世子竟先發事遂洩壬午六月内難平坐方黨逮至京大慟謂僚友曰大丈夫見義勇爲九月中遇害智字叔貞力學好古工文詞友嘉猷而師正

學以賢良舉當官吏事精敏持法不阿至是亦論死
初嘉猷事邑人王琦琦坐累家從雲南姻族無一人
顧恤者獨徒步千里追送贈遺涕泣訣别人高其誼
卒死方氏之禍蓋始終義士也
俞貞木初名楨以字行别字有立南直吳縣人祖石
澗翁琰元末老儒邃易學著書百卷貞木少聰敏善
屬文年十五篤志問學欲以力追古人旣冠念學業
未成弗肯娶從永嘉陳公麟受易多所開悟及陳公
宰慈谿不遠千里後往卒業值元季兵亂始辭歸杜
門不出研精雒閩探奥羲文居閩十餘年視天下榮

利泊如也洪武中始以薦授樂昌令尋丁父憂服闋改都昌令甫下車即損俸倡修周元公朱文公祠因以禮教其民翕然從化未幾政舉惠行郡將上其績於朝丁母憂歸以親族祀法例弗起遂息交絕游屏棄世故問作為詩文以陶寫性情夙秉誠確之資潛心為己之學故其與人處雖甚和易而中峭厲不可犯晚節益樂恬靜安陸姚善來守蘇郡折節下士數延致於庠行乞言禮值靖難兵下勸善舉兵勤王文皇既立被逮至京以疾卒有遺集藏於家

雒閩源流錄卷二終

雒閩源流錄卷三

無錫張夏纂　門人婺源黃昌衢　昌偲　校

謹按太祖定鼎於南而南學最盛一時正儒非溯閩宗卽揚婺派尚矣文皇遷都於北而北學遞興澠池河東伊雒之接武也蘭州師弟關中之餘響也似地靈亦應時而轉者嗣是百年間而其徒與東南之英遥爲倡和何其純粹中和無少瑕釁乎是時在南方則有劉卧盧之篤學焉有吳聘君之倡道焉又有若何椒丘之樹立陳布衣之奮跡與夫楊文懿兄弟之並起焉愚竊以爲此太祖崇正

之效也說者謂文皇首命儒臣纂修四書五經性理大全書成表章之功軼元續宋用是四方嚮風名賢踵出則末學竊見其不然夫濂雒之學傳至南渡後不無駁雜得朱子爲之摧陷廓清餘伊雒淵源而始正輯近思錄而始醇所謂集羣儒之大成也後人誠謹守勿失卽可免歧路之悲自幾宋入元漸復乖離私改宋史者尤爲無識其纂道學傳於周程張邵諸子之後遽躋陸於朱上異同混編令人適從靡主又屈安定康侯東萊北山魯齋諸子於儒林屈西山鶴山諸子於列傳分其塗轍

斷其脉絡比而論之竟同倒置幸其書未行眩惑者鮮種病雖淺猶可救藥當明運新隆固釐正之機會也假令文皇能體太祖之心修太祖之教諸臣亦能以憲章爲已任一循朱學成法筆則筆削則削期於整壹衆庶準式來兹然後頒布學宫庶幾千載一舉而聖人之道如日中天矣不知出此乃狹小前度博採諸家務爲參互前而臨川眉山後而金谿横浦凡經先賢繩削者莫不標舉收入論規模類倣大注詳首尾間涉異端遂使後來入室之戈易班之菟得豫寘其跡何其誤也意者文

皇非學問中人非制作之主徒借此以欺世盜名諸臣亦皆迎附靖難之徒故爾僞飾舊籍苟且成書耶惜哉是書不修于洪武建文而修于永樂之初朝無貞臣有負大典也且吾觀簡首纂修姓氏詞林部曹而下又旁及廣文數人當日徵才不爲不廣然按開局修書之日正月川敎霍之年試引而問之必大有是正何未之及也豈非眞儒難進當事者交臂失之耶抑吾道當明於下不必明於上有數存焉耶故愚嘗謂明儒學脉初盛之守正太祖實首其功中葉之趨邪文皇當任其過彼反

欲歸美文皇譬如宋有濂雒關閩不曰藝祖讓天下之諂而曰太宗殺弟姪之報又可信乎雖然饒人朱友季嘗詣闕獻書嵩詆宋大儒之說文皇從楊士奇言斥其爲儒之賊特差行人押還本籍令有司聲罪杖遣盡焚其所著書此聖政也使當時無此一番懲戒新學之禍不待成弘後始熾矣從來功過原不相掩孰謂文皇之於吾道無尺寸功哉宋史朱熹在道學傳陸九淵入儒林傳至明平湖馬氏稜改宋史列陸於邵子下朱子上

曹　端月川先生　李德附　郭　睿　倪　峻　李時勉

陳敬宗　楊　鼎　尤　文　吳　訥

彭勗　薛瑄敬軒先生　閻禹錫　張鼎

喬縉　李杲　衛述楊學附　張傑

劉誠

曹端字正夫河南澠池人其先本姓楊氏居山西曲沃閻村五世祖嗣以父命出繼舅家曹氏又四傳至敬祖始居澠池屈陀里娶邵氏以洪武丙辰春正月感修竹之祥而生先生自少特異於人與羣兒游必拱立不妄戲謔言笑知愛敬飲食必讓父母兄長出入先後必候長者父母器之曰儼然老成端人因名曰端七歲從父遊學宮見有觀河圖雒書者問曰此星子黑白不同如

何其人異之曰分陰陽也白是陽黑是陰歸書圖于地問父曰與書上相似否父益奇之一日見風雨雷電虹霓問父曰是從何處起父無以答益知他日當大有成就明年始入里學讀孝經曰不如是不成人子嘗曰人生上戴天下履地參兩間而立者不能以忠孝立身非大丈夫也至十五盡讀大學中庸論語孟子尚書詩禮周易春秋能通其義曰六經四書天下萬世言行之繩墨也不可不使之先入于心然後徧讀通鑑綱目諸子史百氏之書以考覽得失而定其賢否雖周公孔子之聖猶且朝讀百篇韋編三絕況常人乎因建勤苦齋以

陳經籍年十八爲邑弟子員明年娶陳氏初讀辨惑編而好之至是志意堅定始卓然以斯道爲已任時有僧者謂先生曰秀才勤學篤孝但不信神佛未善先生曰事之如何僧曰佛主輪廻神主禍福事則報本先生曰物本乎天人本乎祖人能敬天而不違尊祖而繼志是謂報本若事神佛而言行違理何云報本且佛法自漢明帝時始入中國漢去開闢數千年豈漢以前無輪廻獨漢以後有輪廻哉神如關李等皆漢世人豈漢以前無主禍福獨漢以後有主禍福哉僧曰輪廻不可逃惟佛救度之禍福不可逃惟神默佑之先生曰人氣聚則

生氣散則死猶晝夜之必然安有死而復生爲人生而復死爲鬼往來不已爲輪廻哉且使人皆事佛不夫婦乾坤內不過百年無人類矣佛法將安施乎至於作善降祥作惡降殃禍福之來人爲感之使人不積善而諂神求免神本至公豈受枉法之賄而倒禍福之柄乎天道福善禍淫鬼神不能移也書曰惠廸吉從逆凶鬼神何與僧曰秀才說鬼神佛不足事歷代何以立教門崇祀典乎先生曰佛出西方本以導化外國外國事之中國可乎至若神之有功德于民者其祀典亦不敢僭禮天子祭天地諸侯祭封內山川大夫祭五祀士庶人祭

其祖先上得以兼下下不得以僭上今一郡神祠數百一鄉神祠數十家祀天地人祭山川甚者昊天上帝與五嶽及忠臣烈女同坐一室共饗一祀悖禮瀆倫不可勝言魯公三望春秋譏之季氏旅泰山孔子非之況庶人乎古者民不祀非族神不歆非類彼釋氏妄說輪迴惑世誣民滅天理矣棄妻子離父母滅人倫矣雖菩神佛無以救背理亂倫之罪況能報本耶舍中國先王之法從事外國空寂之教舍劬勞罔極之恩周旋釋氏悖逆之像謂之忘本可也如欲報本棄而幼習歸而故家拜父母於堂上饗祖宗于地下娶妻生子思以繼續宗

祀上供賦稅下守禮法所謂出幽谷而遷喬木也報本之
之道舍是何以哉偕黙然久之曰秀才言是也恨年老
不能從學耳當是時先生因父好事神佛家用巫覡族
人塟用地師之術兄弟有欲析居者乃作夜行燭十有
五篇以勸正之謂佛氏以空爲性非天命之性人受之
中民秉之彝也老子以虛爲道非率性之道人繇之路
民用之常也其言辨析甚精父好之卒向學復作家規
輯畧十有四篇建祠堂于家依文公家禮以奉先世神
主置祭田二十畝祭帛取諸蠶桑爲籍印識使子孫奉
行焉乃上書邑宰請毀淫祠百餘所爲設里社里穀壇

使民祈報惟存夏禹雷公二廟而已永樂戊子舉鄉試第二明年會試登副榜第一授山西霍州學正戊戌以內外艱去壬寅補蒲州學正洪熙乙巳春吏部考績霍蒲二州學者上章爭留之復補霍州學正宣德丙午典陝西試己酉壬子連典試陝西甲寅夏六月丁丑卒于霍先是州大夫入問疾先生曰諸大夫能寬一分則民受一分之賜吾無遺憾矣諸生入問疾先生曰賢輩尊所聞行所知吾無遺憾矣召諸子語之曰吾平生不喜佛老不悅齋醮惡其害道亂正也我死爾曹當以我葬考妣之禮葬我毋我汚也至是正衣冠而卒年五十九

葬霍城東子琇璟廬于墓側其後天順間學士黃諫遷之滬池故里當先生之爲霍州學正也教人以踐履爲主始至得李德同升講席久而愈敬霍州饑則分俸濟諸生貧乏者勸州守發倉賑民多所全活司訓張睿死爲之主其喪具棺以禮歸葬給其老母幼子于家時有樵者鬻薪誤得金釵明日歸其主或曰辛苦得金何歸也樵者曰曹郡博有道人也以有道者倡教吾霍可不知化乎先生聞之曰十室之邑必有忠信訪其姓氏入郡志中高文質者霍州士也與同輩觀樂中途返曰此行曹先生得無知乎如知何面目相見縱不知終當自

愧卒不往歸語人曰覩曹先生書籍聽曹先生言論儀可以忘食寒可以忘衣可輕其身從流俗耶先生在霍最久州人士從而化者不可數計蒲霍之間人服先生之敎行家禮毁淫祠者數十百家先生之補蒲州學正也與州人王士希爲友凡所以行已敎人一如霍修學宮廨舍不避太歲不討土旺諸生有欲作佛事葬其親者以道諭止之司訓周敏在京師其妻死于蒲先生主喪事不用浮屠毋惑其妾不肯服衰責以大義使服之敏歸大悅曰篤朋友之義嚴妻妾之分斥釋老之敎一舉而三善備矣其自蒲而復敎于霍也嘗築拙巢于霍

庠時薛文清公方爲大理卿與先生善乃原元公拙賦之旨爲之記晉定王過霍延見先生曰今幸識曹先生矣爲建頒書閣以貯上所頒經籍聚學者講習其中而四方來學之士日益衆及於没而相與悲哀之如喪考妣門人蒲坂謝琚志其墓謂鄒魯河雒之教復見于今日師道得人先生一人而已先生居喪苫塊飲水形容哀毁杖而後起弔祭者迎送卒哭無少怠一如家禮不徇風水齋醮遠近觀者幾千人既葬廬于墓所三年不食菜果鹽醯負土成垃植栢成林靈雀巢于樹雉兎馴游其間人皆稱孝感每遇考妣忌辰終日哀慕未嘗飲

食言笑接見賓客親没後遇巳誕日亦不受賀倍恭祠堂凡九族之喪聞訃必依制行之素服蔬食未嘗少間父幼孤養于外舅邵氏家邵氏無後故與曹氏合祀適別立義祠以祀之自奉甚薄衣取蔽體食取克口出入不騎乘喜稱人善惡言人過言語謙和禮貌恭肅未嘗以賢智先人雖隆冬盛暑不冠帶不見諸生有所叩問輒據事理以應之故賢者慕其誠雖婦人女子走卒樵夫皆知稱先生名而樂道先生之德焉居家夜分乃寢鷄鳴而起諸子侍立終日肅恭不怠兄愛弟恭和順親睦諸婦皆知禮義饋獻整潔無故不窺中門出入必擁

蔽其面皆先生至誠之心所化也可謂醇儒君子矣所著有四書詳說孝經太極圖通書西銘諸述解性理論存疑錄儒家宗統譜夜行燭家規輯略等書及語錄行于世其序四書詳說曰夫四書者孔曾思孟之書所以發六經之精義明千聖之心法也語其要分之則論語曰仁大學曰敬中庸曰誠孟子曰仁義合之則帝王精一執中之旨而已矣其序孝經述解曰性有五常而仁爲首仁統萬善而孝爲先蓋仁者孝所繇生而孝者仁所繇行者也是故君子莫大乎盡性盡性莫大乎爲仁爲仁莫大乎仁孝其序太極圖述解曰太極者象數未

形而其理已具之稱形器已具而其理無朕之目是生兩儀則太極固太極兩儀生四象則兩儀爲太極四象生八卦則四象爲太極推而至于六十四卦生之者皆太極焉蓋孔子而後論太極者皆以氣言老子道生一而後乃生二莊子師之曰道在太極之先列子渾淪之云漢志含三爲一之說所指皆同微周子啟千載不傳之秘則孰知太極之爲理而非氣也哉是後有增周說首句曰自無極而爲太極則亦老莊之流有謂太極上不當加無極二字者則又不知周子理不離乎陰陽不雜乎陰陽之旨矣亦惟朱子克究厥旨遂尊以爲經而

註解之眞至當歸一之說也又以朱子語錄爲未成之書混于注解之文因作太極辨戾文其畧曰周子謂太極動而生陽靜而生陰則陰陽之理係乎太極之動靜而朱子之解極明備矣其曰有太極則一動一靜而兩儀分有陰陽則一變一合而五行具尤不異焉及觀語錄却謂太極不自會動靜乘陰陽之動靜而動靜遂謂理之乘氣猶人之乘馬馬之一出一入而人亦與之一出一入以喩氣之一動一靜而理亦與之一動一靜若然則人爲死人而不足爲萬物之靈理爲死理而不足爲萬物之原理何足尙而人何足貴哉今有活人騎馬

則其出入行止疾徐一繇乎人馭之何如爾活理亦然不之察者信此則疑彼矣信彼則疑此矣其作通書述解篇中論孔顏之樂有曰孔顏之所樂者仁也非是樂這仁仁中自有其樂耳孔子安仁而樂在其中顏子不違仁而不改其樂語曰仁者不憂不憂非樂而何周程朱子不直說破欲學者自得之耳其作西銘述解大意在明理一而分殊爲分經布註以解之其作性理論凡經史之疑難性理之奧旨皆詳著爲論其序存疑錄曰天下無性外之物而性無乎不在性卽理也理之稱名曰太極曰至誠曰至善曰大德曰大中名不同而道則

一也六經四書之後闡明開示至當歸一之論惟周程
張朱真得孔孟宗旨是以於講授之餘信手錄其所說
首太極以闡造化之源次陰陽以明造化之流而後列
其成象成形有涯有涘或動或靜在幽在明之久之暫
之所以然與其所當然之故及夫道統之傳異端之辨
以實造化理氣之無窮則吾道一以貫之無遺焉其序
儒家宗統譜曰是儒家之真源正派也真源乃天地人
之所自出正派乃皇帝王之所相承所以參天地而立
人極然其大目則曰三綱曰五常而其大要則曰一中
而已三皇儒而皇五帝儒而帝三王儒而王皐夔稷契

伊傅周召儒而相孔子儒而師然則孔門一帝王之教耳帝王一天地之道耳儒家者所以相天地宗帝王師聖賢心公天下萬世之心也道公天下萬世之道也朱子謂釋氏出于自私之厭老子出于自私之巧夫彼豈可與此同年而語哉嘗言學者須要識得靜字分曉不是不動便是靜不妄動方是靜故曰無欲而靜到此地位靜固靜也動亦靜也又言吾輩做事件件不離一敬字自無大差先生著書立言之意大率具此嘗自稱伊雒後學以志私淑二程晚年有得於太極之精旨爲川月交輝圖以喻其妙其圖天上一月川中九月詩曰天

月一輪映萬川萬川各有月團圓有時川竭爲平地依舊一輪月在天所以喻夫統體各具之太極與萬感之俱寂而一理之常存也因更號月川子學者稱爲月川先生李德字紹賢霍州人先庠師盧席公請爲賓師及聞月川先生除任遂辭去月川至命諸生講之同堂講論兩意大洽文教振于晉陽間霍人稱白雲先生薛文清公贊月川像云貲稟氣淸理明心定篤信好古距邪閑正有言有德以淑後人美哉君子光輝日新正德中大司馬彭澤致書河南李巡撫稱爲理學之冠欲舉從祀其後廷臣屢以爲言未果行

郭春山西霍州人從李白雲曹月川兩先生講學永樂甲午鄉舉任南城兵馬指揮尋聞父喪徒步奔歸

以不及治塋爲痛遂廬墓側有白兎穴於廬次馴若家畜月川作歌以表章之

倪峻字克明一字維岳南直無錫人生元至正庚子少游邑儒陸士弘之門諱以道載元儒攷畧受蔡氏書傳學識醇正及應洪武庚午鄉舉遂魁其經署教鄆城訓諸生先德行而後文藝居八年中州俊秀負笈從遊者千人擢令泗水永樂初改沙縣專以禮讓爲治修起了齋豫章二先生祠爲之記講學於其中閩士雲集親自飭勵誘進之以政最召爲兵科給事中尋長其科廉正守道上書諫佛事時人擬諸韓表文廟怒左遷行

人司行人遣使外國以折之後先浮海者垂十二年初占城王欲召見與之辨賓主正君臣力折驕王俾損萬乘郊迎而後宣詔王聽命惟謹凡三至占城而執禮彌堅訖正天朝使臣之禮歸過沙縣父老擁車拜泣扳留百端七日不得去敭歷三十載得俸盡以分親族貧交既艾請老家食不給日與弟子講伊雒之學於東林性好鼓琴詠詩優游十餘年卒葢錫山東林有宋五賢而後（楊時喻樗尤袤李祥蔣重珍）明初當絕續之介其得中延一綫者非無繇也所著有靜寄集行於世子恂以孝友著孫敬字汝敬中進士官御史亦以

諫顯於正統景泰間有月樓文集

李時勉名懋以字行一字古廉江西安福人少有大志甫成童每自勵曰顏曾希聖四勿三省永樂甲申進士改庶吉士預修高廟實錄永樂大典初授刑部主事改翰林侍讀十九年三殿災詔求言條上十五事皆切中時弊有旨允十四事施行之是冬復言事忤旨繫獄二十一年以學士楊榮薦復職扈從洪熙改元言事觸諱忌仁廟震怒命武士以金瓜撲十數下脇斷曳出大學士楊士奇灌以燒酒得不死乃下錦衣衛獄先是折脇內向不相著及用挺扭斷骨忽

自接宣德初上幸萬歲山恨其言戇觸仁考怒令使者縛東面鞫之已又令王指揮縛斬西市王指揮出端西旁門古廉已爲先遣使者縛入端東旁門門中相左王指揮至獄知古廉入亟走還將縛送西市古廉已入見上得赦矣上曰汝何激怒先帝對曰臣言制中不宜御妃嬪太子不可遠離膝下至第六事止不言上再問對曰臣不能記其詳上微笑不復問且索諫草在否曰焚之矣上遂憐其忠愛命立脫桎梏復原官預修兩朝實錄成進侍讀學士一日上懷金錢至史館撒於地縱諸臣拾取古廉獨正立上呼之

前以袖中餘錢賜之上嘗御文淵閣賜諸學士飲顧謂曰卿非朕安得飲此酒古廉頓首謝曰臣蒙再造恩不勝感激正統初兼經筵官每進講上必傾聽聞者莫不稱善以爲范淳夫其人也進學士六年遷國子祭酒倣胡安定教條隨材造就之督勵嚴甚每旦五鼓命膳夫提鈴諸生門卽起誦讀夜終二鼓方聽就寢或時潛行以察勤惰無燈者旦罰治之尤禮待諸生病給醫藥死助棺殮未娶者使有室師生間恩義浹洽不啻父子上疏請改建太學太監王振奉命來視古廉與之抗禮振生日又獨不賀振銜之坐以

擅砍文廟古木爲不敬命置百斤枷枷號國學前司業趙琁掌饌金鑑皆予罰有一枷特重數斤振爲古廉設也金曰鑑年壯當荷此古廉曰僕雖老筋骨甚堅即以自荷諸生司馬詢等數百人伏闕請宥而石大用者獨上章乞身代之始獲釋尋致仕去諸生涕泣走送觀者塞途商賈爲罷市又明年北狩報至北面頓首號慟上疏言選將練兵迎還車駕數事景泰元年卒年七十七謚文毅成化間贈禮部侍郎改謚忠文

陳敬宗字光世浙江慈谿人永樂甲申進士選庶吉

士預修高廟實錄永樂大典授刑部主事復預修五經四書大全徵入史館預重修高廟實錄書成改翰林侍讀內艱去宣德改元起復修兩朝實錄未及竣遷南京國子監司業精察積弊首疏三事上之九年秩滿晉祭酒光世矜嚴好禮儀止端莊當會食諸生稍有失儀即令待罪或有所對嚴若對君毎遇丁祭豫齊十日於箱房宿焉久居太學力以師道自任不少厭倦申立教條痛革舊習日勵諸生進學成德有違犯者抑除坐堂月日悉爲虛曠預示而堅守之諸生以是畏憚不敢少恣是時督宗之政嚴于朝典遇

諸僚屬槩不假借間以此致慫弗恤也有挾私忿誣奏之者法司將覆請逮理或謂宜上疏自辯屬筆者詞多遷就光世曰不可被誣罪小欺君罪大具實以聞事得竟白時關中楊鼎發解試禮部下第疏乞入南監從光世學詔從之鼎至監清苦力學後舉禮部亦第一廷試第二仕至戶部尙書其能得士心而成人材如此素善飲其客酩酊尤自儆然若未嘗飲者人皆服其養平生剛正介潔不見喜慍官太學二十餘年諸生多位至卿貳光世獨久不調處之裕如可以徵量可以觀守矣時北監李古廉先生約束諸生

身教亦嚴世稱南陳北李云景泰元年引年致仕既退家居不輕出入望重朝野天順三年卒年八十三謚文定著有澹庵集行于世

楊鼎字宗器陜西咸寧人家貧好學手不釋卷歷治詩禮易三經宣德乙卯鄉舉第一明年試禮闈下第時南監祭酒陳公敬宗學行動朝野乃上疏請入南監就教上從之比至監清苦力學修行陳公試其文察其行歎曰閉戶端居非人所苦雖簞瓢不是過也正統己未舉會試第一擢廷試第二在翰林迥然自异累陞戶部尚書持正不回嘗書十思于座隅以自

省曰量思寬犯思忍勞思先功思讓坐思下行思後名思晦位思卑守思修退思早未幾加太子少保致仕卒年七十六贈太子太保謚莊敏宗器天性直諒見事明決確然有守死生禍福舉不足以動其心居家冠昏祠祀遵用古禮致仕後築靜善書院延師以教里中子弟歲饑悉出所蓄以賑親舊嘗語諸子曰吾平生無可取者但識廉耻二字耳因自號耻庵又言吾學問得之南雍爲多著有助費稿二十卷及奏議五卷行于世子時暢由進士歷學士少卿時敷舉人嘗親喪廬墓弘治初旌表

尤文字務樸一字文達南直無錫人文簡公袠十世從孫父味菜翁卜居東郭廻溪里有願生文人不願富之語及生務樸因命名曰文自少博學洽聞傾其同輩弱冠讀程朱遺書與遂初先生集慨然向慕潛心精究直探淵源以復性立命爲指歸以持志養氣爲達徑謂學者必先於天理人欲關鍵剖決分明纔有入手處屹然有千駟弗視一介不取之思洪武中舉明經秀才俱不就晚益超邁獨悟天則之妙奉母隱居致養爲樂若將終身焉永樂十七年詔天下方面官保舉孝廉又詔吏部訪學行並優者取來於是吏部以馬麟等十五人具奏列

務樸名第二上特遣行人盧玉齋勅書徵之大吏爭臨門勸駕以母老疾無他子力辭時麟等被徵至京以明年閏正月朝見授布政七人參政五人賜釋褐一人其不至者獨務樸與梧州吳貞簡鶴耳貞簡有足疾故不行以布衣徵擬棄二品人並高之徵書有云爾尤文生於詩書孝友之家實出理學名臣之後志懷堯舜行合閔曾既篤事親之深誠必抱致君之遠略累舉明經嘉遯丘壑朕欲賁啟沃心渴儀型特遣行人聘爾入朝用展致知格物之學共成時雍於變之休端有望矣毋耽釣築遏佚前光當時眷注之意如此務樸弗爲動也厥

後尚書胡濙巡撫周忱等復薦之終不出及卒門人私謚曰恭靖先生著有語錄二卷行于世閩人陳真晟序之謂議論切實學術純正與有宋五子書相爲表裏非後儒可並自務樸紹明文簡之緒而子諤孫弼曾孫晉玄孫瑛五世孫鐙六世孫之濤代以文學科名顯諸孫賢且貴者祀世德祠得十二人南方稱家學之盛者鮮與比埒焉

愚按吾邑務樸先生不肯事靖難之主二泉先生不欲立議大禮之朝乃其辭召命也皆以養母爲言以孝全忠亦以忠成孝世人無繇窺見心事惟其身不出而倫紀賴之矣何粹夫嘗論不義而富且貴於我如浮雲浮在不義不在富貴竊謂兩先生斷斷不屑就亦衡之於義而已故吾儒遇辭爵祿處卽當擇中庸辨學者辨此

吳訥字敏德號思庵南直常熟人七歲能背誦五經正文長而力學尚義兼善醫術父遵道沅陵主簿謫繫京師乞身代事未白而父没治喪如禮以學行聲聞江東郡縣薦爲教官不就永樂末舉醫生至南京所居鄰有嫠婦少而美夜穿壁將奔之敏德亟排戶肩大雨出旦日即遷他所時仁皇帝以太子監國命教功臣子弟洪熙改元拜監察御史巡按貴州恩威並施還三都所遺贐金題之詩曰蕭蕭行李向東還要過前頭最險灘若有贓私併土物任教沅溺碧波間清而不激若此再差巡按浙西表陸宣公里修岳鄂

王墓斷秦檜所立太學碑以扶植綱常爲務廉直敬慎持正不撓歷遷南院副都御史爲人端重純明履方居約不以窮達易所守其學務遵儒先爲文根據理義有裨世教致仕日子其爲巡江御史至通州因南望親舍止一水遥渡歸斂德怒甚不容見所居離城三里縣官聞之皆來迎謁爲之祈請再四乃許入門跪庭下良久大數其私歸之罪立遣渡江不容升堂也外孫錢昕初赴舉送以詩云阿昕今喜赴科場南北奔馳日夜忙昔日曾聞先達語一憑陰德二文章蓋因其父而規之也及昕報捷命執掃除之役以

折其少年英氣其後斫卒爲循吏斂德卒年八十六賜祭葬謚文恪所著述有小學集解性理羣書補注晦庵文抄北溪字訓草廬文粹文章辨體詳刑要覽歷代名臣諫疏思庵前後續集行於世錢溥曰公嘗辨子游聖門高弟豈有荀況所謂偷儒憚事無廉耻嗜飲食之譏葢荀去子游幾二百載其時子弟鄉人或狃于俗習遂乃譏及子游晦庵嘗記子游祠使此邑之人百世之下復有如公者出一灑其譏今公自處雅儉粗衣蔬食不混流俗而又淵源其學木立而用行廬陵楊文貞公當代儒碩愼許可至論公著述皆端本澄原之作又謂古道古心非今世所恒有噫是豈不足以灑其譏耶 愚按吳氏世居海虞東北隅子游宅傍其生思庵固地靈再應也初巡江浙時見仁和邑庠有宋高宗書九經論孟碑多散布行路日此宋南渡始崇道學事也命撿其所遺得百二十片復置殿廊見李公麟書先聖賢

像而秦檜記之有縉紳未純儒術頗馳狙詐僥倖功利等語蓋指當時阻和議者曰此正賜庵所謂邪說誤國罪萬死不足以贖者也即命磨去及還都憲節至留都適習儀朝天宮謁卞忠貞墓見其偏隘立命道士撤垣屋還所侵地若先生者可謂功在名教矣

彭勗字祖期江西永豐人生有異質七歲日記數百言嘗從鄉父老入佛寺獨不拜寺僧強之不從反叱之曰彼佛裸跣不衣冠我何拜爲人大奇之年廿六登永樂乙未進士念親老乞改教便養得南雄府教授分考雲南鄉試正統初元少傅楊士奇薦之召拜御史提督南直學政教條畢立寬嚴得體巳未廷試三甲魁選悉出其門至今論南畿提學必以彭公爲

第一以内艱去起復拔授吏部考功郎中更定條例
考功爲之一清巳補山東按察副使巳巳之變廷議
以其才可用乃勅簡練軍壯固守城池督造軍器送
京營於是出入宣勞屢疏兵事抗直無隱居四年自
陳得歸時年六十四祖期所至毁淫祠寝齋醮而表
章先賢祠墓甚多嘗上言堯舜禹湯文武周公之道
非孔子删述六經垂憲萬世則其道無傳所謂集羣
聖之大成也濂雒關閩之學非朱子詮釋六經而裒
集諸子之言則其學不明所謂集羣賢之大成也今
朝廷於孔子至矣而朱子建寧舊宅有祠無祭子孫

身服徭役誠非所宜乞定議褒崇幸甚疏入公論是之所著述有書傳通釋讀書要法山東郡邑通志勝覽等書及詩文集行于世

薛瑄字德溫山西河津人生有異質五臟露如水晶智發隣神七歲通語孟十二能詩賦旣而聞魏范深於理學乃禮延於家俾子弟職日與講習性理周程張朱諸書久之歎曰此道學正脉也魏范字希文高密人時與永嘉徐懷玉濟南王素亨皆以耆儒戍玉田先生奉父教師之三子皆不敢當禮遂焚所作詩賦耑求理學至忘寢食處恭執敬氣象儼若成人父貞司教鄢陵時例庠生乏科貢職教者充戍父慮之因強先生補鄢陵諸

生永樂庚子中河南鄉試第一辛丑成進士擢御史時楊文貞公士奇在閣求一識面不可得差監湖廣銀場手錄性理大全全帙不下數百萬言晨夜玩讀潛思有得秉燭疾書淡探密玩或通宵不寢正統元年初設提學憲臣出爲僉事視學山東首明理學以淑人士人稱爲薛夫子大璫王振問于三楊吾鄉誰可爲大臣者皆薦先生召爲大理右少卿三楊以此舉出振意欲先生一見振先生正色曰安有受官公朝而拜恩私門耶振聞而憾之已而遇諸塗衆行跪禮先生獨不屈振益不悅會有獄夫病死其妾欲嫁私人王山山振姪也正妻

不許妾嫁妾遂誣妻毒殺夫下御史獄坐妻死先生辨其冤益觸振怒其黨誣先生受賄棄律出人罪嗾言官劾奏論死先生怡然曰辨冤獲咎死何愧焉獄中日手周易誦讀不輟將刑神色自若會振家一老僕哭於厨下振怪問之曰聞今日薛夫子將刑耳振問何以知之曰鄉人也備述其賢振意動而止尋大臣申救又家人乞代死有詔赦歸田居家六年閉戶不出造詣益邃十四年用侍郎江淵給事中程信交薦起大理寺丞分守北門禦警景泰改元督川雲轉餉貴州遷南京大理寺卿蘇松饑民貸粟富民不得遂火其屋竄匿海中朝廷

遣都御史王文往案坐謀叛連五百家先生抗章力辨獲免文謂人曰此老倔強猶昔是冬御史劉孜薦先生粹學飭行乞召置館閣俾講學輔導必有裨益上不許守備中官興安袁誠時無抗禮者午節饋扇先生曰此朝廷禮不敢受於是益加敬憚太監金英奉使南京諸公卿共餞江上先生獨不往英北歸言於人曰南京好官惟薛卿耳四年秋召入爲大理卿裕陵復位擢禮部右侍郎兼翰林院學士入内閣一日召入便殿上服小帽短衣先生不入上遽易服始命入見所陳皆正心誠意之說及出上語左右曰此正薛夫子也時有矜迎復

功者先生曰許魯齋不陳伐宋之謀凡事取必于智而不循天理之正非聖賢之學也尋典會試錄首序以正學復性爲言或請易答曰平生所學惟此事竣晉禮侍左會欲遣使徵御西番先生持不可弗聽又見曹石等竊秉朝柄歎曰君子見幾而作豈俟終日乎遂引疾致仕石亨來視疾曰先生旣不留願爲先生請勑郎家塾敷教且有以資養答曰昔許魯齋去位元世祖賜勑書爲教魯齋懸之屋梁終不以示人若資其養曷若不辭官耶亨歎息而去歸至直沽道遇風雨舟不前餱糧俱匱日中猶未食從者皆慍先生歎然吟詠歸家八年四

方學者從游甚衆先生惓惓以復性爲教曰此程朱喫緊爲人處而永叔言性非所先誤矣六經四書性之一字括盡孟子以後道不明只是性不明學者明此性行此性而已爲人剛方正大一以聖賢爲師學務力行不尙辭說處已接物不詭隨不屈撓辭受取與必揆諸義一毫不苟出處大節光明峻潔於富貴利達泊如也居家孝弟忠信對妻子如嚴賓及至接人和氣可掬不語人以其所未至有所誨迪不出存誠主敬反身窮理數端歸之復性初無甚異於先儒之所言而洞徹下上傳諸無弊曰聖賢千言萬語皆說人身心上事誠能因其

言反求之身心擺脫私累則身心皆天理矣曰萬物不能礙天之大萬事不能礙心之虛曰一身萬物皆天地公共之器非已所能私曰格物只格個性曰無欲非道入道自無欲始皆徹語也晚年涵養純熟至卒之日作詩曰土牀羊褥紙屏風睡覺東窗日已紅七十六年無一事此心惟覺性天通時爲天順甲申六月廿五日壽七十有六訃聞贈禮部尚書謚文淸學者稱敬軒先生嘗言自朱子後性理已明正不必著書程明道許魯齋皆未嘗有所著作而言道統者必歸之故於諸經亦無所注述有讀書錄續讀書錄行于世河汾集藏于家劉

文安公定之首請從祀文廟嗣後言者又數輩隆慶初

詔允從祀稱明儒第一

嘉靖巳亥御史論薛文清應祀典與集羣臣議或謂瑄無著述而欲祀孔廟猶無汗馬之勞而欲配帝享於義不稱中允秦鳴夏爭曰興王之業固有不盡恃于汗馬者而況吾道之於著述耶自秦火烈興鄒爐諸儒之傳經守正有足多者時也迨夫理學旣明家論戶曉枝葉滋蔓戕害本根瑄獨反躬實踐厭斥支流迴尋正脈使學者曉然知所趨向此其功大於著述矣臣以爲昭代必欲崇興從祀以風示來學非瑄不可鳴夏字子亨號白涯臨海人嘉靖壬辰進士萬曆甲辰東林書院九日首會山陰劉念臺講克復章畢坐中倘論徵不滿于薛文清無錫高存之請故念臺徐日易儲一事文清時以大理卿理猶在雲南歸而不諍猶曰位不在也于忠肅臨刑文淸時在內閣建言云天子新復辟不宜誅戮以傷天地和氣于初擬極刑不因文淸言僅斬此事爲慊心否乎存之曰論至此却不能爲文淸解可見後世眼可畏不爲你絲毫隱漏也念臺又日所以文清不久去位以爲曹石之故非也只

此事文清巳不能安其位念臺將別去存之曰此會可以千秋　愚按山陰此論其詞雖若不滿亦可謂善體文清之心矣

閻禹錫字子與河南洛陽人性純孝九歲時哭其父幾至滅性正統甲子年十九領鄉薦乙丑會試中乙榜授昌黎訓導丙寅以母喪歸廬墓終制有強暴見化白蟻出集之應有司以聞詔旌其閭旣而聞河汾薛夫子講明程朱之學遂謝舉業往從之游得其大指而歸起補開州訓導遂以其所得爲教四方從者日衆學舍幾不能容州氓無少長皆化之曰無取閻先生非刺也稍涉不義卽相誡曰無令閻先生知之

正身飭行學者心釋人以比司馬端明之在雒天順丁丑內閣李文達公賢薦爲國子博士尋遷監丞諸生之事干謁者悉不得行不遂者或以賈愆癸未謫徽州府經歷諸生詣闕奏留者至再甲申遷南京國子監助教復轉監丞掌京衛武學事世祿子弟悉知讀書繇禮踵登甲科而號爲儒將者亦多出其門四典文衡尤稱得人久之超拜御史提督畿南學政子與感知遇慨然以造就人材爲志勵名節敦士風抑詞章之習明本原之學取周子太極圖通書爲諸生講明之一時人士皆粗知性理又疏場屋數十弊奏

上皆賜施行時論稱快焉成化丙申無疾卒于官士子如喪考妣公卿大臣皆惜之宦游三十年清苦蕭索如寒士每去任囊無一錢死之日諸門人屬吏相與致賻始克殯所著有自信集所纂述有嶰庵要語二程全集薛文清公讀書錄河汾詩文等編行於世

張鼎字大器陝西咸寧人父廉爲山西蒲州知州大器少從父之任受學於河東之門用是日加勤勵一稟于程朱正傳文清深許之歸補西安郡庠景泰癸酉以易舉于鄉成化丙戌成進士授刑部主事選員外郎秖持清潔推讞詳明甲午出知山西太原府太

原爲省會劇郡故稱難治大器游刃有餘循良弁三晉郡人德之不忍其離去故九載考績晉山西參政仍署府事又四載始遷河南按察使振肅紀綱奸貪斂迹弘治改元擢右僉都御史巡撫保定等府時畿內多事盜賊充斥行旅戒嚴乃築牆植樹自內丘直達京師緜是道路肅然久而賴之值歲大祲給糧賑濟民免流亡辛亥晉戸部右侍郎尋以病歸大器爲人仁厚敬慎事不苟爲非義一介不取終身恪守師說不敢稍有踰越文淸公沒其文集散漫不傳爲之搜輯較正凡數年稿始克成乃爲序梓而傳之至今

學者尙論文淸必以大器之言爲徵信弘治乙卯卒于家年六十五所著有仕學日記自在詩文蠹齋博稿行於世三原王端毅公銘其墓云理學傳自文淸公高名可並太華峰世以爲確論

喬縉字廷儀河南洛陽人少頴敏薛文淸公見而奇之授以毛詩及太極西銘諸書成化壬辰登進士丁艱歸服闋授工部都水司主事督理山東泉源時諸泉湮塞或爲豪宦侵匿漕運屢梗於是行部得湮塞泉四百有奇侵匿泉二百有奇合六百餘泉會于洸汶泗沂四水漕運大濟大司空以績奏改兵部職方

轉員外郎弘治四年出補四川叅議至任有馬湖知府安鰲殺敘南衛千戶曹明獄久未決廷儀一訊即服尋以征貴州苗督餉有功拜文綺寶鏹之賜久之不調蓋慭者倚以治泉之故從中尼之也廷儀知之遂上疏乞歸年七十二卒所著有性理解惑及河南郡志行于世

李杲山西安邑人景泰丙子舉人授清水縣學教諭恭勤博覽嘗從學薛文清公而德行粹白時人多以理學師之

衛述山西蒲州人受學薛門得其傳忠信無僞可透

金石其門人楊瑩字大潔官叅議年四十餘以清正忤執政引疾歸誦習遺教益礪介操

張傑字立夫陝西鳳翔人生有異質頴悟過人稍長入郡庠卓然以聖賢自期年二十一領正統辛酉鄉薦乙丑會試中乙榜以親老就山西趙城訓導居官六年惟以講學教人爲事一日薛文清公過趙城共論身心性命之要文清歎服而去立夫之學繇是益深景泰辛未聞父工部公之訃徒跣奔歸喪葬悉以禮先是里俗多用浮屠法立夫一切屏去鄉人化之服闋以養母不出天順癸未母棄養既禫有司勸駕

立夫蹙然曰吾少也力學以明道祿仕以養親今吾親終矣而學無所得尚欲仕乎遂不復出因賦詩自責曰年幾四十四此理未眞知晝夜不勤勉遷延到幾時益大肆力於學居恒瞑目端坐至於移時起則取諸經子史朗然諷誦或至丙夜後已最愛涵養須用敬進學在致知二語因大書揭座右弟子從游日衆乃拓家塾以五經教授學者稱五經先生亦稱黙齋先生巡按御史疏薦爲提學僉事不報成化乙酉應天聘典文衡辛卯參臺馬公震聘攝城固縣學事俱謝不在與皐蘭段先生堅趙侍御英河東李學博

県泰州周布衣蕙往來論學而殷尤稱契厚或勸以著書答曰吾年未艾猶可進也俟有所得爲之未晚乃竟未及著書而卒年五十二立夫篤于孝友事二親曲盡子道與兄英爲異母同居五十年無間言姊早卒撫其子若巳出教之成立御子弟一以禮法內外斬斬嘗自題曰讀孔孟書學孔孟事知有未能行有未至惟日孳孳以求所無負也其勤勵若此没後郡守趙博白兩臺即塾左建祠祀之

劉誠字敬之北直鷄澤人弱冠登天順丁丑進士擢翰林簡討輔導德王尋遷秀王府長史以禮輔王多

所敵沃作千秋日鑒錄以獻及王就國汝寧在途淹留上章懇諫王即兼程以進既抵國羣小欲毀孔子廟以廣王宮力諫不可廟得不毀改寧國府同知遷湖廣叅議分守湖南凡化民振俗動引古誼不加笞罰或譏其迂曰吾道如是也居官廉俸祿之外毫不妄取初從國子監丞閻子與學易得河汾嫡傳既登第窮探力索務求四聖之旨嘗謂焦贛易林耑取納甲飛伏非聖法廼作周易衍辭又取漢唐宋詔誥章表可爲訓者作典謨遺旨採楚漢以下詞人之作散見諸書得三百之旨者作風雅遺音又謂邵子皇極

經世自鄱陽傅氏後知者蓋鮮因深求其理重加訓釋而未就以蔡氏洪範皇極內篇揲法不傳精思潛玩遂得其法且爲補其釋數之缺嘗於秀王前講書西伯戡黎主吳氏說曰戡黎者武王也右長史趙銳主孔氏說曰戡黎者文王也敬之曰紂都朝歌黎在畿內豈有人臣伐畿內之國尚能退就臣位乎此乃孟津之兵首事于黎耳其識議類如此童時喪父悲哀毀瘠如成人事母以孝聞家貧爲童子師資束修爲養既仕有祿悉歸於母錙銖不入私室每有賓客宴會先具甘旨進母然後出以供客終其身以爲常

嘗以公事落施州久不見母一日方治文書忽潸然不自勝從吏請其故曰吾思吾母不得見耳兄早喪事寡嫂敬而有禮其孝友蓋天亶也成化庚子六月疽發於背慮遺母憂有問者輒曰無傷也疾亟以手拊牀曰我死不足惜第念老母不獲終養耳遂卒年四十八卒之日囊無寸帛幾不能殮賴僚屬賻之始克歸其喪

雒閩源流錄卷三終

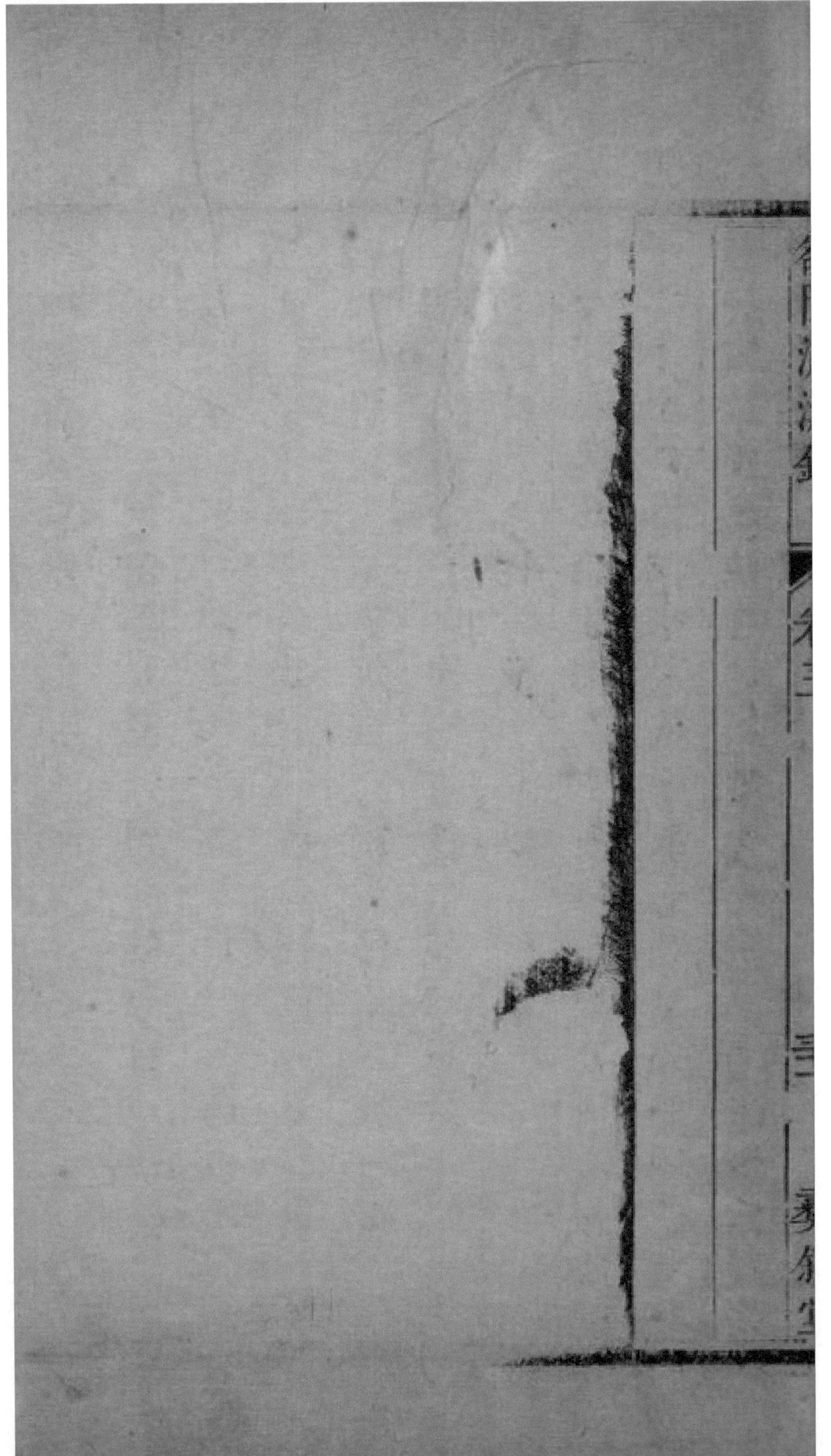

雒閩源流録卷四

無錫張夏纂　門人婁源黃昌衢 昌修 校

段堅　王鴻儒 張景純附　周蕙　薛敬之

王爵　李錦 成章　劉觀　夏寅

何喬新　吳與弼　鄭伉　謝復

婁諒　任泰　陳真晟 剩夫先生　彭韶

李宗栻　楊守陳　楊守阯

段堅字可久陝西蘭州人生而剛方穎異讀書即知正學年十四爲郡諸生見緱山陳先生書銘於明倫堂有羣居慎口獨坐防心之語酷愛而敬誦之遂慨然以爲

聖賢可學而至年十七王父沒白其父治喪不用浮屠法凡當世宿儒宦游於蘭者無不師之於經史蘊奧性命精微不究其極不止也動作不苟人以伊川擬之正統甲子領鄉薦明年下第歸鄉之士大夫多遣子弟就學可久以師道自尊教法嚴而造就有等士類興起己巳英廟北狩應詔詣闕上書不報乃褁糧買舟南游齊魯淮楚以至吳越求友訪道踰年始歸學益有得景泰甲戌登進士以文名徵纂山西志明年志成復命尋移疾歸讀書於五泉依巖作洞以爲會友講習之所有得卽形於詩天順己卯選山東福山知縣福山故僻邑

可久以德化民刋布小學諸書令邑人講誦復以詩歌典之必欲易其風俗縣是陋習丕變渢渢乎有絃誦風旣六載以李文達公薦超擢知萊州府名郡縣官師與燕俾言志詠歌用申政教未朞月萊人大化以憂去旣禫不遽北上乃訪周廷芳於泰州訪張立夫於鳳翔相與講學久之復補南陽在南陽慨近世學者以讀書媒利祿階富貴擲知聖賢之學遂倡明周程張朱與古人爲學之意建志學書院聚郡庠及屬治諸生親授講說又以民俗之偷縣未預教乃遴屬治童蒙授以小學孝經文公家禮諸書俾之講習又創刻二程全書胡致堂

崇正辨偽盈科者給課士習翕然改觀復創節義祠祀古聖母烈女以風勵羣俗尤嚴迸巫尼不使假左道傷風化治南陽八年郡人戴之如父母其敬畏之至若家有一段太守者治行爲天下第一以直道不能諂時竟致政歸結廬藺山之麓扁曰南村曰東園授徒講業徜徉唫咏以自樂性孝友治父母喪一遵古禮居家嚴內治崇禮教儼然爲鄉邦典型其學近宗程朱遠遡孔孟而功夫一本於敬所至從游者衆多所成立如同郡董學諭芳羅僉憲膺彭少保澤孫孝廉芳秦州周布衣蕙山西董僉憲齡福山張同知巘南陽柴尚書昇王文莊

鴻儒熊少參紀張孝廉景純皆門牆尤著者成化甲辰卒年六十六門人私謚曰文毅先生初號栢軒後改容思著有容思集栢軒語錄行於世(一)

王鴻儒字懋學河南南陽人少奇穎工楷書爲諸生提學副使克菴陳公試其文驚曰是經世之文非舉子業也郡守容思段公更以所學授之成化癸卯舉鄉試第一丁未成進士除南京戶部主事遷員外郎擢稅淮安鳳陽皆著廉績遷山西提學副使抑浮崇雅先行實而後詞華品藻不失因才開發終日面命不倦多士歸心焉孝皇一日與劉大夏論人才曰如

山西副使王鴻儒他日可大用大夏對曰此人才行不易得誠如聖諭歷遷吏部左侍郎以甄拔爲已任官至南京戶部尚書嘗曰濟天下事惟誠實者能之趍名者亦趍利無益也於書無所不讀大要以窮理致用爲主雖一字之異同亦必求其原而審其義之所安故其所得弘博奧衍交發互益其於六經沛如也善論斷諸史尤明習國家故事學者稱凝齋先生卒謚文莊同邑張景純字文粹受業於太守容思段公領成化丙午鄉薦凡性命道德之旨天文地理之學無不精究曉悉著書立言名重一時文莊每歎服

之未仕而卒

周蕙字廷芳陝西山丹衛人初名檜後改今名徙家秦州少爲臨洮衛卒戍蘭州守墩年二十聽人講大學首章奮然感動始知讀書問字閻容思段先生集諸儒講理學時往聽之有聞卽服行久之諸儒令坐聽既而與坐講既而以爲畏友有疑與訂論焉容思勖以聖賢可學而至教示進爲之方遂殫力就學究通五經篤信力行慨然以程朱自任衆亦翕然以爲程朱復出又受學於清水教諭安邑李公昶求薛文清之傳造詣益邃總兵恭順侯吳瑾聞其賢欲延教

其子廷芳固辭或問故答曰總兵以軍士役其名之
役則在役名之教子則不敢在聞者歎服吳侯不能
强遂親送二子於其家以受教廷芳始納其贄時肅
藩有二樂人鄭安鄭寧者啓王願除樂籍從周先生
讀書其感發人如此及隱居秦州之小泉因以爲號
著深衣幅巾爲容成紀之人薰化其德稱爲小泉先
生嘗游西安與介菴李錦論學介菴繇是大悟遂爲
關西名儒渭南薛敬之敎執弟子禮遇人輒推誦之
秦州守數造其廬舉鄉飲賓謝不往巡按杜公禮徵
求見請講太極先天二圖不覺前席嘗正冠昏喪祭

之禮以示學者秦人至今遵之成化戊子容思至小泉訪之不遇留有歷盡巉崕君不見一天風雪野梅開之句又贈以二詩云小泉泉水隔烟蘿一濯冠纓一浩歌細細靜涵洙泗脉源源鼓動雒川波風塵些子無緣入寒玉一泓清更多老我未除塵俗病欲煩洗雪起沉疴白雲封鎖萬山林卜築幽居深更深養道不干軒冕貴讀書探取聖賢心何為有大如天地須信無窮自古今欲鼓遺音絃絶後關閩濂雒待君尋蓋師弟間期許良至也迨老以父游江南涉險訪之没於楊子江人皆稱其孝而又重悲其阨焉門人

甚衆薛敬之王爵最著

薛敬之字顯思陝西渭南人生有異狀長身美髯左膊一黑文字深入膚裏腹有七赤痣五歲愛讀書十一解屬詩文稍長言動必則古昔稱先賢鄉人呼爲薛道學屢爲學使所賞鑒應鄉舉至十二次不錄成化丙戌以積廩充貢入太學太學諸生接其言論咸爲歎服自太學歸而父母相繼沒徒跣奔塋值大雪盈尺兼淊淺泥濘亦不知避後遂病足遇冬月輒發母嗜韭母沒終身不忍食韭成化丙午謁選山西應州知州州首勸民耕稼紡績時當東作巡察田野民艱

於耕種者賚以牛種民貧負租及不能婚嫁者皆助之買犢畜數十給煢氓令孳息爲養又務積絲粟不三四歲粟至四萬餘石乾蔬數萬餘觔尋歲飢應民賴之免於流亾其旣竄而復歸者三百餘家皆給予衣食補葺其屋廬以安之於是屬邑聞風復者沛然更立義塚以瘞流民之死於道者弘治戊申秋南山有虎患爲文祭之旬日間虎死於壑巳酉春蕭家寨北平地有暴水湧出一寨幾陸沉亦爲文祭告水卽下洩聲如雷鳴遂息漂溺之禍雅重學較數至學舍切切爲言孔孟之道應人士始知理學奏課第一遷

應天府同知東南學者如陳聰輩數十人皆摳衣門牆居二年致仕生平嗜道若飴老而彌篤好與人講說學問即其人不樂聽必強語之諄諄然不自休又好靜坐思索凡有所得如横渠法即以劄記呂文簡公嘗遇之於長安開元寺因敬叩之答曰蘭州軍周蕙者字廷芳躬行孝弟其學近於伊雒吾事以爲師入太學時道經陝州陳雲逵忠信狷介事無小大持敬遇之吾取以爲友凡吾所以有今日者多此二人力也初從周先生學嘗雞鳴而起候門開灑掃設坐及至則跪以請教又嘗語人曰介菴李錦關西之豪

傑也甘貧守道好學至死不倦今亾矣夫葢能自得師没有餘慕若此卒年七十四著有思菴野録道學基統洙泗言學録爾雅便音田疇百詠集歸來稿及演作定心性説等書行於世

王爵字錫之陜西秦州人自少潛心力學長從周小泉游而知操存郡守秦公與語悦之時與講摻存之學及教後學切切以誠敬爲本弘治初以國子生仕爲保安州判出納公會計當日不憚勞民服其治後秦公總督原州聘錫之至鎮居三年交如一日及歸贈以揚州鹽引數百石力辭之而惡衣菲食坦如也

州人咸稱之
李錦字在中陝西咸寧人九歲失恃如安成依舅氏
韓智韓爲擇師教之端坐終日不逐羣兒嬉讀書知
大義日見英發比成童歸咸寧爲諸生受易於鄉先
生董德昭每試輒爲學使所稱賞及遇秦州周小泉
講學得聞先儒要旨遂棄記誦詞章之習耑以主敬
窮理爲事自號介菴與渭南思菴薛氏咸陽西郭姚
氏同邑誼菴雍氏麗澤講習規勸弗弛濟南尹恭簡
公爲通政時使秦聞其名延與語而驚服之天順壬
午舉于鄉成化戊子游成均祭酒邢讓深器之令諸

子受業諸子稍不恭輒遣去後邢坐事下獄在中倡六館士伏闕抗章明其無罪義聲大著居家事親色養備至執喪盡禮力絀異端不作佛事居憂時廵撫余肅敏公欲延教其子在中以齊衰不入公門固辭余益重之後余知其喪不能舉賻以二槨乃卻其一曰不可因喪射利也郡大夫有與之厚者賻米數十斛以詞命無俸米字辭之所居僅蔽風雨茹澹服疏雖屢空終不輕有所取性剛介不妄交接不苟要約義之所在確然自信不以一毫挫於人與後學解經平正通達不爲鑿說諄諄忘倦再訪小泉于秦川印

證所學設疑辨難叩應不訛小泉歎服而去小泉嘗難之曰有人親病劇思食一梨求諸市不得鄰人有種者非竊不獲將竊之乎答曰辱身以及其親非孝也小泉是之數上春官不第謁選松江府同知職親戎牒夙夜精勤奸無所售有脫役垂四十載者始察而發之卽令補伍雖權貴居間莫能奪也拘於官守未究厥施踰歲卒於官年五十一貧無以殮僚友賻之始得歸骨其爲學務窮性理體之身心不好立語言文字以故沒之日遺稿無存沒十年而楊文襄公督學關中以執友靈寶許襄毅公之命特表其墓而督學虎谷王公賦詩弔之有云化如和叔詞章外貧似原思草

澤間聞者以爲知言後數十年而有渭南李錦焉傳

見後卷

劉觀字崇觀江西吉水人學博才高行文奇逸不可一世正統丙午舉鄉試第一已未成進士尋以疾告歸丁內艱服除遂堅臥不起杜門謝俗以讀書養性爲事四方來學者日衆隨材造就縣尹劉成爲築書院於虛丘山題曰養中取劉子受天地之中以生能者養之以福之義因箴以見志所居四壁書儒先入德造道修已治人之事以備觀省復列責志恒心二圖置座左右又大書誠明敬義四字各爲箴以剖其蘊嘗語學者曰小學

一書是教做人樣子到老須以此立脚又曰吳文正公嘗云一舉作狀元便謂事業了當者鄙人也斯誠確論又曰吾幼見青紫赫奕知進士之貴輒慕爲科舉之學旣臥病京師讀儒先諸性理書乃知科舉上更有此學又輒慕爲之今殊覺進士非貴也或請著述曰朱子吳文正之言尊信足矣復何言閒取勤儉恭恕作四箴以教其家取呂氏鄉約表著之以教其鄉冠昏喪祭悉如朱子家禮家有孤嫠不能自存者隨力周養之祟觀爲人尚質行終其身飯脫粟服浣袍澹約不異貧生每旦祇謁先聖畢卽凝坐一室竟日無懈容隆冬盛暑不少

輟嘗有詩云願做好人淸節苦要圖快活令名汚吳康齋誦其言以語人曰即此足以知其攄矣書院之退居曰臥廬學者因稱爲臥廬先生

夏寅字正夫南直華亭人正統戊辰進士除南京吏部主事進稽勳郎中拜江西按察副使專董學政崇雅黜浮鑒別悉允復文信國祠葺白鹿洞書院修陶侃讀書臺以風勵學者遷浙江叅政處州民有苦虐政走聚山谷者同官招之不聽曰須夏叅政來乃可爰下檄即散復業進山東右布政使嘗疏論國家之勢在離合合則安離則土崩今兩京並建其勢宜常

合以制天下徐州地連山東飢饉無聊宜賜賑卹臨清乃南北咽喉或暫梗焉爲害不小宜選大臣有實望者鎮守訓兵屯田示天下形勢有旨出白金四萬兩賑徐而命都御史賈俊鎮臨清焉他所論列若文廟禮樂之數正風俗立紀綱崇文化作人材之類雖不盡用識者韙之正夫自幼岐嶷有巨人志目記數百言稍長益肆力問學居官公暇杜門讀書不輟誠心直道無黨無援自筮仕爲郎二十年爲副使十六年未嘗以淹屈降志嘗語客曰君子有三惜此生不學一可惜也此日閒過二可惜也此身一敗三可惜

也聞者以爲名言後學稱止軒先生所著有紀行集備遺錄政鑒東游錄史詠等書行於世

何喬新字廷秀江西廣昌人吏部尚書文淵之季子少穎異年十一修撰周旋見而奇之問所讀何書曰陳子桱通鑑續編又問其書法若何應曰先輩著述非後生所敢議然呂文煥降元不書叛張世傑溺海不書死節曹彬包拯之卒不書官紀義軒則採不經之談書遼金則失內外之辨此其書多可議者旋大驚服問質其父曰趙普沮立德昭是逢君惡也死可書爵乎宋舉人吳澄仕元何以從祀父奇之景泰庚午姑蘇韓雍巡按江

右欲私見之辭不往及入試天台章撫得其文擢置第一鑒察御史周孔明以其父方秉銓衡懼招物議乃移置第六明年會試亦以主司避嫌改列乙榜至父致仕遂登甲戌進士授南京禮部主事改刑部歷員外郎中數辨冤獄錦衣官較有犯輒坐以法不少貸啣之者輒嗾其黨捃摭無所得繇是相戒不敢犯擢福建按察副使擒盜礦賊奏減礦課捕通番者奏立歸化縣民無得恃遠逋賦修龜山先生墓復其書院籍廢寺腴田百畝以給其子孫遷河南按察使辨溺河民冤開封大飢力賑貸之轉湖廣右布政使會荆襄大水漂溺千家爲拊

循發粟俾葺民居遷都察院右副都御史巡撫山西兼督兵三關屢立軍功名爲刑部左侍郎小王子寇大同圻輔震驚奉勅巡邊經畧戰守爲必搗老巢之計寇遂遁走奉命賑飢請發內帑併淮鹽銀勸貸穀粟所活三萬人招回復業者十四萬人附籍者六萬餘戶播州宣撫楊友誣其嫡兄宣慰使楊愛反交通唐王以狀聞廷秀受勅往訊諸受友賂者悉爲游說必欲去愛廷秀至獨捜友子毋奸惡罪條上曰愛無反謀革友宣撫側官銷印遷之保寧播州遂定孝廟初晉南京刑部尚書奏還嵒守所奪民蘆洲請給精微批以革官較私出駕帖

在南二月名拜刑部尚書京師大水乞選官錄囚請禁京師異言異服上皆採納大學士劉吉惡其切直嗾御史鄒魯以事誣之乞致仕去屢奏薦起竟不用弘治壬戌卒于家贈太子少傅謚文肅其學以窮理爲先博物洽聞爲輔正心修身而措之家國天下爲期自公之隙日存心寄盡在於書書有異種輒從假錄藏書至三萬卷爲人鯁介寡與筮仕即自誓不學弘不阿權貴不以愛憎爲賞罰持身廉潔即一介不妄取諸餽遺悉不受督閩市舶中貴人死鎮守分其貲遺司道力辭不獲輸于公帑初官南禮曹歸塟父卜地不得吉會宋樞密陳

文定公塋父廣昌子孫貧欲鬻其塋地衆謂此吉壤謝曰暴人父而塋吾父吾不忍爲人以此推其厚德所著有周禮註解左傳擷英宋元史臆見椒丘集行於世廷秀初第進士奉使淮西巢令閻徽以嘗師其父冢宰公贈以白金文綺廷秀御之徽曰吾以壽吾師非贈君也答曰子以壽吾父固他人致之則可因吾致之則不可卒不受爲湖廣布政時都指揮僉事武成感其嘗薦已餽以犀帶銀器數事廷秀笑曰我知君君何不知我成撕而退及致仕日惕宜慰遣使致金銀爲壽併獻文梓可爲棺者廷秀一無所納或言可受廷秀曰戒之在得正在今日沒後有司請謚謂其仕也有功有烈處也有德有言信道之篤既無愧于薛瑄著述之多實可比乎丘濬宜謚文肅聞者以爲稱其情云

吳與弼字子傅江西崇仁人國子司業溥之子溥初爲修撰以

胡徽薦爲司業在國學教人恒使致力本原曰事口耳以取近利非士也每晨五鼓坐堂上視諸生所習爲之講說懇懇不倦而革其浮躁蹈襲之弊終日危坐人不見其怠容在翰林國學二十餘年操守如一日未嘗一涉足權貴之門

初名夢祥別號康齋幼時讀書鄉較嶷然有立年十九讀伊雒淵源錄心慨慕之及覩明道亦嘗有獵心乃知聖賢必可學遂棄舉業絕人事獨處小樓日取諸經傳語錄玩味之不下樓者二年餘或謂之迂拙或謂之怪僻皆自以爲見之未明行之未力也後漸有所得作詩曰九仞始一簣千里方跬步又曰神當通鬼神志當貫金石父官京師日往省粗衣敝履人莫之識父命還鄉畢姻而來及親迎後不行合巹之禮與妻另舟

赴京拜父母畢始入室嘗謁父執胡儼到門卽四拜及見乃長揖儼訝問之對曰恐勞長者答拜故先之且面辭則不得必拜也他行執古禮多類是久之名聞中朝正統景泰間僉事何日學等屢疏薦閣學士楊溥甚重之景帝遣行人徵之凡兩召不起或問之太息曰宦官釋氏不除而欲天下之治難矣吾庸起何爲必除之吾可出至天順初以忠國公石亨薦上命行人曹隆齎璽書束帛造其廬乃應名上聞其將至喜甚名閣學士南陽李賢曰與弼至當何官賢曰今東宮講學宜老成儒者司輔導莫如宮僚宜問何職曰庶子諭德皆可上曰

諭德善賢贊曰幸甚弟始至乞名至文華殿賜顧問俾得望清光上曰然朕當以束帛禮之賢請爲授館具餐是日命下朝士聞者莫不灑然驚異動色相語以布衣乃一旦遭逢至此也康齋至上疏辭官不拜名見文華殿以野服見上上命之前乃前上曰久聞高誼特聘卿煩輔導東宮毋辭爲也對曰微臣少賤多病杜迹無行能爲聖明過聽禮名臣臣實內愧謹力疾謝命臣今年六十八實不能供職上曰宮僚優閒何必辭賜文幣牢酒旣退上顧謂賢曰人言此老迂不迂也其趣令就職時南陽首以賓師禮遇待康齋公卿大夫士屣履擁

門而謗忌萌起一日於南陽所坐上坐適尹編修直入
側侍尹艴然不平南陽問下學上達康齋曰今未論上
達且論下學事益欲令自得也尹不省謂殊疎不能條
析乃如此出大肆訕而中官等見其據古禮屹屹亦羣
訾姍笑之士大夫以爲言南陽爲之解曰凡爲此者所
以礪風俗使奔競干求乞哀之徒觀之有愧也諸君成
人之美可矣康齋既三辭不得命稱病篤不起上諭賢
曰與弼至不就官者何必欲歸姑受命需秋涼而遣令
祿之終身顧不可乎卿爲朕道意賢諭旨康齋辭益堅
賢乃具爲言上曰果爾亦難強留允其辭康齋表陳十

事以謝一崇聖志二廣聖學三隆聖德四子庶民五謹命令六敦教化七清百僚八齊庶政九廣言路十君相一德同心首舉程頤謂言人便以聖爲志言學便以道爲志伊尹耻其君不爲堯舜伏願陛下斷然以堯舜自任雍熙自期勿貳勿疑次言願博訪儒臣知此道者講而明之臨行上再名見慰勞復賜璽書遣行人王惟善護送還鄉命有司終身公養比歸道遭風幾覆舟衆皆駭怖康齋獨正襟危坐舟定人問其故曰吾守正以俟耳過南京士大夫有候之者多不見有問者曰先生何爲不致君而還但搖手曰吾保性命而已未幾石亨敗

凡與亨交者悉被重譴而康齋不及人始服其先見居鄉動必以禮中歲家貧躬親稼穡手足胼胝四方學者至約已分少飲食教誨之束修皆不受師道尊嚴議論英發喜啓廸人聽其言者莫不踴躍思奮恒勵學者進修不可躐等必先從事小學以立其基然後進乎大學以極夫體用之全論語則以博文約禮爲要孟子則以收放心充四端爲本中庸則謹乎存養省察之功以致中和之極明太極以知性之原究西銘以識仁之體易宗程朱而鄙新奇之說書則古文雖致朱子之疑或以爲僞而刪之然義理精深固不得而去取也朱子詩解

已無餘蘊春秋則本程子而資胡氏之發明三禮講而習之以見聖人品節之精其他異端褋說不接於目惟程朱之言不忍釋手病宋末箋注之繁故不輕於著述云胡居仁陳獻章皆其門人後獻章自立宗統流爲别派亦不敢忘師承也獻章自廣來就學日晨光初動康齋手自颺稻子從作獻章未起大聲呼曰秀才若爲懶惰即他日何從到伊川門下又何從到孟子門下又一日出穫爲腰鐮所傷血出不止視傷處大聲曰何可爲物所勝乃竟穫如初其克勵若此而胸次灑落務涵養性情有孔門陋巷舞雩之風晚造詣益深嘗視種田問

學者曰此爲何曰種田因微笑曰非也此贊化育參爾處洞然矣成化己丑十月十七日考終年七十九所著有康齋日錄及文集行於世嘉靖中江西巡撫陳洪謨疏請祠額祭典詔賜祠名崇儒陳公甫曰康齋以布衣爲石亨所薦以故不受職求觀秘書冀開悟主上惜南陽不悟以爲實然言之上令受職然後觀書殊累康齋遂决去賀陽亨曰吳康齋自說七十三歲方知戰兢臨履三句有味蓋是時年彌高德彌卲心與理合只有一箇惕懼故謂其有味　按康齋先生歸後絕不言官以民服力田終身時撫守張璝首攻數年康齋拒不見張恃京貴有忌康齋者欲壞其節行每加侵侮令人訟之邑民無應以嚴法令他人代弟訟之牒入即遣隸拘之門人弼叔心輩勸以官服往不聽終以民服從拘者至庭守仍侵侮已而竟以禮遣康齋無慍色亦心諒非其弟意兄弟相好如初然則尹襄齋瑣綴錄所載正坐此誣衊耳非實事也其薦石亨之薦亦猶龜山

由蔡京之薦非游干求固無玷辱惟爲亨跋家譜自署門下士雖其文寥寥無諛語卻不免枉道徇俗之失士林耻之而特淸議者至比之同流合汚斥爲僞學謂非自貽伊慼乎竊謂愛康齋者決不容寬其責備毀康齋者終不能掩其道德如康齋之安貧之辭位固當求諸古人中覔倡學之功無窮乎後生愼無輕訾可也

鄭伉字孔明浙江常山人年十三治舉子業文理蔚然二十爲博士弟子及省試一再不合棄之曰顯親揚名恐不在是也先走豐城拜丁潛軒之門求踐履實學時年三十餘矣乃復見吳康齋於崇仁康齋曰此間功夫非朝夕可得恐誤子遠來對曰此心放逸已久求先生收之耳敢欲速乎因受小學曰自驗於

身心徐得聞四子六籍之要久之於道若有見焉乃歸築室於龍池之上日取諸儒論議一切折衷於朱子凡古載籍鮮不讀但不讀佛老之書嘗謂其毀肢體滅人倫即不容誅又何待讀其書而後辨其謬哉一時名公若蘭溪章楓山開化吾文山南昌張東白皆與相可否執親喪極哀祠墓殯葬一本之家禮設義學立社倉事事皆著實地自顏其室曰敬齋以自勵所著有易義發明卦贊讀史管見觀物餘論蛙鳴集凡數十萬言惜燬於火僅存什一

謝復字一陽南直祁門人自幼聰敏性復純篤嘗從

丈游文廟問曰儼然而肖像者非聖賢與夫非盡人之子與丈奇之稍長受春秋於翰林竹坡先生即了大義已歎曰學以謀道滯心文義以干祿吾弗爲也於是潛心經史以古人自期聞康齋先生講道小陂遂棄舉子業不遠千里往從之凡有得於講授者必心體力行以求自得三閱寒暑弗少懈康齋喜曰吾道有望矣既歸益修躬行日率其弟嘉侍親側饌具必躬治坐立不敢南面退與其妻葉氏相敬如賓與弟嘉敦友愛親没不御酒肉蓋孝友之至發自天亶垂老如一又率族人即城南建祠祀始祖唐金吾公

以下冠昏喪祭悉遵古禮爲鄉人倡平居寡言笑接人和易有問應答如懸河其爲學自踐履入嘗聚徒南塘每開迪以孝弟爲先窮年一室討古論今遇感有作多悠然自發其所養弘治中與修邑志太守幸菴彭公深敬禮之造請旣久遠近知名葉畏齋問學曰知行並進否則落記誦訓詁格矣令鄭公問政曰辨義利則知所以愛民勵已時以爲名言世居庠西晚徙築西山之麓學者稱爲西山先生曰南塘漁隱曰廢翁曰無慮子則皆其自號弘治乙丑卒年六十五所著有西山類稿高陵呂氏爲序而行之

婁諒字克貞江西上饒人早歲從吳聘君游朝夕劘切稱爲純篤力行拔俗教孚妻子取聖賢經傳語心學者編之曰心學要語嘗任成都府學訓導以母老棄官歸養屏居玩理久而彌精與餘干胡叔心南昌張廷祥嘗會於弋陽之龜峰餘干之應天寺發明學術於時後進從游者輒抗師道臨之得聘君家法其教人大要以修身正心爲主日用應酬一切納之於禮見人有過輒面折之務令改圖然後已四方學者稱爲一齋先生愚按一齋長子性與王陽明父海日翁同成化辛丑進士聯居京師陽明年十七入閩過廣信奉其父命從一齋問學一齋以心傳告之次子忱官司訓十年不下樓居蓋昔

淳賢君子也然羅整菴嘗言一齋以作止爲道因
取禪家搬柴運水則其流傳之失似亦一齋早示
之隙矣又嘗見莊定山寄一齋詩云江門風月詩
連塘水花趣安得二先生傾倒鵞湖寺又云朱學
本不煩陸學亦非簡先生一笑中皓月千峰曉蓋
定山與白沙同道欲通之於一齋也夫一齋既已
作陳之合安得不闢王之先
耶明儒學脉之岐實開於此

任泰字亨伯浙江嘉善人苦學勵行嘗大書敬字於
壁中夜起坐對期不愧屋漏成化乙未第進士授上
饒令時婁一齋諒稱名儒屈體事之爲政知大體增
置學舍親爲講授立法清田以杜爭訟旱則教民盡
力陂塘使得灌溉作浮梁增社倉有古循吏風滿六
載名入卒于京

陳眞晟字晦德改字剩夫福建鎮海衛人年十七八即能自拔於俗厭末作之蠱心而棄之惡異端之害道而拒之嵩心致志以儒爲業業成薦於有司至福州聞有司防察過嚴無待士禮乃辭歸自是不復以科舉爲事務爲聖賢踐履之學初讀中庸做存養省察工夫覺無統緒繼讀大學始知爲學次第乃以大學爲據及讀大學或問見朱子博採主敬諸說以補小學工夫始知敬者乃大學之基本也及求其所以爲敬見程子以主一釋敬以無適釋主一始於敬字見得親切實下工夫推尋此心之動靜而務主於一靜而主於一則靜有所養

而客念不復作矣動而主於一則動有所持而外誘不能奪矣嘗語人曰大學誠意爲鐵門關難過主一二字乃其玉鑰匙也蓋意有善惡若發於善而一以守之則所謂惡者退而聽命矣又嘗語人曰人於此學若眞知之則行在其中矣蓋以知之眞則處善安循理樂其行甚順然其氣稟有偏勝嗜欲有偏重二者用事甚順而易者反逆而難矣此聖門論學於博學審問愼思明辨之後又加以篤行也先生持論之精實如此天順二年用伊川故事詣闕上程朱正學纂要其書首採程氏學制次採朱子論說補正學工夫次作二圖一著聖人心

與天同運次著學者心法天之運次乃言立明師補正學輔皇儲隆教本數事以終上文圖說之意書未上疏乞名見而陳其說不報及書上得旨禮部看了來說時侍郎鄒幹掌部事不知其說云何其事竟寢旣而家居讀提學憲臣頒行勅諭教條有主敬窮理修己治人崇正學廸正道敦尚孝弟忠信禮義廉耻等語喜曰此學校正教也然學校雖崇正教而科舉不定正考雖有正教不行也因採勅諭中要語參以程氏學制呂氏鄉約朱氏貢舉私議作正教正考會通定考德爲六等考文爲三等各有條例可據而行又纂長書告當道諸君子

諸君子終不能推行其說其事亦寢先生學有所得者至是皆無所遇毎四顧徬徨不能自釋聞臨川吳聘君名欲贄之乃貨其家之直得五金攜其兄之子一人以行戒之曰我死即瘞於道題曰閩南布衣陳某墓足矣行至江西張太史元禎止先生宿叩其學所得大加稱許曰禎敢僭謂斯道自程朱以來惟先生得其眞吳許二子亦未是草廬 尊齋如聘君者不可見亦不必見也遂歸鎭海初創戎壘莆人雖多讀書家自先生爲學而儒術始正自先生與莆人李文舉諸前輩講行文公家禮而風俗始正先生丰格高聳神氣肅凊望之非塵埃中人

生於鎮海遷於龍巖晚定居於漳之玉洲卒年六十四
著有襍稿藏于家名布衣存稿後十年提學僉事周孟
中祭以文郡守彭桓立石官道旁題曰大明闕下兩上
書請補正學泉南布衣陳先生墓提學副使姚鏌祀之
漳州鄉賢祠

彭韶字鳳儀福建莆田人爲學務清明其心以求聖
賢氣象終日端坐非繙閱經史卽省察性情處已待
人一於誠敬中天順丁丑進士除刑部主事以前後
論劾憲臣外戚兩下詔獄俱以言官申救得宥氣不
少挫遇星變上言漸不克終者四事一曰正家之禮

未終二曰防微之意未終三曰持儉之德未終四曰用人之道未終轉四川副使晉廣東布政使屢裁抑中貴忤旨調貴川擢副都御史巡撫蘇松踰年召爲大理卿未上坐前論貢獻事改右副都御史巡撫順天復陳時政及議漕運孝廟初以薦歷刑吏兩部侍郎庚戌冬彗星見天津應詔言四事曰厚根本曰減役錢曰正近侍曰愼官爵又請復午朝延見大臣面議政事上嘉納之晉刑部尚書言皆切直德望日隆顧自處退然如無所有屢疏乞致仕比歸林下終始欲以質儉起頹風進修之功老而不倦未卒前數月

簡所知云抵家半載村居寡學所存所行一故吾而已何縣可善其後而滅夙咎哉卒謚惠安其後邑人林俊疏請易謚文如文忠文正爲宜竟沮不行所著有滯稿天曹日記北岳代行稿秋臺錄名臣贊錄及續莆陽志成都志等書行於世

李宗栻字敬甫江西安福人家武功山中好古而苦學童子時與羣兒戲父怒之取紙一幅畫爲百空格跪之祠下責之曰汝即不願學遣汝農願則書百願字敬甫乃蒲伏握筆作九十九願字而署其尾曰學未就不敢盡書遂自勵於學題讀書處曰單鍥匹馬

做去無棄他人烈火紅爐煉成方爲巳物蓋治心語也入縣庠歎息曰先王設庠序以明倫復性豈徒爲科舉發跡卽思近裏著巳以求放心爲宗扁其室曰寤室深潛奥伏自容止食息倫理必以古聖賢爲則而尤篤於孝其事親動循古禮服勤浣濯必勞力不敢委諸人日有錄以自省取必思義怒必思懲而兢兢於愼獨日求放心於朱子格物義所謂察之念慮之微考之事爲之際者爲多竟與顔同夭人咸惜之

楊守陳字惟新浙江鄞縣人方姙母夢星落懷中及生天廷有黑子七如北斗五歲卽端恪如成人稍長善古

文詞其祖栖芸先生誨之曰聖賢之學以靜思力踐爲要博聞強記輔之而已遂大有所悟入作致知力行持敬三銘以見志景泰庚午舉浙江鄉試第一辛未成進士改庶常授編修歷官至吏部右侍郎成化初開經筵每進講必積誠納忠冀開悟上心一日講武成篇曰尊論稱舜無爲而治周書稱武王垂拱而天下治後世人主有深居禁中委政內侍者乃名望夸之禍有居高無爲肆情嬖艷者乃啓祿山之變何也蓋舜之無爲者繇其封山濬川以至舉相去凶無一不盡其道武王之垂拱者繇其列爵分土以至崇德報功無一不究其心皆

嘗憂勞以有爲乃始逸樂而無爲也後世人主則孟子所謂安其危利其菑樂其所以亾者耳此聖狂治亂所以異也上爲聳聽孝宗登極詔集議祧廟禮官請祧懿祖而以德祖比宋禧祖百世不遷惟新上奏曰禮天子七廟祖有功宗有德此乃孔子之言凡號太祖者即始祖必祀之以配天若商周之契稷皆以功而非論其本統也宋之僖祖及我德祖可比商報乙周亞圉非契稷比議者所論大宗徒有取于王安石之說而不從孔子遂使七廟之中旣有始祖又有太祖太祖旣以配天而不正南面之位名與實乖若謂降而合食爲非禮則王

者旣立始祖之廟又推始祖所自出而祀之固無嫌也今憲廟升祔請并祧德懿僖三祖自仁祖以下爲七廟與時祧盡則以太祖擬商周契稷而祧主藏於後寢祫禮行於前廟時享則尊太祖祫祭則尊德祖各不失尊庶無悖禮時不能從弘治戊申復上疏請日御經筵及午朝聽政大略謂一日之間居文華殿之時多處乾淸宮之時少則心淸理明聖德日隆矣優詔嘉納焉修憲廟實錄爲副總裁兼理部事尋命以吏部侍郎兼詹事府丞史館供職如故嘗言建文時事皆湮沒不傳及今采輯尚可補國史之闕景帝已復位號而英廟實錄猶

書郯戾王附是宜改正故事章疏留中者雖有可傳皆不得書乞宣付史館擇而書之疏未上病卒贈禮部尚書謚文懿惟新博學多識嘗奉命教內侍有德之者欲援之謝曰吾揆婦也守節三十年今老矣豈以白首改節耶所著述有三禮周易尚書詩孝經大學中庸論孟私抄凡數百卷皆正其錯簡更定其章句詮擇諸家傳註而傳以己見晚年屢加删定雖大儒之說不苟雷同也弟守阯自有傳從弟守隨幼從學受易仕至工部尚書謚康簡按文懿議祧廟禮謂德祖不可比稷契固是而以太祖比稷契可乎當時禮臣謂國家自德祖以上無可復推則德祖當視后稷太祖當視文武並百世不祧餘皆從文懿議

楊守阯字惟立浙江鄞縣人母孕甫八月夢大星墜於庭覺而生六歲受業於祖栖芸先生郎通經傳大義十五從父官泉州習古文詞景泰辛未以父喪歸得取正于伯兄惟新公學益邃成化乙酉舉浙江鄉試第一中戊戌會試第四廷試賜及第授編修歷官至南京吏部左侍郎晉尚書致仕卒贈太子少保方從兄守隨爲左道李孜省所中傷併出惟立爲南京翰林院侍讀至則掌院事時惟新方掌翰林士論以兄弟俱發解又南北分典詞垣稱爲斯文盛事弘治改元召還纂修憲廟實錄尋侍經筵極言進君子退

小人爲治亂之機言甚激切孝宗改容聽之實錄成擢左春坊左諭德賜白金文綺先後同考禮闈主應天順天鄉試俱務黜浮崇渾稱爲得人遷南少宰奉詔各舉所知以郎中陳鎬評事王紀上後皆不負所舉署兵部遇星變言事皆切時弊上納之考績誥闕特晉較閱大明會典居五月書成賜晏禮部晉左侍郎支正二品俸賚寶鏹羊酒甲子考察南京諸司官屬去取允協明年遂乞休不俟命而歸惟立孝友天至事兄惟新恩義倍篤及謝世爲位於室朝夕哭奠目爲之昏輯其遺文付梓以傳守隨以瑾誣繫獄罰

由米數百石輸邊乃罄所積爲助以産償之不受於書無所不讀必以六經四書爲宗其學不專事文藝敦大本勵行篤精思力踐期於深造其誨子弟生徒皆率是道居常端坐靜默與人論說義理則氣和色温聽者忘疲致政家居凡可及民言於所司賑荒捐稅停無益之作陰受其惠者多所著有集程朱議論碧川文抄二十九卷困學寡聞錄十卷雜文儲稿若干卷詩二十卷一日書數語于遺稿曰學文師韓吏部學道師程伊川官同吏部二品壽過伊川二年文章可得而聞望道而未之見困學勉行老而不倦守

正娕邪至死不變越五日卒壽七十七

雒閩源流錄卷四 終

雒閩源流錄卷五

無錫張夏纂　門人婺源黄昌衢 昌僑 校

明儒首崇敬軒嘗言自朱子後性理已明正不必著書或請臥廬著述謝曰朱子吳文正之言尊信足矣復何言又其後楓山亦言儒先之言至矣盡矣删其繁蕪可也觀諸先生述而不作不謀同然豈其聰明學問不若人哉前不敢求加於古人後不忍滋惑於來學也且夫述作之功未嘗不均也至於白沙氏出其爲説獨不然白沙曾往從康齋留半載而歸不聞其學康齋之學乃苦心考索者

三年閉戶默坐者又十年而後有得豈向在康齋所一無所聞乎豈宋元儒先之學盡在雲霧中無能啟發我乎抑敬軒臥廬諸君子之言舉不足信乎分明別鑿戶牖名儒實禪其言曰靜中養出端倪蓋致虛守寂與周子之言主靜立人極異其徒之言曰隨處體認天理蓋指心爲理與程子之言天理二字異不然亦稱述周程足矣奚爲是矜張之云乎當是時有明一代道化風馳人材林立又陽極陰生之會也在白沙已有糟粕經籍蔑棄典章之意顧猶初開蟻穴未決鯨波旣而陽明氏作

白沙生宣德戊申陽明生成化壬辰王後陳生四十年沸之揚之輒敢肆詆宋廡目程朱爲異端抑且輕量孔門裴曾有爲支庶而悍然躬任孔孟嫡宗其生平文章氣節事功固有可聳動一世者愚俗貴耳賤目賢智厭常喜新於是靡然從之殊不知其所謂良知係毘圓覺掇諸孟子之言良知良能似是實非也且其爲說彌變彌巧旣已主子靜而奴元晦又顛倒早晚著朱子晚年定論以逞其陽朱陰陸之私旣已右明道而左伊川又刱稱堯舜猶萬鎰文孔猶九千鎰欲墻翻賢于堯舜之案雖欲不謂之橫議不可得

也學者不幸當此猶能守正安常始終不惑固係淳樸未散亦賴王澤未亡而於此有人焉出而距詖放淫以立砥柱于中流以自爲功於天壤則孔孟程朱實式靈之愚嘗歷按其人有與白沙爲友者有與陽明爲友者有後先起于陳王間而與其徒爲友者無論絕附和雷同之弊而吾聞盡心直告不聞面從退言也聞始岐終一不聞倏彼忽此也今其問答緒論具在從而譜之觀我之所以攻卽彼之守有堅皆瑕矣觀我之所以決卽彼之波去逆從順矣是誠兩家對治之藥而吾黨今日得

藉以爲照夜燭指迷車者嗚呼豈非天之未喪斯文以有斯人也哉

胡居仁（敬齋先生）　余祐　夏尚朴　陳選

張元禎　姚文灝　張鋭　羅僑

謝鐸　羅倫　劉彬　何垕

史英　吾冔　王啟　周瑛

丁璣　周孟中　鄒智（鍾聰附）　陳騏

朱端儀

胡居仁字叔心江西餘干人自幼穎異有大志得鄰家所遺物即還之鄰人驚異七歲從學家塾言動類成人

塾師畏之年十七八從安仁于同知學舉業旣而聞吳聘君講學崇仁遂棄舉業而學焉卜隱邑之梅溪謝絕人事人無知者專用心於內隱微幽獨之際愈嚴愈密每日必立課程詳書得失以自考力窮晝夜志不稍弛歷久有入於是以主忠信爲本以求放心爲要以聖學成始成終在於敬因以敬名齋動靜語嘿出入起居常以敬爲所家居日以悅親爲事父病醫禱備至兄疾亦躬調藥篤宗族訓子姪不倦執親之喪初則水漿不入口哭踊每絕方蘇久則柴毀骨立非杖不能起三年不入寢室祠堂月朔之薦四時之祭及緦功之小悉遵古

禮時喪禮久廢獨先生毅然行之識者知其爲特立獨行之士而不知者咸非笑之然縉紳閒知有先生實由茲始時年蓋三十餘矣嗣是處家庭若朝典對妻子如嚴賓應接士友淡衣草屨終日儼然至一器一物亦區處精審没齒不相淆亂家世業農衣食稍有餘則推以與人不償亦不較厥後家益窘雖簞食瓢飲處之泰然或爲之籌則應之曰以仁義潤身以牙籤潤屋足矣雖蹈矩履規端莊凝重而性度寬和議論亹亹四方士樂從之游生徒既衆乃築書屋以居之語學則曰惟爲已則所從不謬語治則曰惟王道則能使萬物各得其所

至其用功大指原本程朱亦能察其精微而未嘗盡拘所好嘗語學者曰第一怕見得不眞第二怕工夫間斷多有質美者好高入於禪騁詞失於矜不知堯舜之道不外乎孝弟孔子之道不外乎忠恕而士之游情高遠者非也故自孟子後獨推尊二程子朱子以爲得其正傳於佛老之說尤搜剔根蠹而深闢之鄉有彭姓者以非辜坐論死則不避嫌而白於當道竟得脫其罪里東原坂田高病旱區畫水利十條達於憲副夏公寅命有司行之以利民間與一二弟子適閩歷浙入金陵汎彭蠡而返所至豪傑相迎賚其敝益頻年與上饒婁一齋

永豐羅一峰南昌張東白相與麗澤會于弋陽之龜峰餘干之應天寺南康太守何濬隆禮幣請主白鹿洞書院教其後提學僉事李齡提學副使鍾城繼之又其後弋陽進士姚文灝請入桐源書院爲師表寓饒城淮王請講大易倂爲作頤偎說待以賓師之禮索其詩文壽梓辭曰尚需少進鄰封進賢安仁貴溪縣尹聞其賢餽幣或受或卻皆處以義餘干尹請講明鄉飲古禮悚聽而行之所著居業錄敬齋集大率躬行之言也別著易春秋說未脫稿其論敬曰聖賢工夫莫切於敬敬有傷然自畏慎意思敬有肅然自整肅意思敬有卓然精明

意思敬有湛然純一意思故聖學此之爲本萬事萬化具由此出又曰古今聖賢言敬曰欽曰寅曰恭曰畏曰翼曰戒慎恐懼曰戰兢曰齊莊言雖人殊其實一也臨深履薄出門如見大賓使民如承大祭可謂形容至深切矣程子言整齊嚴肅是敬之入門言主一無適是敬之存主謝氏常惺惺法是敬之精明尹氏收斂身心不容一物則敬之純一也敬齋箴備矣毫釐有差則入於禪定故朱子有三綱九論法數之戒其論窮理曰讀書得之雖多講論得之尤速思慮得之最深行事得之最實又曰理義強窮探便有滯礙惟涵泳體驗默識而心通

之其論治體曰論治須識體如修德建極化導臣民精擇宰相分建衆職者人君之體也致君澤民精選人才進賢退不肖者宰相之體也宣布上德設立政條分任有司察訪民隱以施勸懲黜陟者監司之體也愛百姓施惠澤明教化愼刑政均賦役理寃訟者有司之體也識體此識治矣又曰處天下須識其體要如君擇諸司之長長擇其僚自然得人得人則天下之事自理如太極兩儀四象八卦實理自然非可安排得也嘗謂陳白沙倡勿忘勿助之學爲亂苗之莠而莊定山豪放之士且使學者流於曠蕩之歸其欲求本實以貞體驗如此

成化甲辰三月十二日卒年五十一學者尊爲敬齋先生萬曆巳酉追謚文敬從祀孔廟　先生嘗言陳公甫說不繇積累而至者不可以言傳則四書六經不足以載道矣公甫云靜中養出端倪又云藏而後發是將此道理來安排作弄都不是順其自然公甫言纔覺便覺我大而物小物有盡而我無盡是物我有二理矣公甫亦窺見得些道理本原用下面無循序工夫故遂成空見蓋敬齋與白沙同師事康齋而所學迥異故歷數其失如此　門人余祐曰先生弱冠時奮志聖學往游康齋先生門退而藏修于家讀書窮理存諸心者不以一時或息反諸身者不以一事或遺久之則知益精守益固養益厚而所得益深矣居業錄者先生道

明德立無可告語事有感於外而無可施行故筆之
於冊取易修辭立誠之義其間論聖賢德行經傳指
趣學問工夫政教基本性命淵微不一而足至異端
佛老之學尤深辨詳闢惟恐其陷溺人心變亂士習
蓋亦有爲而發故
其詞煩而不殺焉

余祐字子積江西鄱陽人自幼穎異始入小學即慨
然有求道之志聞餘干胡敬齋先生潛心踐履徒步
往師之敬齋一見謂其器可以遠到以女妻焉成化
丙午領鄉薦弘治己未成進士授南京刑部主事轉
員外正德戊辰勳臣有爭襲者子積署其案忤奄瑾
意落職瑾誅薦起知福州府愛人卹獄事先大體鎮
守內臣豪買市物不予直又以二百金強府令爲市

攺機若干子積入其金於庫泣慰市民而遣之將以狀上于朝鎮守懼稍戢求以事撓之會天旱衆請禱雨鎮守曰余知府自謂愛民必能感動天地則使之獨禱子積齋戒出郊雨隨應鎮守大慚愈忌之遣人搆于廠衛必欲去之媒孽竟無所得會遷山東按察副使乃解丁父憂未上服除補山東徐州兵備有南京進貢內臣多挾商貨索夫馬價至數倍知州樊準以告子積命詰其私貨入之誣逮錦衣獄謫廣西南寧府同知稍遷韶州知府投劾去世宗登極詔復副使遷河南按察使屢與撫按爭可否平反寃獄按黜

巨贓以數十計當其據理以爭詞氣棘棘聽者至不能堪乃因考察横中之其劾章云心慕乎古氣失之偏予積聞之笑曰偏則有之慕古吾豈敢也坐調廣西按察使四轉至吏部右侍郎報至而病卒年六十四贈吏部尚書予積學務有用不事空言發端於敬齋先生而推其本原以爲出於程朱之書故於程朱尤究心焉嘗曰程朱教人惓惓以誠敬爲入門學者豈必多言惟去其念慮之不誠不敬者使心地光明篤實邪曲詭譎之意勿留其間不患不至於古人矣其時公卿間有指主敬存養爲朱子晚年定論者乃

撫朱子初年之說以折之謂其入門功夫非晚年乃定又輯朱子書之切治道者爲經世大訓其論及文章詞翰者爲游藝錄見其學之備體用兼大小非迺時所謂单傳妙訣者可擬也學者稱訒齋先生

夏尚朴字敦夫江西永豐人初就試鄉先生以詩戲之輒應聲曰青雲萬里應非遠更有人間第一層及問胡敬齋先生講學餘干往從之篤愼躬行毅然以性學爲己任歷官太僕少卿逆瑾横甚遂退居嘗與王伯安守仁交友各商所學王有詩云悠然舍瑟春風裏點也雖狂得我情敦夫答之曰孔門沂水春風

畀不出虞廷敬畏情其後郡人夏言秉政敦夫數以詩招隱其詩有云寵利鎔來是禍梯功成身退便爲宜萊公不識乖崖意一值澶淵禍便隨貴溪不能聽卒及于難

陳選字士賢浙江臨海人父員韶嘗巡按福建辨活沙寇之脅從者數萬人官終右布政使士賢自少沉靜端愨不妄言笑從鄉先生陳璲游早有文名日誦習一室中敝衣糲食人不堪其清苦而安若固然比長遂篤志聖賢之學潛修默識不求人知思以克巳求仁爲要因自號克庵讀書不屑于文詞遇格言即手錄於冊爲力

行之助其學識粹然一出於正其操履愨然一歸於誠天順庚辰會試舉第一超拜山西道御史一疏劾學士倪謙錢溥倖進而褫其命再疏劾尚書馬昂諸大臣不職而移其權舉朝凜然憲宗嗣位疏言君子小人進退治道所係不可不慎言甚剴切會修撰羅倫論時宰奪情謫官乃抗章留之不報出巡江西風紀大振不以刑罰立威官吏相戒不敢犯咸頌爲真御史督學南畿學者競爲浮華之文欲矯而變之先須冠昏喪祭射儀令生徒歲時肄習徧歷郡邑居宿學宮默然端坐以身爲教徐行諦視周旋磬折絃誦俎豆雍雍翼翼也比入夜

齋舘燈燭如白晝咿唔之聲鏘然時以二燈前導省勸之或引同飲饍如家人焉謂聖人之道必自小學入特手注口宣諭學者循此以達於四書五經諸生翕然孚化轉河南副使仍督學會倖奄汪直被命巡郡國威倖人主都御史以下爭匍匐趍拜士賢俟其至獨自公署中道入長揖不跪直問曰何官應曰提學直大怒曰卽提學寧大於都御史耶士賢曰提學何可比都御史但宗主斯文爲世表率寧死不可屈節直覘其詞氣嚴正而諸生且集署外不可犯遂改容曰先生旣無公務相關自後不必來見矣士賢除步出密疏直專擅罪廹直

歸上問河南好官爲誰直以陳選對上出疏示之益歎德屛感推明正學兩地士風皆爲之變擢廣東左布政使猶眷眷譽徒刻宋史道學傳以貽之白沙序謂誦言而忘味六經一糟粕況禾諸儒行事之迹與其論著之言白沙當日持說堅而肆口易若此比蒞廣除徭役罷和買備賑濟皆務爲惠養計數辨寃獄尤不畏貴倖中官有弟逼娶寡婦爲奪還之提督市舶中官韋泰者倚進貢爲奸利役戶苦於供需特裁減之又發海商詭稱蘇門答剌國之僞時撒馬罕使貢獅子欲更市滿剌加士賢言此西域賈人爲圖利使墮其術必貽安南諸邦之笑國體所關甚非細故韋泰旣蓄減役之怨又素

利進貢及是屢爲阻抑怨益滋乃誣奏稱矯制發粟意在侵欺褒獎屬官志圖報謝論罪當徒就逮赴京廣人數萬擁留之號訴于詔使在道病作行至南昌卒于石亭寺年五十八初泰之搆獄也賄士賢所黜吏張聚使誣證之聚死不肯從至是反爲上言訟寃奏入不報天下相與悼惜之平生言若不出口見所當爲則勇於行之處事綏而詳御下嚴而恕至於言動端莊雖家人見其終身然也旣歷貴顯燕會惟服先人舊袍帶客至瓦盆疏食相對無慚色自河南聞喪還行李蕭然車一輛而已洎之官粵東騎驢出都門其淸約有寒士所不及

者俸餘則以置祭田贍貧族嘗曰居此官必盡此職行此事必盡此心所注小學孝經冠祭禮儀等書傳于世學者稱克庵先生或稱丹崖先生正德中贈光禄寺卿謚忠愍

金賁亨著台學源流以郡儒方孝孺陳選合爲一卷論曰右三先生當儒道窮蝕之餘而能上繹程朱之緒以扶名教振邦人使復知有周公仲尼之道厥功不淺偉歟暢軒需時介潔成性遷志卓識大觀死生不貳克庵秉禮自嚴趍義如渴設在孔門暢軒其爲之守乎遜志其賜之達乎克庵其篤之某乎吾聞暢軒嘗用靜中工夫則未知其所謂靜中有物所謂靜觀未發氣象者何如也此儒釋毫釐之地也吾聞遜志過魯問陋巷簞瓢所在慨然顧學則未知其所謂尋顏子樂處所謂夫子與點之意者何如也此適道之要津也吾聞克庵學以求仁爲要而錄格言以助力行則未知其所謂識得仁體實有諸已而求經義以栽培者何如也此吾儒內外之所以合也書學者反諸其身默識而自得焉可以登程

朱之堂窺周公
仲尼之奥矣

張元禎字廷祥江西南昌人生而穎異五歲出語驚人寧獻王召見命爲韵語有心定萬事定之句王甚器之書元徵二字貽之因以名稍長補諸生都御史韓雍奇其文謂有長江千里之勢爲易今名字曰廷祥謂當爲國家祥瑞也天順巳卯舉鄉試庚辰成進士改庶吉士詞臣教養讀中秘書外惟習韓柳歐蘇文廷祥獨有見於儒者之學不在乎記誦詞章乃日取近思錄及周程張朱全書潛心黙諷教者或笑其用心之左弗顧也久之授編修會憲廟即位上疏請行三年喪又陳治道大

本大原四事曰講學曰聽治曰用人曰厚風化不報以
病告歸家居二十餘年益研求正學作易詩春秋要語
四書集要太極圖說要綱目近思錄家語解要多未脫
稿弘治戊申召同修憲廟實錄進春坊左贊善上疏勸
行王道反覆幾萬言辛亥實錄成遷南京翰林院侍講
學士癸丑乞歸養母戊午召修大明會典爲副總裁遷
翰林學士侍經筵日講時孝皇雅意向廷祥廷祥身矮
特設低几就聽之旋以母憂去服闋進南京太常寺卿
召修歷代通鑑纂要充總裁官改太常寺卿兼翰林學
士仍侍經筵日講併侍東宮講讀甲子命掌詹事府事

乙丑人內閣掌誥勑上疏略曰帝王所以隆治化同天地者其說散見於五經四書求其直指根原提挈要領使一覽卽知其槩莫如周子太極圖張子西銘程子定性書朱子敬齋箴尤爲切要皇上萬幾之暇焚香默坐靜養天和則主靜主敬之學亦既有本而得其要矣日講之時復令內閣將此諸書命臣等進講紬釋熟復優游厭飫庶於聖學少裨爲一東宮則當勸講小學孝經詩經上嘉納之亟索太極圖以觀大喜曰天生斯人以開朕也將大用之會上不豫竟不果正德初遷吏部左侍郎兼學士爲實錄副總裁屢上疏乞致仕優詔弗許

丙寅十二月卒于官年七十廷祥少侍父疾籲天請代喪禮尚古事母色養惟赴召時不及躬殮恨之終身仕籍四十有七年在朝不滿九載勤學好問力探經傳賾隱所交陳士賢胡叔心陳公甫羅彝正陳剩夫婁克貞諸公皆以道學稱于時其間不能無異同之見獨崖然中立不樹門戶而多所獨得好面折人過議論揚揚剛直不屈前後林居日久士大夫日望其起然譽之者多而尼之者復淡以故事卒齟齬不克行其所學費宏所謂磨礲渾璞益見光瑩也學者稱為東白先生

姚文灝字秀夫江西弋陽人少讀書恒達旦及娶獨

行親迎禮流俗咻之不顧父喪極哀毀內翰張東白
謂人曰是子可以語道矣勵志問學能忘其貧比成
進士授刑部主事迎母就養京邸母没乃扶喪歸塟
廬墓終制先在刑部纔三月坐累當調外或謂任淺
當自白秀夫曰職既在是即一日亦預有責敢獨免
乎言者愧服至是補常州通判水政先諸郡召入爲
工曹陳水利六事曰設導河夫曰發濟農粟曰給修
閘錢曰開議水局曰重農官遷曰專農官任朝議行
其四事又繪水道圖集水利書及自著事宜一編皆
行於時及歸大巖下益事著述已復有督學之擢慨

然以作人爲已任其立教條大要本聖賢之學而參以時制痛革浮靡考覈極公自謂毀譽不入請託不行賄賂不逼聞者以爲信然性方嚴純正在官無二志在家無嬉容友諸弟兼有恩義臨事剛毅推其志雖死生在前弗恤也諸書皆有辯論或欲更訂大學章句秀夫謂宜守程朱定本愚按古本大學即朱子所云舊本頗有錯簡者也業經程子考定而朱子因之依經文序各得其所矣後人不察程朱費幾許苦心必欲復古本以廢末儒遂以知本知至二語連綴經末而首提誠意以該一書之要無論紊入條混經傳不可爲訓而繫淇澳烈文二詩于誠意之後於義安乎或又不得已而穿鑿其間有欲改二詩爲經文者是蛇足非體裁也有欲移知止二節合聽訟爲一章以釋本末者是未復古本先裂聖經也翻案紛紛幾

于家各有大學一本推其意不過謂格致無傳爲補傳者非原無經傳分章句者非爲聽訟以掩之云爾然大學一書本古者太學所以教人之法豈若是其紊序踳舛迷誤後生也哉今姚秀夫氏獨毅然謂宜守程朱定本則於所謂其序不可亂而功不可闕者已確然無疑不惟足以救正姚江而其識其力在谷平所云三家之上矣

張鉞字抑之陝西秦州人成化初舉於鄉父敏以國子生爲江西布政司照磨從父之任受學東白張先生鎰是學益有得乙未登進士授刑部主事歷員外郎郎中遷江西吉安知府在吉安政敎兼舉士習聿興民用安業坐忤權貴調湖廣漢陽六載以兩郡令譽晉山東左參政後致仕居鄉日進執經諸弟子於

庭講學不倦鄉閭薰德焉隴西學者稱爲張夫子
羅僑字維升江西吉水人初爲邑諸生有文聲是時諸生拘制義咸有門戶牽綴試日窮年不得休息而南昌東白張公以道術鳴維升往從之居半載盡得其說以歸自是授生徒輒以收放心爲言弘治乙卯舉鄉試己未成進士癸亥授新會知縣正德己巳召補大理評事會逆瑾擅王命用淫刑因歲旱上封事首言陛下日旻不朝戲狎羣小殆非所以承大業次言文法太深誅求太急盜賊公行流移載道而宰執諫官噤不爲語及論劉大夏潘蕃罪謫之非奏入瑾

大怒將處以極刑賴西涯相公力解得免官歸是年秋薦敗明年以前疏復原官病作告歸己卯宸濠反都御史王守仁起兵吉安討之聘維升居守吉安事平敘功璽誣交薦擢知台州府至台首延布衣張尺置上坐訪民間疾苦尺具以所聞對繇是誕布德政吏部奏最天下第一上賜襲衣牢醴旌異之癸未二月用巡撫延綏都御史姚鏌奏遷廣東左叅政八月即以故事引年致仕既歸杜門謝客日對書史著潛心錄以貽其子謂學須寡欲則心中無事嘗曰每見青天白日便看吾心光明何如每見雲影蔽日便看

吾心昏蔽何如毎見草木生意便看吾心生意何如毎見禽獸自適便看吾心自適何如又云人於一日自朝至夕自輿至寢不可有一毫惡念惡念一萌即斬絕之使根株悉拔不可一息無善念善念一萌即克廣之使若泉達火然大抵原本東白而足發之者也時東廓鄒氏講學靑原山中數與往來議論而洪先居喪不廢業維升獨以爲不應古禮責以書學者稱爲東川先生

謝鐸字鳴治浙江太平人天順甲申進士選翰林庶吉士授編修奉旨較勘通鑑綱目因上疏言宋神宗喜通

鑑理宗好綱目而不能推之政治惟求賢講學以史冊質經傳窮理義則大本立而萬目自隨矣復條上西北備邊事宜陳搜套之策及債帥積獘進侍講入預經筵嘗發明誠之者人之道謂務虛名而不實用工夫如漢武帝內多欲而外施仁義唐太宗外行仁義而內多慚德便是不誠又如梁武帝酷好佛法唐德宗信任盧杞不能明于治道之邪正人才之賢否是不能擇善也唐元宗初年勵精圖治幾致太平後乃窮奢極欲溺於所愛唐憲宗初年發憤志平僭亂後乃好神僊迎佛骨有始無終是不能固執也時純皇帝頗有偏好故以此諷

諫反復推說皆人所難言連丁兩艱及終制引疾不起曰初心冀祿爲親今無及矣苟仕非義也弘治元年薦起修實錄三年遷南國子祭酒上疏請增楊時從祀而黜吳澄復疏修教化擇師儒慎科貢廣載籍復會饌均差遣六事明年以師道難盡請致仕十二年以累薦即家拜禮部侍郎掌國子祭酒事力辭不允鳴治先後在國學律己率人嚴立規約兩監中故有夫皂僱役羨金籍之於官均贍僚屬搆書樓東西庋諸經史刻北雍廟衢湫隘益市地闢其斜側又市廬舍三十餘區居博士助教諸學官以省僦直諸生貧困者有給死者請京府

致賻給驛歸其喪凡所建白皆師古義持獨見不徇俗希世也十六年預修通鑑纂要是歲請致仕特予告正德三年瑾勒致仕五年卒年七十六贈尚書謚文肅學者稱爲方石先生鄉人方正學先生抗靖難殞身滅族敢藏其一字者有禁嗚治不避忌諱收綴遺文爲遜志齋集梓而行之羅一峰致書曰遜志一編則天地正氣沉鬱百年而幾泯没者一旦遂得其全以顯行于當世執事之功大矣所著有桃溪集續真西山讀書記伊雒遺音伊雒淵源續錄四子擇言元史本末宰輔沿革國朝名臣事略尊鄉錄赤城新志忠諫錄祭禮儀注諸書

及方石文集赤城詩集行於世

羅倫字彝正江西永豐人性慷慨樂善不疑人欺遇事無所回避有不可輒面斥之郡守張瑄嘉其學行而惜其貧命有司周之謝弗受景泰丙子領鄉薦癸未赴春闈遭火患呼曰吾生平無毫髮得罪於天今乃至此柰吾親何須臾火滅僅獲免成化丙戌登進士對策大廷項刻萬言指切時弊拳拳以格君務學爲說奏名第一授翰林修撰會梓試策策中引程正公人主一日間接賢士大夫之時多親宦官妾之時少執政欲節其下語彝正不從直聲振于時未幾內閣大學士李賢遭喪朝

廷留之臺諫皆不敢言彝正詣其私第告以不可李公
始以其言爲然既數日復上疏歷陳古今起復之非是
且曰如其不然必準富弼故事終喪劉珙故事言事反
復數千言一本於天理人心之正疏奏遂落職提舉泉
州市舶司時彝正雖見逐而天下士論益榮之明年召
還復修撰改南京尋以疾辭歸開門授徒日以注經爲
業垂十年卒于金牛山書院中成化戊戌九月二十四
日也年四十八謚文毅學者稱一峰先生嘗欲倣古置
義田以贍族人或助之堂食之錢謝不受或衣之衣行
遇乞人死于途輒解以覆之客晨至留其飯其妻謂其

子曰瓶粟罄矣之旁舍于之比舉火日巳近午亦曠然不以爲意嘗曰習俗之溺人如醉者之酣于酒寐者之酣于夢所貴乎君子醉而能醒寐而能覺又曰舉業非能壞人人自壞之耳聞者多興起方其貶而復召也李賢新卒商輅復入閣實爲上言之適盧陵陳文亦卒士有爲詩悼之者末云九原若見南陽李爲道羅生巳復官士林爭傳誦之以故終彜正之世大臣未嘗有起復者所著周易傳中庸解禮記集註所刪訂三禮考註俱藏于家其一峰文集今行於世

劉彬字素彬江西永豐人貌癯骨秀心術純正五歲

而孤母張撫育之聽巫語用甕甒關於祠案下謂十五出關時破甕名曰破關祈可長生素彬黙用石碎之母怒乃跪啟曰壽夭在天非巫可求天感母德見自可生母宜安心勿惑異端舉進士授潮州程鄉令痛俗薄惡撤賭場禁酒肆逐娼優出境民不復破產民有誣軍數年而蒙雪者以黃金十五兩包香茶中跪送立揮去之考績赴部而鄰邑饒平賊發城陷奔屯程鄉湙谷中官民大懼時素彬過家卧病聞之明日即力疾陸趨四日及境四野歡呼因白行軍布政陶魯軍衆邑小乞散之鄰邑以紓民困陶擒賊五百

餘眞僞未辨素彬力爭民命不可輕陶不聽且曰君不亦當立功乎正色對曰吾爲民父母坐視子弟命絕何謂立功乃白巡按御史雪其無辜者過半九年考滿方伯劉大夏署曰無能事之虛名有牧民之實惠既去邑人塑像立祠遷雷州府同知以疾解官民謠曰知府似爛泥通判似豆腐去了劉同知倒了雷州府後卒于家年七十七初與羅一峰同塾及同受春秋於鄧表年所或經年乃一歸以德業相勵鄉俗目爲迂儒且有欲破其交者一峰詩有浪拍洞庭君山不動之語素彬笑曰君山豈足喻吾交君山靜而

不動吾交動靜不違一峰嘗告之曰科名文詞皆淨洗而痛決之不使亂吾之念慮一意從事聖賢之學必至於成人而後已榮華與道謬永貽身後嗤胡可以有盡之身而貽無窮之辱乎仕止久速各當其可此孔子所以聖也故素彬於出處之際亦曰吾不敢負一峰云

何垕字朝舉江西新城人幼自力於學以聖賢爲必可至與鄉人鄧康羅倫游有省歸而日夜淬于慎獨克己之功至終夜不就枕窮年不出山菴專苦如是家故裕仲兄豪主家政而家落有勸分者拒不答兄

所責逋括所有代之償無慍色母喪苦塊晝哭不絕言動蒞祭一於禮哀毀幾不能生廬墓側者三年第進士官戶曹出納精嚴正德間逆瑾聞其有古琴一張諷欲得之朝衆曰琴非所惜惜毀吾行耳竟不與出知程番有反火屏虎之異歸授徒著書忘寢食不厭尤邃於易多所自得後進士徒質經疑義不遠應必從容玩諷竟日乃竭兩端以告聞者心厭而返平生無虛言飾行嚴義利之辨毫介不取仕三十年蕭然四壁及卒儀無遺金剩帛子孫貧不能自存

史英字廷珍山西稷山人少爲諸生恒以薛文淸自

期待成化戊戌第進士初授棗強令未覩篆俄報賊騎至率兵即日擒斬後冀州盜相繼反獄皆勦平之於是賊不犯境其爲政首先禁抑誣訟而督課學校周卹歲凶尤爲懇至凡上官橫科不便於民者皆拒不聽擢御史按江南有周駙馬兄爲蘇州同知貪聲大著即據法首黜之他奸宄皆望風屏跡在臺中諸僚有所論列多各有所托獨謂山西無托廷珍曰吾大有所托顧諸君不知耳衆問爲誰曰托天天有仁心不受賄賂人有敬畏天命可托衆改容謝他日臺中糾一勢要疏成已印鈐矣至午門前猶豫不進適

遇廷珍問何以處之毅然曰疏至公所宜進不宜退遂進之遷河南按察副使丁外艱歸服除不復出閉戶讀書不與人事平生不食兔肉有餽生兔者輒命放之以其父兔屬生也每夕必焚香告天爲民祈福壽獨未嘗通私書每曰已不容人囑知人亦不從已以故官府多不能識其面張學士天瑞嘗以眞理學稱之操守素嚴顏其所居庵曰庸曰拙以自況所著有就正一得諸稿其言多主居敬窮理嘉靖五年臘月魁日考終壽七十八

吾𡿺字景端浙江開化人通書易春秋以鄉舉入太

學與蘭溪章懋安福劉戩四明楊守阯交責善輔仁多所裨益旣而三子皆貴顯而景端獨不第就江浦教諭迎其父就養以教本力踐爲教學東有隙沮洳鑿池種蓮亭其中曰求樂邀莊定山杲至日陶永焉提學御史及諸憲使並以爲有道賓禮之久之乞終養歸朝夕侍側諸可以娛親心者靡不力致執親喪一於禮老猶毀頓與弟賺怡怡友愛始終無間言追復遠祖祠田當祭掃必大合族其學常在爲已不溺於記誦詞章之習自江浦歸家食餘二十年郡邑子弟及四方來學者屨常滿輒書太極圖說西銘示爲

學本原及舉管子思之思之又重思之之語爲窮理之要又謂學者曰學欲有用須養氣氣充即天下事無不可辦者時人即其所居稱爲文山先生

王啟字景昭浙江黄巖人弱冠登成化進士告歸婚娶授霍丘知縣有兄弟爭財訟不息者以宋人所著兄弟吟令誦之使立聽事朝夕對揖久之乃悔讓其所爭而退一邑皆感化弘治間擢御史疏言皇親張鶴齡家奴生事及守備内官董讓不法人皆偉之秩滿轉江西按察僉事修白鹿洞濂溪二書院及文丞相祠堂毁淫祠四百餘所政暇則事讀書間有所見

則隨手筆記著正蒙直解周易傳疏周禮疏義及編古文類選大學稽古衍義等書進本司副使擬改山東提學會以事觸奄璫怒不果降廣西容縣令又罰米三百石輸之官已復罰米二百石待命未報遇赦免久客梧州著邇言等書璀敗自遂州守歷遷江西右布政使奏罷寧王宸濠私貢新茶新筍數事轉廣西左布政使以征蠻督餉有功晉副都御史巡撫雲南輯綏畬漢地方以寧著撫滇翊華錄赤城會通記會鄉續錄義蜂記王氏族譜等書甲申遷刑部右侍郎詳慎刑辟丁亥以大獄免歸日事耕讀足跡不至

公府重修會通記及元鑑年統居八年卒學者稱東瀛先生遺著詩文甚多論者稱其性好著述而不甚刻意衣麄食糲略無懟怨卓然有前輩風格焉

敘近思錄

日百家羅而四子出四子出而六經尊訓詁羅而近思錄出近思錄出而四子尊上下歷千餘歲絕續更十餘傳所言愈演而愈約其言愈近而愈遠矣粵自夫子刪述六經而伏羲堯舜禹湯文武周公之道寓于易詩書春秋禮樂如天之不可階而升夫子恐人好高而反失之也故其爲教傳文約禮之外性與天道罕言而論語一書不出問答思辨之間當時曾子傳其學爲用心於內其作大學則曰格物致知猶吾夫子也曾子傳之子思其作中庸則曰擇善思誠猶吾曾子也子思傳之孟子其作七篇則曰知言明善猶吾子思也惜乎其書存其人亡其徒不能傳其道異端之說始熾猥以百家之言厠于其間統紀不一學者莫知所宗矣幸而四子之澤未泯漢董子思所以禁之首請罷

黜百家以尊孔子其後始置五經博士四子得列講師而百家不致與六經抗衡矣然亦多訓詁之儒而無究精微之實積久生蠹釋氏因得以近似之言亂之雖唐韓子知尊孟氏以闢佛老其作爲文章則見道未真而由其生於訓詁之後無自而知也至宋周子倡明道學作太極圖通書以授程子其書始教人尋仲尼顏子樂處四子之蠹一去矣程子受於周子作經説諸書教人窮理觀物其書始發明顏子好學處四子之蠹又去矣張子與程子共語道學之要作正蒙等書教人知禮成性其書始發明中庸文字輩四子之蠹盡去矣其徒守其書相傳既久不能無失天欲啟斯文之歸於是朱子始出紹其道而正其書既掇于釋經四書集註矣復次輯爲此編蓋所以修宋之一經大伊洛而宗四子明其傳之有在也旨哉編乎不由是書不識其義則千聖宗廟之美百官之富終無由而見矣其義云何洪範曰思曰睿睿作聖愚嘗思之人能收放心則必將求道將求道則必有所思有所思則必有所通有所通則必有不通以所通者而推未通者其相去也不亦近乎其爲知也不

亦易乎譬之炎炭其生炎也必有初炎處譬之望月其生明也必有初明處皆相因而不可相越也若無所通即強欲通有所通不能類通皆蔽也彼釋致知者曰推極吾迮思者曰類推其義何居乎

建安葉氏曾爲集解國朝文明之久雖列學官然窮鄉晚出鮮寡敵自守官以來始得此書讀之餘目擊心融處輒手疏各條下庶幾銖累寸積幸異日無事卒業是書顛年奪志迄無所成且是書以思爲名蓋欲人默識心通而得之也故亦不敢爲姑書以竢來者愚按此序知東瀛識正而力勤矣

周瑛字梁石福建莆田人少時與廣寧賀克恭新會陳公甫爲論學之交且期終隱嘗贈克恭詩云黃門仙客歸遼左少室山人憶嶺南我亦塵埃難久住木蘭溪上浣青衫其後宦京師公甫夾韵戲之中成化巳丑進士授廣德州知州轉南京禮部儀制司郎中遷撫州府知

府調鎮遠府歷四川右布政使致仕年五十七自敘履歷以授諸子曰我他日卽棄子子無粉飾吾事以誣天下後世但謀葬我壺山之巔以此納諸幽足矣其畧曰期年過四十姑仕庶幾覩斯道大全而求見夫子所謂一者及領鄉薦遂汩沒仕途而初志始爲奪云又言居官行巳頗知畏天命凡事每自撿於心求合於天而人有不及知者惟人不及知而暗合於天則恒自喜曰此吾學之得也初在廣德念民惑鬼神著祠山雜辨又念民不知葬祭法及溺殺女子著教民雜錄在南京與人講邵氏蔡氏學著經世管鑰律呂管鑰又苦字學無師

承乃博采諸說爲字書管鑰其他詩文有水雲稿金臺
稿金陵稿桐川稿臨川稿共若干卷藏于家初號棠中
子又號翠渠後因以名其集時白沙首倡習靜之說一
時學者樂其說之新奇而梁石獨非之有嘉魚舉人李
承箕學於白沙得其說歸遂居大崖山以老謂靜極則
心虛心虛則理見故視六經若土苴視形骸若佗敵視
聖人所以立禮義之防若纆束綑縛欲撤去之梁石亦
與李氏游爲題其義學曰白沙寻友也二十年前日相
往反瑛見其神清氣完心地定叠往往以其靜觀天下
之動竊以爲古閉關人也今世卿從白沙游不知其說

果出白沙否果出白沙則吾當盡巳之說不當祖述其說而申告之也瑛聞人心無外以爲有外者非也聖人靜有以立天下之大本動有以行天下之達道繇體及用一以貫之其餘爲學皆繇博以返約博者萬殊也約者一本也求諸萬殊而後一本可得一本旣得則所謂萬殊者亦可推此以貫之矣瑛請得以言其功程次第蓋始學之要以收放心爲先務收放心居敬是也居敬則心存聰明睿知皆繇此出然後可以窮理所謂窮理者非謂靜守此心而理自見也蓋亦推之以極其至焉耳孟子曰萬物皆備於我矣此言人心無外也不卽物

以窮理其能盡此心之體乎故自性情之微以及形骸之粗自食息之末以及綱常之大自六經之奧以及天地萬物之廣皆不可不求其理求其理謂求其自然與其當然又於自然當然求其所以然積累既多自然融會貫通而於一本者亦自得之矣一本固非學者所敢言然聞之中庸有曰喜怒哀樂之未發謂之中又曰上天之載無聲無臭至矣此譬如穀種雖自塊然而根苗花實皆聚於此又如雞卵雖自渾然而羽毛觜爪皆具於此及其發見於行事在聖人體用一貫在學者未免差互葢在已者有所拘蔽故所發不無偏重之殊在外

者有所搖奪故所執不無遷就之異然而旣見本源則於處善亦安循理亦樂至于患難事變雖以死易生亦其心爲之此聖學之大略也今不務此乃塊然靜坐求畢體用之學吾見其難矣此文見集中益深石之學以居敬窮理爲要以知天命爲歸先以敬收斂此心然後博物以窮理而反約以治博造詣爲至當故與白沙稱素交而持論不爲苟同如此

丁璣字玉夫南直丹徒人父元吉學行高古隱居教授與南海陳獻章友善學者稱易洞先生玉夫幼服庭訓嶷然早悟弱冠舉進士授中書舍人成化末以

星變應詔疏治道本末時政得失反覆數千言而根極於正君心諸如教東宮振綱紀正風俗愼用人重名器蘇民困理財節兵皆切時政末言方士釋老宜斥遠語涉萬貴妃疏入憲皇怒以他事逮繫命擊齒落而挺然不爲動謫普安州判官普安去中州萬里非人所居獨從一僕怡然長行弘治初入賀三原王公恕爲太宰雅重玉夫延見坐語者竟日明日復召不赴奏記言今日大本無急於正君然非一人一日之力宜早堅主上嚮道之志開進言之路庶本正源清制治保邦之務可次第而舉太宰韙其言欲引爲

吏部爲忌者所撓不果轉廣西通判猾伍以怨誣鄰民爲盜斷其舌斃之獄汚衊其妻女竟按如律同官坐事者處之曲有恩至丐印易牒輓不可曰某平生惟辦此一片心事君敢爲欺耶內服闋倪文毅今岳掌銓卽家起儀制郎中尋以副使提學廣東入賀道淸遠峽山水暴發衝急舟欲覆卽閤戶與妻子俱沒翼日得其屍衣冠端整如生存玉夫充養深粹居圍運方身不踰中人而任道好古崇正闢邪有萬夫直前之勇羣吠衆譟不震不竦有百煉不磨之剛嘗以儀禮周公之典久廢不行家居冠昏喪葬一取衷之

其教人先命之正容端坐澄定良久使躁釋慮消方與開講其爲政務先教化而一以誠意將之民有去後思室廬不庇風雨子女踰期無力爲嫁娶而愛君憂國一出天性蓋其爲學一以考亭朱子自期待粹齋臨川而下不屑也故其所造若此竟死于溺命矣夫所著有補齋集八卷大學疑義一卷洪範正誤一卷四禮儀注四卷行于世其中庸語孟說未脫稿大學士靳貴少從受學尊事之終身其他門人唐侃俞燦輩多以學行顯

周孟中字時可江西廬陵人成化乙酉領鄉薦江西

學使李公齡典教白鹿洞書院聘以爲師取程端蒙董銖所爲學則併朱子洞學舊規嚴率諸生皆翕然知所向方來學甚衆尋與南康守不合遂罷歸已丑登進士授南京吏部文選主事戊戌轉僉事提學福建端士習培士氣一以敎於白鹿者施之品藻進退付之至公不爲權勢所撓於宋諸儒祠墓徧加修葺甲辰改貴州僉事丁未遷廣西提學副使作興有道士咸嚮學弘治初歷轉至廣東左布政裁抑海船中官使不得爲商民厲民間昏嫁後期喪葬不舉皆有禁俗爲之變致仕抵家越四月病卒年六十六其學

本於主敬窮理以朱子晚年謂敬字之義惟畏字近之故號畏齋以天性過剛恐褊急害道取西門豹佩韋之意别號韋庵性至孝太安人晚病風痺寢與湯藥躬視弗懈俸祿所入舉以建先祠置祭田周宗戚平生砥礪名節爲詩文必有關係發明不苟下筆有畏齋稿藏于家

鄒智字汝愚四川合州人年十二能文章讀經史一目不忘嘗居龍泉庵聚樹葉夜焚之以照讀書成化丙午纔十五舉解元郡人聚觀汝愚馬上口占曰龍泉庵上苦書生偶竊三巴第一名世上許多難了事

郡人何用太相驚時有鄉省元年名相若者汝愚初意其爲同志特訪之坐未定其人遽問四川解首坊金比他舉子多幾倍即拂衣起赴會試過三原謁尚書王公恕曰智此行取甲第非所急所急者扶陽抑陰此疏不可不上也王公徵哂而罷丁未成進士選庶常孝皇御極御史湯鼐當侍班糾儀汝愚造其私第告曰祖宗朝御史糾儀得面陳政務得失近年遇事惟退而具本此君臣之情所繇間隔不通也公以言官奏對幸值大政維新之日請效故事此太平機會也冢宰王恕徵至京又迎謁曰三代而下人臣不

獲見君事多壅蔽顧公弗受職先請見君政之可否歷陳於前庶其有濟一受職再無可見之時矣王公善其言弗能用汝愚甚惜之是歲冬星變應詔抗疏極論扶陽抑陰之理請黜萬安劉吉尹直而用王竑王恕彭韶又言君子所以不進小人所以不退大抵宦官陰主之疏入不報聞者爲之懼汝愚意坦然由是名愈重然性孤介寡交與爲人所忌弘治三年言者誣知州劉槩御史湯鼐妄議朝政株連下錦衣獄身親三木神色自若供詞略云曾與今湯鼐等往來會聚或論經筵不宜以大寒大暑輟講或論午朝不

宜以一事兩事塞責或論紀綱廢弛或論風俗浮沉或論生民憔悴無賑濟之策或論邊境空虛無儲蓄之具議者欲處以死刑部侍郎彭韶辭疾不判案內閣徐溥亦力言吾輩不可使朝廷有殺諫臣名始獲免謫廣東石城所吏目在獄詩云人到白頭終是盡事垂青史定誰真夢中不識身猶繫又丞東風入紫宸辭朝詩云盡披肝膽知何日望見衣裳只此時但願聖朝無一事孤臣萬死更何悲遂毅然就道衣結履穿幾不能存親識餽遺堅卻不受過閩蔡介夫清贈詩曰此行如遊學十年觀造詣炎荒無友生神交

方遜志蕃勉之湙也至石城視事甫兩月廢政悉舉奉總督檄董修醝書因寓廣城交陳獻章處困若亨造修不怠居四年暴病卒年二十六卒之日囊無百緡方伯劉大夏同年順德令吳廷舉致賻歸其喪所著有立齋遺稿行于世方居石城有順德人鍾曉師事之後歷御史知府卒有立以風節稱

陳騏字夢祥廣東南海人少喜技藝工書能醫有司使視重囚入獄中穢不能忍耻之乃學舉子業爲邑庠生時年二十七矣三十一舉於鄉連登進士拜大理寺評事晉左寺副修撰羅倫以剛直許之遷江西

僉事發奸摘伏有能名分巡嶺北民病瘴以藥活之者至八百餘人勘虛糧明經界均徭役民不敢欺巡九江以南火燬學宮文昌祠凡清出虛糧十八萬三千餘石備贖罪穀備賑濟至二十一萬六千石有奇以各道罰罪銀市材倩工修理學宮祭品及正聖賢像服之不如制者七十八所毀淫祠九十七區晉雲南副使時鎮守太監錢能家人不法每爲夔祥所抑能中傷之訐奏落職家居年八十餘卒嘗謂白沙之學之雜禪也著論正之學者稱益菴先生

宋端儀字孔時福建莆田人幼嘗侍父助教公較文

江右時御史天台陳選監場屋因私試以文渼器之
父爲安州學正每令預堂試諸生皆歎服以爲弗如
也舉成化甲午鄉試第七人辛丑會試第六人拜禮
部主事歷主客員外郎凡四裔朝貢之使以方物贄
見一毫不苟取其或有所求請必條舉典故辨析開
諭使心服而去久之遷廣東提學僉事既至嚴立教
法方勵精有爲遇病卒自其少時已有志泛濫羣籍
尙友古人凡鄉之先輩皆考究而知其邪正賢否郡
守青田潘琴以郡學所祀鄉賢多弗稱典禮乃發策
詢於諸生惟孔時所對策考論精審潘大加歎賞其

在禮部署淸務簡尤留意程朱正學嘗考正宋史道學傳進程氏門人呂大臨謂其淺潛續審當不在劉李尹謝游楊之下又以程氏師友淵源朱子已有錄以示後學而朱子門人亦多哲士尚未有表著之者因集黃勉齋以下及私淑有得如眞文忠諸公凡若干人爲考亭淵源錄又嘗修祠部典故廣東通志畧宋行朝錄皆未脫稿其修道南三先生遺書朱子事類鄉賢考證莆陽遺事莆陽舊事偶錄立齋閒錄立齋稿高科考宋氏族譜等書藏于家

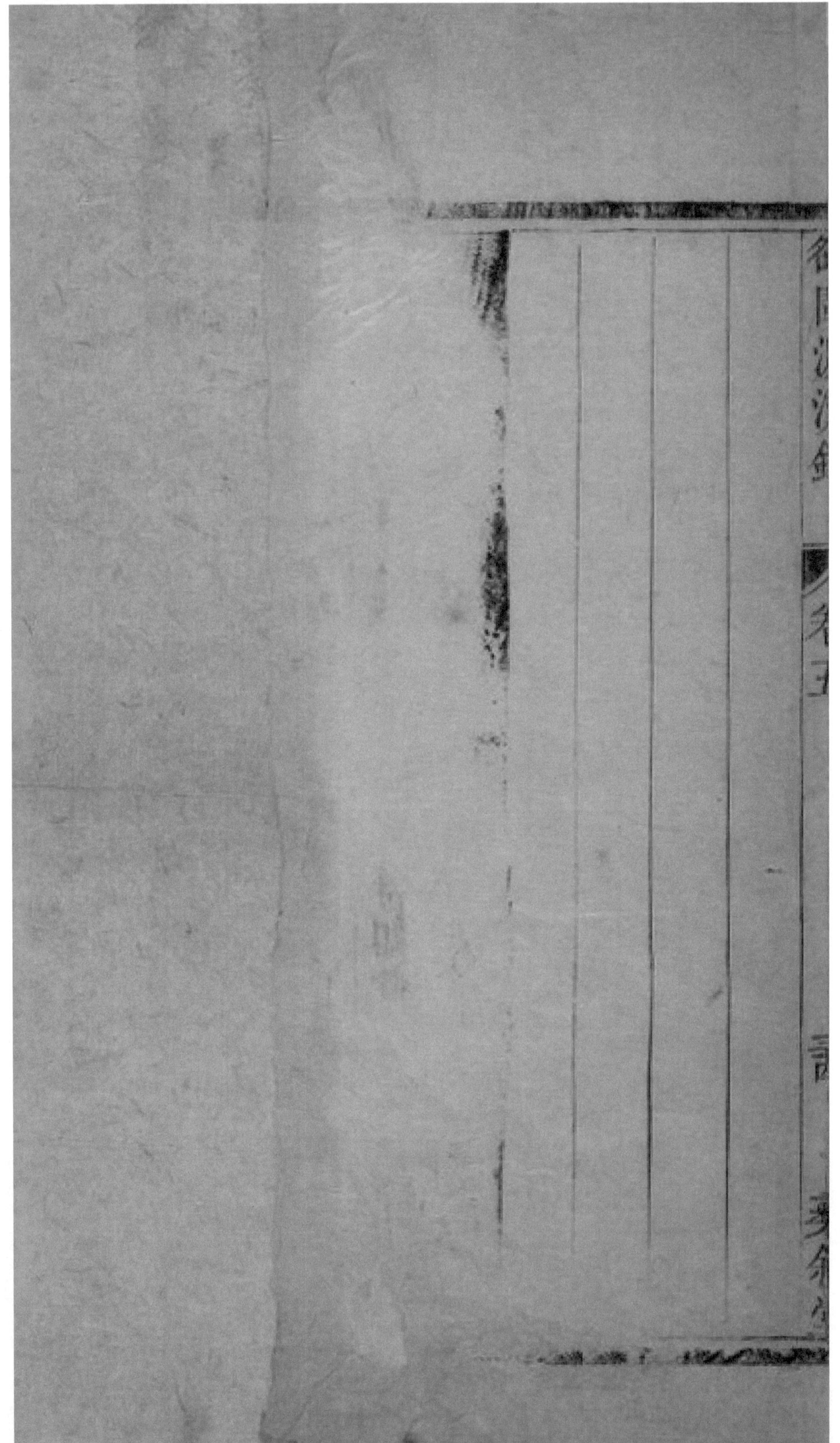

洛閩源流録

（清）張夏輯

清康熙二十一年彝叙堂刊

2

鳳凰出版社

第二册

雒閩源流錄卷六

無錫張夏纂　門人婺源黃昌備 昌儼校

章懋楓山先生　程昌　黃傅　應璋

董遵　陸震　凌瀚　章拯

黃仲昭　張吉　李汰　邵珪

王雲鳳　蔡清虛齋先生　陳琛林嵱 林希元附　邵寶二泉先生

楊廉　談縉　張綬　陳鳳梧

邵清　劉玉　楊文

章懋字德懋浙江蘭谿人天順壬午中浙江鄉試易魁成化丙戌會元列二甲改翰林庶吉士授編修甫閱月

會元宵舉放燈火內閣分題命館局賦詩先生草疏與同官莊昶黃仲昭連章諫止忤旨同杖闕下謫外先生得臨武知縣時稱三君子先是羅倫論南陽謫官又稱翰林四諫云未行給事中毛弘等申救改南京大理寺評事遷福建按察司僉事毅然以振風紀爲已任勘獄牒剔吏蠹踣官邪滌民瘼招通番貨以便商聽民採礦以絶盜認納海田虛稅計擒泰寧尤沙諸盜善政卓然考績赴部乞解官吏部尚書尹旻勉畱之曰不罷軟不貪酷不老病如何可退答曰古人正色立朝某則罷軟古人一介不取視民如傷某則貪酷年雖未艾鬢髮早

白可謂老疾堅請得歸時年四十一人以爲難既歸固窮守道奉親外閉門讀書體認實學而言必根志志必先用用必副功提挈綱要所得益深家貧力耕以自給不入城府士風爲之一變四方弟子執業者雲從名卿隱士接軫於門乃刈蔬脫粟而餉之或諷爲文章曰小技爾予弗暇請著述曰儒先之言至矣盡矣刪其繁蕪可也詎當附益哉林居二十餘年公卿屢薦弘治辛酉名爲南京國子祭酒母喪力辭詔增設司業以編修羅欽順爲之聽終制赴官癸亥服闋再辭弗允始就列首厲教化明道術肅儀軌六館之士翕然向風姑蘇尤樾

母病不得歸省先生許之或謂無例曰吾寧以違制受譴不忍絕其母子之情也再上修學政陳弊政二疏正德改元陳言勤聖學隆繼述謹大婚重詔令敬天戒五事疏八上乞歸未幾劉瑾擅權公卿多遭斥辱人皆服其先見久之起南京太常寺卿再遷南京禮部侍郎俱辭用科道會疏以舊學耆德詔賜存問世廟初特晉南京禮部尚書仍致仕辛巳冬卒年八十六贈太子少保謚文懿學者稱楓山先生先生自少潛心大業慨然有范文正公之志于書無所不讀身體力行涵養深至居常龐朴和厚不爲異同至臨大事决大議則據經援古

確乎不易且寡嗜好謹出處筮仕九轉至八座居官不過十年歷俸僅滿三考難進易退之節世尤高之當家居日命諸子親農事邑令來見諸子輟耰跪迎在南監時其子自家來省道逢巡檢笞之已而請罪先生笑曰吾子垢衣敝履宜爾不識又何罪焉嘗言人形天地之氣性天地之理須與天地之氣理同其廣大天地之用同其周流方可謂之人論學者須大其心胸蓋心大則百物皆通必有窮理工夫心纔會大又須心小必有涵養工夫心纔會小不致狂妄論學術程朱後又大壞矣必須真聖賢出方能救得論政體第一是格君心收人

才固民心爲本然後政事可舉而行也論世道惟唐虞
三代之盛皆是聖人在上致中和下此則一泰一否秪
憑氣運推盪耳論家法如鄭義門兄弟讓死篤義如此
其家安得不悠久乎論風俗須倣横渠復古之志行藍
田呂氏鄉約庶可一變而厚論吾婺有三巨擔自何王
金許没而道學不講自忠簡默成逝而功業不彰自吳
黄柳宋謝而文章不振後學可不勉哉論居常處困每
誦伯夷叔齊餓於首陽之下民到於今稱之語便覺自
警拔論居敬自謂於專一上見功覺得心中無甚放僻
邪侈之襍論窮理自謂於精義處得力見進退辭受之

節頗分明不敢放過其持論篤實大指若此所著有楓山語錄闇然子集行於世後人以其書續呂東萊及王何金許之後稱金華六先生楊廉曰儒雅如黃未軒豪邁如莊定山公斂華就實獨立其間風節如羅一峰習靜如陳白沙公旣博復約自成一家至于收四海無瑕之譽膺五福無疆之年此則同時諸老未有或之先者也嗚呼在漢東都不爲危言之叔度在宋鷟湖不立異同之伯恭公之謂矣　愚按楓山問白沙曰人來就學者如何開發之白沙曰今人陷溺于名利汙濁之中先令他看浴沂章以洗其心胸楓山曰今日也浴沂明日也浴沂合殺怕流入老莊去白沙曰使擺脫得開方好向進此亦權一時之弊也又按羅整菴曰章楓山嘗爲予言白沙爲學本末固以禪家目之然則楓山蓋和而不同也而槩謂不立異同豈其然乎

程昌字時言南直祁門人甫冠領弘治閒鄉薦謁章

楓山先生於南都受學而歸登進士授蘄水令時逆瑾有事湖湘官較駱繹徵索時言不爲怵以最擢御史陳十事上嘉之駕將南巡率同官伏闕二日諫止巡按福建會南靖羣醜猖獗率兵討平之詔慰勞晉一級繼巡廣東殄滅新會新寧劇賊賜白金彩幣在臺九年風裁獨持如一日嘉靖元年與郊壇監禮及侍經筵尋議大禮援引經典反覆數千言出爲湖廣四川按察使謝政歸閒居二十年餘惟闔戶著書未嘗一刺候公門歷官雖久不置妾媵不蓄財貨卒祀鄉賢祠著有和溪文集發蒙近語大學古本註什宗

譜家規等書

黃傳字夢弼浙江蘭谿人生而穎異讀書過目輒成誦長從楓山先生游遂潛心理義之學以名節自礪登弘治庚戌進士授江陰令江陰稱難治夢弼初至兩月示以恫愿一日升公堂盡發吏弊于是興學勸禮威强梗惠良善毁淫祠釐祀典精斂稱神明奉詔當行民奏留之三年擢御史朝貴聞其風裁相戒斂避不久以病歸病劇無殮貲其家人尤之夢弼徐吟曰病餐藜藿神尤旺臥死溪山鬼亦淸著有白露集及江陰縣志

應璋字德夫浙江永康人宋少師孟明九世孫嘗學於楓山先生一見語以黃勉齋所云眞實心地刻苦工夫德夫佩服不懈先生稱其純篤焉以貢授徽學訓導補長樂再遷羅源教諭正己率人士皆樂從其教致仕歸年九十終學者稱爲東白先生所著有四書索微尚書要畧等書

董遵字道卿浙江蘭谿人受學楓山先生之門潛心理學專志力行學使江右東洲胡公禮爲浙東奇士貢入禮部試居首選授南昌府學訓導值蔡虛齋鄒二泉兩先生相繼視江右學徵主白鹿洞書院轉溧

陽教諭遷江浦知縣立積散法爲備荒計在任一年百廢具舉因疏乞近地便養忤當道意調知廣東感恩縣懇請得終養歸居家風雨不蔽擔石寡儲而事親曲盡孝道所著有金華淵源錄及文集若干卷從子翬以孝養聞三喪九年不御酒肉不入內寢雖衰經已除而哀慕不替爰以貢格異等拜思南府推官氷蘗之操六年如一日人以一門二孝廉稱之

陸震字汝亨浙江蘭溪人從楓山先生學慷慨有大志以名節自砥礪舉正德戊辰進士授泰和令威德並著民立生祠名爲兵部主事轉員外郎時江彬怙

權伺釁卤奮多游幸汝亨抗陳仁義之疏幾獲重譴以大臣申救得免巳卯春彬復誑上南巡命下中外洶洶懼變莫測汝亨曰事急矣既不能去又不能言吾何以蘓爲遂與同官黃鞏疏陳六事請斬江彬以謝天下彬銜之矯詔下錦衣獄逮繫月餘拳梏跪於廷五日三訊三杖而死時霾霧四塞晝晦如夜水溢南海子玉河七鐵柱齊折如斬而駕亦不果出初汝亨在獄時瘡病方劇慷慨賦詩有惟有梅花入夢香之句又與黃公講易九卦以明處憂患之道其從容就義如此嘉靖初詔贈太常寺少卿遣使諭祭廕其

子有司爲立專祠祀之

凌瀚字德容浙江蘭谿人性端方沉毅弱冠即負大志不規規於科舉學早游章門得其標的言行必期信果步趨必繇規矩閒居正襟坐雖盛暑不去巾襪對朋友自朝至夕無惰容尤嚴義利之辨嘉靖乙酉以易魁兩浙益肆力學問凡天文地理名物象數以至禮樂兵刑漕運水利之類靡不究心四方從游者日衆各因其材造之既謁選授泰寧教諭日與諸生講明理學立爲條約以正其趨貧不自給者則分俸資之九年如一日士習丕變在任兩應聘典山東廣

西試遷周府紀善堅不欲出從游者強之就道至則剛直自持輔王以禮其所上崇德講學等啓詞嚴義正王甚敬焉以疾卒於官著有彝書類攷太平策略邵武泰寧等志金華正祠錄諸書

章拯字以道浙江蘭谿人少時從伯父文懿公受易輒能潛思究繹至夜分不寢履繩蹈矩非禮勿行登弘治壬戌進士授工部主事改刑部以決囚不覆于奄瑾坐復命遲慢下錦衣獄數日謫判梧州瑾敗擢南京吏部稽勳主事歷官至工部尚書所至皆著聲績其爲河道都御史適當河變二三喜事之臣欲開

新河獨抗言河性靡常悍猛難制豐沛之淤塞因黃河之旁衝黃河之旁衝因上流之未濬宜即疏支河以殺其勢築長隄以防其衝然後挑通漕沛自無淤塞之患不過費十萬緡自可成功焉可輕費朝廷之錢糧絕閭閻之地脉變丘陵以爲下舍川澤以爲高哉朝議不協以盛公應期代之竟不底績及潘公省曾用其議而工始集尋以少司空督造顯陵廷議計費六十二萬有奇以道殫心研慮僅用銀二十六萬而大工煥然告成上賜白金文綺明倫大典以旌之已亥秋聖駕南巡登純德山徘徊稱善且深惜其去

位初內閣桂萼延六卿議行海運以道言其不便萼遂止庚寅夏言建議分郊復以勞民傷財極諫上意不懌會以請建仁壽宮事忤旨用事者乃令冠帶閒住以道雖去而時論益重之其學得自家庭兼通天文地理醫卜百氏之術家居二十年而憂國之心彌篤每占天文先事多驗徹夕不樂卒年七十謚恭惠學者稱樸菴先生

黃仲昭名潛以字行福建莆田人年十五六卽專意古學凡先聖先賢一言一行無不究極淵微必實踐而力行之於周程張朱之書及韓柳歐蘇諸家下至

農國醫卜之學無不徧覽其爲詞則崇宗朱子焉天順己卯福建鄉試第六人成化丙戌二甲進士選翰林院庶吉士丁亥授編修甫三月有旨命翰林賦烟火等詩預爲元宵賞玩之具仍出舊格令擬述進呈詞多不經無異俳優因與同官編修章懋簡討莊杲各上疏極言不可用事者大怒取旨逮至午門命衛士各撻二十斥補外得湘潭縣知縣刑科給事中毛弘御史陳壯等上言三人者出自草茅初居翰苑不顧一身敢言直諫實盛時事也乞復其原職以慰人心以息物議特旨改南京大理寺右評事仲昭到任

悉卻舊例隸卒所入月錢其讞獄務以抑豪強伸寃抑爲主凡刑部具獄失重輕者必駁正之乙未連丁內外艱四年不離苫塊食惟蔬果酒不入脣己亥終喪以二親皆逝無爲祿仕遂引疾丐休家居十年弘治改元以御史姜洪薦有詔起用擢江西按察司僉事提督學校至則嚴教條以身倡率之宦家子弟未嘗假借凡經識拔皆一時名士乙卯疏乞致仕丙辰再疏始得請家居惟以著述爲事撫按籓臬及郡守嘗請修志如八閩通志延平郡志邵武郡志皆出其手筆正德戊辰十一月朔卒于家年七十四自號未

軒復號退嵓居士

張吉字克修江西餘干人生有美質四五歲間親命即不敢違訓之故事輒記不忘比長耻同流俗信古好義以名節自砥礪初從鄉先生學見諸生簡擇經傳以資捷徑意謂士當兼治五經今業一經而所遺如此豈聖人之言亦有當去取者耶遂歸而屏絕人事力購諸經及宋儒諸書讀之益自奮勵以窮理致知爲務體之於身驗之於心在庠序爲異已所嫉惟教諭鄭重光爲之延譽提學止軒夏公嘗舉以勵諸生成化丁酉魁鄉薦辛丑登進士明年除工部營繕司主事時左道李孜省

致位禮部侍郎妖僧繼曉以符水進乙巳元旦星隕有聲詔求直言上疏勸親賢圖治修德遠邪以謝天變顯劾二人之罪其黨捃摭過失無所得踰月謫吏部尹旻貶雲南景東府通判時追逮甚急故舊無有送者所攜惟小奚敝書而已景東處西南極邊其民鄙戾土官陶氏世握郡章一仍其俗克修至下令率先以孝弟忠信禮義廉耻民以事至庭諄諄曉諭使歸相告語有不法者亦必薄示其罰約無再犯陶始見克修空囊且無室家謀爲置妾不聽以銀器數事爲餽一無所受已而遣子棨來學棨聞教即能善事其父遇母忌日或強以酒

肉卽走避之土民駭是信服漸知中州之化地僻乏書手錄諸經葺齋舍討論其中取聖賢教人修己之要愼獨窮理改過求仁作爲四箴以自勵讀呂榮公家傳作佛學論以正末俗孝廟御極覃恩轉肇慶府同知其地頻年苦潦爲相度築隄長亘三縣經營勞瘁歷三載而後成復爲竇以殺衝決之勢民德之以姓姓竇以號號隄弘治辛亥都御史秦公紘爲總兵柳某所誣逮赴詔獄克修爲疏曲直奏卒得白壬子進表闕下冢宰王公恕素知克修部見時待以殊禮欲處以提學之職不果癸丑轉梧州知府梧爲兩廣鎭巡開府建節之地供應

極繁民多四徙不樂土著至任百凡節損且公攤鹽之利釐不均之徭于是梧民相率復業暇日則躬課諸生爲講說聖賢大學之道使知所誦法尤嚴於丁祭廟樂崩壞嘗延樂師呂應禎聚諸生習之至於將事卜牲之外徵而菹韭皆一一徧視觀者竦然生敬戊申考績入京贄見當路惟所刻先儒學範晦菴詩畧等書庚申遷廣西按察副使備兵府江申教令嚴武備其教士以射則懸金爲的中者予之又以意創鴛鴦銃偏架弩倣种世衡教射青澗及韓世忠製克敵弓之法所轄沿江山川盤結林木蒙翳賊多伏其中因扼要害縱斧斤以奪

之時府江東西二賊相爲犄角而東賊慓悍尤甚遂併力於東數月間斬獲甚衆西賊聞之亦皆自戢正德改元遷按察使明年遷山東右布政使已轉廣西左布政使二月發濟南舟中讀象山語錄作陸學訂疑會名馳驛還京將處以重任竟爲逆瑾所阻降兩浙鹽運使量移河南參政調廣西壬申轉湖廣按察使癸酉遷貴州左布政使未赴以疾告家居夙服膺同邑胡敬齋先生爰取居業錄採集之謂之要語其在嶺與陳白沙氏相往還至於論學亦不盡合嘗謂禮之大體有四其冠昏喪三者可守行之惟祭禮㮣用斟酌其行於家最爲

精當鄉里化之居常無可喜無可怒之事及變故之來利害之際則惟義是從無所疑憚家常飲食遇二味必撤其一所御布袍雖累經澣綴弗棄也誡諸子一以節儉訓之書先小學四書而後諸經謂學者不讀五經遇事便覺窒礙至於隱年就試大爲不可以時方進取乃爾則他日事君可知矣居官三十三年在朝僅二載爾罹貶逐久處瘴鄉皆人所不堪者早歲微偏於剛中年充養弘裕病且革每旦必正衣冠坐倦則隱几假寐愛君憂國之心老而彌篤歲戊寅九月甲寅卒年六十八學者稱翼齋先生所著有古城集貞觀小斷等書行於

世

李汰字清之湖廣蘄水人天性仁厚氣質端莊居家以紫陽家禮爲節持身以金谿孝友爲先少失怙終身哀慕領成化丙午鄉薦任江西永新訓導轉浙江義烏教諭並有教績聘考福建秋闈或以黃金私謁峻卻之謁者曰此腐儒耳清之聞之謝以詩曰義利源頭頗識眞黃金難換腐儒貧莫言暮夜無知者充塞乾坤有鬼神其人慚而去致仕卒著有立菴稿藏於家

邵珪字文敬南直宜興人成化巳丑進士除戶部主

事才識精敏案牘之暇輒潛心理學嘗言中庸全書只天命之謂性一句工夫從戒懼慎獨入內省不疚是眞慎獨不愧屋漏是眞戒懼工夫盡處即天命本體無聲無臭原無加於不睹不聞以此恒自刻勵持守極嚴屢絕潛金之私謁者至貧無以爲家一歲數徙其居室人有突不黔之歎丁父艱歸益孝事母氏服闋六年不出後補嚴州守到任一月悉更弊政以勞卒於官生平豪於詩嘗賦半江帆影落尊前之句傳炙人口人因稱爲半江先生子天和字節夫由進士官吏垣尚廉直忤奄璫謫官下獄璫誅晉符丞歷

憲副居鄉時偕從弟天祐會友講學遠近士歸之

王雲鳳字應韶山西和順人南京戶部尚書某之子自幼端重有執十一歲時與鄉人立妓女過之拜而不答同舍生或借其扇潛與妓女應韶知之後以扇還擲之地下同舍生慚買他扇償之登成化甲辰進士除禮部主事值憲宗弗豫禮部循故事舉齋醮乃言于部尚書周洪謨曰祈禱固臣子至情第行於佛老宮非禮若爲壇於南郊隙地大臣率屬禱於天三日則可時不能用土魯番貢獅子應韶謂宜卻之尚書耿裕用其稿具奏得允歷員外郎郎中尚書倪岳因災異疏弊政用所條

四事曰懲斥邪慝禁給度牒停滅齋醮議處宗室後度僧不止應韶具疏爭侃侃千餘言三上皆不報及旨下度僧不多人謂其有回天之力弘治丁巳京城風霾逾旬疏陳修德弭災之道乞納忠言罷左道齋醮傳辦傳奉等事孝廟遂下詔求直言復代部堂條奏二十三事時中官李廣與壽寧侯表裏通惡愬徹中外人莫敢言應韶獨上疏請斬之以弭災變人爲危之上知其名不之罪廣怒令道士設醮呪死不驗屬旗尉數伺過失是年冬聖駕郊天看牲回謚以駕後騎馬下錦衣獄謫知陜州比至問民疾苦興除惟恐後有兄弟因變爭訟則

買甕遺之於是兄弟感愧引咎歸好凡富豪謀利病窮民者必痛治之毀僧尼寺以正風俗拆太山廟以給學田禮賢講學政教畢舉遷陝西提學僉事轉副使教學者讀書自小學近思錄始次及諸經史建樓于正學書院廣收載籍以資誦覽分設四科曰求道曰讀書曰學文曰治事取人首名節次文辭斥貪殘獎正直禁止僧道師巫邪術尚嚴威不姑息士始不堪而終服其公所引進皆知名士遷山東臬使丁內艱歸冡宰張綵欲起復上書力止之服闋擢國子祭酒以十有七條約束諸生時逆瑾尚橫惡其一無所餽欲搆以禍竟無所得養

病歸尋改南通政未上起爲副都御史巡撫宣府疏辭不允至宣府以便宜行事寇畏不敢輕入家素貧先遭逆瑾誣贖稱貸鄉曲終其身不能償山西巡按疏請周之所居在和順之虎谷因以爲號初筮仕郎淸忠效官特立不懼居京師日無故足不躡公卿門不赴無名飲宴獨與蔡虛齋爲同年而師事之時謂人情所難爲學一宗程朱嘗曰一息不敬便與天地不相似故居無惰容自少至老如一日又嘗題楊震四知詩云若敎暮夜無金饋方信先生待物誠呂涇野每喜讀之以爲得務本之意所著有小學章句博趣齋稿讀四書私記諸書

行於世

蔡清字介夫福建晉江人少從三山林呲受朱易盡得其肯綮時人爲之語曰欲易明問蔡清成化丁酉舉福建解元晉江之山鳴如玉磬者三日甲辰始舉進士先生自幼好學急求道略仕進病假久之講學水陸僧寺學者多從之游弘治元年以母教趣赴選得禮部主事冢宰王恕稔其學行奏改爲吏部稽勳主事上劄記言今朝廷之患在紀綱廢弛以至士風日敝民力日屈當大有以振作之又薦引名士劉大夏等三十餘人恕皆納用應吉士鄒智論事下獄罪不測刑部尚書何喬新

方在告先生諳喬新強之出喬新即疏救智得謫官嶺南泊丁內艱服除吏部有不悅者以補禮部祠祭司員外郎乞便養遷南京吏部文選司郎中一日心動乞終養至家兩月而父病沒人謂孝感所致每遇親忌痛哭流涕終日不御酒肉宗族內外有貧乏者恒賙䘏之死而殯葬之撫其孤門外貧者亦常衣食之嘗曰天地間物當與天地間人共一介不取士當然也一介不與故未易耳蓋仕宦之久屢空而不暇自計也正德改元即家起江西提學副使時寧王宸濠方圖不軌凡朔望藩臬官皆先朝宸濠次日乃謁孔子廟先生至力請其僚

同日行禮先謁廟後朝王宸濠生月命籓臬官著朝服賀先生獨去覲而入宸濠大怒一日宴籓臬官宸濠嘲之曰公乃不能作詩先生對曰某平生於人無私蓋私與詩音相近故謬爲詞以諷宸濠益銜之其後奏求護衛已得請矣先生怏怏有後言宸濠聞之欲誣以非議詔旨之罪先生正色對遂疏乞致仕宸濠尚陽善挽留之且欲以女妻其子竟力辭而歸會劉瑾方耑權假引名士以收人心不數月復起爲南京國子監祭酒朝命未至而先生卒矣先生素羸弱色澄氣和外簡內辨與人論天下古今一以禮義折斷其言剴切而精深其淵

軌貞風使人妄消躁息爲學初主於靜後主於虛謂天下之理以虛而入亦以虛而應因以虛名齋學者尊爲虛齋先生嘗爲客箴不以示人積久至五十條皆自砭自鍼之詞兢兢然惟恐慚負君親得罪師友其言曰學貴養正性持正行虛心涵泳切己體察八字要訣也又曰宋儒之道至朱子始集大成朱子之學不明則聖賢之道不著故與其徒著四書蒙引易蒙引諸書皆推原朱子之意今行於世先生作客箴皆爲已謹獨之事未嘗語覩知後與楊月澗傾倒偶由示之嘗言程先生每教人靜坐李先生亦教人靜坐驗喜怒哀樂未發前氣象可以養心可以養氣可以照萬物而處之各得其道實造化之機又曰善言者自簡善應者自足未有多言而不妄者也又曰有道

德者不多言，有信義者不多言，有才德者不多言，惟細人、狂人、妄人乃多言耳。又曰：元城不妄語三字，力行七年而後成；上蔡三年乃去得一矜字，故力行難，未有不堅苦強忍而能成者。又曰：必使小人不忍以其所爲而疑我之爲之，乃爲信於人人。又曰：勿著半點私，終無人不知；勿使半毫術，終無人不識。巍巍乎司馬公之律身嚴、與人忠也，故能赤心質神明，素行孚走卒。章文懿負重望，公卿交薦，海內皆想望其復起。先生與其所親書曰：清謂先生決無意出矣。向來先生一二同志此行復起者，俱不得完璧而歸。今聽先生一人高臥林下，亦足以壯士風、淑士類，而爲國家添一人物矣。易所謂不變所守，乃所以益上也。況今未能以不次柄用先生，而第以纂修名，誠亦不必竟其事矣。文懿果不出。

才包曰：尚論諸儒，必以四書爲標準。四書無所得，雖經史淹貫，不可以言學也。自金谿以迄姚江，凡學其學者，莫不厭薄朱註，肆意妄解，其于四子書，穿鑿决裂甚矣。大全而後，惟文莊蒙引以發明朱註爲主。朱註，四書功臣；蒙引，朱註功臣。

陳琛字思獻福建泉州人時虛齋蔡氏之學方顯士人鮮能習其傳而思獻生稍後自以其意爲宋儒考亭朱子之學未嘗聞虛齋之說也一日虛齋得其文於故長史李木齋所嗟異久之李曰此吾徒也虛齋瞿然曰吾乃得此人爲友足矣不敢爲之師也思獻聞乃因李稟學於虛齋焉虛齋曰吾所爲發憤沉潛辛苦而僅得者以語人常不解不意子皆已自得之今且盡以付子矣於是講爲師弟子正德丁丑會試禮闈考官尹編修得其文大驚以爲出舉業蹊徑之外大學士靳文僖反覆數四曰信然是必出陳白沙

之門不然則蔡虚齋之徒也及榜發訪之果然初授
刑部主事乞改南以便養得户部榷淮安舟税正額
足後大開關門恣商舟來往部尚書責其弛慢答稱
數罟不入洿池若充類至盡鈔關之設不比禦人之
盜乎部堂無以難既而轉吏部考功以嶶號恩得封
贈其親遂乞終養歸里一步不至城府不通達官貴
人書闔一室静觀天地萬物之變及物理人事之顛
忒適然孤嘯忒慨然太息不以告人人亦莫能測也
間自放於詩酒山水間有莫春雩沂之意後以薦徵
固辭嘉靖初即家再拜僉憲提督貴州江西學政並

辭不赴卒于家其所著四書淺說易經通典正學編等書卒與虛齋相輔而行世儒治經求通于朱子者舍思獻之書若瞽者失相從禽無虞悵悵然不知所繇也學者稱紫峰先生張襄惠公嘗贊之曰有避世之深心而非玩世無道學之門戶而有實學崇禎末蔣閣學德熉疏明儒曹端以下十人請補祀文廟列虛齋名第三紫峰名第五時有林啓字仰之精易與虛齋相次為解首仕為安陸學正諸生餽贈之無所受而周其貧者倣胡安定法為教人士循軌安陸易盡宗之遷國學博士及門如趨晉南京國子監丞楊

吏部攝祭酒赴名或請他攝楊曰仰之在須他攝何爲見信重如此其後同安有林希元字茂貞守朱學甚固尊蔡説頗發明之著易四書存疑至今與蒙引並行

邵寶字國賢南直無錫人幼孤力學受經于邑儒俞蒿菴鎧年十九問學於莊定山杲定山答書有邵君一日千里之語未幾登成化甲辰進士知許州初至州有蝗禱于神三日而蝗去題詩曰昨日蝗蟲來今日蝗蟲去吾爲吾民歡還愁蝗去處識者知其有憂天下之心在許以禮讓爲治作新廟學諭諸生義利公私之辨及忠

孝大節聞者感動皆知所自立正潁考叔墓改曹丕廟
以祀漢愍帝祠范忠宣公于襄城裴晉公于郾城毀龍
骨杖妖巫尤急民事勸課農桑倣朱文公社倉立積散
法行計口澆田法以備荒九年民幾無訟入爲戶部郎
歷遷副使提學江西以身爲教先行簡而後文藝士習
丕變修濂溪書院改建白鹿洞書院作諭來學文改建
宗儒祠祀周程二子兼祔蔡沉以下十四人疏請特祀
都昌陳澔又爲永豐羅倫建一峰書院時寧府每有宴
會賜儀皆固辭以所藏書畫索題詠亦盡卻之後宸濠
敗有司勘理書札先生獨無片楮人服其先見累遷右

副都御史總督漕運逆奄劉瑾怒漕帥平江伯陳熊欲論殺之示意俾劾熊先生以平江功臣之後趨漕未久亦無大失拒不納瑾怒勒致仕熊得減死瑾誅起巡撫貴州遷戶部侍郎以母老乞終養先生年向六十日就子舍問寢視膳不以力代久之用大臣言官薦擢南京禮部尚書以母病辭世宗繼統復申前命懇辭上温旨褒奬令有司以禮存問其母待養終用之比終太夫人喪即具疏乞休是時江右門人桂萼方以議禮柄用慮揆席需先生入顧名益勤辭益力前後疏七上得允居三年嘉靖丁亥春初無疾一日晨起謁先聖及家廟端

坐而逝年六十八贈太子少保謚文莊先生之論學也一化門戶惟著程子定性書說以正新學矯枉之偏未第時嘗聚徒講學于保安寺後之東林不久址荒迨晚退門人華雲卽其地重搆東林書院屬王公守仁爲之記厥後東林之教盈天下實自此始按舊東林在錫城外保安寺後今東林在錫城東隅弓河上乃龜山講學故址諸如作尚德書院于惠山祀李忠定公綱改建五賢祠于學東祀楊龜山先生以喻工部樗尤文簡袤李肅簡祥蔣文忠重珍配皆林居時事也先生質旣淳懿學復該洽應務之才巨細皆適特不喜爲矯詞僞行嘗自誦曰願爲眞士夫不願爲假道學世

傳以爲格格論宇內學者尊爲二泉先生所著曰格子簡端錄二書巡撫吳廷舉上于朝又有漕政舉要錄容春堂前後別續四集左鑁諸書行於世其春秋名臣傳春秋節解客問燬于火後有邑士姚咨字潛菴者續成春秋名臣傳十三卷而總論十三篇仍用先生原文系于各卷首士林稱之萬曆中同邑後學高攀龍始撫行實作年譜二卷顧憲成爲之序（顧樞曰文莊作劉靜修序又書其傳後詞義嚴切意蓋在許魯齋也又崖山詩意亦然但渾然不覺耳簡端錄中研究格物之說最精至以日格子自號意蓋在王文成也然無一語及良知之誤先輩立言温而理如此　愚按曰格子論唐宣宗時李景讓議還穆宗以下四主出太廟謂拜兄尚可拜姪不可而曰君臣之分爲重則兄弟叔姪之分爲輕故仲尼以躋僖

爲道祀論晉徐藻議康獻褚皇后之喪以從嫂爲母后應服齊衰亦曰有君道則有父道有父道則有母道生以事之死爲之服禮也則其不滿張桂之議禮亦可知矣嘉靖初文莊堅臥不起殆有不言之隱乎若夫無一語及良知之說是先正其本以勝之者也至今日狂瀾已倒所謂不止不行不塞不流君子不得已起而闢之非爲好辨矣庸菴此說以論二泉則可以繩整菴則大不可

楊廉字方震江西豐城人自幼穎悟過人學以六經爲正宗四書爲嫡傳周程張朱爲正派而飭躬砥行不落塵紛成化丁酉鄉試第一丁未會試第三選翰林庶吉士移疾家居弘治庚戌授南京戶科給事中艱歸起補刑科戊午以便養請改南兵科會地震劾奏用事大臣且薦張元禎吳寬李東陽王鏊劉戩堪

充日講官宜令講大學衍義時冢宰王恕被讒力言
其賢所宜優禮楊茂元盛應期以事獲譴奏乞敘復
又薦周瑛周孟中劉大夏謝鐸林俊等皆一時賢才
屢上時政便宜及邊鎮備禦凡數十事朝廷采用幾
盡嘗論宋儒周程張朱從祀之位宜右漢唐諸儒又
因闕里重新請更立木主以革俗教雖未及行後人
多祖其說焉庚申遷南京光祿寺少卿淹抑閒居幾
三考惟潛心著述取濂雒遺言奥境多所闡發嘗入
賀千秋節陳言輔導元良其說尤備葢是時武宗在
東宮性好逸樂欲預防之也正德丁卯遷太僕寺少

卿同務多暇環滁諸生多執經其門偏舉先儒異論分剖是非娓娓無倦容外艱服滿起南京通政司右通政遷順天府尹以文學餙吏事諸所興除悉著爲令遷南京禮部右侍郎疏論交修論廟禮論巡幸語皆剴切武宗幸舊都卽奏言臣僚冠服當如朝儀又請謁太廟皆得俞旨世廟登極用廷薦晉尚書首進大學衍義節略有旨褒答大禮議起具疏同南九卿爭之報聞已而八疏乞休癸未春求去益力得允歸杜門卻掃不齒及朝事居三年卒壽七十四贈太子少保謚文恪學者稱月湖先生所著有劄記三卷奏

議四卷家規一卷文集六十卷所述有伊雒淵源錄

新增先天後天圖學考證太極圖纂要分類程氏遺

書二程年表西銘旁通皇極經世啓鑰象山語類洪

範纂要禮樂書皇明名臣言行錄等書二十餘種皆

行於世其皇明理學名臣錄錄薛瑄吳與弼陳眞晟

陳獻章胡居仁陳選張元禎羅倫周瑛莊㫤黄仲昭

章懋張吉蔡淸十四人論明儒者多宗之

談緡字朝章南直無錫人生而警敏長而愛敬髫角

卓卓如成人天順初父願學公泰僉蜀臬朝章十餘

歲偕弟紳隨任受學於成都郁鶴亭先生未幾奉父

喪歸服甫闋母繼卒喪葬皆如禮時感喑疾體幹僻
僂挺然強作扶攜諸老幼不以病諉先是僉憲命子
曰吾今勤勞王事難專教子汝等暫宜從師力學吾
至六十致仕而歸爲怡情之所常居其中教汝明善
而誠身驗汝克順於吾然後可仕斯吾志也朝章痛
父言不遂爰卽家之東園爲順親堂明善誠身齋奉
親像於堂之後室不祭不薦常往則揖以順親之怡
情爲多春館延師會友而兄弟自相砥礪以順親之
教子督弟習舉業食廩學宮已則謝去章句專心聖
賢之學讀西銘有得謂道不外乎仁孝尤懼無以知

過惡而賊仁孝也乃爲察惡之編記言行以自檢省未嘗輕以示人復條列所當勉戒者數事于壁其要以誠敬爲入門嘗言學者知禮則成性心正則行方每自誦曰晝有爲宵有得瞬有養息有存故終日儼然莊坐如對大賓盛暑不去冠衣及遇事則從容應之咸中條理處造次若燕閒化強暴爲恭順尤嚴於祀先之禮扁祠堂曰著存葺遺物貯其中晨夕必謁出入必告時食不薦不敢食也祭則三齋七戒潔粢備牲必躬必親偕婦奠獻凜如生存忌日必慟哭祭畢猶坐祠堂思親不置終是日白衣蔬食不與慶賀

不赴宴會夜亦興寢而復封表先隴以展親歲舉祫祭以合族至於淫祀則毅然屏絕無能惑之者又倣義田之制以贍宗親著強恕之方以邺貧佃念先賢虞薇山先生在宋元間能立師道有造就人才之功定建五賢祠使後人知正學源流所在楊時傳喻樗樗傳尤袤袤傳李祥蔣重珍特著薇山行實一篇刻置鄉賢祠中以表章舊德間述其已行之實未就之志與夫朱子家禮古今未盡符者作就正錄二十餘條以書請裁于廣信婁一齋赴同邑楊澹成崇義會相與講學明道因事規諫不憚直言有所與書啓二通載集中而臺使者

按部亦必謁其廬焉幼名祥麟既長不忍忽覦之所命祀事必用之初號敬義一日夢負石橋而行既寤歎曰士不可以不弘毅任重而道遠其斯之謂與因更號荷橋子中年好易至忘寢食躬行日篤德業日充論者以爲幾于周精程正云弘治庚戌卒年四十五所著有荷橋子集太極圖通書集略家禮襍辨睦族規矩日省編就正錄諸書藏于家楊文曰自古聖賢作與斯道存乎言行間而已及道學之名起爲士者一言及之非掛笑詆疵則丑詆不敢當是豈道之不可爲哉人自棄之也吾觀談處士父父子子也兄兄弟弟也夫夫婦婦也易之居德善俗書之邇可遠在茲而被褐懷玉深藏不售求諸今所謂有道德者未能或之先也柰之何世無路公題墓以明道之所

在井閭典歟雖然天理常存人心不死後有作者必於是乎興感而黙契矣

張綬字朝紳南直無錫人少擅才藝通今古力學好問一循儒行與同邑談荷橋楊濬成虞西溪莫南沙諸公結崇義會布席城東弓河之上相與講究切劘甚審用弘治丙辰歲薦任浙江東陽訓導嚴立講會闡王何金許之學以廸多士與起者衆正德庚午承檄分考闈闈方度嶺忽有賊挾利刃劫求關節者坦然以身當之不爲動賊驚馳去及竣事號稱得人久之當遷國學見奄禍滋蔓不欲入都踰艾即乞致仕抵家會盛中丞顒子爲其父治論塋藉諂使咸令觚

平旁塚以廣墓道張氏祖隴正逼其左駸駸及矣遂躬率子弟親屬即墓所起鑪冶爇鐵以待盛氏恐謝不敢犯是役也不獨保祖隴而全他墓甚多澤枯之德茂焉先生賦性慈祥不設城府不立崖岸平居若無短長者至猝遇事變輒果毅有爲往往能化強華暴人以是服其有學術而惜未究其用晚年就家設塾聚弟子講習如故餅粟不繼詠歌晏如學者稱卓齋先生著有卓齋集十卷藏于家玄孫星有孝行力敦古道游高忠憲公之門

陳鳳梧字文鳴江西泰和人生五歲就社學即能勤

勉同社生祀先聖即取古聖賢列名號祀之及長知學以聖賢爲師範不屑屑時藝成弘治丙辰進士入翰林已授刑部主事轉員外郎與同曹名士講學論文每至夜分是時或稱西翰林云遷湖廣提學僉事一以崇正學廸正道爲已任與鎮守武當太監講鈞禮以剛正聞轉山西副使仍督學政疏止撫按不得與試事兩院嚴憚之及晉河南按察使巨奄谷大用以迎立世廟道河南有副使王縱不肯行跪禮先被怒辱河南兩司聞之大懼議接見禮文鳴曰兩司方面無跪人禮在禮當留茶話衆黙然文鳴曰王公見

辱勢孤耳今吾三司俱在彼雖恃勢亦不能加至則長揖再拜大用果荅拜茶話如禮歷官南京吏部侍郎兼右都御史廵撫應天定寧國五縣愚民譁亂及設法清蘇松積年逋稅俱著成勞再疏乞休歸進修著述無間時日卒年六十七贈工部尚書所著有修辭錄毛詩集解困知記集定古易靜齋奏議等書藏於家（整菴羅氏曰公手不停披集解六經多至百卷旁搜約取率有定見而不爲苟同近世異言滿耳離眞失正終莫自悟後生小子或分一席寓一榻于斯以日聞公之緒論而弗迷其所向又非幸歟）

邵清字士廉南直江寧人生有至性母卒時纔三歲

置于別室號泣求往視聞者異之及長端潔好學攻古文詞弘治壬子舉人就江西德化教諭乙卯典山東鄉試擢監察御史正德初皇親張延齡恃恩奏人負券若干緡有旨與追淸不受詔前後奉勅督抽分理鹽法兼管河道俱著勞績奄瑾始擅政索賄不入矯旨遣官旅逮至榜數十罷歸仍罰米三百石交親爲代償乃得足嘉靖初復原官遷雲南按察僉事尋改廣西左江兵備所居皆膏腴不以一毫自潤會齋表事竣兩疏乞休得允歸橐蕭然杜門謝客宗伯霍韜以所毀淫祠田餽之不受臨終語其子曰爲己謹

獨甚難又曰兢兢業業過此生務要保全無過至瞑目心始落耳

劉玉字咸栗江西萬安人弘治丙辰進士授輝縣知縣力拯凋弊歲飢請賑不待報發粟巳而郡官閱稟民恐爲令累爭先歸粟擢御史因天變陳六事曰端治本清化原親大臣勵庶官擇內侍攘外患武宗嘉之復疏劉瑾等八党扇奸宜寘之法而顧命大臣劉健謝遷當委任疏入瑾大怒罷歸罰輸粟四百餘石旋逮詔獄閱四月釋歸瑾誅起爲河南督學僉事轉福建提學副使敦本黜浮表揚靖難之節招降山海

之寇內遷大理寺少卿改南京僉都御史提督江防聞寧藩變傳檄致詞以舟師往援安慶濠尋就擒嘉靖改元以平濠功擢右副都御史晉刑部侍郎大獄事起下詔獄罷歸卒于家其學一主於誠嘗味齋戒二字謂動靜無間而誠乃可得故終身無浮詞詭行居家孝友信讓時靡間言在官一志奉公守正廉潔之操始終不渝所居僅蔽風雨博通羣籍長于天文地理至軍謀師律儀章法制亦莫不詳究其本末惟所用之隆慶初贈尚書諡端毅著有疏稿文集行於世

楊文字宗周南直無錫人少嗜學躬耕自給爲諸生
最久凡業三經靡不精洽嘗倡崇義會聚友講學務
遠勢利而期于責善輔仁邑中賢士咸與焉會規極
嚴後生不悅同志者勸更張其法以調之宗周卒不
顧而人亦徐服弘治己酉魁鄉薦庚戌聯第需次家
居會江南大水下捐租令或以二千畝所捐利之謝
曰我無水田安得有此已而掌教金華上治道八事
入爲國子監丞應詔陳言深切時弊監有餘饍若干
主者分致拒不受未幾遷長史引疾歸仍即家授徒
尤以師道自尊門人華粜已官方伯偶過門不入亟

呼至切責之杲長跽請罪良久乃解時論兩賢之廉正守道至死弗渝學者稱爲潛成先生

維閩源流錄卷六終

雒閩源流錄卷七

無錫張夏纂　門人婁源黃昌衢 昌齡校

羅欽順字允升江西泰和人弘治壬子解元成癸丑進士賜第三人授翰林編修累遷南京國子司業父用俊時爲助教俱當迴避先生送父歸家因乞終養吏部不與題奏留家久之劉瑾用事嚴補職之禁除名爲民瑾

誅復原官先生之爲南司業也此缺懸而不補者七十年監規積弛士多放佚毎遇差撥爭論紛然先生謂放心宜收非管攝之嚴不可爭風宜息非稽考之精予奪之公不可持此三者甚力始而慫謗交集終亦安之六館肅清繼轉吏部右侍郎攝篆不動聲色别白忠邪條奏咸當人心有寅緣內監以求進者奏論其交通害政請付法司定罪竟沮之世宗卽位轉左遷南冢宰以父病乞休詔許歸省尋改禮部尚書會父沒服闋起用復奏辭不允都御史席書自湖廣馳疏請起楊一清總制三邊吏兵二部議如所請先生曰邃庵舊相卽起必以

禮辭往反須數月今邊報孔亟李亞卿方在彼行事利害所繫恐宜三思一淸緜是不果起先生謂人曰遂庵素知予予尊仰之但入京逾年物論籍籍今所言非惟事體當然亦欲以忠于知已耳俄改尚書吏部時張璁桂蕚用事先生耻與雷同懇疏乞休許之居二十餘年考終于家壽八十三贈太子太保謚文莊先生自幼不識禪學在京師遇一老僧訪求心要遂爲之遘思徹夜不寐一日攬衣將起恍然有悟流汗通體證之禪書如合符節自以爲至奇至妙天下之理無以加於此矣後取五經四書濂雒關閩諸書讀而玩之漸復有疑久之

乃喟然歎曰昔兩程子張子朱子早歲皆嘗學禪皆究其底蘊及於吾道有得始大悟其非吾今乃知前所見者此心虛靈之妙而非性也遂發憤卒業追悔年幾四十始志於道雖粗見大意自謂可不負此生而官守拘牽加以善病工夫不專故力辭冢宰之命杜門謝客足跡不涉城市潛心二紀乃曰道在是矣大要以精言性以神言心以變言情以合一言理氣以道心謂性以人心謂情以理一分殊明理氣之合一性體至微故道心以爲微惟精所以審其幾情用至變故人心以爲危惟一所以存其誠統體一太極故曰理之一性之靜也天

命之初也人皆可以爲堯舜也各具一太極故曰分之殊情之動也率性之道也剛柔善惡生其間仁見爲仁智見爲智百姓見爲日用也釋氏一家之言有見於心無見於性其所謂覺苐知覺之覺不能要于天命之本來而徒以空寂靈妙爲境界是以格物致知皆弁髦之無用逵之陸象山楊慈湖近之陳獻章王守仁其學皆原於此則何以使物我俱融內外兼照盡己性以盡物性以達經世宰物之用著有困知記三篇其於性情心意之藴學問之原辨極芒忽而皆出於苦思妙契之餘蓋親見新說橫流末學昏瞀毅然以衛道爲己任聖賢

諸書未嘗一日去手於禪學尤極探討發其所以不同之故自唐以來排斥佛氏未有若是之明且悉者嘗曰自昔有志於道學者罔不尊信程朱近時以道學名者則泰然自處于程朱之上然究其所得乃程朱早年學焉而竟棄之者也夫勤一生以求道乃拾先賢所棄以自珍又從而議其後不亦可歎耶三寓書于陽明力排其說陽明強答之而已顧其爲學不開門授徒有請益者則開示之是以世人盡趨王氏學家居禁足一小樓惟巳丑秋視季弟西野公病及喪葬一再出不下樓數載以終耑意著書明道本分之外一無所預家人子弟

守其家法兢兢一步不敢肆嘗作行誨以授其子諄諄於忠信篤敬之說每訓諸子曰勢位非一家物須要看得破又曰愛好人窮貪嚼不爛人以爲確論仲子謁選大學士嵩故出其門方柄國請以書見先生不許瀕行酌巵酒命之曰前程有分定惟安義命便是比授官有期欲圖南方以便音問乞先生一達所知先生曰數字本不惜但惜乎信命欠確耳竟不之與又嘗自歎曰人立身居業必先打破義利關否則擾擾直到底其教人亦不出此先生有弟二人欽德欽忠先後舉進士號羅氏三鳳欽德按察使欽忠都御史父粟齋翁壽時三子

前致酹父各賜之酒以欽忠能其官子二酹欽德次之子一而獨酹先生三及嘉靖二十三年先生壽八十巡撫都御史張岳上言欽順攘斥異端有功聖門宜隆尊年之典使縉紳學士知欽順以正道正學見優朝廷士趨民習莫不率勵上使撫按及門存問又三年卒恩典從厚所著有整庵文集若干卷行于世　嘗論白沙曰白沙詩教開卷第一章乃其病革時所作以示湛甘泉者也所舉經書曾不過一二語而遂及于禪家之杖喝何耶殆熟處難忘也所云莫杖莫喝只是掀翻說葢一悟之後則萬法皆空有學無學有覺無覺其妙旨固如

此金針之譬亦出佛氏以喻心法也誰撥云者蓋以領悟者之鮮其人而淺屬意於甘泉耳觀乎莫道金針不傳與江門風月釣臺淺之句其意可見詎乃謂淺明正學以闢釋氏之非豈其然乎溥博淵泉而時出之道理自然語意亦自然曰藏而後發便有作爲之意未可同年而語也四端在我無時無處而不發現知皆擴而充之即是實地上工夫今乃欲於靜中養出端倪既一味靜坐事物不交善端何由發見過伏之久或者忽然有見不過虛靈之光景耳朝聞夕死之訓吾夫子所以示人當汲汲於謀道庶幾無負此生故程子申其義云聞

道知所以爲人也夕死可矣是不虛生也今顧以此言爲處老處病處死之道不幾于侮聖言者乎道乃天地萬物公共之理非有我之所得私聖賢經書明若日星何嘗有一言以道爲吾爲我惟佛氏妄誕乃曰天上天下惟我獨尊今其詩有云無窮吾亦在又曰玉臺形我我何形吾也我也詎皆指爲道也是果安所本耶則所謂纔覺便我大而物小物有盡而我無盡正是惟我獨尊之説姑自成一家可矣必欲強附於吾聖人之説難矣哉　又論甘泉曰湛甘泉嘗輯遵道錄一編而自爲之序云遵道者何遵明道也明道兄弟之學孔孟之正

脉也夫既曰兄弟矣而所遵者獨明道何耶上天之載無聲無臭其體則謂之易其理則謂之道其用則謂之神其命于人則謂之性此明道之言也物所受爲性天所賦爲命此伊川之言也中庸測于天命之謂旁注云命脉之命難語又加一語云命門之云雍語又曰於穆不已是天之命根凡此爲遵明道耶遵伊川耶余不能無惑也定性書有云聖人之喜以物之當喜聖人之怒以物之當怒是聖人之喜怒不繫于心而繫于物也雍語乃云天理只是吾心本體豈可于事物上尋討然則明道之言其又何足遵耶名爲遵道而實則相戾不知

後學將何所取信也按甘泉解遵道錄本意欲抑伊川耳中庸測雍語亦皆其著書名也

又論王湛曰王湛二公學術之誤所以安于禪學者只爲尋箇理字不着偶見如來面目便成富有而其才辨又足以張大之遂欲挾此以凌駕古今殊不知只成就得一團私意而已嘗見傳習錄有云於事事物物求至善却是義外至善是心之本體又云至善只是此心純乎天理之極便是更于事物上怎生來以此知陽明不曾見理字又嘗見雍語云天理只是吾心本體豈可以事物上尋討以此見甘泉不曾見理字二子平生最所尊信者莫過于明道其遺書具存緣何都不照勘乃爾

相反明道曰所以謂萬物一體者皆有此理只是都從那裏來生生之謂易生則一時生皆完此理人則能推物則氣昏推不得不可道他物不得有也又曰萬物皆備我不特人物皆然都是這裏出來只是物不能推人則能推之詳味此言便是各正性命之旨便是格物第一義斯理也在天在人在事在物薿無徃而不停停當當也若但求之於心而於事物上不理會厭煩而喜徑欲速而助長則其回光反照之所得自以爲千古不傳之秘者圓覺固其第一義矣林希元曰先生自發身詞林以至入座其行巳居官如精金美玉無得致疵辭吏部一節眞是鳳翔千仞故學者服其行而信其言焉　愚按高子遺書於有

明先儒獨著薛羅二傳蓋高子之所私淑者惟二先生也其著薛傳在結末存臨卒時一詩見敬軒能聞道其著羅傳在開端敘遇老僧一段見整庵能辯道讀者急宜着眼

王承裕字天宇號平川陝西三原人父恕歷官宮保冢宰贈太師謚端毅稱成弘名臣第一有七子而天宇最少以成化元年乙酉生於河南巡撫公署方兒時卽重厚如老儒恒端坐不妄言笑七八歲作屋隙詩曰風來梁上響月到枕邊明又作先師孔子木主朝夕拜之春秋丁日具香果齋而祭乃爲齋銘曰齊不齊謹當謹萬物安百神統聖賢我古來胳齊不齊謹當謹太夫人廉知之以白端毅公公喜曰此兒足繼

父志矣十四五時在南都從莆田蕭先生學蕭令侍立三日一無所授歸告端毅曰蕭先生待見如此謂不足教耶公曰善哉敎也眞汝師矣天宇繇是益尊師力學丙午年二十二舉于鄉丁未孝宗登極端毅公應召隨行讀書偕一時名公游而學問益進癸丑第進士會端毅公致仕天宇亦予告歸廼開門授徒講學于釋氏之剎堂人衆至不能容復講于弘道書院其爲教以宗程朱爲階梯祖孔顏爲標準師道尊嚴弟子咸知敬學自樹成名者甚衆久之授兵科給事中有時政先後等疏皆切中時弊兩使藩國餽遺

一無所受歷吏科都給事中正德初逆瑾耑政羣工多出其門天宇違之又上疏乞進君子退小人及言瑾諸不法事瑾怒罰粟三百石輸邊恨猶未巳以外艱去始免服除瑾誅起原官遷太僕少卿晉正卿南太常卿時上南巡天宇夙戒犧帛祭品待祀或曰上方用武無暇於祀焉用備爲弗聽及上至奏祀皆行之言者媿服癸卯宸濠叛欲趨南京大臣分城以守天宇得通濟門乃與家人訣別登城誓死守會有逆黨藏甲兵于郭以應賊者發之立服上刑都城肅然壬午世廟即位改元論禦賊功賜金綺癸未遷戶部

右侍郎提督倉場世廟重之特賜獻皇帝睿筆清平正直四字丁亥晉南戶部尚書巳丑致仕林居十年惟以讀書教人爲事當時稱其濟美方諸范文正之有忠宣論薦者無虛日嘉靖戊戌五月卒年七十四賜祭葬謚康僖性篤孝悌能悅親養志故端毅公鍾愛特甚諸兄皆殊常友之時序祀先惟謹誨子姪以道與人交愛敬兼至久而勿替自始學好禮終身繇之故教人以禮爲先凡弟子家冠昏喪祭必令率禮而行又刊布藍田呂氏鄉約鄉儀諸書俾鄉人習之三原士風民俗至今貞美天宇之功居多所著有論

語近說論語蒙讀談錄漫語星軺集考經堂集諫垣奏草草堂語錄三泉堂漫錄厚鄉錄童子吟稿婚禮用中進修筆錄動靜圖說等編所述有橫渠遺書太師端毅公遺事等書皆行於世

汪循字進之南直休寧人天性剛正自信以聖賢爲必可學窮五經之理即體諸身觀史則法其善行嘗從莊定山遊凡天下士有德望者均禮爲師友獨與王伯安論學諄諄反覆謂不能無疑者四足爲妄誕朱子之戒葢其學以涵養踐履爲主立身行道生死不移者也登弘治丙辰進士宰永嘉行呂氏鄉約毁

淫祠幾盡創鹿城書院祀濂之理學先哲凡忠節皆表章之爲政惟誠心愛民上人之所嗜好而責備者不一置念以故三年不得考滿四年無薦書及入覲擬疏興利除害十一事未上以憂歸上司始知其賢服闋補玉田令旬日遷判順天正德初應求言詔陳時務十策朝議推之值逆瑾亂政復上裁減中官疏語甚懇切不報遂乞養歸爲石䃫小隱日夕奉母安貧樂道家居十餘年未嘗一謁郡縣凡爲文務關世教折衷古今人物不輕許可後學從遊者隨其資質所近而誘進之其後瑾誅僉推起用部檄至撫按有

司促迫上道交章申薦竟辭疾不起學者稱爲仁峰先生所著有正學辨帝祖萬年金鑑録日録仁峰集等書行于世

徐問字用中南直武進人廉靜自飭學以紫陽爲宗弱冠中弘治壬戌進士除廣平府教官召爲刑部主事歷郎中値權倖縱横獨持法屹不爲動出知登州調臨江以方略擒獲大盜數百人尋遷長蘆運使以刺史轉運司人多不樂用中欣然受命曰吾將以薄躬淸是官也居數月轉廣西叅政累遷廣東左布政適上遣中使採珠不中程御史欲下令責諸賈用中

曰珠池有禁不趣賈爲盜卯事得寢乃坐是被部叅上亦不問亡何入覲以廉吏受賞尋擢都御史撫貴州黔俗獷悍喜相毒噬爰建貴陽書院祀濂雒關閩諸賢羣多士而訓誨之於是黔俗漸歸禮讓矣以擒獨山土酋蒙鉞功賜璽書褒勉晉兵部右侍郎自謂於此道雖勤勤注念未有豁然氷釋處因請告歸棲遲芳茂山下杜門掃軌潛思力究凡十年起南京禮部侍郎遷南京戶部尚書甫數月復乞歸用中登第四十有八年家無長物田不滿百又割以膳寡嫂其學以窮理致知爲入門以敬義直方爲實際以滌除

習氣還其本原爲工夫恬退澹潔則其天性也所著有讀書劄記山堂萃稿行于世卒謚莊裕學者稱養齋先生

汪禔字介夫南直祁門人幼就塾卽莊重若老成人讀書過目不忘嘗題梅花云自是天姿異何心要占春葉逸齋一見稱異以女字之年十三聞薛文清吳康齋之爲人心竊慕之旣誦濂雒關閩諸子書作而歎曰古今第一流人物謂是已因爲持身箴以自勗家貧母孀無以養活勉就逸齋受舉子業旣冠補諸生以學行知名遠近子弟爭執經從遊已而惕然曰

吾年三十有一去仲尼而立之年則漸遠耳乃慭慭然以舉業累吾幼志何爲乎從此併心聖賢之學揭箴銘牆桯悉標先哲格言堂懸夫子像朝夕焚香如親聆欬吐坐立不敢少背嘗悟齊明盛服之説製先正冠服服之患心難持製敬恕木簡置袖中出入手握之以自提省患坐不直體難羈束倣古人置劍椅旁之法製木板繫之胸臆患體羸好睡寓處備鐘鼓時令童子擊之其堅苦刻厲皆此類也祁學自環谷以來湮塞已久介夫特起倡興人方謗議沸騰笑排叢至乃奮迅直前不少顧避嫉俗尙浮屠按文公家

禮及丘瓊山所著儀節參之祁俗著爲砭俗編設館于里中揭白鹿洞學規爲教又諄諄誨以昔人二業合一之法二曰看道理一曰做舉業使不墮于一偏家遭回祿宗祠未建率族人鳩材築祠祀先祖以下及衆子所同出者於私寢立四親祠歲時祭祀朔望謁告一如事生奉母孀居三十餘年孝敬兼至嘗揭古人事親規于壁每進見有禮雖貧每日不缺肉養出外經宿返拜家廟畢即再拜母戒外內子姓八歲以下及僮僕無得窺中門遇妻甚嚴小不然則厲聲諭之化羣從兄弟十數輩以道伯父病率從兄弟臥

牀下不解衣帶既卒寢不離喪次又以宗法不立倫序無定乃考綜今古裁爲宗法議以詔族屬凡接朋徒欵親故溫溫有古人風從容周悉各罄其情而後巳行道既久鄉邑漸化出入坊市整容徐行不問老稚咸知指稱先生掌教高敦古輩屢以學行薦聞郡守臺司無不願交求見顧不以此萌一毫祿仕意嘗曰吾學誠敬爲入門踐履爲實地正容謹節窮理盡性吾自信吾所見不差前人門路碩憾無所造未能克吾一息尚存之志即入山恐不幽耳奚以仕爲又曰著作出於有心者不可有發于無心者不可無故

其詩文純粹冲澹不落詞華格以侍母疾過勞遘病卒年四十一所著五經纂略史斷俱未脫稿祁人稱爲欒庵先生

張邦奇字常甫浙江鄞縣人少沉湙好讀書少長游神高朗耻與婗婗者伍弘治乙丑舉進士入翰林授簡討作觀頤錄記過自序曰予生二十有五年矣而三畏未知九思或忽內之則氣能吾勝外之則習能吾奪間非無介然之懼懼焉而志之弗堅屢作復仆以今歲除追惟一年之事昔之所期百無一償可勝悔耶年漸長而德不加修能不重有懼耶然旣往之

懲孰能無懼懼已復然與不知懼等耳今日之懼吾又懼其復爲前日也取札素日惟過舉而詳書之曰覩頤錄以自驗且防焉嗚呼思出汝心言出汝口纔自今忘善弗爲爲自欺掩惡弗錄爲自欺人之欺已已則惡之乃自欺而弗之惡也可不戒夫其苦自刻厲若此正德中以養親告歸躬耕且讀藜藿不厭薦剡屢上力求便養授湖廣提學副使出教示諸生曰學不孔顏行不曾閔文如雄褒無益也與諸生談學根極理要必人人悟暢乃已謂人性無不善謂聖賢必可師澄神一志以繹洙泗濂洛之旨嘗曰知書之

爲我也則書卽學矣如以書而爲學也則學非書矣又曰譬之權焉權勝物則物輕物勝權則權輕故在我者苟重則靡麗崇高靡不輕矣在我者苟輕則小物末技靡不重矣尋自免歸覃精載籍有終焉之志嘉靖中起春坊庶子兼侍講作昭事錄從事於畏天時保之語陟南國子祭酒廸德勸善不設夏楚士雍雍喜得師已遷吏部侍郎攝部事務持大體不斤斤小苛居九年不調諸所銓注往往位已上洎如也後兼學士掌翰林院詹事府進禮尚書以母老乞終養弗允改南吏尚書便養改兵尚書卒謚文定初戸部

以國經用不給議鬻爵度僧常甫嘗言三事害政不
可行而欲足費莫若省費昭儉德者其本也裁濫賞
汰冗食者其末也因條經畫鹽法屯田二事以上給
事中夏言議剏圜丘方澤以二至祀天地如周官常
甫抗論主合祀而極推高祖敬天祗畏罔敢怠忽之
心以爲之本世廟以大禮故頗庇武定侯郭勛其後
以給事中高時論劾逮詔獄且斃時盡言乃獻納言
勸忠頌以廣上意諸匡矯甚多是時諸儒論學者患
學流于二氏至謂靜無所措其功動用乃有之常甫
懼其無本也著論言大學言心以無所忿喜憂懼謂

之正中庸言性以喜怒哀樂之未發謂之中此心法也心之發動者意也視聽飲食者身也正心之功非屬于意非屬干身者也事物未交恂慄而已凝然中居而萬誘不敢干也忿喜憂懼一無所有而吾心之本體翼如也易曰艮其背曰介于石曰寂然不動曰退藏于密皆心之義也後之儒者以靜歸佛以虛歸老譬則舉家珍而委之地也言及靜虛則以爲疑於老佛而避之譬則家珍爲人所竊欲復之而以爲嫌於盜也瞬目而不敢一盼豈不悲乎陽明王公倡致良知之學遠近輻輳頗欲偃一世以從已而常甫與

鄞人聞冢宰淵余通政本汪都憲玉友善沉思力踐殫意古學卒各有以自立方常甫編修歸省問贈言時甚少陽明目以爲聖賢聽所學而贈之曰古之君子有所不知而後能知後之君子惟無所不知是以容有不知也常甫報書謂吾何敢言知吾何敢不知古之君子曷爲其無不知若此知遠之近也知風之自也知微之顯也是知之始也及其至也質諸鬼神而無疑百世以俟聖人而不惑是時巳卓然有主矣中歲每發憤曰髫齡幸有聞今顛毛種種矣行邁屢秕誰執其咎題座右曰爲子當以父母之心爲心爲

人當以天地之心爲心戒愼不覩恐懼不聞仁孝之道立矣羅文莊嘗稱其德如金錫學探大本諸經說剔玄暢鬱其傳可必云

胡鐸字時振浙江餘姚人幼孤母王氏二十而寡誓不再適勤苦業家教子尤謹於是時振以儒士舉弘治戊午解元成乙丑進士選庶常改給事中忤逆瑾出爲運副翛然不染瑾敗累遷福建提學副使其教士一以理學爲先而尤邃于易歷太僕寺卿卒學者稱支湖先生平生坦易無城府然自守甚介不可干以私身沒未幾子孫至不能舉火姚人目爲眞道學雖素謹厚言如不

出諸口而志在守正排異痛時之宗陸子靜者倡知行合一之說作異學辨首曰象山異其所學好靜厭動是內非外心不盡而欲其存性不知而覬其養此學之所以爲異也是以老太極墨西銘蔽錮伊川支離晦庵又曰昔列禦寇託爲孔子告顏淵之言曰用志不分乃凝於神欲其不分所以不用也不用則不知而自以爲無不知也象山亦曰人須要用不肯不用又須要爲不肯不爲而又繼之曰人皆可以爲堯舜可以不用不爲也孟子曰奚有於是亦爲之而已夫不用而不知以用近於二故不用也不知而不爲以爲近於用故不爲也其

功惟在於不用而已謂之知行同功可也謂之知行合一不可也然非吾儒之學也堯性之者也名其德者但曰克明之而已舜於禹始以惟精惟一告之大學之格物致知即惟精也誠正修身即惟一也傅說之告高宗又以非艱惟艱別之孔子之告哀公又以三行三知別之是固顯然而明較者烏得而泥之嗚呼古之人惟恐人之不知而今之人惟恐人之有知其亦老氏非以明民將以愚之之意歟諸如涵養致知力行並進之序物我內外偏全似是之分皆有確論詳具全辨中

愚按支湖先生與陽明同邑同時而絕不爲其說所移或又痛闢之眞豪傑之士克自振立於流俗中者數之整菴潛澗

尤爲不可及矣異學辨中屢舉象山不及陽明隻字立言忠厚於此可見

馬卿字敬臣河南林縣人弘治初年十七舉鄉試兩上春官不第卒業太學時臨清王佑以貢至敬臣察其博覽有行遂偕張士隆田汝耔輩講易於王氏乙丑會試中式廷對謂政事之柄握于司禮刑法之權移于廠衛大學士劉健覆閱卷奇之改庶吉士正德二年授戶科給事中歷官浙江右布政使以裁抑織造中官被誣奏逮詔獄敬臣惟引爲已罪御史疏救得謫鶴慶知府至滇見鎮守中官不答禮敬臣立而言曰吾不過再繫而已矣中官改容謝之致暇則教

授生徒講授大學中庸且諭之以文曰古之學者首之六藝近事也繼之六行崇本也至六德考厥成矣今習課試之文科第爲志官祿爲功及幸一第筌蹄盡廢名曰舉業之弊綴砌爲文俳偶爲詩拾古人之餘敝一生之力不足以覆瓿名曰詩文之弊晚宋陋儒浚伏羲之畫轉濂溪之圈不反身心但求毫楷今又躋其糟粕以自述名曰理學之弊宋之四子翊道之功大矣造詣淺矣乃有入室操戈之徒訾張詆邵右陸左朱肆怪僻自高而忘其履之卑此過門不入吾不憾焉者也或有已則不學耑以非人凡人之善

曲爲巧詆諸生能爲古人之學聖賢何患而不至衆業貧也詩文藝也性理本也天下之善吾師也又令行鄉約郡人化之士官鳳朝文及安銓叛或指間道可邀敬臣厲色曰丈夫不死國而死家謂何卒以計策擒其黨會兵討平之累遷副都御史總督漕運巡撫鳳陽至淮上會漕塞議者紛紛欲復海運開濟汶敬臣謂六月無漕京師困矣姑紓目前之急乃疏黃河故道而固隄毋令走洩未幾漕利上賞其功僅畢事而卒年五十八張士隆字士修安陽人學務履實以求聖人所謂合外內之道三原馬伯循同邑崔子

鍾皆推服之正德甲戌內宫災以御史疏陳闕失坐謗訕外謫稍遷郡守副使卒同時有張璉字伯純澤州人官御史幾爲逆瑾所中出爲河南提學僉事寺人廖鵬害之改陝西河外收糧遭誣搆下獄居三年得白內閣嫉其輕巳復坐不遜除名屛居山中讀書談道考訂古義得失自六經四書程朱氏外不屑師焉著有遂言程朱心印藏于家

懋淡北直河間人忠厚正直以聖賢爲師當王氏學盛行獨不受其波靡宗主程朱著西田語略嘗言主靜要居敬居敬要窮理操存是靜時敬省察是動時

敬窮理之功無徃不在其大者莫過讀書天下道理不外乎五倫古人之學不過明此而已其出而有爲不過推此而巳又曰古者家有塾黨有庠故人未有不入學者三老坐于里門出入察其長幼揖讓之序口誦心維莫非理義之言可見古人成材之多雖係于氣質醇厚亦本當時之教有所成也繇蘇州司李徵入諫垣累遷至通政使

魏技字子才南直崑山人其先本李姓長洲人曾祖琳爲崑山姨家魏氏養子迨魏自生子而琳不復歸宗故子孫皆蒙魏氏祖元律嘗愛伊川格言自撿束則曰就

規矩汪其下曰誠上達君子纔放肆則曰就曠蕩汪其下曰眞下流小人命孫書置屋壁以自儆父奎代父受苦役不惜頻死以純孝稱先生生而顏皺一目四行下弘治甲子魁南畿乙丑成進士授南京刑部主事歷員外郎郎中毎訊重囚齋居默念務期得情會審監刑梟皆采衣卽事事畢宴飲爲樂先生獨慘然潛服是日不飲酒食肉時奄宦劉瑾擅權其黨劉瑯守備南京倚勢作威臺省官望塵奔謁先生獨不在瑯復忽視法司或時判狀莫與爲抗京邑有經歷姚元者從子利其富貲誣以奸罪賄瑯陰爲之地必欲寘元於死屬先生訊之

竟白其枉鄉亦莫敢誰何也暇則與崔子鍾余子積夏敦夫王純甫諸公商確學問不輟正德九年召爲兵部職方郎會江彬握重兵居大内而寧藩亦有反謀乃移疾家居耑意講學辛巳世廟初服擢廣東提學副使力以師道爲己任課士先行後文盡改部下淫祠爲社學嚴禁火化從禮葬粤俗爲之一變又達摩所傳衣鉢歷代所寶藏者悉取而毁焚之扶正嫉邪執理甚嚴於是有謀中傷之者適丁外艱歸服闋補江西兵備改河南督學施教一如在廣東時且申行冠禮境内有伏羲畫卦臺久爲牧豎所湮沒亟命有司鼎新而表識之少林

寺有達摩面壁九年影石世以爲神書册記之先生親至其處見洞石與影石形類不同遂命登封知縣侯泰召石工徵鑿其痕以驗其僞而立案存照候修志之日特與改正怪妄始息甫三月晉大理少卿轉國子祭酒兼經筵講官故事將進講先期呈講章於內閣先生獨不然時宰不悅遽改太常寺卿提督譯舘時天地分祀之議興因撰郊祀論大略謂上帝至尊無可並者以社配郊則可以北郊對南郊則不可議與時違卽致政而歸自少敦行孝友每夙興卽省其父母夜則就寢所唔語無恙迺卽安或疾則累晝夜目不交睫致政時母張

老矣日依依侍食於側嘗具疏請復祖姓李以成先志會沮格不果行平生篤志聖人真猶飢渴之於飲食其學始博終約主於立本研幾謂當以涵養仁心爲本中年以後純如也天下賢士大夫翕然宗之質疑問難者常滿於門稱爲莊渠先生蓋歸林下而教化益行焉所著有體仁說大學指歸六書精蘊遺書師說語錄文集行於世卒贈禮部侍郎謚恭簡有司立祠祀之先生之在粵東也東莞舉人林烈以師禮見遂志理學自學諭歷遷戶部郎中俱著勤慎出爲福建運同釐政大理在任毀淫祠典社學刱書院日與諸生講習其中又聯什

伍卹孤貧置義阡立鄉厲壇修養濟院教養並教一傚莊渠行事及卒民巷哭商罷市共爲建祠烈字孔承歷官三十年儒素如舊子培坦城俱鄉薦培最知名　李獻吉晚與先生論學自悔見道不明且曰昔吾汨于詞章今而厭矣靜時恍有見意味迥然不同則從而錄之先生曰錄後意味何如獻吉默然良久驚而問曰吾實不自知纔劄記後意味便散不能如初何也先生與之極言天根之學須培養深沉切忌漏洩獻吉因問平生大病安在曰公才甚高但虛志與驕氣此害道之甚者也獻吉曰天使吾早見二十年詎若是哉　先生答崔

子鍾曰自陽明之說行而慈湖之書復出禍天下殆天數耶兄與湛年兄辭而闢之意則甚善但名未正耳何謂名曰慈湖之書逆天侮聖人之書也昔孟子名楊朱曰無君名墨翟曰無父慈湖之行未必過墨與楊而邪說則甚以其爲佛學也某嘗謂佛氏無天今慈湖既巳叛聖人而從佛親爲之奴矣而又訶佛罵祖陽主聖教欲高出一層其敢於侮聖人之言者蓋學狠和尚棒喝禪宗呵佛罵祖家法無天莫甚焉此書不焚不知顛了無限後生某每思之未嘗不爲痛心疾首也又一書曰留都一别且也三十餘年矣遐想年兄進德日以精深

欣仰欣仰某也下士晚聞道聊以拙自修而又未能也亦太不勇矣近世講學者日以多道其復明矣乎道其復行矣乎吁憂方大耳虛志驕氣欲一蹴至聖人而言行判若兩截此恐即是談天衍彌天道安之流耳近見序文淡斥陸學愚意陸學且未可非彼其工夫雖粗却是實做也淺見如此不識高明以爲何如愚謂合二書觀之莊渠先生闢陸學甚嚴其所以闢假陸學者意更嚴矣非先操切而後寬縱也　近時有忌先生之學而欲毀其品者謂桂蕚大禮疏出先生手余問此何所據曰見首輔傳及取首輔傳細考之無有也後余讀莊渠全集有代桂公經筵講章斥羣臣諫疏是以天下爲重天性爲輕而稱世宗欲歸藩奉母即大舜推欲順父母覩棄天下若敝屣之心此爲去利懷仁義蓋代桂公口語則將順大禮無足怪者而不知其昧於私之

辨矣先生殆亦有過然當日僅爲講章而毀者竟以大禮疏草坐之君子一舉筆之閒可不慎與

金洲字士瀛南直嘉定人嘉靖丙戌進士天性孝友母常病不食即亦不食居喪哀毀骨立比葬築廬墓側哭踊如初喪有白鵲遶其廬不去父性頗卞有過必幾諫繼之以泣弟遘危疾竭力營視不寢者兩月旣貴其塾師病爲執使令百日無倦容知永康縣以廉肅稱病目改國子監助教生平惟師事鹿城魏莊渠先生而友夏敦夫蔡希顏王純甫嘗曰寧無偶不可與匪人爲緣又曰居業必自近克己當先難聞者以爲名言卒祀鄉賢祠

王敬臣字以道南直長洲人始孩喪母體羸甫十齡值時序清明書几曰天何以清人何以濁天何以明人何以昏宿儒皆驚異年十四隨父庭宦京師誦四箴註悟孔子求仁之旨歎曰學在是矣由是居處必以禮自準雖燕褻必正襟危坐無惰容旣而父命應舉泣不忍離強之歸家貧鬻書自給有饋飧者卻去題壁曰不食嗟來食寧爲溝壑夫十九補諸生謁魏莊渠先生考道焉時士子爲文爭尚奇詭以道獨謂學不聖賢雖凌厲遒上君子不貴也父參籓江右致仕歸百端娛侍備極色養父出飲夜分必迎於門風

雨則迎於塗子殤父爲置媵不欲父曰若虞燕女溺志而不虞我一綫息哉乃勉諾數年遣之父老得瞀眩疾臥榻下目不交睫微聞謦咳輒躍起視安調諸藥餌以進事繼母郁如事父郁性卞急臧獲稍拂意即洸憒擊牀毀器以道踞解不得蒲伏戶外嘗竟夕不起又母心不善其媳以道獨居不御內者十三年母竟蒸蒸底豫督學耿公定向察其純孝俾越次超貢趍入試以親老不行惟以坊金分貽族屬無兄弟友愛諸從昆姪輩闢館舍勵之學婚嫁必任自奉則糲食布袍五十年如一日嘗命僕以銀器質典踰年

取歸誤與金器促還之典家以布勞僕僕不受曰主行德而我顧爲利乎嘗謂議論不如著述著述不如躬行故遇人多杜口不譚自見天臺督學後謂聖賢無獨成之學遂以橐鑰後進爲事從遊者四百餘人咸刻厲相責然學惟愼獨爲本而指親長之際衽席之間爲愼獨尤以標立門戶爲戒曰學者不可標立門戶門戶若立增長言詮爲弊滋大又曰六經文之本爲文者舍六經而效子史本之則無於是學者知有正鵠矣世稱少湖先生晚以撫接交薦擢國子博士不赴卒年八十五蘇人建祠以祀號王孝子祠所

著有家禮纂婦訓及遊武夸記行於世

韓邦奇字汝節陝西朝邑人幼俊爽志于學治尚書著蔡傳發明禹貢詳節以諸生就歲試學使虎谷王公語衆曰律呂之學今雖失傳然作之者旣出於吾人則在人亦無不可知之理特未有好古者究心焉耳聞之惕然退而搜集羣書凡涉於樂者靡不參攷耑精篤嗜雖疽發至潰亦不自知遂作律呂直解久之悉其作用之實作志樂其爲書多言馬遷班固蔡子周禮所未及而備錄先儒世儒之圖論用資探討書成授梓是日有九鶴來舞于庭弘治甲子舉鄉試第二正德戊辰偕翁邦

靖同登進士値劉瑾擅政朝士奪氣同年多往謁者而兄弟卒不往爲時所欽拜吏部考功主事轉員外郎辛未考察都御史某私袖小帙竊視汝節曰考覈公事有公籍在何以私帙爲乃奪其帙封貯不簡都御史爲遜謝衆皆失色調文選太宰托意爲官擇人欲發視鈌封汝節執不可太宰鄙之會京師地震上疏極論時政闕失謫平陽通判甲戌遷浙江按察僉事分巡抗嚴時逆司錢寧以鈔數萬符浙易銀當事者歛愧恐後汝節檄知縣吉棠散其歛卒不愧宸濠將舉逆命內豎假飯僧于杭天竺寺汝節立爲散遣濠又以儀賓託名進貢假

道衢州汝節召儀賓詰曰進貢自當沿江而下奚事假道歸告爾主韓僉事在此不可誑也後三年豪果逼鎮守欲襲浙江賴前事發姧不覺遂凡織造中官有所求爲宰裁抑之積忤既久而富陽縣産茶與鰣魚進貢採取時民不勝煩擾汝節目擊其患作歌曰富陽山之茶富陽江之魚茶香破我家魚肥賣我兒採茶婦捕魚夫官府拷掠無完膚皇天本至仁此地獨何辜魚兮不出別縣茶兮不出別都富陽山何日頽富陽江何日枯山頽茶亦死江枯魚亦無山不頽江不枯吾民何以甦鎮撫撫奏之誣以阻絕進貢誹謗朝廷逮下詔獄放爲民

初被逮時杭府縣贈以路費揮去又斂贈官旂多金亦途中竟梃斥之曰死則死耳若輩奚爲意氣不少屈釋歸即家講學四方學者負笈曰衆世廟立起山東參議尋乞休甲申大同巡撫激亂遇害事勢孔棘以薦起山西左參議分守大同人皆危之汝節聞命即行將入城去二舍許逆者使二人露刃迎且故燬參將宅以懾之汝節奮然单車入時諸司無官鎮人聞汝節入皆感激泣下人心少安旣而巡撫蔡公天佑至代汝節親率將領令盛裝戎服謁蔡于代蔡驚曰公何爲如此對曰某豈過于奉上者大同變後巡撫之威削甚大同人止知

有其耳不身先降禮何以帥衆蔡爲歎服會上遣戶部侍郎胡公瓚提兵問罪鎮人聞之復大譟汝節逆侍郎于天城以處分事宜馳白巡撫諸軍聞言出於汝節信之始解甲日首惡就戮汝節謂侍郎曰首惡既誅宜速給賞以示信庶亂可弭寧不然人心疑懼將有他變侍郎不聽汝節遂致仕歸先是弟邦靖嘗以是官威行惠懷甚得士民心及汝節繼任士民環告曰前使君之治誠善願使君守而勿失感慕咨嗟有泣下者故終任所行一無改于舊民甚德之而後事卒如所料戊子起四川提學副使改右春坊右庶子兼翰林院修撰其秋典

試順天因命題爲執政所不悅嗾言者謫南太僕寺丞
已丑再疏歸尋起山東按察副使大理寺左少卿以左
僉都御史巡撫宣府時大同再變王師出討百凡軍需
倚辦宣府悉力經理有備無乏乙未入佐院事未幾巡
撫山西躬歷塞外增飭戰守之具拓老營堡城垣募軍
常守以代分番政益嚴肅守益儉樸閒日以廩米易肉
一斤有司供餽悉拒不受聽事惟一二青衣侍立三司
官入揖議事數語而畢庭清似水不聞履聲諸王府總
兵武衛官俱相戒不敢犯四疏乞休得歸甲辰復用薦
起總理河道遷刑部右侍郎改吏部右侍郎晉南京兵

部尚書在留都廉靜寡交六卿同列亦罕往反每拜表聖誕令節赴禮部禮畢子然獨行內外守備議事外語不及他杜門晏坐間授其徒以古今理數之學道望蔚然五疏致仕是在己酉益修舊業倡導後生居七年乙卯會陝中地大震卒年七十七贈太子少保謚恭簡學者稱苑洛先生其學以精一爲宗以培養夜氣爲本以修明禮樂爲要復旁通天文地理太乙六壬奇門兵陣諸家嘗以授容城楊繼盛氏語具楊傳中性極孝友事父蓮峰先生及閻恭人終身不違顏色與弟邦靖交相砥礪友愛切至汝節疾于廬幾一載汙惡之氣人咸不

堪邦靖侍側未嘗少離飲食必親奉湯藥必分飲士大夫立孝弟碑爲鄉閭式後邦靖病亟汝節日哭泣不解衣不滋味者三月餘形且瘁邦靖譬曉之泣䔥曰吾弟憶東坡詩乎來生之因尚當爲兄弟也及邦靖卒屢廢寢食哭絕衰經疏食祥而弗懈嘗謂其友樊恕夫曰世安有司馬遷關漢卿之筆能寫吾思弟痛弟之情吾當以此身報之故恕夫碑文曰自有兄弟以來中間道德之高功業相映亦多矣至相愛之淡相信之篤所見之同如公兄弟可謂曠世少有矣論者更推其胸次灑落大類堯夫而論道體乃獨取橫渠識度涵養並可方敬

軒云所著有苑洛語錄苑洛集苑洛志樂性理三解易占經緯易說書說毛詩駢諸書行於世

韓邦靖字汝慶陝西朝邑人邦奇之弟生而靈異三歲能誦古詩百餘首四歲通孝經五歲讀論語文王至德章掩卷若有思者父問之對曰即如是武王非矣八歲攻舉子業十四舉于鄉二十一成正德戊辰進士已巳拜工部主事奉部檄十庫監收庫宦官不爲禮汝慶自坐前席宦官怒紿曰部尚書至因起撤坐汝慶詰之答曰公無與庫事止一飯耳汝慶曰然則吾當去矣答曰當署案汝慶曰豈有署案而不與

庫事者乎竟前席坐署案又監收黑窰廠主廠者宦官厚燕接殷勤之懽汝慶不顧自起視秤分毫無所假宦官雖怒甚然無可奈何未幾抽分浙江先是抽分部使者往往避嫌乃重取於商爲羨餘以自白汝慶乃下令曰非巨木若竹木成器者不稅其稅課舊領府幕官乃奏改寄布政司庶杜侵漁隱匿之弊又奏抽分司刑獄宜下按察司以防出入詔皆可故事抽分司傀鎮守太監歲千金是時鎮守劉太監爲巨奄谷大用黨汝慶故不予金劉怒後知其爲人愈益敬之會宦者從京師來索抽分錢甚急劉從旁勸曰

幸無求韓主事我當有以贈公也及代去有同年趙司李以屈安人病無子買女婢遺之拒不受趙曰此越女有色者汝慶笑曰正恐若此耳壬申南北畿內山東河南諸郡盜起天子命將征勦工部官例一人前除當前除者數人皆懼不敢往言之部尚書有泣下者次不及汝慶部尚書知其素勇可使數目汝慶汝慶毅然請行行竟無害比歸遷員外郎奉部檄清察直隸山陝諸路匠班銀兩旣見其民貧乃奏議罷徵是時急于用財不許後以乾清宮災罷之上因災異詔求直言汝慶上疏極言陛下即位以來朝政不

修經筵罔御盤游無節狎近羣憸摧折骨鯁之臣閉塞諫諍之路百度乖違庶事叢挫府庫空竭閭閻流散盜賊災異薦至迭興危亡之形已成社稷之憂方大疏入上震怒下錦衣衛獄給事中李君鐸率衆論救之得奪官爲民嘉靖改元起爲山西左參議分守大同革奸平獄權豪歛跡是時天子修定策功封爵太濫而高山陽和諸衛軍士奉例開墾草場數千餘頃皆爲豪家占種前後上疏論刻皆不報未幾大同歲饑人相食又奏議請發內帑賑濟不許爲之憮然泣下輟食復抗疏論刻累千餘言不報乃上疏乞歸

都御史張公文錦奏留之而歸志已決復上疏不待命即行西歸之日軍民遮留道上以萬計號泣不忍捨去至家稱觴壽母與諸兄弟燕會終日甚樂也亡何病卒年僅三十六葢汝慶父諱紹宗繇成化戊戌進士歷福建副使稱善教有四子伯邦彥舉人知縣仲爲苑維先生叔即汝慶季邦翊亦知名父子兄弟以學問相師友爲關中罕儷而太史王敬夫銘汝慶墓稱爲曠世之英全德之士焉嘗自號五泉子著有五泉集及朝邑志行於世

張岳字維喬福建惠安人正德中舉進士官行人值

武宗不豫臥豹房疏請以九卿科道入直嘗藥防他虞已上南巡同諸司疏諫下獄于廷杖謫南國子監學正嘉靖初召復行人歷主客郎中時議禘禮所自出之帝無主名輔臣張孚敬欲遷合當之維喬曰是不可強知獨以皇初祖設位儼然必有在乎其位者張不聽議上御批署皇初祖位如岳言孚敬恚之欲羅致門下不可出僉廣西學憲坐所貢士廷試黜落七人貶廣東鹽課提舉歷轉知廉州時朝議討安南維喬具言不可狀疏入不報尋遷去而莫福海遣人叩關言往張廉州安在是欲以恩信撫我也何可忘

語閩詔參政廣東諸經畫所爲受降之策皆仰成而安南平巳征崖黎攻破羆萬諸洞上再賜金幣擢僉都御史撫江西轉副都督兩廣軍討平封川融懷馬平連山諸獞尋以兵侍郎右都御史開府沅討苗蠻卒于軍贈太子少保謚襄惠方鎮沅時邊臣競饋遺用事者以自全而維喬頗爲用事者所扼或諷之少貶維喬曰無以爲也寒骨稜稜第欠馬革一張巳耳其他吾分自定人如之何居恒弘毅淵默讀書過目成誦終身不忘貫串百家精徹隱賾忠信孝友之行得之天性論學以程朱爲宗尊信傳註出入以度凡

一切談說性命皆指爲籠罩儱侗排之甚力一時賢智莫之能屈也作學則首以存養之要繼以動作禮義威儀之節而求端未發以爲之本曰心纔靜即覺清明學須靜多於動至動而未始不靜庶矣爲文章氣象弘裕謹繩墨根抵道要不規規於作者町畦而平正通達得於考亭爲多著有小山類稿聖賢正傳恭敬大訓載道集藏于家

沈霽字子公南直華亭人少有美質夏方伯寅奇之以女贅年二十一始補諸生從胡敬齋章楓山兩先生講程朱之學歎曰此道學正脉也何以詩賦爲遂

專心正學至忘寢食值江南病水區畫水利六條進於俞都憲行之以利吳民中正德辛未進士授行人擢御史分司留臺扁其居曰山水之間每公事暇讀性理大全書一有所得即記錄味而玩之嘗奉命按視江北路出全椒辯冤獄甚異好事者立碑記其事疏請發粟賑饑活者數十萬逆濠謀不軌先露章劾之不報道駕幸南都屢疏請回鑾言極剴切更念儲嗣未定疏請建宗室之賢以繫天下之望諸若備邊任將修德省愆親賢遠佞救災安民及興利除弊旌善糾慝崇正學闢異端廣言路疎內官整紀綱前後

百餘疏時論偉之遷副使肅清海道化盜爲民改貴州兵備誠心倡化建孔子廟立朱子祠行白鹿之教黔民信服巡撫袁宗儒特薦之將處以京秩子公見柄相方炎正直多沮歎曰非其時矣即引疾乞休得優旨加叅政致仕平生無私蓄歷任不受一物歸裝止圖書數卷居家十七年屏絕人事日誦四書五經性理大全諸書併雒閩語錄潛玩理義驗之身心務爲踐履實學又積數年始知道理皆具于吾心不假外求若徒求之紙上而無得于身心非學也又曰某每夜就枕必思所行之事合于理則安寢或少有未

合卽睡卧不安天明卽更其失如事已處而不可更者則書此事於壁後不敢再失也其刻厲不自恕如此自號東海老人雅有著述不自表暴一日簡舊所著書悉焚之祗存語錄四卷閲之曰自量精力未衰尚冀少有進耳嘉靖乙巳忽遘疾强起正衣冠坐定曰嗚呼死矣哉於心固亦無媿言畢而瞑壽八十五

附錄許誥字廷綸河南靈寶人襄毅公進仲子穖神警朗十歲能屬文弘治中第進士授戶科給事中慷慨明直遇事斤斤斷決命清廷綏倉劾中貴出督者貪縱狀邊人頌之正德初襄毅入本兵廷綸引嫌避言路改翰林檢討劉瑾作矯旨奪襄毅公官併竄廷綸於全州襄毅卒奔喪歸靈寶終制閉門掃軌潛修逖覽受徒論道泊如也以交薦起爲尚寶丞復引病歸十餘年嘉靖初起南通政司叅議一時江南人士

爭趨講席已被薦除翰林學士入侍講據經引史出
入仁義陳古昔興衰治忽聯若指掌上注聽爲上親
熙聖學四事一曰則圖書以明道原二曰主聖經以
求道是三曰辟諸儒以袪道惑四曰屏雜說以防道
害尋擢太常卿掌國子監祭酒事弘獎風節紬華抑
競以經世爲士鑒以尊德爲學轄太學生有遐方旅
櫬不歸者三十人歲久名字漫滅乃出公帑金購地
塟之卹其貧窘弗給者數十人奏罷斂藏不稱者二
人以災異應詔言大君爲天下神人之主觭中節而
和郎用人行政咸順天和上納之初文華殿左室列
三教之師世宗即位撤甍聃像易孔子像以木主至
是廷綸爲上具言皇帝王師之統上大悅於是尊皇
王八師正祇東向周孔二師陪祇北向如所議嘗侍
上講中和及同舉臣在無逸殿豳風亭具陳殷王中
宗天命自度之義上皆稱善擢吏部左侍郎屬百司
入覲疏絕貨賂肅政紀京師一清遷南京戶部尚書
卒謚莊敏廷綸素孝悌少學於伯兄詔兄卒四十年
毎臨諱必哀又學於張僉事張卒於南貧不克塟爲
塟之又卹其孤婺事襄毅公雖宦學成後㮚㮚惟謹
上冢必慘惻不怡其治經折相沿之剩言獨出己見

謂宋儒分理氣爲大謬謂聖人以用世傳心法謂聖人之教務學也在動弗在静聞者聳異之著有補通鑑正圖書原性學序道統中原道等篇爲王司馬廷相推崇即鉄所稱 愚按正嘉間學者多厭薄宋儒或高談性命而病其解格物致知之淺膚或質任躬行而病其爲圖說經詁之繁碎兩家立說雖相反而宋儒則内外受攻矣豈自知其一失之空一失之滯而均失之于粗乎如王端毅之子平川公許襄毅之子函谷公並以冢宰子位大司徒並能言學庶幾哉元凱世美乃函谷喜逞臆說遠不及平川之醇正甚至以太極圖說爲周子之真贓實犯是何言也夫宋人析理氣惟分故合最爲有功其言觀未發氣象主静立極的爲傳授至訣奈何遽欲一筆勾銷此弊決不可蹈襲當屏弗録弟據原傳其人亦有所長且竟置之便無從設辨故附注之是卷之末以見當時新學之外又有一種野學若此要其病痛易破非若新學之嵩或高明而樹壘堅固也

維闗源流録卷七 終

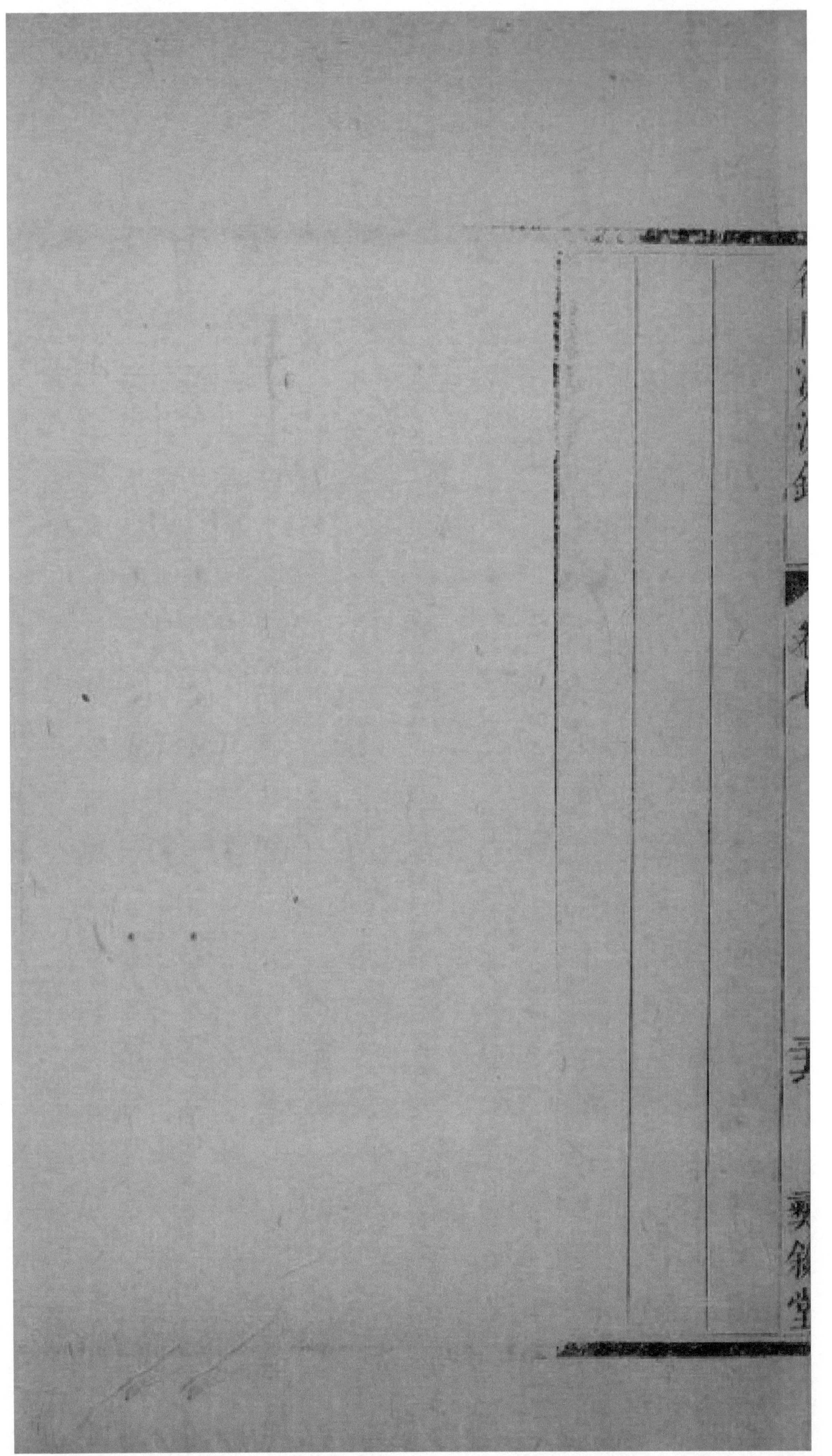

雒閩源流錄卷八

無錫張夏纂　門人婺源黃昌衢昌侃挍

昔孟子言闢楊墨而申之曰我亦欲正人心論孔子惡鄉愿而申之曰君子反經而已矣此皆修其本以勝之者也新學禍人得諸君子力匡於前而其徒之賢者亦知磨徧去障於後宜若可以無患然浸淫四五十年而訖躋廡席割俎豆其黨至創爲新建世家以張之欲抗孔子以赤幟於天下簧鼓乎後世隄防一决狂瀾莫回何哉愚嘗論其世而伏思之葢人心失正大經反常公論之不明非

一日矣方嘉靖甲申大禮議起諸臣迎上意圖富貴者爭倡爲繼統不繼嗣之說夫旣繼統矣又安得不繼嗣苐以孔子春秋躋僖公書法證之片言可折彼欲借正名二字以行其私徒知以家人言世宗於興邸聖母有本生父母之名不知以廟次言世宗於孝廟武廟有祖禰一例之名趣竟伯孝宗兄武宗而考興獻遂令武宗無子孝宗無孫而斷其後嗣旣復號睿宗入太廟儼然列孝之次升武之上至令獻帝無君世宗無父以殄其大統吾不知孝宗恭已仁民久承宗廟武宗雖曰失德克

收桑榆何罪於天下而爲臣子者忍報至此猶且誅鋤異巳俾滿朝諫臣或死杖下或錮終身爰顛倒罪狀須明倫大典一書恣爲矯誣夏嘗痛憤此舉謂之小靖難而日璁萼輩爲道衍再生非激論也時陽明居越既不能上章極言上正一代典常下明大臣分誼而其門人若方獻夫席書黃綰王誠甫等阿附邪議者最多又不能正言裁止之即來問亦不答夜坐碧霞池有詩曰無端禮樂紛紛議誰與青天掃宿塵是明知其失而故縱成之也其後名修大典又勸綰等往成之而日議禮本諸

君始其事中間萬一猶有未盡正可因此潤色調停是顯徇其謬而欲彌縫之也其所謂良知者安在也張桂等奸旣售益自負知禮率意紛更以自掩覆於是以濮議之牽合祀盧陵以陸學之立異祀金谿二子皆宋儒也前人不祀而明人祀之夫固謂自我作古腐儒何知即春秋經傳可翻定陶安懿之迹可掃也豈料其爲梯引姚江一氣翕聚乎桂嘗奉旨勘陽明功罪謂宜申禁邪說而出自忮忌雖公實私故愈撲愈灼愈塞愈流至隆慶朝華亭當軸喜招學徒以立名譽見王學方熾遂欲

援陸氏以祀陳王猶復有畏中止沿及萬曆初禩申吳縣乃背廷議取中旨而陽明竟祀竊謂此一役也非良知之營壘高而大禮之窟穴分也非珵泉之佈置密而見山之防範疎也獄有歸矣嗚呼陽明惟知保全功名故貪昧隱忍不言大禮之是非張桂惟知獵取爵位故舉動煩擾積成濫祀之極禍其論學也似相反其害禮也實相成要之病禮即病學矣夏嘗見世宗採張璁議釐正孔廟典禮御製文追罪程頤名爲傳道之儒而不欲英宗父濮王加以是可忍孰不可忍之語忿忿然痛心

疾首言之當時朝廷之上持論固若此未有黜程而尚能信朱者也未有退程朱而猶不進陸以及王者也然則公論不明自大經不正始大經不正自人心不正始人心不正自功利陷溺始故愚錄明儒至此凡議禮貴臣皆絀而不書卽霍渭崖氏嘗著象山學辨亦弗之取其諍禮諸儒若呂文簡崔文敏以下數公學術素正又有功於禮則亟進之以揆於正心反經之義嗟乎君子則阨下位有言不信而使彼相騰其口說所謂以燕伐燕授之口實耳易繫曰忠信所以進德也修辭立其誠所

以居業也學者無誠心而欲修辭難矣哉

呂柟涇野先生　崔銑　馬理　舒芬

祁勑　薛蕙　王思　鄭佐

劉瑞　何瑭　華金　李錦渭南

周滿　呂潛　郭郛附張節李挺　王材

呂柟字仲木陝西高陵人祖郴卿甞日壙中有聲如雷卜者以爲當顯六世後六傳至溥生先生資性穎悟始就傅習幼儀識者以大器期之入縣學時尚未總角即志聖賢之學危坐朗誦小屋中祁寒酷暑不踰戶限已受學孫行人昂充然有得督學楊公一清王公雲鳳拔

入正學書院，嘗夢明道、東萊親爲指授，而義理愈精。踰冠中鄉試，刻文爲式。明年下第，入太學，與三原馬伯循、秦世觀，榆次寇子惇，安陽張仲修、崔仲鳧，林縣馬敬臣輟舉業而講理學，習古冠昏士相見禮。孝廟賓天，順天府發臨，衆惟具禮，先生獨涕泗交下，通國異而譁之，弗恤也。孫行人昂没，爲之服衰，拜送弔客。正德戊辰中會試第六人，廷試擢第一，授翰林修撰。受祿祀先，祝稱某之子某，聞者羡其知禮。時先生與馬理、康海齊名關中，劉瑾以鄉故欲引用之，遜避不與來往。且上疏請上入宮親政事，廢禍本潛消，宗社可保。瑾憾甚，欲中以禍，遂引疾去瑾遣官較偵其過於途中不得會敗遁已起供售職上勸學疏謂文王緝熙敬止咸和萬民斯亨臺沼之樂元順帝廢學縱慾太祖一舉而取之可爲深戒人方之賈山至言上亦不罪乾清宮災復應詔陳言六事其遣去義子番僧取回鎮守太監尤人所不敢言以言不行乞歸居恒力田養親左右惟謹父或因小失責次子梓必跪而同受責俟父怒解始起嘗父病侍湯藥夜衣帶不解晝履無聲及卒痛哭嘔血將葬大雨如注跣擗踊蹈泥淖中執喪不少殺葬畢廬于中門外旦夕不輟哭自成服發葬還柩題主以及卒哭三虞大小祥禫

斟酌損益各有儀注其時名家多倣行之鎮守大監廖鎧賻以金幣立麾去服闋屢薦不起嘉靖初應名入朝壬午與修武廟實錄充經筵日講官講期值仁祖淳皇后忌辰因當御口奏宜著慘淡之服罷酒飯之賜朝論韙之先疏陳帝王之學與韋布不同須克己慎獨上對天心親賢遠讒下通民志遂疏諫大禮復以十三事自陳得罪下詔獄降解州判官知州缺署州事適恤煢獨減丁役勸農桑築堤以護鹽池開渠以興水利已又集耆民鄉長講讀教民榜文行呂氏鄉約及文公家禮祭孝弟節義者標題其門求子夏後訓諸學宮建司馬溫

公祠正首陽二子墓訂關壯繆侯集遠近來學者日衆御史爲闢解梁書院以居之集民間俊秀子弟習小學之節歌風雅之詩民俗士習翕然改觀居三年御史盧煥等以王佐才薦遷南宗人府經歷晉南吏部考功郎中尚寶司卿太常少卿公餘閉門讀書兼設教鷲峰精舍久之名入爲國子祭酒以身植教自貴試法監中乞差爭撥之風頓息有以敷教在寬規者荅曰寬非縱肆之謂乃日刮月劘而不責效于旦暮間云耳然曰敬敷則曷嘗不嚴古稱師嚴道尊道尊而民敬學今人才不古豈古今人眞不相及哉內則祭酒外則提學率多因

循姑息而不知人才日下也訓諸生以正心修身忠君孝親爲本文優者授之梓德著者揭之榜而問疾賻喪曲有恩意間取儀禮及爲詩樂圖譜分日講解聲教溢然又言之吏部請一監丞兩廳六堂諸屬罔不淸慤旣而奏減歷日以通淹滯疏條監規若干事及言儀禮一書乃成周致太平之具乞飭該部重刊儀禮倂造禮樂諸器以便諸生游業皆報可論者以爲自宋吳李章四祭酒外罕見其儷遷南禮部侍郎同諸公卿謁孝陵衆將著緋先生曰望墓生哀宜靑衣角帶衆從之署吏部疏薦文武士可備將相之選者數人初先生在南尚璽

永嘉相應詔道由南都有醵禮爲賀者託以官卑俸薄拒之其甥有王通政者轉北祭酒通國送之江上亦獨不往永嘉銜之欲乘機罷其官不果至是永嘉燄僚長霍公走簡斂祭復峻拒之且云一變而爲正人有何不可其伉直敢言如此世廟將躬祼承天陵屢疏勸止雷中不報入賀萬壽節禮畢值天變遂乞致仕歸事繼母侯淑人敬養備至不殊生母事叔父博如父姊適劉家貧嘗分財濟之待母黨宋氏悉加優厚繼母病頭風怯寒親製艾褥奉之乃安後卒哀毀亦不殊生母未葬而病以壬寅七月朔卒年六十四是日有雷火日食之變

有大星隕于華陰高陵人爲罷市者三日解梁及四方學者聞之皆設奠位持心喪訃聞上爲輟朝一日賜祭葬謚文簡先生敦厲躬行本原經術與姚江同時而不喜良知之學其教人專以安貧改過爲說在書院中嘗夜隨擊柝者以覘號見安逸或寢者旦必切言責之聞者莫不感發有疑陽明之學者則曰講其學而行非勿信可也不講其學而行是信之可也有劾甘泉之學者則曰聖君在上賢臣在下豈可使明時有僞學之疑有問朱陸同異者則曰初時同法堯舜同師孔孟雖入門路徑微有不同而究竟本原其致一也亦何害其爲同

哉學者不務力行而膠于見聞以資口耳竟於身心何益問者俱服李立卿曰陳白沙幾乎崇效天薛文清幾乎卑法地矣先生曰智崇亦繇禮卑禮卑亦繇智崇易曰一陰一陽之謂道夫二子之道柎未之能習也然而嘗聞其大節矣白沙狂而未足文清狷而有餘繇孔子言之皆可以入道始學者如趍焉文清其正矣時天下之言學者不歸王則歸湛其能獨守程朱以反身實踐不變者首推江右羅整菴先生次即先生葢天下不數人也學者稱涇野先生或稱高陵夫子至歌之曰天下有道惟涇野所著有四書因問易說翼書說要詩說序

春秋說志禮問內外篇史約小學釋寒暑經圖解史館
獻納宋四子抄釋南省奏稿涇野詩文集行於世厥後
李楨趙錦周子義王士性蔣德燝諸臣前後疏請從祀
孔廟下部議未及行　何廷仁言陽明子以良知教人
於學者甚有益先生曰此是渾淪的說話若聖人教人
則不如是人之資質有高下工夫有生熟學問有淺深
不可槩以此語之是以聖人教人或因人病處說或因
人不足處說或因人學術有偏處說未嘗執定一言至
於立成法詔後世則曰格物致知博學于文約之以禮
蓋渾淪之言可以立法不可因人而施　東郭子曰我

初與陽明先生講格物致知亦不肯信後來自家將論
孟學庸之言各相比儗過來然後方信陽明之言先生
曰君初不信陽明後將聖人之言比儗過方信此御與
做甚麽莫不是窮理否東郭子笑而不對　何廷仁言
程子張子之心無些物我之間如張子方與弟子說易
聞程子到善講易卽撤皐比使弟子從程子講易程子
方與弟子論主敬之道見張子西銘則曰某無此筆力
可見二子之心甚公先生曰此正是道學之正脉如孔
門之問答虞廷之告語皆是此氣象可見古人之學絕
無物我之私他如朱陸之辨不免以己說相勝以此學

者不可執已見　先生曰予癸未在會試見一舉子對道學策欲將今之宗陸辯朱者誅其人焚其書甚有合於問目且經書論表俱可同事者欲取之予則謂之曰觀此人於今日迎合主司他日出仕必夘迎合權勢乃棄而不取因語門人曰凡論前輩須求至當亦宜存厚不可率意妄語　問今之講學多有不同者如何曰不同乃所以講學既同矣又安用講耶故用人以治天下不可皆求同求同則讒諂面諛之人至矣　問近讀大禹謨得甚意思曰且不要說堯舜是一箇至聖的帝王我是一箇書生學他不得只這不虐無告不廢困窮曰

用甚切如今人地步稍高者過人地步稍低者便不禮他雖有善亦不取他即是虐無告廢困窮　皋陶說九德皆就氣質行事上說至商周始有禮義性命之名宋人卻常言性命謂之道學指行事爲麄迹不知何也

先生曰曾子易簀的去處眞是妖壽貳他不得的時許象先在旁語及尹和靖出處進退甚是分明先生曰彥明曾亦應過進士舉來策問中有議誅元祐黨人即歎曰是尚可以干祿乎哉遂不對而出看和靖這出處去易簀事亦不遠了人之身只有箇出處進退死生壽妖而已諸生做工夫過得此等關餘處皆易矣　先生曰

夫子自謂吾志在春秋行在孝經予謂夫子之神存論語乎馬理曰涇野子爲漢之文賦懷其史才傳其經學而無駁雜最道之失工晉人之書唐人之詩宋人以上之文而多純實之語醇如魯齋而著述則多確如文清而居業則廣蓋其學詣周之精同鄒之大得程張之正與晦菴朱子匹美者也　馮從吾曰涇野先生教學者多以安貧改過爲言此最切近亦最深徵即顏子之學不過如此正下學上達之旨也

崔銑字子鍾更字仲鳬河南安陽人五歲口占成誦稍長博極羣書講太極圖通周易弘治戊午領鄉薦庚申入太學謝文肅公爲祭酒歷試居首奇之壬戌下第在京與三原秦偉馬理諸子相友善約明經修行毋慕高虛毋溺訓詁毋騖詞章毋蹈利名毅然以

洙泗為志乙丑登進士改庶常正德丁卯授編修預修孝廟實錄戊辰同考會試宰執欲私其子以託子鍾拒不可竟出他房時奄瑾耑權羣臣多屈膝子鍾與修撰何瑭獨長揖不拜瑾怒謂其黨張綵曰翰林後生多輕薄崔銑尤甚瑭聞之謂子鍾曰吾兩人不可易節對曰銑安義命久矣是歲實錄成瑾矯旨史官遷級調部屬州縣練治理改南京吏部驗封主事瑾誅名還史館辛未復同考會試輔臣方治文藝子鍾上書勸以及時悟主救民薦賢理財強兵毋事瑣末懇懇千餘言癸丑差封周籓卻厚餽還京會御史

王廷相下獄瀕死亟請執政曲救之丙子侍經筵啓
上以擇相輔德納誨去讒頑戒逸豫偵權倖錢寧錢
安廖鵬在側大銜之秩滿晉侍讀丁丑春罷經筵引
疾求去少傅梁儲素重子鍾固留之乃三爲會試同
考事竣得歸稱觴二親時父母年皆八十餘矣己卯
作后渠書屋董耕授徒刪定二程遺書作郡志世宗
嗣統薦起修武廟實錄仍侍經筵癸未講論語開陳
治本啓沃懇切尋擢南京國子祭酒開誠心崇正議
明教條嚴祀事獎雋彦警輕惰與諸生朝夕問答不
倦加以賙貧佚老問疾賻喪士林大悅遜尹梅纏者

南謫時友也抗瑾奪官貧病垂沒其毋自鬻書屋子鍾矜之分祿以養爲治棺殮甲申議大禮抗言近者主事張璁等以先後獻議超遷大學士蔣冕尚書汪俊修撰呂柟編修鄒守益御史馬明衡等以直諫罷斥御史段續陳相吏部員外郎薛蕙至下于理舉錯失宜仰惟皇上求備禮於本生至孝也然當詳稽禮意大順通情今獨任己意亦曷其有極伏願勤聖學辨忠邪以回天變自分必逮已而報休歎曰天恩浩蕩復見老父幸矣諸生愕然如失怙恃歸囊無江南一物惟攜古書數篋因自笑曰人言金祭酒我今若

永矣公卿及諸生送者千餘人從而渡江者又數人子鍾乘醉登舟歌曰故園菽水知堪養捷徑南山保未曾歸見父愉愉如也日讀書洹上折衷羣言而斥越學爲覇儒爲邪説嘗言孟子曰良知良能知能心之用也愛敬性之實也本諸天故曰良今取以證其異刪良能而不挈非覇儒歟又曰學必宗聖人聖人之道載於經道在日用愚者與能邪説曰博者約也聖賢過今人遠矣必曰文行邪説曰求之吾心而已四方來學者衆悉卻其幣每提三言教之曰道在五倫學在治心功在愼獨丙戌罹父艱哀毀甚家居垂

十六年著松窗寤言中庸凡演士翼政議中說考文苑春秋等編己丑立皇太子始起爲少詹事兼侍讀學士貴溪相贈詩云一字不曾通政府十年今始見先生蓋紀實也晉南禮部右侍郎署戸部會有言句容朱家巷實皇祖故鄉墳址具在請營表者旨下覈實子鍾至相度以爲事久遠無從考信乃上言興王之基難可臆斷失實爲誣祖且勞費不貲事得寢尋進賀萬壽節值有風霾之變遂自劾得溫旨慰留冬過家疾作杜門調攝著讀易餘言辛丑擬乞休未果病劇卒贈禮部尚書謚文敏子鍾生平博學善談從

游者多所感發門人如吏部郎中王與齡輩皆曰徐之不能舍去嘗訂古本大學所著諸書及文集多行於世學者稱后渠先生或稱洹野先生后渠尤邃研於六經於易謂好奇者淺義於彖流爲鑿而尚占之法又久失不傳夫皇羲畫卦文王周公繫辭孔子作翼一也謂易道加詳焉可矣乃曰有義易有文王周公易有孔子易支矣幾作周易條言于詩謂毛之說關雎也曰憂在進賢不淫其色無傷善之心美哉訓乎周之后妃廣於求助情在得媵未得而求之巳得而樂之協衆善以事一人志在相夫患其躬也樂乃有與瞽於色也是關雎之義也後之說關雎者興焉曰宮人樂得淑女以配君子則宮人當於何賜之豈文王求納室先畜嬖御與又言詩大序徵粹非卜子不能即小序猶之不可廢也作詩解其論尚書曰孔子刪書爲百篇今存者伏生二十八篇傳信可也晉人晚出之書傳疑可也書錄事之大與變者平世小節無與焉堯典禪也甘誓世

也湯武伐也盤庚遷也大誥攝也顧命防也呂刑衰也文侯之命亂也王熄而覇與故秦誓終焉書始堯典咨于四岳終于秦誓榮在一人其聖道之要乎其論春秋曰春秋以王律覇將以復書之政焉故知書與春秋之旨可以裁世變議本末又曰唐虞禪夏后繼湯武放代世久而道降物豐而變起然代天理民不以富己其道一也春秋主威奪而臣横侯政夺而國痿無能任湯武之事者覇乘其際假名義以主盟天下幾欲攺物覇又衰則舉一世胥盜而已夫子删書與詩又作春秋標前之盛著後之衰申王之純正覇之詐定是非垂勸戒而說者求奇競博刻核于一字末哉末哉其論諸儒于隋取王仲淹作中說考于宋宗二程子朱子進程志述二程文略述晦菴文抄處相臺者十年非聖人之志不存非翼經之文不閱作樓儲書取考經四書易書詩春秋儀禮周禮小戴禮曰此本言也取程易傳程志程文略曰此幹言也取左傳溫公通鑑宋元編目文章正宗陶詩選詩曰此支言也韻學與焉命之曰數卷樓于是劄記所明發揮性術訓訂經史申正理駮陂見作士翼四篇又

慕王氏續經之意取漢帝伐楚之詰迄明祖伐元之檄作文苑春秋謂三代而上井田封建其民固故道易行三代而下阡陌郡縣其民散故道難成作政議十篇曰均田曰數舉曰重輔曰簡侍曰省官曰師田曰本末曰修禮曰訂學曰通議制遵今道從古合諸人心不激不隨期于可久其士翼論學篇曰天生烝民物必有則故學躬修九容行采九德心不強操而存守不徑趨而約矣又曰常情聞毀則憂而思思則勉於善矣聞譽則喜喜則矜矜必敗是毀益而譽損也學者不聞規過之直寧受毀可也無觀善之朋寧遠譽可也又曰覺心之放即求也知我之病即藥也矜己之是即非也妬人之長即短也論經篇曰五霸者政之終仲尼者言之首夫性命者仲尼罕言子思蓋將以救陂行而伐私情非可以衍雅談而首後傳也夏蟲疑冰君子不貲詞焉周衰而人選其技宋衰而人騁其學夫游定夫張九成楊簡之經釋也陳傳良葉適之道法也陳亮之功力也王安石之政利也背孔氏之道而襲儒名亂程朱之學而立士的夫傳本訓經箋復釋傳其文彌重其旨彌離苟以譁世取

寵而行弗給焉况乎夜言而慢裨說而蕭吉士所惡童子羞稱或乃班之作者爲後之程難矣伯牙之絕絃悼知者之難遇也孟軻之放淫侯後聖之復作也　愚按后渠考析經解及繩駁南宋諸儒處多有發明獨其訂古本大學未免爲時論所移或此訂誠可已而不已也後來幾亭陳氏又附之高子遺書中吾不識何意豈高子曾取此故備存之與抑陳氏傅會之筆與大抵守正之儒既已合道而或耻隨舊詁逞辨衒才便是一病此后渠之所以不及涇野也與

馬理字伯循陝西三原人弘治戊午舉人正德甲戌進士初授吏部稽勳司主事尋調文選甫一年即謝病歸後屢薦起以送母及身病屢告歸最後歸既十年起爲南京光祿卿至即引年致仕嘉靖乙卯十二月十二日夜地大震而伯循以是夜卒年八十二學

者稱谿田先生幼敏慧醇雅如成人年十四爲邑諸生即稱説先王則古昔研究五經旨義多出人意表弘治癸丑會王端毅公致仕康僖公以進士侍歸講學於弘道書院伯循受教講下得習聞國朝典故與諸儒語錄一切體驗於身心與同門秦西澗偉作文告先師共爲反身循理之學以曾子三省顏子四勿爲約進退容止力追古道康僖公深器之遂菴楊公督學關中見伯循亦歎曰馬理之經學天下士也旣如京益與海内諸名公講學其意見最合者則陳雲逵呂仲木崔仲鳧何粹夫羅整菴諸君子於是學日

純名日起所在學者多從之游其教以居敬窮理爲主又特好古禮儀時自習其節度至冠昏喪祭禮則取司馬温公朱文公與大明集禮用之居父喪與嫡生母之喪闕中傳以爲訓而於進退出處持節尤高嘗曰身可絀道不可絀見行可之仕惟孔子能之下此者須自揣分量守經可也在告時安南貢使謁部郎黃凊曰遠聞馬道學名所願一見今不在仕列何也黃曰先生高志不欲居官貢使嘉歎以去朝鮮國王奏乞頒賜主事馬理文使本國傳誦爲式其名重外邦若此主事時上書諫武宗巡遊者二後伏闕諍

益力杖于廷員外時值議大禮率百官伏闕進諫世宗震怒命開伏闕者姓名伯循名居首逮繫詔獄復杖于廷尋復官郎中時奏寢莊穉之奏即執政言亦不從考察力罷執政私人彭澤廣東人非幸菴力主被劾謫用魏校蕭鳴鳳爲正人卒不改官朝野推其考功嘉靖丙戌分考會闈所取皆宇內名士世皆稱其藻鑑居恒喜接納賓客汲引後生年七十居商山書院來學者遠近踵集縉紳過訪求詩文者無虛日伯循娓娓應之不倦山巾野服鶴髮童顏望之飄然若仙不談佛老不觀非聖書其執禮如橫渠而論學則準於

程朱然亦時與諸儒異同所著有四書註疏周易贊義尚書疏義詩經冊義周禮註解春秋修義及詩文集陝西通志行於世隆慶間追贈副都御史賜祭塋

初伯循與黃鞏等伏闕諫南巡並受廷杖鞏死復甦後起官病卒及伯循遷南通政赴任過河池見鞏丞貌類鞏問之乃其弟鞏叔開也泫然淚下厚禮之贈詩云六年復覩先生面為過河池見叔開三復此詩則知伯循於君臣朋友之間眞不減古人氣誼矣

舒芬字國裳江西進賢人六歲授孝經論語等書輒了大義年十二郡守祝瀚修封洫至邑獻馴雁賦大奇之薦列諸生督學虛齋蔡公試輒首語人曰此天下士也正德丁卯舉鄉試至丁丑中會試廷對第一

人言翰林修撰値武廟不時巡幸心憂之明年上隆
聖孝疏再上謹車服疏五上乞終養疏不允已卯春
上將以三月十九日警道東巡祀岱宗歷徐揚抵南
京下蘇杭復泝江浮漢登太和山且徧中土繁罷時
宸濠久蓄異謀待隙生變國裳具疏於十五日早先
上請留駕有曰痛哭泣血不忍爲陛下言者江右親
王倡吳濞之計大臣懷馮道之心語極激烈而濠黨
故造爲惡語謂主上聞直諫便舉刀爲自刎狀且曰
今撒賴矣國裳弗聽乃邀考功夏良勝儀制萬潮太
常陳九川至寓舍酌之酒飈言曰匹夫不可奪志遂

連疏入時人稱江西四君子明日諸部曹疏入又明日百工疏俱入至十九日駕遂不果出二十日上命舒芬等百有七人於午門外跪五日未辰而入終酉而退因裳嚴整無異平時迨第五日命各褫衣杖三十以疏首杖特甚死而復甦是日水溢內海子四五尺至不了橋衙折鐵檻大柱七根若斬然上心動得謫福建市舶副提舉卽褁創就道至閩講學不倦生徒日衆六月中濠果反且敗庚辰秋聞父艱慟絕兼程而歸居喪哀毁骨立一循朱子家禮癸未服闋應

世廟恩詔復官翰林道濟入謁孔林行釋菜禮有東

覲錄至京上辭升俸級疏甲申正月虔上意將偏崇本生會昭聖慈壽皇太后聖節上乞命命婦朝賀疏繼三上疏乞致仕養母不允乞改遷亦不允詔議大禮國裳執議謂爲人後者爲之子不得顧私親三疏固爭不得乃率朝臣慟哭于廟上震怒命杖如前幾斃罰俸三箇月是歲奉母就養京邸明年母卒扶柩歸葬國裳自幼以聖賢自期嘗悼異學之謬曰空言無補不若修其本以勝之因取周子學聖有要數語書之座右緇流羽客率毅然絕之至於權倖奄宦拒之亦如釋老於諸儒最喜濂溪稱爲中興之聖謂太

極圖亦則河圖與伏羲同功而不滿先儒本於易之說貫串經史百家而於天文律曆尤所究心謂康節祖得大意而不能建律運曆將舉禮樂必宗周公觀大司樂則律曆備矣居常端坐終日未嘗晝寢夜必計過自訟竊即告人凡視聽言動必準諸禮不敢少失尺寸與同志相劘切無幾微矯飾每語學者曰士當爵祿不入於心溝壑不忘於念又語同館友曰心術與學術相符者也懷居與懷利相因者也怠勝敬欲勝義則其心死其學僞吾儕格君其豫在此酷好周禮詳加訂正嘗推爲至誠盡性之書惜漢儒多傳

會宋儒之表章耳病將卒與衆揖别長子泣問家事不荅跪請所欲乃瞪目謂曰六經大明於世惟周禮未獲表章予生平精力盡在此書第未及進御爲歎耳爾其無忘乃父之志言畢而逝年四十四素不事生産家無立壁没後妻孥失所御史儲良材爲小築省城以居之通籍十年諫而杖杖而竄又復諫諫復杖絶無一毫得失死生之念一聞高堂之疾前後陳乞終養無慮十疏故海内呼爲忠孝狀元卒配享羅一峰祠所著有太極通書纘義易箋問書論詩稗說春秋疑義周禮定本及梓溪集行於世隆慶初贈諭

德謚文節時方尊陽明之學國衆曰必窮天地之高厚必參百王之憲章必極禮樂之中和語鬼神之情狀與夫萬變之所以應萬物之所以名然後可謂之道問學此則有不可僞爲者矣今才智之士飾虛辭教後進則尊德性之說易掩覆也党陸者特竊其一節與朱者未睹其大全非心爲道者也

祁勅字惟允廣東東莞人五歲通論語諸書十二爲詩文有奇語十五明春秋踰冠魁鄉薦卽藏修不出慕濂溪延平二賢爲之贊師其心學充養日粹後進多出其門久之閹逆瑾誅始會試成正德丁丑進士歸省庚辰拜刑部主事會季兄政上春官沒于塗卽移疾護其喪歸督學魏莊渠先生至邑臨訪與語稱

重之因論師生宜以爲矜式嘉靖甲申七月伏闕諍大禮得罪獲釋三載以績最聞歷員外郎郎中平反公恕郡人頌德公餘益砥學問名其齋曰日新作箴以自警戊子主廣西鄉試事竣取道歸省有司致贄一無所受尋出知饒州值少保桂萼家居來相聞問而未嘗私謁治行推諸郡第一奉旨燒造郊壇磁磚限無過七十日或獻計謂以土爲胚而餙以磁庶可速成惟允曰是欺君也俾工匠如法爲之竟以違期逮獄謫貴州婺川典史南還感疾卒年五十三

薛蕙字君采南直亳州人正德甲戌進士授刑部主

事値武廟南狩抗疏力諫禍將叵測宴然安之尋調吏部驗封主事嘉靖初元自文選主事遷驗封員外又明年遷考功郎中太宰喬宇倚任之及大禮議起廼摭爲人後解爲人後辨凡數萬言入奏下獄旣詔令復職權貴人不悅紿事中搆其罪爰上書自訟以病免丁母憂服除吏部移文趣起之時權貴人勢焰正盛乃歎曰斯尚可俛首以就湯鑊哉遂不出後屢薦亦不就家居十八年卒州人士祀之鄉賢祠君釆七歲習舉子業十二名能詩題隣舍三教圖曰斯道有三教聖心無二天陰陽動靜機活潑一圓圈試問

一歸何處此理玄之又玄中歲好養生家言收斂耳目澄慮默照如是者數年久之乃悟曰此生死障耳不足學反而證之六經及濂雒諸書至於中庸未發之謂中曰是矣是矣故其學以復性爲鵠以慎獨爲括以喜怒哀樂未發爲奧以能知未發而致之爲竅蓋深造而自得之卒逃釋老而成名儒居鄉絕不肯爲人干請至戚里有疾恒親爲製藥嘗脫衣施凍者或曰焉得人人而濟之曰吾不媿此心耳所著有約言西原集及老子集解行於世大寧齋目錄五經襍說藏于家呂涇野復君采東云約言甚精有裨政教頁多然其深邃處亦未免一涉于禪老賢

哲立言寧近毋遠寧粗毋精使人人可守而行之如何　愚按君采題三教圖病根未消涇野復柬藥之矣

王思字宜學江西泰和人太保文端公直之曾孫八歲能詩十歲能文弱冠舉於鄉及卒業南雍手書矯輕警惰四字於座求朱子遺像奉以出入丁外艱楚祭不愆于禮正德辛未第進士入翰林每試必先同列獨不喜爲應酬文字甲戌上疏以爲孝宗敬皇帝之子惟陛下一人當爲天下萬世自重宜親享太廟孝養兩宮總攬乾綱緝熙聖學豈可嗜酒以荒志好勇以輕身惟是任喜怒移威柄弛紀綱摧士氣召天

變言極痛切忤旨貶潮州三河驛丞便道省母挾二僮至貶所郡守闕景韓書院以居之一時俊傑咸從之游陽明王公鎮虔臺檄使贊軍議宜學郎偕通衢驛丞李子庸行會寧藩變作褰裳宵赴軍門功成承歸口不言勞庚辰再入潮請業者益盛諸生錄其語成帙嘉靖改元自三河名還翰林補編修預修先帝實錄同考癸未會試充經筵講官甲申大禮議起與同列疏諍不報既而文端公諭瑩有水患得請改葬將歸七月之望復預伏闕號諫下詔獄杖朝堂十四日而斃鬻其居不售無以爲殮公卿僚舊共賻而殮

之以歸年四十四

鄭佐字時夫南直歙縣人正德甲戌進士授南京刑部主事數讞疑獄庭中稱平改禮部奏立新安文公後裔士世宗入繼大統抗疏諫大禮又極陳清寧宮後殿災變之繇出爲福建按察僉事轉副使尋備兵饒州前後誅閩饒宿寇機發飈舉奏功浹辰間遷本省左參政冢宰又將擬殊擢上副封執政執政固以議禮貴向與爲忤者愕曰朝列中尚有此人耶乃徙之貴州時夫即上疏乞解職養母歸益究心濂洛諸書與弟子講論不輟懸車二十年悉謝賓客當道累

疏薦郡邑造請訖不就及卒鄉人即其所建水口公屋祠祀之所著有春秋傳義周易傳義四書語錄五經集義及詩文稿行於世

劉瑞字德符四川內江人十歲能詩文父時數鍾愛之爲作五淸書舍期以聖賢之學因號五淸主人成化丙午鄉薦第六弘治丙辰成進士入翰林授簡討屢有建白武宗初立疏陳十事正德丁卯逆瑾擅權亂政朝臣嘗言事者咸得罪自度不免即上章謝病旣出京之明日瑾矯詔斥大學士劉健以下五十三人爲朋黨勒令致仕與名其中聞之恬然奉其母行

値歲暮峽險至澧州依親以居時太和陳鳳梧視學湖南檄諸郡邑士子從講學旣而臨江蔡潮續視學因以州後開舍更爲澧蘭書院延講授院中尋鳳梧叅湖藩復檄辰守戴敏創崇正書院請主之四方聞風來者甚衆壬申詔起爲山西提學副使以內艱弗行服闋改浙江提學副使毅然以復古明道爲已任其造士先德行而後文藝有一行者必旌以廩食若行簡虧缺文雖工必黜於是定冠昏喪祭鄉飲鄉射之儀著名宦鄉賢之祀教以釋奠歌舞之節教化大行會宸濠不軌鎮守者潛通逆謀其勢洶洶爰與按

臣藩伯共定扞守之策兩淛以安用薦三歷卿寺晉南京禮部侍郎甲申元日地震條六事以進言至剴切時大禮議起廷臣以辨諫下獄謫罷者殆數十人復率南九卿諍之草疏極論帝王受命受終之道大宗小宗之義及漢唐宋以來入繼大統之典引經援史凡數千言當時主正論者凡九百餘疏惟德符之言簡明深切上雖不能從亦未加罪其卒之日晨尚入部視事旣退疾作端坐而逝年六十五其學以程朱爲正脉以居敬存誠爲本以窮理致知爲要病世之以心學名者空自大而卒流於禪也故操存嚴密

德器深厚平居無戲言惰色雖退食必冠帶終日未嘗傾倚食無兼味衣無鮮綺尤寡嗜慾室無媵妾學甚博積書數萬卷口誦手披無斯須廢至老而彌篤雖刑名度數邊情民隱靡不周知惟痛絕佛老異端之說每遇國有齋醮輒疏諫止其督學及在禮部禁約尤嚴性至孝早孤事母田淑人愛敬備至旣沒哭踊幾絕哀毀踰禮歸葬經萬流驛遇風舟人錯愕起焚香籲天風卽止忌日進奠尤極哀痛家廟時祭齋戒必誠牲醴必豐潔纖悉一遵於禮宦游雖千里必載木主以行聞族人物故必爲位而哭持服視禮爲

隆殺近世士大夫未之及也作文必本六經一洗浮靡險怪之習所著有童觀錄幼學稿澧蘭錄講習錄敷奏稿禁垣奏稿讀漢書改本併襍文詩稿藏於家

何瑭字粹夫河南武陟人生而端凝不事嬉戲人以爲癡七歲時入郡城忽見彌勒佛塑像乃抗言請去之聞者敬異十歲始讀書十九入郡庠必期以聖賢之學爲學嘗曰許文正薛文淸二先生世未遠而居又甚近於此忘所師法學其謂何故於一言一行必求聞於父老力索於遺書有得則忻然忘寢食而從之弘治辛酉鄉試第一壬戌成進士改庶吉士闈試克己復禮爲仁論

有曰仁者人也禮則人之元氣而已見侵於風寒暑濕者也人能無爲邪氣所勝則元氣復元氣復而其人成矣識者方之伊川顏子所好何學論甲子授編修丙寅武宗踐祚乃因新政疏請復史職不報戊辰同考會試已巳孝廟實錄成晉修撰時逆煽虐方烈一日瑾贈川扇于諸翰林有入而跪見者粹夫獨長揖瑾怒亦不贈扇頃之受贈者復相跪謝粹夫旁立正色曰何跪而又跪也瑾大怒詰其姓名遂自前對曰修撰何瑭退而念必不爲瑾所容乃累疏謝病得致仕歸瑾誅復原職僅四方盜起爰獻時政論三篇及兵論五篇以貽執政又

疏請籍沒贓吏以杜禍原皆議格不報癸酉侍經筵進諫忤旨謫同知開州轉東昌郡丞乞休歸居城南別業八年杜門卻掃不接外事嘉靖初起爲山西按察司提學副使以父憂不至癸未永嘉當國甚敬慕之舉翼輔擬將期大用始入京相晤面數爭敬十三愆衆爲愕然乃仍用爲浙江提學至則抹殺舉業提徑華靡之習務敦尚本實士風丕變未幾遷南京太常少卿時湛甘泉爲祭酒郭杏東爲司業粹夫力與修明古太學之法贈杏東有言曰古之君子何爲而學也則當務之急固在身如何而修家如何而齊國如何而治天下如何而平細

而言語威儀大而禮樂刑政此物之當格而不可後焉者也博學而審問焉慎思而明辨焉一旦卓有定見則所謂物格而知至矣由是而發之以誠主之以正然而身不修家不齊未之有也大學之道如是而已矣至究其本原爲性命形於著述爲文章固非二道特其緩急先後各有次第不可紊耳今之君子不察乎此刻意詩文則曰立言不朽此豪傑之所以名當時而傳後世也留心性命則曰無極二五窮神知化此大儒之所以繼往聖而開來學也至有僞起捷徑之學者則又曰理由於心心存則萬理備吾道一貫此聖人之極致也奚事

外求噫爲是論者皆天下豪傑之士也吾豈敢謂其不然哉特恐其修齊治平之道反有所略則所學非所用所用非所學於古人之道不免差矣又贈兵侍陳公有曰古稱才難全才尤不易得唐虞之際命官九人固皆極天下之選也然而典禮典樂掌教掌刑皆久於其職有終身不易者豈非以其才性各有所長職業各有所習兼全之難故也至于內總百揆出總六師土地山澤無所不掌惟禹益爲然全才之不易得如此近日當道用人司錢穀者未久復改之典刑獄職風紀者未久復改之司民牧計資遇缺而遷初不問其所長所習無乃

以全才待天下士子其意良厚矣所慮全才不可多得用違其長則王良掾弧后羿執轡非惟無成且以敗事是故不可不深長思也時人稱爲留京兩篇文字晉本寺正卿再晉南工部右侍郎奏革神帛堂各宮監機戶夫匠料銀歲省以數萬計歷改工戶禮三部再以病乞歸言者累疏請留詔許在京調理又晉南院右都御史掌院事竟辭去是時南有陽明北有函谷皆以理學鳴天下而粹夫默如獨與關中呂仲木儀封王廷相書問印證日事二親躬營菽水幸其家之子姓及鄉閭後生以修孝弟忠信非其義一介不取子瘠田茅屋取足優

游兩執親喪皆哀毀瀕死若不能更生居常非涉日用躬行者絕不形於言凡行己教人切實精實仲木嘗以方孔門由賜門人有問太極陰陽之說者曰只以伏羲八卦橫圖豎而觀之則易之所謂太極動靜之所謂有常更易簡可見而周子可無事於圖矣有問律呂之說者曰只以舜典詩言志歌永言聲依永律和聲十二字而驗今俗樂之詞曲及唱詞曲時必吹竹彈絲相應與夫宮尺上工合四為板眼之遺法以求之至明白可見而蔡氏可無事于新書矣有問一貫約禮之說者曰儒者未得游夏之十一而議論即過顏曾以聖賢心法為

初學口耳此道聽塗說之最可惡者門人婁樞王西星嘗請梓文集謝曰聖賢之道昭在六籍如日星後學愧不能知而行之自宋以來儒者之論方苦太多此吾之所深懼也故惟均役糧二論家譜家訓二篇儒學醫學管見有切世務者門下得裒集之或謂先生眞可謂銖視軒冕塵視金玉粹夫曰此後世儒者輕世傲物之論也金玉自是金玉如何塵視得軒冕自是軒冕如何銖視得此何異于老莊芻狗飄瓦西星輩曰如是孔子何以謂富貴如浮雲曰不義而富且貴於我如浮雲浮在不義不在富貴也以是篤遵古誼雖世局屢更終不受

槃家居十餘年薦揚二十餘疏不出嘉靖癸卯九月夜半有星隕於郡城西流光如晝是夜卒年七十賜祭葬隆慶初用科臣張鹵疏補謚文定贈尚書學者稱栢軒先生愚按芑山張氏嘗譏何瑭嘗見專掊擊通書正蒙皇極經世自謂軼出周張邵諸君子右豈自信太過敢於非古人如許函谷輩耶抑或别有微旨如所謂自宋以來儒者之論方苦太多欲一裁正之耶二書非可掊擊之書愚未詳嘗見語意云何竊謂善讀者不可以辭害志而未讀其書者尤不可輕狥人言而懸斷其得失也

華金字子宣南直無錫人生而端靜博通經史刻意程朱之學務身體而力行之奉邑先賢喻玉泉尤遂初李小山蔣實齋四小像於一室朝夕敬事如師禮

葢四先生續承龜山楊先生之傳者也登正德辛巳進士除戶部郎以不附權貴出為雲南叅議著廉謹稱遷副使備兵天津復不能卑事廵察遂乞致仕子宣事父母極孝待庶弟友愛平居無一妄言詖行初舉于鄉例得免糧役獨請受役如故既第例當入朝接疏取吉送科諸進士未瞑即退子宣於中夜猶莊坐以待俄而邏警至猶候命不去世廟察其賢勞出上方供賜之太宰陸完之室子宣之姑也同官京師足不及其門完黨逆濠事敗得無坐廼為郵其孤同榜進士張孚敬驟貴用事邂逅于朝謂曰華兄獨不

能與吾共事乎子宜正色曰公爲相當以天下爲度乃私其同年耶乎敬大慚而罷歸林後貧約不興諸生時家産日挫諸孫析箸兄弟交讓鄉論美之有孫敬夫者竟以貧死然人知其廉吏而不知其眞儒也視世之愿儒口伯夷而胸盜蹠以牙籌厚遺子若孫者亦大有間矣卒祀鄉賢祠學者稱嵩峰先生所著語錄名少微堂稿藏於家

渭南李錦字仲白陝西渭南人少潛心理學爲諸生時西蜀龍灣高先生僑署高陵教事仲白越疆從學與涇野呂先生同門相切磋正德庚午領鄉薦既而

知宿遷縣著勸農勸孝二文以化俗縣是邑多孝子又以稅餘金買牛給民耕墾荒地宿遷人稱爲百年來一人擢知海州致仕初赴州時不能具一花帶呂先生遺之一圍後去州抵家猶是帶也嘉靖丙申卒於家呂先生銘其墓先是咸寧李錦以理學著姓名並同故其後長安馮仲好著關學錄於仲白以渭南李錦别之

周滿字謙之四川廣漢人嘉靖壬辰進士授南京戶部主事監浦口倉仕不廢學尋莊定山讀書處拜墓葺祠刻其遺集於邑齋既還都聞高陵涇野呂先生

躬行君子也內修外文進止可範乃折節事爲師朝夕聽其討論退而證諸實廸以自稽省事必求無怍于夢寐乃已復與諸僚友爲山寺之會以行藝相質勉戊戌擢知雲南府首濬海口大利民田以內艱歸起補鞏昌力行教法首選學官弟子經學道義有師法者列之便坐口授經書訓以性命人倫之要學必繇橫渠張子以志於聖人教必遵藍田呂氏鄉約以復於三代鞏人繇是知向往尤加意旌表貞孝存問耄孤故歲入俸餘亦隨手盡乙巳遷廣西副使以去鞏人立碑思之比蒞廣西當徭寇猖獗思殄寇必先

養兵養兵須同甘苦遂減膳省役開誠布公日閱其兵而練之閱五月勳撫互用山南三洞悉平戊申丁父艱歸庚辰補山東副使專驛傳屯田水利已改督宣大五鎭邊儲遂赴鎭盤閱細大不遺條論總兵都指揮使以下侵匿之罪邊鎭肅然嘗誦劉綺募兵不如養兵擺邊不如合戰數語乃上疏請留北直隸民兵平居操練遇秋應援其山東河南山西者使相挈貼以俟役舉一以蘇徑戶之困一以精武士之選至如南直隸者勢須槩罷但解支費以給北戍是以兩省給一軍兩人倂一騎也以壯爲衆以飽爲逸計莫

便於此上從之歷官臬藩晉右副都御史巡撫汀虔四省提督軍務至贛勤團練明賞罰遂平勦大埔上杭諸賊疏請于所轄嶺北嶺東漳南嶺南四道並嵩設分守一人又請復如成化間例仍設參將會昌節轄四省詔俱報可未朞以病致仕自聞涇野躬行之說嵩以四教三省爲存主務日有可見之業爲尊聞行知毋歎世儒徒嘵嘵認識本來反洸洋而無益于歸宿也可謂不墜師傳矣所著有文集續集二百餘卷行于世

呂潛字時見陝西涇陽人父應祥嘉靖壬辰進士爲

禮科都給事中以論宮寮事奪官爲時名臣時見幼
穎敏讀書卽解大義嘗密書克己銘懷袖中時爲展
玩稍長師事涇野呂先生言必宗之動必法之學使
者重其文行拔入正學書院以風多士嘉靖丙午登
賢書明年下第卒業太學時都門有講學會每聞其
偕計至亟延致之時見刻意躬行遠聲色愼取予一
毫不苟尤嚴于禮冠昏喪祭咸遵文公惟謹先是母
栢氏病于京奉母西歸劑醫百至母病革以時見且
弱冠命之娶時見不得已娶而不婚日夜苦處喪次
旣襄事廬居墓所服除乃始成婚事都諫公與繼母

張氏曲盡孝養都諫公病至嘗糞以驗沒則哀毀幾絕都諫公封事故未畱稿乃走闕下錄原疏請銘馬文莊公文莊亟稱之侍叔父待諸弟情文備至每歲時祭畢燕諸族人講明家訓又率鄉人行鄉約人多化之親黨有窘乏輒憐而周焉與人交平易款洽每面規人過而未嘗背言其短嘗與友人蒙泉郭鄴讀書講學谷口洞中四方從學者甚衆聽者津津有得咸曰得涇野之傳者愧軒也愧軒蓋其自號云撫按張公祉等以名上聞遂辟入京特授國子監學正會馬文莊爲祭酒蒙泉亦爲助教乃與蒙泉議以涇野

祭酒時所布學約請文莊力行之繇是講讀之聲徹於橋門調工部司務尋卒年六十二

郭郛字惟藩陝西涇陽人幼與呂愧軒同師塾長爲諸生有名二親繼逝凡侍疾居喪竭力盡瘁家計故窘而區處優然益攻苦學問邑令樊公高其行延居講席或有以千金求居間者拒不納嘉靖戊午領鄉薦辛酉冬以會葬業師龍山呂公遂停公車與愧軒讀書龍巖洞中學益有得負笈從游者甚衆既就獲嘉學諭遷國子助教值馬文莊公爲祭酒教規肅然與有贊助焉時年已五十六例不得入臺省同列諷

其隱年應選笑謝曰臺省寧可不入吾年不可少隱轉戶部主事榷稅九江處脂潤中皭然不滓弊剔奸鋤商旅胥悅萬曆庚辰出守馬瑚躬先禮讓互用恩威郡人愛戴之未幾聞有猶子之慼念伯兄年老獨居即投牒歸歸二十餘年自著書講學外他無所事壽八十八無疾考終學者稱蒙泉先生私謚曰貞懿所著有自警俚語山居樵詠語略仰鄭堂集行於世

同邑張節字介夫號石谷受學呂門與愧軒蒙泉爲友困場屋四十餘年白以老謝去序貢日坐南園草屋中讀書觀理培養本原視惡衣糲食無厭意又有

咸寧李挺字正立性孤直有義義不隨時俯仰爲西安郡學生循故事捧詔下屬邑贈遺一無所受嘗自誦曰生須肩大事還用讀春秋先從涇野先生游後又講學於谿田馬公所往來三原路中以盜死人皆惜之

王材字子難江西新城人由進士歷官南京國子監司業嘗與同官尹臺營救楊繼盛之死相嵩旣諾而復背之時王湛二家之說盛行增城官南太宰稱湛氏學矣子難往造業投刺見閽者擲筆抵掌歎葢歆之也問焉指尺牘曰是赫蹏所請請書院地直累千金者也子難

曰亟反吾刺是於所謂天理何居乎不見而反王門高第弟子官郎署名王氏學有聲子難造焉於彈棊時得其人慧而多機歎曰卽多機而慧名良知弊安所極哉亦竟謝不復在於是就高陵呂先生於奉常邸學焉呂先生世所稱篤志力行如宋司馬君實者也而呂先生得子難歎以爲任重之器歸闢室石堂寒暑一裘葛博綜約守壹于學不厭造請盡絕泊如也嘗折衷王湛爲之論曰餘姚信本心之知已過故增城以爲空知增城以勿忘勿助之間卽爲天理故餘姚以爲虛見然餘姚言致知未嘗遺問思辨行專之者過遂以爲空知增城

言勿忘勿助時天理自見語固未嘗不確也蓋權衡已審而世有求端於一悟謂即悟皆眞有觀察即爲外馳有循持即爲行仁義則痛闢之以爲蔽陷虛蕩妨教而病道曰以吾從諸名哲後不敢不力也比退居中濬外融益邃詣于古學隆禮自度造次言動必於禮家冠昏喪祭具如禮其言曰常存戒愼恐懼勿任意必固我則物宜自順問智曰先自知問仁曰先自愛問勇曰先自強而以毋自欺爲致知如惡惡臭如好好色爲格物尤昔人所未發所著有稚川集行於世

雒閩源流錄卷八 終

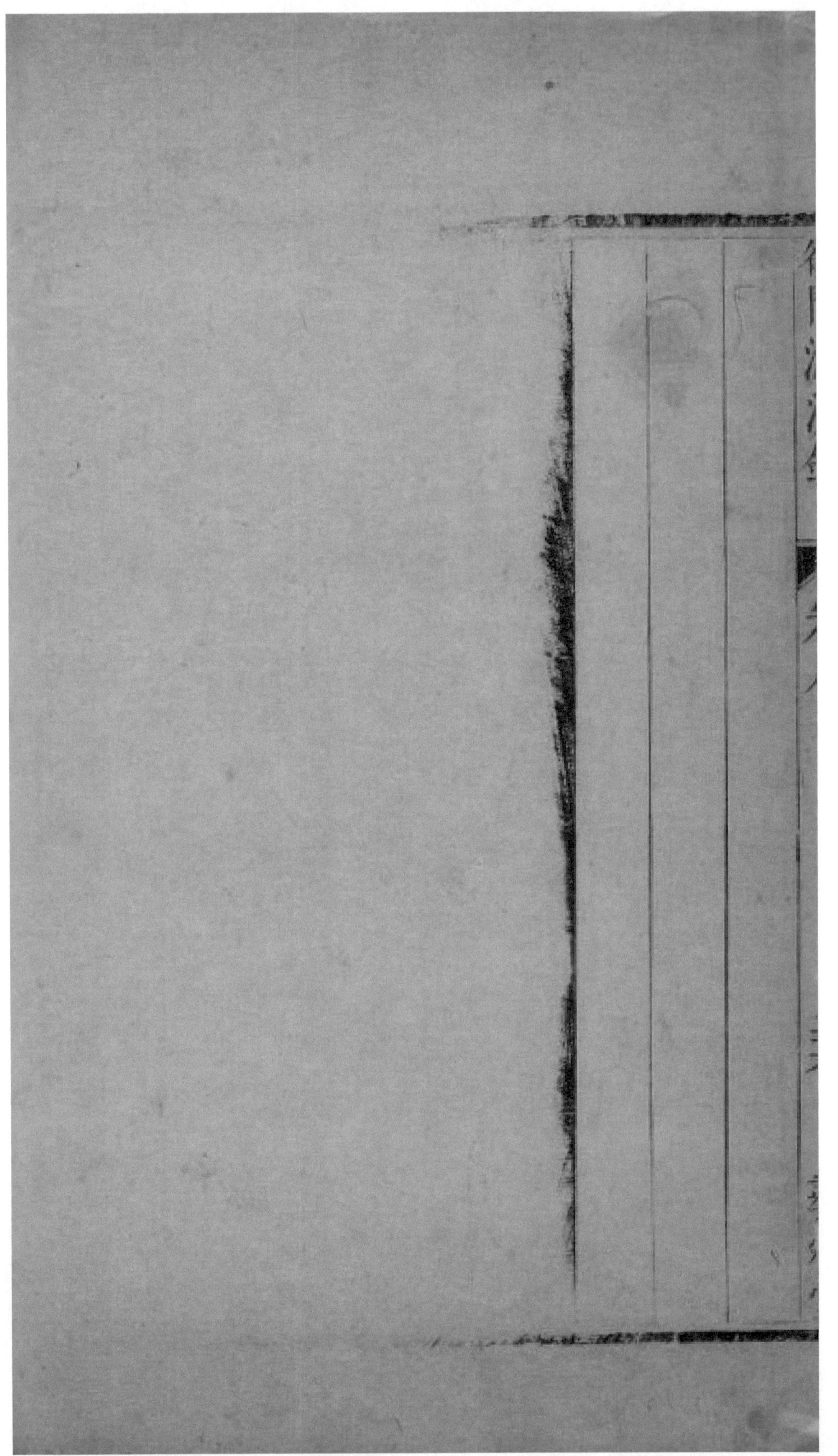

維閩源流錄卷九

無錫張夏纂　門人燮源黄昌衢昌修挍

金賁亨陳洪謨附　朱　棠　張　芝　寇天敘

曹　深　李　中　撖大經　吳　稷

呂　賢　毛　憲　胡明庚弟明通附　楊　爵

楊繼盛　柯維祺　葉　夔　高　璣

薛應旂　王　煒　吳汝憲華開附　陳　建

金賁亨字汝白浙江臨海人初從高姓通籍最後始復本姓中正德辛未會試至甲戌殿試歷任江西福建貴州三省提學官至副使爲人清粹醇和剛介端毅得於

天稟既知學問大指毅然以聖人爲必可學動止作息語嘿酬應務與學俱嘗愛橫渠一時放下則一時德性有懈初學當以心爲嚴師及伊川整齊嚴肅則心便一之語日用工夫莊敬嚴恪言動有記細過必録蓋踐履既實德性堅定矣及西曹謁告屏居數月取明道延平書反覆潛玩乃知工夫過苦責效太迫反入于鋭進助長之病其於澄然真體似未有悟入處於是黙坐澄心體認天理一意涵養於明道所謂不須防檢不須窮索延平所謂灑然氷解凍釋處超然有解以是居官行政大抵主於崇禮教敦俗尚端蒙養維世淑俗之意惻如

也在揚舉行四禮修釋奠新樂舞斥大僚之目祀鄉賢者黜無行士之貧緣援例者在闡發明晦菴之學本之延平豫章龜山明道具有本末端緒乃闢道南書院以崇祀五先生復詮次其人如明道之表裏洞徹莫見瑕疵如龜山之終日不言喑然而飲人以和如豫章與人並立而使人化有若春風之發物如延平之氷壺秋月瑩澈無瑕如晦菴之心度澄瑩無渣滓特爲表章參驗考證源流明揭書院中且疏請祀羅李二先生於文廟在江右優選志行之士羣之白鹿書院中親與講論聖賢爲學次第明濂溪過化之緜究鵞湖異同之旨所以

開發成就者極其懇惻居家則百行純備鉅纖不苟後學咸稟其身教焉當是時新學盛行鄉人方假其名以張聲燄而汝白存誠守正一宗程朱嘗答應容菴書以觀未發一語爲程門相傳指訣極辯時說戒懼卽愼獨作一事看之誤謂戒懼比愼獨其功尤難其事尤要而連引程子語以證之又作主一辯大指謂如昔人讀書不覺麥漂乃是心役于物不可謂一凡學者須是收其放心易曰無思也無爲也寂然不動感而遂通天下之故其一之本體歟孟子曰心勿忘勿助長也其一之要道與子思子曰篤恭而天下平其一之全功與曰無適

主不在也曰無欲客不入也舍兹而學高則虛卑則支不足言一矣因自號其居曰一所學者稱一所先生所著有學易記學庸議道南錄台學源流及詩文集定海縣志行於世子立愛立敬立相俱成進士立相繼其父視閩學乃重梓父所頒伊雒淵源正續二錄以廸諸生當汝白致仕日江西巡撫都御史陳洪謨重修白鹿洞復聘至請主洞事以風俊秀因疏請特祠先儒吳與弼及卹少宗伯楊廉以重抑中官吳獻被訴放歸先知漳州府復芝山書院祀朱夫子以陳北溪黃勉齋蔡九峰配訂大成樂譜行呂氏鄉約每蒞一任於儒教多所修

明洪謨字宗禹湖廣武陵人弘治丙辰進士官至兵部右侍郎壽八十二贈尚書王中書進古答金世龍書曰昔提學高汝白之諸父隱君子也雖則教汝白以舉子業每嘆曰可惜可惜假令得狀元亦自枉過一生其後汝白舉進士以書督責之曰汝得一第吾不爲喜而以爲憂此後必駸駸放肆可錄逐日言行寄我汝白嘆曰吾終日在側豈不我知而憂我放哉試問一老家人曰比舊漸不同矣乃警懼置一簿錄其所爲試自簡點其過不可勝書乃大激勵爲學卒爲善士　愚按此書則汝白之爲學自登第後始固困勉一流人惜其諸父名氏無傳所學竟不可考然即其教亦可以知其學矣世之隱君子獨學而名不傳如金氏諸父者豈少也哉

朱裳字公垂北直沙河縣人正德甲戌進士擢御史差巡山西鹽法拒錢寧差官市鹽疏奄鑑八罪以脫同官王相于獄還朝諫止南巡數孽人熒惑之禍嘉

靖初守鞏昌舉天下卓異第一以清苦特賜宴勞歷
浙江臬副晉藩伯吏私書其案曰清如水難到底公
垂手續之曰如水清飢殺傖遷副都御史總督河道
艱歸起仍前任晉右都卒于官年五十八謚端簡一作端肅性故質直目所見必行言雖久可復少時自號安
貧子既舉于鄉則曰堯舜君民孔孟師友所願也先
以御史按山東連旬茹菜東人誤傳以爲長齋居鄉
時其妻就館公垂敝衣冠執爨收生媼至以爲傭也
自都御史守制歸寒約如素士居無賓堂土壁蓆門
自奉亦止一菜而知友服其無市名之意居官鑰戶

遠嫌堂室如寺妻子甘菲惡盆窮經探賾以聖賢自飭謂尊德性道問學其的旨也衍而成論具集中

張芝字廷毓南直歙縣人幼師邑博士海陽周成得聞性學時方童丱被服儒術造次不設婧容成重之呼爲益友弱冠舉正德進士授大理評事上章多見施行嘗因論事極詆奄璫專擅罪狀巳外補僉事鄖歸廬墓起督學廣西爲一編書條刺伊洛微言導示教本務獎士節振集詬之風值蒼梧猺獞反充監軍討之猺匿深穴中乃以計盡其矢石舉種就俘尋得疾乞休不許擢荆南副使命下而卒年四十一無子

家故貧守官廉苦一介不取身沒之後夫人至仰給縣官以佐食廷鯱雅志師法聖賢欲以天下爲己任其奏疏前後數十上皆崇論確議關國家大計有以非言官止之者答曰一職所効有限言而見聽惠益無窮他不足計也與蔡介夫楊方震友善及卒介夫悼之曰廷鯱死天下之人無福所著有宗祠考經緯書易講草經世續卦及詩文稿大理廣西諸志行於世

寇天敘字子惇山西榆次人幼郎不喜嬉戲五歲時母病久髮弗櫛家人欲剪之謝曰是不可毀傷及卒

哀毀如成人禮長舉於鄉卒業大學與馬伯循呂仲木崔子鍾切劘聖賢之學以躬行力踐爲本正德戊辰第進士授南大理評事歷遷寧波知府應天府丞署府事時寧庶人反武廟親征駐驆留都權倖怙寵提督江彬尤鴟張所過率以重賂免守臣亦諷賂之對曰與其行賄敗節寧得罪何傷彬洶洶毎務持迫之子惇獨不賂且多所諫止毎以事觸其怒彬令人偵之迄無短可持偵者乃勸往謝彬竟不往其他權倖所需直御之曰俟面奏與即與爾皆莫能誰何上北旋諸守臣送之維揚即得還獨子惇以無賂邀遮

于淮上是時江南諸郡皆緣迎駕名目厚斂民而乾沒其間駕駐留都凡九月費且不貲一一出經畫而民不知亦不病也治應天四年賑飢救疫民甚賴之嘉靖甲申遷左僉都御史巡撫宣府改撫治鄖陽尋又改甘肅甫蒞任邊警突至立命將出師斬渠帥脫脫木兒及部落三十六級威名遂振回人土魯番初侵軼酒泉郡復譯文求和詞涉背嫚衆欲許之子惇議當先討後撫則擒縱在我而不在彼庶可恃以無虞又總制軍門欲遣使傳檄詰責土番送出哈密或聽遴擇一人主理國事子惇獨執不可以爲祖宗間

關立哈密而欲世世守之雖被占據猶我地也若廢置縣之則地彼有之矣豈春秋正侵疆之意乎況倉卒遣使而爲彼羈留如國體何乃削去聽爾選擇立王數語卽付進貢回使持示之疏請御經筵親羣儒講求治道又以嚴清戎謹備禦廣屯種添京衛處物料增軍器分部官七事爲備邊要務皆請行之丁亥遷右副都御史巡撫陝西守禦固原盛有斬獲捷聞璽書褒異加級厚賚戊子春會織造太監至行部之臣議奏罷之子惇曰意則美矣但初到遽奏恐卽不罷將益張其焰爾事各有機姑待之可也是歲大祲

陳乞廣捐糧額大發帑銀兼支引鹽皆得請喜曰吾民生矣迺夙夜皇皇周咨長慮講求善法手提其綱簡廉僚而分任之所全活無算然後疏織造太監非荒年所宜設非飢民所能供果得報罷其精于慮事如此歷遷兵部侍郎以疾在告雲中變作猶力疾上疏極陳別善惡懸賞格諸方略竟卒年五十四性至孝友在太學猝聞父病裹糧而馳歷六晝夜跋涉千餘里抵家躬視湯藥疾遂瘳自是無離左右宦游所在必迎養痛母早卒每言輒嗚咽忌日痛哭如初喪高陵呂先生嘗稱其行已省身可與神明質而惜其

功用之未究

曹深字文淵南直歙縣人都憲南峰公子也生有奇質方四歲母没即知哀痛如十數歲兒稍長誦習小學諸書日記數千言事繼母周尤極愛敬周病嘗祈天請以身代父遣之師事岑山程先生求聖賢之學即知居敬窮理用心於內及爲舉子業輒出人意表弱冠游郡庠與沙溪汪以正爲莫逆交講學白蓮别墅造詣日深時都憲公方知寶慶府屢奉書必勸以牧愛爲急無怵禍福又曰大人清白蔭及子孫後必有食其報者他勿計也正德丁卯魁應天鄉試戊辰

成進士時宦官八黨方熾而劉瑾尤橫遂率同年百人抗疏乞正瑾耑權之罪有旨罰跪午門前者五日時方酷暑而素體弱自是益羸瘠矣已授南京兵部主事於是南峰公即以其往日所寓書次第授之曰見惟不忘乎事我者以自處吾無慮矣聞者交賢之蒞任即裁抑進鮮快船及舉行淸理屯田數事部堂甚器重之適汪以正卒業太學染疫疾鄉人莫肯往視文淵獨馳至其居躬治湯藥與同起居者半月汪病亟泣曰吾僅一女奈何應曰當聘爲吾兒棟婦君後事有深在無慮也卒皆如其言尋亦以染疫卒

于留都官舍年纔二十九

李中字子庸江西吉水人遠祖有次魚者以道鳴于宋南軒晦翁皆善之稱復齋先生子庸生有異質不假訓習而穎悟絕人五六歲未識書解爲聲偶數試之不能窮八歲讀書忘寢家故貧早喪母束修不常纔至年十四始授尚書習舉子業十九拜同邑玉齋楊先生之門（玉齋名珠貧瞽無子未嘗見戚容子庸之母歐陽氏其甥女也因稟學焉）聞義利說始志於學二十四訪大父寓舍如隨州薦爲增廣生又二年始受室無資市書一日見一峯文集手錄歸嘆曰大丈夫不當如是耶既而得月廩則以

分給鄉之窶人獨不假人詞色州守遣其子弟來學意不合輒麾去之正德丁卯舉鄉試第一至甲戌成進士楊少師一凊爲吏部將舉臺諫數名試不徃六月授刑部主事時武宗縱西僧出入禁內宦官居中用事子肅憂之上疏切諫有曰今日大權未收儲位未建義子未革紀綱日弛風俗日壞小人日進君子日退士氣日靡言路日閉名器日輕賄賂日行禮樂日廢刑罰日濫民財日殫軍政日敝天變于上地變于下此道之不明不行繇陛下之心惑於異端故也其他指斥忌諱語尚多上覽疏震怒將杖之子肅蘽

坐飽食待罪從容以當道救解得免逾月忽出內降
謫惠州通衢驛丞乃奉父至通衢闢愛梅亭讀易其
中居三年病移長樂學官會陽明王公鎮贛州檄子
庸與王君思議軍事及至贛而宸濠方謀不軌時論
煽搖王公問計子庸預策必敗引古為證力贊其决
變作王公邀以助已平居不屑自敘語莫得聞世宗
即位有詔敘復未行壬午擢廣東僉事歷廣西參議
遷本省副使提督學政子庸憫俗學支離喪失其性
凡教一本於身不事言語嘗曰壐書所載廸正道崇
正學此吾職也又曰感於此應于彼不行而至自有

以潛奪汙俗興起善心誠之不可掩固如此於是撙諸生聚處五經書院每五日登堂講說亹亹自晨至暮不休人多嚮之踰年丁繼母憂歸諸生追送有泣下者丁亥起復補前任粵西人士聞者交賀歷遷廣東臬藩以平法華賂與撫按不協坐誣當罷朝議奏其廉節才望應留用以責後効而時宰復以無闕說爲慢竟謫四川參政督糧儲初子庸在粵聞彈章欣然且歸咎同官書曰此事於余無損益但恐仕者以予爲懲創則薄俗日流於苟媚世道何賴及是入蜀無倖倖意至官數月乃具疏乞休人有問者復之曰

士君子行止自有孔門家法不可苟焉自小也所謂家法吾心天理是也進退遲速莫非天理之流行泰以毫髮意氣不免爲過高之病皆私也同官力阻乃止明年告之兩臺不允丁亥明堂禮成得推恩三世自念方感國恩未可言私尋遷浙江按察使未上擢都察院右僉都御史巡撫山東庚子春至歷下始謁學廟見車馬取道屏外瞿然曰是不可徒行耶命撤之曲阜三氏學生舊無廩創議增給爲定制歲大歉蝗蝻且起飢者流離道路子庸會計郡縣不足乃取泰山祠金以待賑命流民捕蝗子穀捕蝻數倍又慮

盜賊將熾下令郡縣募驍勇練民兵以備官軍所不及河南關繼先者劇盜也能散金帛得死力嘗被擒鉗鏁加三木守衞之其黨竟穴地入脫去不能得遂流劫燕趙韓魏間數十年無敢當者至是繇燕入青子庸授計部下設伏禽之而燕之撫臣攘以為功子庸不自言辛丑晉副都總督南京糧儲往時運艘泊江轉搬旣為市民所給而官稽程期鮮不獲罪乃命自木門入庾次又令監視者毋先放衙毋使庾人侵美病諸役者人皆便之明年卒于官年六十五子庸受學玉齋而傳之門人羅洪先與湛元明王伯安高

汝白鄒謙之諸公皆有書問商略問學載集中嘗言愛不足以盡仁惟公可以盡仁惟中可以盡仁說者謂其眞能識仁又言知易則知權而曰天地之用一易也自然之權聖人之用一權也當然之易非知道者孰能識之說者謂其眞能識權又曰生生之謂仁存存之謂學則其言本體工夫一以貫之矣家居谷平里學者因稱爲谷平先生所著有疏草日錄書問詩文七卷行于世朱學問答曰嘉靖甲午夏五月予臥病隨州報恩寺一日學子請問曰朱子之學何學也予曰聖人之學也曰何如朱子詩云玄天幽且默仲尼欲無言動植各生遂德容自清溫彼哉夸毗子咕囁徒歎喧但騁言詞好豈知神鑒昏曰予昧前訓坐此枝葉繁發憤永刋

落奇功收一原曰辨鑒曰一原朱子之學旨可知矣曰或疑其辨大學何如曰此學必論大頭腦處如明明德此大學大頭腦也朱子以虛靈解明德不可易也明之之功則曰因其所發而遂明之以復其初此工夫至簡易也何疑之有曰或疑其格致求於外也何如曰此不得朱子之精也朱子曰本明之體得之於天終有不可得而昧者是以雖其昏蔽之極而介然之頃一有覺焉則卽此空隙之中而其本體已洞然矣當時有問介然之頃一有覺焉則其本體已洞然矣須是就這些覺處便致知充廣將去朱子曰然如擊石之火只是些子纔引著便可以燎原蓋介然之覺一日之間其發也無時無數只要人識認得操持充養將去此朱子之精孔門求仁之學也學者當默而識之學子曰然遂記之

愚按谷平與學子論朱學至精至透足破影響之詠矣集中如答羅達夫書痛言慈湖帶蔑樣存之害答鄭謙之書直辨大學古本三家之非正論鑿鑿皆一時藥石然予細讀其日錄間有自相矛盾處如云朱子之致知一向做向外面去又云慈湖看毋意句有味故極得力毋意便

是克已工夫豈當日嘗與王湛輩往來未免漸染耶抑亦未定之論耶其全集係羅文恭手編文粹則鄒忠介所定二公皆染新學故筆削未當然二公之能不盡悖乎正固以其淵源在此耳讀者詳之

撖大經字守道北直廣宗人正德丁卯鄉試第七人少聰慧日記數千言篤志於學以聖賢自期家貧無書走借于廣平崔尚寶家未幾還之曰吾已得其槩矣以病尋醫京師上書少師西涯李公西涯稱其才曰海內人豪也甚禮重之嘗讀書郡東官舍郡守高其人往見之值母忌不出接守怒揚言欲以官舍與人守道即移歸守遣人謝之不去又名其弟兄再三

謝終不去其方介若此平生著述甚多皆未脫稿與士夫書惟勸以聖賢爲準歿年三十二

吳稷字舜鼎南直華亭人正德甲戌進士授金華府推官時章楓山先生家居講學嘗造請質疑以懲豪右拂上官意量移惠州又以逐墨令與直指左坐遷荆府左長史改嶽府進賢王箴芸窗賦以寓諷久之致政歸隱東郊有司莫識其面里皋踐更役有謨報者令不知懸之榜乃往注其下曰不能爲官豈能爲役令聞大愧親詣謝終不見也所著有皇明正學編史綱纂要破愚錄及自得園石湖宦游諸稿行于世

吕賢字宗器江西永豐人少補諸生博聞強記敦善行不怠藏修于鷲峰之東南木山不慕聞達及父終母疾遂自削學籍歸養於家母殁在殯舍人失火宗器伏柩號慟流血被體爇燎鬢髮身不少卻俄風反移柩學使邵文莊公廉知之欲以奏聞乃列狀辭免治家遵禮不諂流俗時民間盛傳有神曰活佛自徽來以桃符談禍福如響所至爭具牟豕迎諸道左焚香作樂修奉恐後宗器曰此非訛言必妖氣也力要邑人守正以待之其神寖滅里閈宴然居恒讀書期于涵泳得味尤喜吟咏客至鷲峰草堂輒與賡和有

詩曰讀書多過目養性欲忘年又曰不爲草堂無戶牖孰知天地有鳶魚卒年六十一所著有皇極經世律呂新書正蒙洪範諸解及鷲峰遺稿行于世子懷字巾石舉于鄉以學著而流入姚江

毛憲字式之南直武進人自幼端重寡言中正德辛未進士拜給事中疏劾大臣怙勢爲奸利者數人內外肅然又嘗申救諫官竇明極陳邊防軍政之壞災異水旱之憂直言不避禍害尋以疾在告久之起官册使荆湘見民被水災卽具疏馳奏及論先儒陳澔有功禮經宜以從祀會大駕西幸久駐甘肅人情洶

詢特疏請回鑾不報惟時儲嗣未建舉朝諱不敢發首疏請建儲亦不報後武廟將回京有帑賜近臣式之獨疏辭不受因謝病歸與同志講求理學考濂洛關閩論說同異會而通之大都以不欺為主以恕為用以克己為工夫然每以克己為難自謂撿制二十餘年褊性不能盡除晚年扁其書室曰三近齋恭退然以困勉自勵也其立身治家悉有規格歲時祭祀一遵家禮置義田義學教養鄉族施愛孤弱自以祿不及親扁其堂曰永思終身不御重味與人有要雖風雨寒暑弗爽於朋徒死生患難之際情誼更篤郡

守陳實建道南書院延之主教一郡欽服稱爲古菴
先生年七十七卒有司表其里曰崇賢所著有諫垣
草古菴文集毘陵正學編毘陵人品記等書行於世
胡明庻湖廣羅田人嘉靖乙酉鄉試第三人成壬辰
進士甫試政卒于京平生孝友篤學精理數嘗取邵
蔡皇極律呂二書朝誦多思章分句解或衍爲圖其
所自序又揭中與幾希盡蘊二書之旨書成名曰邵
蔡性理二書圖解併著有元溪集行於世弟明通幼
育於諸兄事兄如父領戊子鄉薦以兄疾不會試者
三科兄卒服衰經致其哀撫孤姪如子中有爭產者

出巳所有平之學宗程朱邑中弟子多師之嘗語人曰只此居敬窮理便可詣聖賢域除信豐令賑飢撫盜民懷其仁保留復任遷金華府通判甫一月聞母墓崩圯嘆曰生不祿養死不表阡吾耻也遂乞致仕家居儉約如寒士著有征邁集學者稱東郊先生

楊爵字伯修陝西富平人初誕時室中如火光起人咸驚異之長美姿容身滿七尺家故貧年二十始發憤讀書苦無繼晷資嘗以薪代夙夜攻苦每之隴上耕挾冊往意思欣然兄靖以掾誤罹法伯修徒步百里外申厥冤遂並繫獄伯修從獄中上書詞氣激烈邑令見而奇

之立出之給油薪費督之學年二十八聞朝邑韓恭簡公講理學躬輦米往拜其門恭簡睇其貌行行如也欲卻之父蓮峯老人謂曰意若非凡人數日叩其學詫曰縱宿學老儒莫是過吾幾失人矣旣察其語言踐履錚錚多古人節嘆曰畏友也同門學者皆自以爲不及後與楊椒山繼盛稱韓門二楊云踰壯督學漁石唐公始首拔爲邑諸生嘉靖戊子秋應試長安客館有遺金者伯修守之客至持館人急伯修詰其實付以金客謝寡取伯修不允乃敦請過家止宿焉是秋卽以書舉第三人明年己丑成進士授行人三使藩府餽贈俱讓不受

或以爲矯伯修曰彼雖以禮來名重天子使吾獨不自重天子使耶壬辰遷山東道御史時權臣當國草疏將劾之疏且具會鄉人有以垂白在堂勸止者乃移疾歸未幾母沒毀瘠逾禮廬墓三年服闋家居授徒講學又五年庚子秋以薦起河南道巡視南城權貴斂避而日覩時事不勝扼腕辛丑春上封事娓娓數千言大約謂內而腹心外而百體皆受病足以失人心而致危亂者五一則輔臣夏言習爲欺妄翊國公郭勳爲國巨蠹所當亟去二則凍餒民瘼不憂恤而爲方士修雷壇三則大小臣工弗覩朝儀宜慰其望四則名器濫及緇黃出

入大內非制五則言事諸臣若楊最羅洪先輩非死即斥去所損國體不小是時中外頗以言爲諱疏入人皆愕然上大怒即逮繫鎮撫司窮究其詞拷掠備至伯修一無所詘是日都城風大作人面不相覩都人呼爲楊御史風前此士大夫下獄未有下桎鎖者獨伯修身著夜桎鎖中創甚血淋漓下死而復甦蓋貴溪翊國意也戶部主事周天佐巡按陝西御史浦鋐相繼論救俱箠死獄中人益爲伯修危之而伯修處之自若刑部郎錢德洪工部郎劉魁吏科給事中周怡皆伯修同志舊友先後俱以直言下獄相得歡甚然自學問勸勉外各相

戒不得言得罪事日與周劉切劘修詣不少輟繹四子
諸經百家研精於易著周易辯錄及中庸解若干卷又
與趙撫孫繼魯取破硫書壁唱和得百餘首名曰破硫
集集中略無憤惋不平語友朋相揄身世兩忘如是者
五年竟不知其身在縲絏中矣乙巳秋八月上以受釐
故放伯修及周劉歸田里而三人者猶相與取道潞水
講學舟中踰臨淸始別歸會熊太宰以諫仙箕忤旨復
逮三人獄伯修抵家甫十日聞命卽日就道親朋揮淚
爲別伯修無幾微見顏色身幽圜扉者又三年丁未十
一月高玄殿災釋歸爲民既歸教授里中貴人莫得見

其面疏粥敝履怡然自適已酉冬十月十九日卒于家年五十七病革時援筆自志惓惓以作第一等事做第一等人教其子孫學者稱斛山先生嗚呼觀其前槩後諫移孝作忠處患不渝屢折不撓雖獲終牖下大節皎皎艮亦不減仲芳而臨沒囑子之言亦略相似所得力于韓門者非淺鮮矣隆慶改元奉世廟遺詔贈光祿少卿萬曆初補謚忠介

楊繼盛字仲芳北直容城人學者稱椒山先生七歲喪母父媵妒使之牧仲芳從牧所見里塾學而慕之請受學亦不廢牧十歲餘復喪父家日貧顧益攻苦耐飢寒

治經藝遂舉嘉靖庚子鄉試至丁未第進士授南京吏部驗封司主事初與考功郎鄭公曉游議論相洽會關中苑雒韓先生為南大司馬爰從之受樂三月得其數請手製諸樂器遂購刀鋸錘鑿與桐竹絲漆等物始製管而和次及琴瑟簫笙塤箎之屬諧而合奏之若一以復于韓先生曰未也吾欲製十二律之管管各備五音七聲而成一調何如仲芳退而凝思廢食寢者三月夢大舜坐于堂上授以金鐘使之擊而謂之曰此黄鐘也覺而汗恍若悟者起篝燈促復製管至明而成者六巳而十二管成韓先生大悅曰得之矣始吾輯志樂成而

九鶴飛舞于庭其應乃在子乎迨韓先生致政歸併傳其天文地理皇極太乙壬奇兵陣之學時代鄭公爲考功郎者吉陽何公遷結友爲五日之會會則論學終日仲芳與焉一遵會約力行之吉陽語人曰椒山之果誠可與進道矣庚戌冬滿三載考進京道繇山東謁曲阜孔林徘徊俎豆間久之登太山絕頂望雲氣慨天體之不盡益有志于學遷兵部車駕司員外時咸寧侯仇鸞有寵而驕倡兩邊馬市議將遣使矣仲芳上疏斥其不可者十辨其說之謬者五詔下錦衣衛逮訊獄具貶狄道典史至貶所日治典史事少暇則進邑諸生講學買

東山超然堂基剪棘立書院前爲講堂二進後爲享殿中祀伏羲神農黃帝堯舜禹湯文武前側左周公右孔子得十二人兩壁側以顏曾思孟漢董仲舒隋王通唐韓愈宋周程張朱五子及元許衡劉因本朝薛瑄配又得十五人名曰道統祠俗尚佛事爲設諭禁華民初稱不便久而化服縣旁地故多回人其子弟悉習梵典乃名而約束之爲立二經師而身誨其稍俊者三十人諸生日益衆無所得食爰集邑吏搜飛灑者伏糧得三千石而鬻所乘馬及婦服裝買民間最重賦地二千畝白于府以伏糧予之倣井田遺意劃授諸生父兄使畝入

粟以給筆札及婚喪費又買城西廢圃使茹蔬而引洮河之水以溉之教養並舉羌人目興起於學諸如開煤山以給薪卻巡方之責禍皆功在地方居二年吏民愛之呼楊父諸生或稱關西夫子而鸞敗罪至族上思其言半載間四遷至兵部武選司員外仲芳心自計欲報君恩其道莫如去奸人使不得亂政遂論少師嚴嵩十罪五奸請名二王論狀抵任之十二日疏成以癸丑元旦上已抵闕門闘上以日食之變怒逮靈臺官慶與疏意不協復趨出更十五日而齋齋三日而奏於是嵩從中讒之下鎮撫司打問仲芳具對侃侃至斷指出脛不

易詞詔子杖百送刑部獄坐詐傳親王令旨紱仲芳之將受杖也或遺之蚺蛇膽卻不受曰椒山自有膽或又謂勿怕笑應曰豈有怕打楊椒山者及繫刑部創甚吏內艮嵩屏去藥食乃自破甆碗刺右股出血數升已復手小刃割左股去其腐肉旁觀咸爲戰栗仲芳顧自若在獄三年將以冬月行論從容讀書不輟乙卯十月晦竟死西市春秋四十臨刑出所著年譜授子應箕曰後十年可開也復賦詩曰浩氣還太虛丹心照萬古生前未了事留與後人補又曰天王自聖明制度高千古生平未報恩留作忠魂補蓋首章以除奸之事望後人而

次章則以制作之才深自悼惜也寓意微矣仲芳篤于倫理初會試下第當入太學有負笈費其兄患之乘仲芳出而強夫人以八石穀廢箸姑聽之及游太學再試居首多得館穀歸其夫人在家亦治農有秋仲芳始爲酒名姻族奉兄觴請復共爨又以公車三十金助兄納粟得散官曰吾道近可徒也赴義前一夕手書一帙諭妻及二子勉勵苦節考究身心以至處分家庭曲盡人情物理嗟乎從容如是白刃可蹈中庸不可能矣隆慶初䘏贈太常寺少卿謚忠愍賜祠額曰旌忠所著有遺集年譜傳於世其遺筆一卷梁溪秦松岱序行之又有

擬補樂經藏於家益智錄云椒山劾嵩原疏中有吕功一款奉旨下部查覆武選主事王遴

覆稿言嚴效忠鬼名實無其人嚴鶚黃口乳臭身未履邊何得目毅以叨世襲之典兵部尚書聶豹嵩黨也見而令易之遴執不肯豹慍形于色遴曰公講良知之學刻語錄負盛名若抹殺定案公論之謂何豹撟稿于地曰汝為君子豹為小人耳乃嚮致嵩自薙辭功而部疏不覆後豹以諛頌齋醮為世宗所厭斥去之與杜為小人矣遴素與椒山交善左右獄中饘然以其女許其次子應尾士皆義之迨萬曆初為戶部尚書值議陽明從祀遴曰某曾司理紹興備知陽明以才勝若實踐工夫難與薛文清同又言此公一生只是作用觀見其居身居家無實學止以氣魄蓋論籠罩從學者又曰陽明從祀則朱晦菴吕東萊皆不足信大宗伯沈鯉遂具疏言守仁從祀宜俟論定不報閣臣申時行具揭以請上上以中旨予之遴業繼津北直霸州人　愚按一統人物志何遷字益之湖廣德安人嘉靖辛丑進士歷官刑部右侍郎著有吉陽集三十卷友問四卷又言其記問淵博多所超詣喜談性命之學主於圓融應世。余讀至此而心竊疑之後見理學醇疵辨云世廟時京師靈濟宮講學之會莫盛于癸丑甲寅釜嘉靖三十二三年間也時禮部尚書歐陽公德兵部尚書聶公豹吏部侍郎程公文德皆以陽明門下主會氣勢赫濯縉紳得附以通顯故京師學徒雲集至千人窮鄉下邑亦莫不口良知而家心學丙辰而後三公式没式去位其徒稍避匿矣三十七年戊午何太僕遷自南京來復開靈濟講壇然其名位未足以號召諸少年多無應者偶有貴介子某欲藉講學為名高一日當赴會適與大閹飲至醉忘之矣吏從旁忠曰盍在靈濟宮乎時某雖醉心尚了了遽曰亟牽馬來比上馬目惛惛不聞吏扶而馳至講所則學徒咸拱而候之既下馬不能展揖第擁而即席坐坐定鼻息如雷衆不敢言亦不敢覘比醒輟講吏仍挾之上馬去竟不知在來何事事也明日縉紳會者聞然長安語曰此豈周穆王假息而之化人國乎黙而神遊此乃真學問矣聞者大笑於是御史余珊上疏曰天下之道二正與邪而已由乎此則入乎彼差之毫釐謬以千里邪正之間治亂判焉苟非察於人倫明于庶物之極致確乎不為他岐之惑者幾何不流於楊氏之無君墨氏之無父也

哉如此之人今世不少嘗見褒衣博帶高冠而峩然者相率號爲道學倡引生徒號名黨與或匿跡于古僻幽深之寺或招搖于通都廣衆之堂開口高談窮搜天外穿鑿附會妄誕聖賢海内慕名從風而靡以致僥仕欲藉此以謀王獻斷國是害有不勝言者臣惟王安石文章節行高于一世非不可慕直以學術之偏變更新法耗宋家三百年之元氣以訖于亡可不戒哉臣請陛下斷自宸衷務爲區別申明聖道學規之戒勅令儒學科舉之士及選授進納之臣悉歸至正數陳王道不許縱橫曲説少有偏邪進者治罪罷斥若有以其言纂集成帙炫惑人心遺害無窮者即毁其板而火其書仍以非聖之罪罪之斯邪正别而不淆矣余閲此疏正當䆒濟復講之歲其引安石爲喻自爲王學渠帥而發意不在附和之徒也然何吉陽在南既爲五日會在北又附靈濟宫必其徘徊于正學斯學之間而不爲一家定解者斯以謂圓融應世也予究椒山先生隣死在乙卯十月晦此時天地方閉塞歐陽輩何以講學爲吉陽以戊午轉官入都不在招西市之魂而欲媛雙江之席何爲者也吉陽此種學問不痛不癢眞鄉愿鄙夫一輩人肺腑在

狡不過歟一時之君子盜趾字于儒林初無少得而習之者遂爲人心學術之禍流漾成風不可救藥蓋其無忌憚之才雖出異端下而其混邪正之罪當在異端上宜乎余公憤然起欲一槩鋤斥之無分於首從歟

柯維祺字奇純福建莆田人弱冠中進士除南戶部主事時年二十六即移疾歸烏石山中聚舊業而抽繹之別淆亂訂是非會萬於一及門之士先後至四百餘人傳授靡倦要以躬行爲先慨近世學者樂徑悟而憚積累竊禪家之說以掩孤陋作左右二銘明其意著講篹二卷以辨心術端趨向爲實志以存敬畏審撡履爲實功而其極以宰理人物成能天地爲實用至於爲學次

第懇懇致意於誠之一字謂心與理一之謂誠言與行一之謂誠終與始一之謂誠蓋允蹈之也錄所答問蓋爲心解學解經解上下傳解史解六卷多儒先所未發著宋史新編以宋爲正統以遼金附且升瀛國二王於帝紀正亾國諸叛臣之名以明倫先道學於循吏以重道蓋復補漏擊異訂譌共二百卷閱二十載而成書作史記考要十卷凡司馬之譏評爽實班氏之增損乖義少孫之補綴亂眞諸儒之紀載異同胥辨正之而天文曆律發明尤詳又以莆陽文獻自嘉靖以來屢經兵火懼其遂湮乃撰次爲二十卷以接山齋鄭岳之筆曰續

莆陽文獻志與宋史新編俱以三品論人謂求道德之士於三代之下必欲如古聖賢難矣但能忠信廉潔以禮義爲進退以名節自砥礪此其根本也根本旣立雖乏功業文章不足爲病根本一喪卽富貴功名鄙庸人耳何足取哉別著詩文集十卷續集四卷雜著二卷居常絕迹不入官府力耕節用躬葦布之素有餘則推以佐親黨遇倭亂廬毀於寇鬻田以築小室日危坐其中接人無戲言無苟笑聞人之短蹙然必爲之諱朞功不與飲燕口惟蔬食菜羹而已卒年七十八學者稱希齋

先生

葉夔字司韶南直武進人少力學好古甘貧守正正德末歲貢授汝陽司訓以繼母年高乞歸當事不允遂投牒而去歸臥一室銘其左曰不欺銘其右曰養正嘗曰人於義理二字辨認分明便可上達多言無益也居恒恂恂不能言語及忠孝節義則投袂而起立髮灑淚干旄至門或不報謝事關風化則力請所司如痌瘝之切身必求其濟而後已宋末死事諸臣未秩祀典奏記當路建祠祀之鄉先賢謝子蘭墓圮勸義修葺仍置祀田若干畝晩自號存齋病革手書謝上蔡人能充無欲上人之心數語曰此心學之要

也所著有元史提綱景賢錄忠義錄等書行於世子金以乙科判紹興嘗從毛古菴纂毘陵人品記以卒父志

高璣字齊之南直武進人少喜讀書精研理學毎體驗於事親從兄間而於程朱語錄擇其精要繕寫成帙時時玩繹學者有問亦必以是示之家故貧居之晏然於甘旨之奉必求無闕嘗有詩曰幹蠱眞才子言貧是乞兒孔門多樂地殫力任耕犁又曰一夢四十年忽覺東方動宛見風光好只恐還是夢嘉靖巳未詔舉經明行修之士邑人禮科給事中毛憲等力

薦之辭以親老不就郡守連公盛遣學博詣門敦請爲鄉飲賓亦不赴久之兄某卒于潮陽官舍埶埶往迎不以遠憚也卒之日公舉入鄉賢祠

薛應旂字仲常南直武進人剛勁倜爽不苟雷同悅俗窮達一致自爲諸生擅制義名尤攻古文詞淳實典雅原本經術以貢舉嘉靖甲午鄉試中乙未禮闈第二授慈谿知縣時郡守鄭方事苛黷仲常始爲令銳志撫綏有檄下縣輒格不行守大怒一日仲常以事入郡閤守欲窘辱之遂用奇自遜旋請改教時徐華亭方督學兩淛能調護之守亦罷去及仲常改教

九江則華亭又督江右學矣檄主白鹿書院尋擢南京吏部主事轉考功郎中値掌內計分宜相憾給事中王燁令尚寶丞諸傑貽書屬以黜燁燁端士也仲常卽畱燁去傑而兵曹王畿方以周流講學獵浮名亦斥不少假分宜不悅竟用言者謫建昌通判歷遷禮部主事浙江提學副使在浙鑑明衡平士子翕然心服以過執忤時調鄜延兵備未幾被察罷歸或曰亦由華亭意也洛川縣賚贖鍰千爲路費竟卻之仲常初從鄒二泉呂涇野兩先生講程朱學後聞良知之說頗以爲快旣而見沿是說者多不掩言乃悟曰

良知之學原於陸子靜陸學孟子教人之法也朱學孔子教人之法也遂著考亭淵源錄自此議論一軌於正雖邪說之徒多側目爲誣詠弗顧也家居垂二十年未嘗釋卷耑勤著述每一書成凡幾易稿皆手自抄謄點竄未嘗借力於人著有憲章錄宋元通鑑甲子會紀高士傳浙江通志薛子庸語四書人物考等書行於世二泉先生既殁人有謀據其故第者仲常不避怨禍慨然白于當事偕同門莫同華雲輩卽第爲祠以拒絕之無錫顧憲成允成兄弟少以制義來學攜草蓎設拜禮甚恭仲常特器之呼二孫敷政

敷教出見定交後俱成進士相與論學東林並稱名
儒蓋自二泉之歿幾及八十年爲萬曆甲辰而後東
林再闢樞其中者實惟仲常焉學者稱方山先生

王燁字韜孟南直金壇人自少讀書即以古人自程
度力學勵行中南畿鄉試第二成嘉靖乙未進士爲
吉安府推官治獄明恕以理勸導訟者皆悅服而去
秩滿遷南京給事中數言事初張永嘉諸人以議禮
合上意驟見大用于是上留意稽古禮文之事並建
南北郊耕耤親蠶諸禮纔舉則夏貴谿附贊爲多遂
用張桂故事自都給事中擢侍讀學士以至宗伯入

閣中年上留意禱祠謂可以永年則嚴嵩先意承順尤極佞巧而費宷者宏之弟逆濠之婭也以不附結濠頗得時譽而名位旣通故掾盡失三人者韜孟皆首論之而其論嵩尤切直倂及其子世蕃時嵩奸未著而世蕃之惡人亦未盡知韜孟在吉安蓋得之先見而所言又曲中其隱欲朝廷蚤斥遠之勿使得政故嵩尤恨之未有以發例轉山東武定兵備僉事以任滿赴部逾限奪官出嵩意也遂著爲例未幾疾卒

韜孟事親孝然有弟惡于象慈弗可感嚴弗可繩至死鬱鬱仕宦有年貲產未嘗少益婚嫁葺廬多稱貸

于人邑令來問疾見蕭然一榻布被蔽體深嗟重之臨終語人曰聖賢無自是之學問古今無自用之豪傑谿田馬理銘其墓學者哀其遺文名爲檮菴先生集刻傳之

吳汝憲字道卿南直無錫人自少樸茂方正言笑不苟師事邵文莊文莊器之妻以女爲諸生試有司不利文莊欲爲之援引道卿執不可遂謝去其兄嘗以事繫獄恨不能即救亦自囚一室藉草食糲一如獄中人勸之輒泣俟兄得釋而後出常守宜賓王公誕敷聞其名以淵明乞食魯兩生不肯行二題請著爲

論援筆立就王公讀之擊節不已請見亦不往自是三十年不入縣郭邑令毎行鄉飲酒禮輒致詞延之後先十二載皆不赴治家嚴而不苛訓子弟惟務孝弟勤儉師法古人與人交洞徹肺腑存心忠正不欺屋漏屬纊前一日以存天理三字諄諄爲後人申囑卒年七十五友人私謚曰貞簡先生其同門友華冑字世卿舉鄉試早卒論者謂世卿清恬温粹貞不絶俗似管幼安道卿愷悌雍容和不徇物似黄叔度雖殀壽不齊各有文莊之一體焉

陳建號淸瀾　廣東東莞人嘉靖壬寅朝議進宋儒陸九

淵於孔廟時清瀾以進士令南閩聞之憂道統將移
之學脉日紊乃發憤著學蔀通辨以破王氏所編朱子
晚年定論其書批禍根于橫浦證變派于江門而中
間則詳著朱陸始終不同之迹閱七年戊申書成自
序曰朱陸之辨近世造爲早晚之説謂朱子初年所
見未定誤疑象山晚年始悔悟而與之合其説萌
於趙東山之對江右六君子策而成於程篁墩之道
一編至近日王陽明因之又集爲晚年定論後人不
暇復考一切遽信而不知其顛倒早晚矯誣朱子以
彌縫陸學也道一編謂朱子晚年深悔其支離之失

而有味於陸子之言陽明定論序謂晚年大悟舊說之非痛悔極艾以爲自誑誑人之罪不可勝贖皆矯託推援陰謀取勝借朱子之言以攻朱子借朱子以譽象山挾朱子以令後學正朱子所謂離合出入之際務在愚一世之耳目而使之恬不覺悟以入于禪也如答何叔京書熹奉親遣日云云道一編指爲晚合象山陽明採爲晚年定論按朱子四十歲方丁祝孺人憂此書有奉親遣日之云則祝無恙時所答朱子方三十餘歲與象山猶未識面何得指爲晚合定論耶又答何叔京書今年不謂飢歉至此縣中委以

賑糶之役後言守書册泥言語自誑誑人之罪不可勝贖云云考年譜正在是年皆四十前事至淳熙巳未方會象山而何叔京亦卒矣答張敬夫書在論孟集註未成之前何以爲晚合删去學庸修過以下二處此權詐陰謀不合用之於講學答黃直卿有向來定本之誤非爲著書發也葢論教人之事有定本云爾舊本之誤朱子初無是語陽明矯托以爲悔集註諸書之證大乖祭陸子壽文有道合志同之語道一編序首以證朱陸晚同假子壽以遮葢象山誑甚按朱子於象山自甲辰以前時稱其善自丁未以後日

斥其非此早同晚異之實也朱子初年參究禪學自謂馳心空妙二十餘年中年私嗜象山疑信相半晚年大悟禪學近理亂眞之非於是排陸而一意正學云紹熙三年陸子五十四歲卒於荊門軍訃至朱子率門人往寺中爲位哭之旣罷曰可惜死了告子按陸子壽之卒朱子痛惜之爲文以祭象山則無按象山櫬至朱子答詹元善書云子靜旅櫬經繇聞甚可傷見其大拍頭胡叫喚豈謂遽至此耶然其說頗行於江湖間損賢者之志而益愚者之過不知此禍何時已耳又曰江西頓悟永康事功若不極力爭辨此

道無緣得明建按傳習錄答門人問格物之說謂朱子不知先切已自修平日許多錯處皆不及改正是誣詆朱子一生無一是處自朱子沒後無人敢如此詆誣自古講學著書無人敢如此顛倒欺誑昔尹和靖有言其爲人明辨有才而復染禪學何所不至建爲此懼廼竊不自揆慨然發憤究心十年作學蔀通辨十二卷垂十萬言云云厥後萬曆中羣惑猶不解纂崗馮氏乃以是書重鋟諸木屬涇陽顧先生序而傳之客閩發志正嘉間有邑令聚諸生講新學欲講於先賢祠院則疑其所講之相戾也廼舍而之邑之紫虛觀諸生詹渭者賦一剪梅詞以寓諷有老君在上笑吾儒得罪程朱玷辱程朱之句令悉

曰爾有一剪梅吾有三等簿遂以事誣中學使黜
之謂復大署縣璧曰一剪梅惡邪亂正三等簿假
公行私後學使知其居移文來復愚按故明中葉
士大夫緣論學不同激爲玄黃水火殆徧朝野矣
詹渭以一諸生見嫉于邑令若此無怪乎荊川方
山分祖龍谿遂致反唇敬菴復所同宦南都而起
口語且並以察典逞禍也此等雖由旁人釀成乃
客氣用事在君子豈得無過呂涇野曰不同乃所
以講學既同矣又安用講耶尤西川曰不有益於
彼必有益於我講學欲以何爲而必欲其說之自
我出乎兩先生爲此言非效子莫之執中只要彼
此先融客氣虛心觀理耳如淸濁辨朱陸本先同
後異未嘗早分晚合雖使陽明復生無喙可置要
之此書可與知者道而不必强不知者之寓目葢
恐以水沃石勞而無功從來
敬敷在覓太着急不得也

雒閩源流錄卷九終

維閩源流錄卷十

無錫張夏纂　門人婁源黃昌衢 昌儕 校

鄭世威　吳文光　張基　周思兼

萬思謙　陰秉衡　謝憲　王樵

李經綸　唐音　溫純　王之士

章潢　鄧元錫　東桓　朱鴻謨

范淶　呂坤　余啟元　徐三重

鄭世威字中孚福建長樂人生而端默寡言弱冠舉嘉靖己酉鄉試第六人己丑成進士會臺臣缺詔從諸進士推擇衆競趨之中孚曰才脫章句遂徵司耳目無論

蹀且虞曠也初授戶部主事丁外艱起除刑部出臬廣西廣東又臬江西浙江官至刑部侍郎其臬江西時適夏言入相兩臺藩臬詣第修謁率由掖門進中孚呼閽者叱之相國尊奈何令邦大夫縮縮而還趨亟還吾刺去閽者錯愕闔中門中孚乃入汪巡撫宜錫偕言有事上清宮以祝釐爲名藩臬皆從比視其祝詞相君祈嗣耳怫然語其僚吾儕爲相君來耶竟拂衣出言有疏閫强之署名堅不應已叅浙藩言再入取道武林諸大夫皆郊迎中孚獨否言去一舍許以有所請事復留行覬其從諸大夫續來卒不至言憾之欲中之計典不果旣

復以倭亂希指者妄劾會言敗得免後再以臬副涖江右而嚴嵩繼言柄國勢益張其族黨譏豪所司不敢問中孚數操三尺繩之不少貸或持嵩書至屏弗視嵩父子啣憾更甚於言矣尋轉四川參政自念嚴氏終釁巳遂投劾歸歸十年而嵩敗起南京通政隆慶元年擢僉內臺陟南少宰入爲少司寇有詔採珠及珍石疏乞納忠諫崇節儉不報卽稱疾乞骸骨懸車後環堵蕭然薪粲不繼食指故少悉屏去僅留二三蒼頭習耕者躬爲督作時荷鋤灌畦陶陶如也客有修謁者遇之田間授以刺曰爲我通主人翁姑諾而入頃之衣冠出肅客卽

向道刺者主客相視而笑然留心學問不欲以氣節自見學以濂雒爲宗躬行實踐抵排異端於今儒中尊河東而斥姚江故受知於華亭徐公其脫討典亦華亭力也及華亭欲祀陽明于文廡獨力爭其不可議遂中格後至萬曆十二年申吳縣復篡華亭之指以請廷論終未協竟以寄揭得之而中孚亦於是歲卒豈所謂道不同不相爲謀者耶說者謂中孚初不以華亭薦少屈而華亭亦不能遽奪之其成案百世不泯也中孚過人至誠不欺當官務爲節愛在比部讞陝以西獄平反百餘人在浙江條畫鹽法減無名課數千緡在江西議清贖

鍰備庾賑宦轍所至皆有惠政卒年八十二賜祭塟給事中陳璧疏請賜謚下部議閩諸生數千人請祀于郡學邑父老復以爲言因兩祀之所著有岱陽彙稿長樂乘年譜經書答問十卷行於世學者稱環浦先生

臺山葉氏曰司寇之學逆則宗河東逆則宗考亭宜乎其與文成左也夫文成獨行其是而爲者進焉欲胥世而爲文成蓑則滅頂淺亦斷衆豈非一時風尚使然哉司寇內慤心而外慤行力排羣議卽進知已而不郵此豈苟爲而已者尊躬行者首河東茲爲司寇左袒矣下學上達吾夫子有成訓在與其獨創無寧祖述百世而往孰能廢司寇說也

晉陵吳瑞登題陽明王公傳後曰或以文章氣節勳業爲公諱而除郤講學使爲全人先生獨願講學令考之救蔵銑忤劉瑾氣節顯矣平寇亂擒宸濠動業著矣自奏疏之大以至序記之多文學雄矣而講學

一節獨宗象山獨謚元晦獨服膺地藏樵異人之
教執迷於格致知行之說者何耶蓋先生天資甚高
氣象甚大而議論甚宏偉故賛美者盡爲所驅而不
自覺悟至於今方熾而未熄也知行合一宗之於陸
而以爲即知即行然又自以爲知者行之始行者知
之成則且分而爲先後矣格物之說宗之於陸而以
爲格其不正然不知格物既格其不正蓋不必復言
正心其不可以此爲訓矣至致良知之義又爲牽合
不倫孟子言不慮而知爲良知又必兼言良能大學
言致知在格物而原無良字今舍良能而言良知增
致知爲良知且自謂得千古聖人未發之旨特其認
心爲知而不知認理爲性故以爲心即性而以窮理
爲外曾弗思物雖在外而物之理則在心以物之理
窮之於心而以心之理窮物之理正是不分內外處
乃惟事內而遺外而以窮理爲支離抑姘矣噫惟以
窮理爲支離故蔑視六經於夏商則曰不合於周也
於周詩則曰非孔門之舊本也於春秋則曰其寔皆
魯史舊文也筆者筆其舊削者削其煩也信如斯言
只求之一心而自足矣何以六經爲乎噫先生之學
真至簡至易矣然古聖人百致殊塗何爲而贅贅哉

且程朱之學象山非之草廬非之猶明以爲非也先生定論編以蚤年爲晚年以晚年爲蚤年明若爲朱子分疏而其實陰壞朱子不有整菴清瀾考其年譜先後雖有智者孰從而辨之乎余無暇屑屑指其言只據象山没後朱子所識則蚤與晚曉然辨矣噫詩與春秋尚以爲非孔門舊本爲稱史舊本則朱子之定本增監本之無而爲有又序中改定本爲舊本夫何怪焉聞之先生嘗謂胡公世寧曰公可惜不曾講學胡公答之曰公可惜多此講學由是觀之必講學而不誣前賢斯爲全人先生非多此講學也多此講學之謬而已矣

吳文光字有明南直婺源人穎悟絶倫讀書五行並下年十二學使者拔居首破格授增生舉嘉靖丙午鄉書五上春官不第除應山令初至邑方大旱悉力救䘏以撫字爲催科令民自輸自封縣官洗手以臨

之會封景藩就國費煩差擾督檄旁午爲之量加裁節境內晏然有婦姑訟者有明退而閉閤思過動以至情感泣而去性不習媕阿偶中蜚語竟拂衣歸絕意不出日與洪覺山垣游讓溪振得講學議論宗紫陽時新學方熾或譁之有明曰我不敢爲考亭罪人尤願爲陽明忠臣也所著有尚書審是十卷感興詩解一卷祀禮從宜一卷門人答問錄四卷論稿四卷文集十卷晚尤好易撰周易會通學者以其會道之源稱爲一源先生

張基字德載南直吳縣人嘉靖庚子舉應天鄉試例

得坊金百一日散之親族畧盡當會試有顯者欲爲之地謝曰立身一敗尚欲何爲歸屬疾久困醫藥間俔然若有懲者遂究心爲己之學病亦尋愈已而念大母且耄遂逡巡不赴公車亡何大母卒其父亦卒乃歎曰母老矣誰與朝夕耶自是一步不忍離母側屏去冠服爲野人裝治一室甚潔扁曰愛日以居母手擇果實浣蔬茹甞而進之湯粥滫瀡非親調不薦也於書無所不窺而尤邃于經術多所箋纂晩益超詣融融如矣顧其持敬日益甚自撿日益密奉母外足不踰戶婦亡不更娶旁無姬侍食不葷寢恒不帖

席歲大祲有米數百斛悉以賑饑者而屬軍輿役族皆赴行曰吾何忍獨以例免而煩族之老弱爲請于官毀家以紓之自是產益削矣頗諳內養體氣克壽忽一日顧其子曰爾行何日得歸吾且有遠行遂爲日期之子大駴如期而至一夕候母安者十餘昧爽趺坐頻誦一念不生頃而目微上指遂瞑几上手書數行則皆身後奉養事也年五十九德載之學蓋自敬入故其自號曰敬塘居嘗銘座右曰勿展無益身心之書勿吐無益身心之語勿近無益身心之人勿涉無益身心之境羅文恭錄爲四勿翼云崇禎初以

新典追贈翰林官謚靖孝撫按以下各助祭祠祀之

周思兼字叔夜南直華亭人嘉靖丁未進士知平度州值大祲徒步行賑且設法撫定隣民之掠食爲亂者遠近悅附擢工部郎督廠清源河將決募民囊土築隄隄成三日秋漲大發民賴以全出爲湖廣僉事有五將軍者席藩封探丸殺人遂縛其黨置之獄五將軍臂匕首入因捫其臂曰毋妄動吾爲足下百口計足下乃爲此曹死耶立卻之而條上其罪詔置高牆其所奪田宅子女悉判還民丙午以疾告歸朝夕耑心問學與同邑陸宗伯平泉西吳唐比部一庵相

切磋惟務返求爲己以徇外爲人爲耻嘗自敘中年多疾始知學道有所聞見恐其遺忘輒手錄之以備諷詠然舉筆時即欲構思語言而爲外徇人之私乘間發焉非初志也朱子詩云藥病須還考自知和根斬斷爲人機吾欲斬斷此機宜如之何謹之窖之勿以示人可也歲甲子補浙臬旋改爲督學使不赴是歲五月卒年四十七叔夜雖與龍谿楚侗及禪客往還而信服程朱獨有確見自云其若非旁求顛踣而歸豈能心服朱子之高又曰陸氏之論驟而聽之似若可喜以身體之茫乎無所用意者治心之要別有

其道而未之顯言耶抑朱子之學眞有所依據而未可忽也可謂擇之精矣學者稱爲萊峰先生私謚曰貞靖所著有學道紀言五卷家訓一卷行於世

萬思謙字益甫江西南昌人嘉靖間進士繇縣令入爲曹郎久之遷光祿丞以長揖忤太宰外遷四川布政司叅議積官至福建左布政南京太常寺卿時江陵奪情譴逐諸言者益甫貽書令召還言者輯和羣情竟坐忤罷歸生平慕道甚早謂學術當以宗孔爲本後來支分派別各是其是未必盡符聖人初意內則研窮淵微洙不可窺外則儉約自持蕭然四壁至

身沒之日無以爲殮諸鄉人醵金鬻棺以助之

陰秉衡字振平四川内江人隱居潦園作文翰樓貯書千卷手不停披口不輟吟平生著述惓惓於天理人欲邪正異同之辨嘗參酌朱子家禮爲陰氏愼終錄及婚禮節要鄉人呼之曰陰孟子

謝憲字汝愼廣東歸善人不事藻飾癯然鶴立事父母定省如禮無私財游邑庠矢志聖賢之學諸生皆尊事之歲薦至京卒業太學歸則築室以居葛巾木屐日攜離騷往來西湖浩歌至暮而返其學一稟程朱而多自得嘗於臺畔折竹枝濡赤土註易訓友人

葉春及受而錄之名周易竹書

王樵字明逸南直金壇人憲副祀鄉賢臬之子留思經術洼力躬行登嘉靖丁未進士授行人使蜀使代却餽遺不受負廉望冢宰欲識之終不往見遷刑部主事日讀律弗輟嘗歎曰士大夫專以留心案牘爲俗吏文墨詩酒爲風雅夫飽食官祿受成吏胥謂之風雅可乎數以執法與嚴分宜牴牾出爲兗東道僉事值歲大祲奉詔行賑嚴督屬吏躬詣村落人覈之里胥奸不行民被實惠引疾歸十四年不起萬曆初起分巡浙西入爲尙寶卿未幾御史劉臺極論張江陵罪禍不測上疏請全

諫臣以安大臣觸江陵怒即以星變自陳歸里江陵敗起鴻臚寺卿謂上深居獨斷非所以振國勢而收人心疏請勵精聽納急宗社大計歷太僕光祿大理卿少司寇南總憲致仕明逸素恬黙簡於酬對接大僚嚬笑無所徇至與之談經學及星候則斐亹不倦林居謝絕交游閉門獨坐手未嘗釋卷窮經考義字比句櫛浣衣脫粟樸遬如寒士徒步里中逢負擔爭道無忤容卒年七十九贈宮保謚恭簡嘗作學記曰明道先生所謂正學者以爲其道必本於人倫明乎物理其教自小學灑掃應對以往修其孝弟忠信周旋禮樂其要在誠乎身而

適乎世用自鄉人而可至於聖人具有節序愚以爲師以是教弟子以是學然後可以成人材而厚風俗濟世務而興太平公卿百官皆得其人如其不然而卑者溺於章句高者騖於懸虛經賊文妖如晦庵朱子之所斥勤一生以求道而拾先賢所棄以自珍反肆詆爲如近日鼇庵羅公之所言是謂教非所教學非所學一旦居於民上非舉其弁髦而盡棄之則以其學術爲人害也謂如父母師帥之義何哉願吾黨之士勉焉無蹈斯戒蓋洞鑒學弊而訓勑之至也所著有周易私錄尚書日記春秋輯傳四書紹聞編方麓居士集讀律私箋等書

行於世子肯堂登進士入詞林歷大參負氣敢言好奇博藝亦著有論語義府尚書要旨律例箋釋念西筆塵及醫科證治準繩類方等書至今人購重之

李經綸字大經江西南豐人生而岐嶷有文在其手墳起方如印章好讀書以明學爲已任游邑庠赴鄉試上書當道言當待士以禮無制士以苛法藉令峻制苛法盡革懷挾之弊而使志行之士如吳康齋陳布衣者畀覘其間避匿而不肯出謂賓興何於是制少寬久之不薦遂棄業而大覃精於六藝作詩教考禮經類編二書義例悉先儒所未發時王湛二公以

論學名世標古本大學爲教宗天下靡然從之大經弗是也申程朱之意爲辨作衛道錄及大學稽中傳其略曰晦庵之論格物也大而寡要是見條目知行之分而不見綱領知行之合也經文不言敬而敬之理備焉主一無適之謂敬其好惡之誠一者乎常惺惺法之謂敬其心之靜正者乎整齊嚴肅之謂敬其修身之始事乎以欽天人以攝動靜以篤倫理其修身之終事乎合之以敬是徒知主敬之先於致知而不知誠正修之即敬也然其主之以敬也立本者也其言窮理也致精者也謂非孔孟中學之正傳不可

也乃若象山之學則不然謂求放心即可以擴充知識則信已不求中之病根也然猶未以明善為非也再傳而為白沙則知一已矣守一已矣聖人之教事物之理不言明矣三傳而為陽明子甘泉子也則趨中而未盡者也陽明子曰知行合一者也推吾心之良知以正事物良知即明德正物即親民也是知致力於寔用矣然信心而不求中甘泉子曰格物者至其理也知行並進隨處體認天理至之而已矣是知言明善矣知求中而不信心矣然不以至善為事物當然之極而謂為吾心中正之體人心未必皆中正

也亦歸於信心而已矣蓋昔者聖人既竭目力焉制宮室以奠民居制冠裳以文人體制稼穡以養人腹制舟車以利人行制干戈曆法以經天尊川畫野以緯地範金合土斵木以利器嘗草木金石之劑以制醫而天下之人能備矣傳是以教者謂之師效是以覺其事謂之學其能傳能學也固人之良知也謂天下之人率其良知而可以自能其事則天下之妄言也聖人既竭耳力焉審清濁以辨五聲定高下以制十二律備八音以極旋宮之變而天下之和氣宣矣是聖人之能事也傳是以教人者謂之師效是以覺

其事謂之學夫其能傳能學也又人之良知也謂天下之人率其良知而可以自能其事又天下之妄言也聖人既竭心思焉通乎天人之故而知曰命曰性至精而不可遁也曰道曰德至純而不可瑕也其設中于心也則定靜虛明以立性之體其執中於事也則盡巳盡人盡物以達情之用是故通神明之德類萬物之情于是乎造爲典謨爲訓誥爲禮樂文章以化成天下使天下後世之修身齊家治國平天下者皆由是取法焉若是尤聖人之能事也傳是以教人者謂之師效是以覺其道謂之學夫其能傳能學也

亦人之良知也謂天下之人率其良知不窮理而可以自能尤天下之妄言也夫人心之良莫不有知但所謂良知者不中而不全耳夷惠雖聖君子不由楊墨雖賢君子所惡謂其不中也仲子知廉而不知孝王祥知孝而不知忠謂其不全也今曰良知即聖也吾心之中正即天理也徒使人猖狂妄誕亂德迷心而已耳且夫六經之言學自說命始而言知行者亦自說命始傳說曰人求多聞時惟建事學于古訓乃有獲夫求多聞者於古訓而學之也以建事而有獲者得至善之理也則多聞在建事之先矣又曰非知

之艱行之惟艱言君子行之爲貴而徒知不足以爲行也知行雖有輕重而先後之序又明矣故大舜之言曰稽于衆舍巳從人惟帝時克其戒禹曰無稽之言勿聽弗詢之謀勿庸夫堯舜禹天下之大聖也而必稽衆必舍巳必不可以弗稽弗詢者誠不敢信一巳之聰明而壞天下之中正也夫然後道備全美允執厥中而可以爲天下後世法今之言曰人心自有良知也聞見知之次也求理於萬物是義外也是蹈襲也則堯舜之稽詢傅說之多聞學古非歟他所作誠意原正心原修身原諸篇間有語疵故不錄大經

旣遂詣于朱學姝自喜以爲繼往開來在巳也念時無知者會羅文莊欽順著困知記闢王湛甚力辨心性之異以爲是儒與禪之所從分與大經說適合則大喜亟走書陳所學正之然羅公名德碩望方恚時學好招徠引取峻自防撿不輕有容接而大經未一面輒以書辭文幅尺過俟沮抑之乃大失望走南都謁黃祭酒佐以稽中傳爲贄頗見容接亦不甚異也其後倭寇南浙閩天下洶洶益憂憤以爲是司兵者過則又條時務七事詣撫巡籓臬獻之竟不遇行詣越道中暍而卒居恒矜莊好禮學潛谷鄧氏嘗與之

游謂可與定禮而悲其性剛果詆近學太過以自取困躓爲之立傳

唐音字希古南直武進人少多病父令棄儒業醫顧晝夜刻厲不肯廢書性狷介於義利大閑辨之井然而絕不見圭角與從父荆川公同埶相勉學以朱子爲準的聞鄉先生毛古庵講學輒造其門又聞魏莊渠先生講學吳中往受業焉會領鄉薦當對公車竟謝不往以方專於學也讀書必反覆玩索推求古聖賢心於千載上即兩先生言未愜于衷不強雌諾必明辨審思期於有得而後已後就雞澤令仁煦義決

務爲民恤力紓財未嘗以上官意指文法緩急爲向背趨舍在任二年請去者三一以上官議督民買馬一以上官爲要人建坊一以上官欲脫巨奸于獄卒行其志弗爲稍屈由是上官莫不愧避之矣一日督學使者至廣平集諸生于學宮謂之曰諸生何從學聖人乎學雖澤令卽是其見重于時若此尋以疾卒于官無以爲殮諸監司部使者賻之其子一麐循父志皆不受著有文集廿卷行于世

溫純字叔文陝西三原人嘉靖甲子解元乙丑進士隆慶朝爲給事中屢上直言時高新鄭當國出爲外

鐇告歸及萬曆初起官太常卿復與張江陵相左告歸建學一草堂引名士講關閩之學因自號一齋江陵沒起復晉理卿累遷至總憲抗疏諫礦稅不報遂約諸大臣伏闕泣諫上震怒問誰倡者對曰臣純也神廟爲之霽顔妖書事起給事錢夢皐受沈四明指欲陷少宗伯郭正域正域先以楚事去官而或誣沈歸德匿之事叵測淑文力白其誣且言楚宗無反狀守臣文致之以爲楚王地耳時淑文奉命掌內計竟斥夢皐而調鍾兆斗于外皆四明私人也二臣尋被中旨留用廷論譁之二臣乃借楚事訐奏以自解于

是少宰賀燦然兩抨之淑文致仕歸前後三忤執政大節皎然

王之士字欲立陝西藍田人父旌官代邸教授明理學有語錄藏于家欲立幼承庭訓七八歲卽知學教授公授之毛詩二南輒解爲諸弟妹誦之長治大戴禮兼通易爲諸生有文名嘉靖戊午舉於鄉累試春官不第幡然改曰所性分定聖道遠人乎哉一曲經生華藻奚爲遂屛去帖括潛心理窟毅然以道學自任爲養心圖定氣說書之坐右閉關不出者九年蒿牀糲食尚友千古行巳必恭與人必敬飲食必祭必

誠兢兢遵守孔氏家法一時學者以爲藍田呂氏復出感慕執經者履滿戶外又謂居鄉不能善俗如先正和叔何乃立鄉約爲十二會赴會者百餘人設科勸糾身先不倦諸灑掃應對冠昏喪祭禮久廢毎率諸宗族弟子一一敎行之於是藍田美俗復興萬曆甲戌病痺屬哭毋過哀步履愈艱終喪而闡道之心愈篤謂非博取遠游終難進道會仲子守亦與計偕巳卯遂復如京是時欲立巳久謝公車第日與諸同志講學都門之蕭寺崇正闢邪力肩斯道卽時貴或談及二氏輒正色拒之不少假旣而假道鄒魯瞻闕

里徧拜先師及諸賢祠墓久之始歸由是秦關之名動海內秦關其自號也歲乙酉德清許敬庵先生督學關中會講正學書院故與欲立稱同志友因禮徵至院爲秦士式秦士莫不興起復南遊講學出武關浮江漢而下廷道江右會南昌章子潢新城鄧子元錫廣信衢州楊子時喬殷子士望又東渡淛水見許先生于德清東南學者多從之游生平篤于倫理丁內外艱毀幾滅性處兄弟怡怡未五旬失偶鰥居終身其於世俗聲色嗜好一切漠然性不事家而好施喜活人或謂貧所濟幾何則曰吾盡吾心力耳置祠

祭墓祭二田爲宗族置義田義倉即計畝無多寔貧士所難居恒晦迹郄掃郡邑以幣交未嘗苟受輕謁至于訪道求友雖跋涉間關數千里亦不憚遠巳丑秋二子宗容念父疾客久肅迎歸庚寅八月卒于家年六十三先是南司成趙公用賢桂史王公以道相繼論薦趙疏海中三逸謂新城鄧元錫安福劉元卿及之士也請如近王敬臣故事授以京秩下廷議具覆詔授國子監博士除目至卒四越月矣所著有理學緒言信學私言大易圖象卷道學考源錄易傳詩傳正世要言正俗鄉約正學筌蹄闕里贍思關雒集

京塗集南遊稿所述有先師遺訓先君遺訓四大家要言性理類言續孟錄並行於世

章潢字本清江西南昌人操履純白學問淵浚早失母事父盡孝待弟盡愛感激弟婦樊氏亦成節婦與孀母相依茹苦孝友貞節萃于一門萬曆壬辰聘主白鹿洞書院有為學次第八條以教學者時論偉之胡敬齋云與新城鄧元錫安福劉元卿並號江右三士關中王之士敬訪之結交而去南昌守臣范淶特疏薦以為徐穉之侶乞賜登擢上可其奏下詔徵焉著有手錄圖書編四卷凡天文地理人事禮樂刑政

邊防河道以及兵機曆數巨細畢具又著大中本言周易象義春秋測義皆獨抒心得學者稱斗津先生

愚按江右三士潛谷學最正斗津次之若瀛濤則純乎王學也當時諸儒之學雖遠強同人亦兼收之有如此斗津嘗闢心學之謬曰學不本諸身心性命而祇尙記誦博洽以相高者無足論也然仲尼至聖猶韋編三絕好古敏求四教四科未嘗廢文學也故說命曰學于古訓乃有獲凡六經四書孰非古先聖賢之遺訓乎近之談學者棄往聖之典墳鄙宋儒之成憲一切師心自用游談無根自任頓悟頓修標立宗門謂能使不識一字之凡夫立躋聖位不日皐夔以上何書可讀則曰六經乃吾心之註腳而習其教者並異說儔聖言皆聖道殆不可救藥矣我朝本以明經造士蓄將涵養于中正純粹之歸故卽其文詞可以見心術也奈何習舉業者所習反在班馬莊騷甚則獵戰國策士之雄談及空門之話柄以發揮孔孟指趣杞人之憂豈徒壞士習已哉至若世之所稱聰明俊傑留

神心學者每每遺棄人倫結侶方外或单提直指
或一意雙修所習者寂體靜功所證者真詮內典
欲混三教而一之其實視吾聖門典籍不啻糟粕
而土苴之矣雖然經書自在也志格致之學者惟
莊誦聖經賢傳而抽繹玩味之孳孳乎論世而尚
友多識以蓄德則所徵不差所信愈篤凡一切非
聖之書曾得而惑之哉今夫窮經不特可適用也
實爲明體之證學古不特可入官也實爲入聖之
資是窮理多端而惟窮經爲尤要苟曰不然試觀
千古曾有不明經典之聖賢哉譖谷則又再言曰
王文成一出雖初學者皆藐然有輕朱之心其雄
傑者自以玄解捷徑超然獨得寔滔文成之習而
忘其所由來一毫初非自得也文成有詩云影響
尚疑朱仲晦支離羞作鄭康成齊鄭于朱加以影
響二字排詆已甚至比其弊于楊墨曾見遵守矩
矱之士反蹈無父無君之罪乎又云溺于見聞導
奸滋僞吾觀陽明門下與今百年流弊則口舌機
鋒而踐履多慚者往往有之若伊川晦翁之徒或
有拘守矜莊之過正無奸僞之弊也先生存日曾
覺門弟子有空談玄悟病端顛爲致求遁以此遏

議前賢殊非前賢所應受則無乃微挾勝心良知翁有或攙之處與于偶唱和汎掃訓詁無伊周之澤有夸吾舅犯之功謂之異端則不敢謂之正學又未安皇明書列薛文清輩爲道學別王門爲心學其謂是耶爾公持論鑿鑿而盧讃正犯之名爲三士學分兩塗不可以無辨

鄒元錫字汝極江西新城人生而穎特甫五齡塾師試以偶句云步武有人當道可翻桓典馬立應曰惜險自我及時須著祖生鞭自是志廣莫羈喜博覽羣籍比十五父南山翁疾革拊之曰吾將逝矣兒幼志未定學業其弗克終乎汝極聞言潸然淚下跪前拜復誓必成父志及父卒哀毀幾滅生杖而後能起時大母及母愛獨至汝極出而講業入則侍養無少曠

年十九游邑庠會近溪羅公倡陽明之學於邑之僊居聆講者數時復往吉州謁諸老先生求證此學嘉靖乙卯領江西鄉薦第三念太母春秋高因輟北上之轍邑令具路資勸駕謝不受復走吉州就學於東廓鄒公鄒公手書曰發育峻極皆從三千三百克拓三千三百皆從戒懼心體流出辛酉冬太母强命應試始游京師與高安傅愚齋陝西王秦關相切劘時心宗盛行謂學惟無覺一覺無餘藴九思九容四教六藝皆桎梏也汝極獨憂之謂九容不修是無身也九思不慎是無心也日早起羣諸生静坐令收攝放

心至食辰炙第問當下心體如何及門彬彬各有造
辛未撤所居室爲先祠春秋率族衆詣祠舉禮日有
叅朔望有祭忌有饗修義田以供祭祀倣古社倉法
以資鄉民壬申承太母憂水漿不入口者三日居喪
一循古禮不用浮屠居堊室旣葬廬墓三年甲戌母
復卒居喪如喪太母時丁丑三禮編注繹及函史上
編尚書毛詩繹春秋通成稚川王公見而歎曰天人
古今之統一以貫之矣序而鋟行之名曰潛學稿戊
寅繹易于稟山巳卯五經繹及函史下編成時敬庵
許公爲郡守命五邑士就學復延至郡與論學甚契

至以程伊川目之戊子南昌郡守范淶列其學行與南昌章潢安福劉元卿並薦于朝已而南監祭酒趙用賢請徵元錫如祟仁新會故事旨下吏部檄籓司起送部試有司躡門者再汝極乞養病未赴已丑貴州侍御少㮊王公奏曰如鄧元錫欲其起送部試此進賢致慎於其始甚遠慮也但臣聞孟軻有云大有爲之君必有不召之臣如鄧元錫劉元卿未可以爵祿常例引致者也吏部奉旨問病痊命起送如初汝極復具疏辭時年六十餘矣壬辰直指秦公再題請吏部具覆上遂以翰林院待詔徵之汝極念上以官

召當扶病走中途具疏以請乃抵僊山辭太母墓而後行卽日與丘厚山及諸友論學竟日臨夜作書及格物說復敬庵許公忽疾作惺然兀坐烱烱自覺歘然無復餘羨明日力疾草疏謝上併答郡守路公書語不及他恬然而逝萬曆癸巳七月十四日也年六十五汝極爲人嚴毅超卓明敏博雅篤孝疏檠始終高尚巍然以其學砥立於堤潰瀾翻之會是難能也已晚自號潛谷旣卒學者私謚爲文統先生

東桓字子威南直丹陽人隆慶戊辰貢士授寧州判州迫洞蠻乃身歷其地戒毋剽掠賊感戢服守將倖

功請勑爲力爭于督府督府巳聽前議以會勦上聞
又心折于威之言別疏請罷兵而移罪有司悉左調
子威亦調膠州兩視高密即墨篆數會諸生講學不
追逋賦上官檄索無礙錢糧申稱賦役有成書徵收
有實冊安所得無礙者雖報可而心鄙之卒罷歸時
丹徒殷德遠士望居曲阿月與爲會其論學以孝弟
求仁爲本敦樸存誠爲務與起後生至老不倦學者
稱懷玉先生而德遠以孝行超貢三任學博其所循
則龍溪近溪之緒也門人任光祖最知名有希顏手
抄藏于家

朱鴻謨字文甫山東青州人生有至性五歲喪母哭極哀十五補郡庠督學頴泉鄒公奇其文延入衙齋讀書會奉詔考拔貢心屬之屆期不至後問故對曰某終不以師愛我而奪先輩名隆慶庚午舉鄉試第二辛未成進士除吉安府推官以最擢南道御史方兩月聞江陵不奔喪杖諸言者於廷杜門不飲食淚簌簌下草疏申救江陵欲逮之中解以嚴旨勒回籍遂隱于朱家莊日與馮孝廉受甫講析天人經史之蘊諸當道名人不得一望顔色居七年詔起故官巡按江西雅厲風軌黙持大體戊巳間歲祲疏請蠲積

逋減容額俱獲允行晉光祿少卿轉太僕以會議與
重臣忤拂衣歸旣而起大理少卿擢僉都御史提督
操江巡撫應天時倭事告警當事者多屑越帑藏爲
備倭計文肅獨命守要害飭兵器戢奸徒不妄支一
錢曰吾安能以未至之倭懲久安之赤子乎久之倭
寂然吳民不困召爲刑部右侍郎守法公平推少宰
又推少司馬不果用歲戊戌卒貧不能具棺殮諸大
僚醵金共助之其爲學一主於誠處屋漏儼對大廷
待公卿至走卒無飾詞尊濂雒關閩矩蘉如蘉要領
視世之新學操戈入室恨不屏逐之曰此亂吾道者

嘗與其門士鄧爾瞻譚輙動色相戒曰吾生平於此理挍勘得淡吾心不動久矣子無爲所惑蓋重簽之也爾瞻不覺下拜初中會試出趙文懿之門於文懿論國本及救郭侍御皆客有奏記而不欲以文懿顯名及既沒始有得其稿者善不近名學惟慊巳若此受甫稱之曰篤行似呂涇野淸介似孟我疆風節似楊斛山經濟似劉忠宣云

范淶字原昜南直休寧人萬曆甲戌進士授南城知縣行取爲南刑部主事歷南戶部郎中出守南昌累遷浙江按察使轉右藩再轉福建左籓素持淸節不

之擔當歷任中外孤介寡合翩翩自成一家雅尚理學在南昌疏薦鄧元錫章潢劉元卿三士乞賜登擢上可其奏嘗作休寧理學先賢傳於宋取程文簡大昌吳文肅儆程勿齋若庸於元取陳定宇櫟倪道川士毅於明取朱楓林升趙東山汸范雲溪準汪仁峰循共九人而黜程篁墩敏政論者稱其綜核嚴正所著有范子咙言晞陽文集及朱子語錄纂述行於世

呂坤字叔簡河南寧陵人萬曆甲戌舉會試繇吏部郎累遷右僉都御史巡撫山西謂巡撫之職在乎安養斯民乃民生不輯吏治不臧也吏治不臧注考失

實也因申嚴薦舉連坐㳡一時吏畏民懷境內大治召爲刑部侍郎多所平反會天道多災變上疏力陳弊政累累數千言內言廢弛壅蔽之患有曰祖宗以來有一日三朝者有一日一朝者葢一人勵精則萬事嚴肅誰敢興邪起妄陛下不視朝久矣人心之懈弛極矣奸邪之窺伺熟矣且章奏強半留中萬一有國家大事邀截實封揚言於外曰留中矣外人知之乎萬一有詐傳詔旨匿不封還揚言於外曰進繳矣陛下知之乎臣望自今以後留中章奏每月御前發未覽揭帖一紙內開某者未批下會極門轉發各司

備照庶君臣雖不面談上下猶無欺蔽而作奸之人心收矣神祖得疏雖未即行而心亦感動時鄭貴妃擅寵叔簡刻閨範四冊以諷之其書傳布漸廣戚畹鄭承恩復刻閨範圖說實不相關而科臣戴士衡者指爲逢迎希冀叔簡因疏辨曰昔漢劉向作列女傳以獻成帝歎賞臣之閨範前述經傳後列貞淑體依劉向意本關雎臣若有所希冀自可明白進呈何所回護而犯此危險之途乎上溫答謂此不必辨其後造妖書者尚借以爲發端然列女傳之作寓刺飛燕今叔簡疏稱體依劉向其爲規切而非逢迎固章章

矣叔簡既被謗屢疏告歸閉門著述若理欲生長極至之圖身家衰盛循環之圖及筮仕要訣刑戒三十七條慎罰十六條之類名目甚多而呻吟語一編尤爲人所傳誦學者稱新吾先生崇禎甲申三月朱公之馮殉難宣府遺書云吾弟吾兄讀書須讀經世書呫嗶之學無用也呂新吾先生呻吟語不可不讀我以死報國家此心慊然朝聞夕死原無二也勿以爲念觀此則知忠莊之服膺先生至矣

余啟元字伯貞南直婺源人沉靜端方而負表徵繼絕之志隆慶丁卯領鄉薦萬曆甲戌成進士初授內黃令性至孝聞母寢疾告養馳歸踰朞調楚閫斷事攝篆嘉魚著廉能聲擢令臨城會有履畝新役不欲

以無故紛擾苦百姓置不報時江陵相方鋤異已者鄧之改霸州學正適丁外艱家居十五載談道繙書無意再出甲午起武定州學正擢國博轉司徒郎奉璽書監豫章漕兌罷虛耗四十萬石漕政一新尋督易州糧儲以清操第一擢拜光祿丞轉少卿不阿中貴槩破前例中貴憚不敢犯後代者欲踵其行事中貴挐啉之曰汝能倣余少卿耶彼不食光祿魚不飲光祿水者也旋晉南大理丞兼攝數篆皆舉其職署南儲急收發省訟牒嚴鄭符搜宿蠹所餘廩贖毫釐存貯每日惟支堂廚錢十數文煮茗消渴而已時南

都諫曰誰言南儲如山積余公十文買水喫遷大鴻臚改太常卿疏乞骸骨四上乃允詔晉大理寺卿致仕蓋身都九列而家無擔石年過耄耋而不輟講習朝野咸宗仰之邑令劉潛嘗造第乞言語之曰明德爲新民之本寡欲爲清心之要潛歎曰紫陽今復生也卒年九十一性友愛與弟泰元歡洽無間沒之日仍觴與弟同壙學者稱大鄭先生

徐三重字伯同南直青浦人祖父世有隱德伯同中萬曆甲戌會試越丁丑廷試二甲授刑部主事時政尚綜覈獨持平恕匡矯甚多部尚書嚴清知其詳愼

使掌封事每有疑獄必咨度焉是歲暑讞寃滯咸理及清位冢宰欲用之銓曹而伯同亟以疾請歸念父老遂致其仕依親以居曲致養父卒慟絕而蘇少故博洽工詩文謝病後一切弃去潛心性命之學以朱子爲宗操行端潔門庭肅穆坐無雜賓卒年七十八學者稱鴻洲先生所著有肅齋日記信古餘論肅景錄釆芹錄鴻洲雜著徐氏家則諸編行于世

雒閩源流錄卷十終

雒閩源流錄卷十一

無錫張夏纂　門人婺源黃昌衢 昌儼 校

蓋聞易象麗澤禮說居稽吾夫子憂學之不講故大學首格物格物則必先講習討論中庸豫明善明善則學問思辨固闕一不可也嘉隆以來僞徒周流興言塞耳縉紳則若大洲東溟匹夫則爲山農心隱降而旁門至有爲三教林子之書者其爲邪妄宜不待明者始能辨而士大夫家炫新好奇多宗尚之孰啟之隙馴致此極歟不惟君子憂之不得已欲起而遏其横流即新學中之賢者亦淡

恐若輩累其師傳亟思有以救其流失竊謂當是時而必樹講學之幟不以躬行正口說非爲已之學也顧其人誠能躬行矣而故避講學之名冀以默識息紛囂聽其自陷自溺又豈修道之教覺世之心哉且夫以新學之賢者救之何若以程朱之嫡傳救之彼新學辭窮而遁其言良知良猶善也而又曰無善無惡是相反也於是遁其辭曰惟其無善無不善所以爲至善又曰無善而至善其言良知而遺良能固重知也又以反朱子之故而曰先行後知是相反也於是遁其辭曰知行合一卽

知卽行蓋始終比釋氏而口吻機鋒亦純似禪家
以此云救何異抱薪救火自陽明祀垂二十年而
東林與端文顧子首拈性善立敎忠憲高子必從
格物入手而大旨並歸于依庸其爲會約一遵朱
子白鹿洞成規令學者繇正路入正門不獨覩繼
闢未散而虞庭敎冑周家造士之法次第宛然蓋
卽自爲講習而所以闢邪閑聖之意具是矣豈不
大有功於道統也哉繇是前乎此而講學者必以
東林爲應求後乎此而講學者皆以東林爲宗主
雖有邪說不得作而長夜忽復旦故君子稱之曰

天泉一證而無善無惡之說自此大行二泉一證而無善無惡之說自此漸熄邪說盛衰之機正學消長之會也然則東林片席挽維還醇塞源拔本其在萬曆中亦猶竹林精舍之在乾道淳熙間乎況仕學一理朝野相扶沿及昌啟之際國是淆而復正璫毒還而中銷惟東林是賴雖遭削迹伐檀之厄適獲正誼明道之仁何可少也厥後兩都告變仗節死義之士多出東林門牆益信顧高諸先生培養興起之功不可泯矣議者徒見明社爲墟遂謂道學空言無裨國家實用夫不咎君相之不

明而反咎儒者之無濟何其舛也或更以門戶黨籍爲嫌緣一二敗類依附貽羞併疑衆正謂明之東林難與濂雒關閩同科則宋人道命錄其所以爲程朱案者先謗後誦殆有甚焉後視今猶今視昔天下萬世自有公論愚又安敢以口舌爭哉

顧憲成涇陽先生　顧允成　馮子咸　錢一本啓新先生

陳幼學　于孔兼　史孟麟　王述古

薛敷教　孫纘宗　陸禹定　劉元珍

張納陛　馮應京何棟如華鈺附　安希范許世卿合傳　程汝繼

吳從周　吳正志　張維機

顧憲成字叔時南直無錫人家於邑東之涇里故學者稱涇陽先生少貧好學夜讀嘗至達旦書壁間曰讀得孔書纔是樂縱居顏巷不爲貧父南野翁諱學先生讀遇學字輒婉轉避之父諭止之益勉以學爰偕弟季時受業於薛方山先生年踰冠始補邑諸生萬曆丙子舉應天鄉試第一旋丁父憂庚辰舉進士授戶部主事與南樂魏允中漳浦劉廷蘭以道義相砥世號三解元江陵相病舉朝走禱先生不可同官代爲署名亟馳騎齋壇手削去之壬午江陵歿調吏部尋以母壽告歸讀易春秋者三年丙戌起驗封司丁亥大計尚書何起鳴在

拾遺中因許總憲辛自修先生上疏謂言者與被言者各當自反奉旨切責降桂陽州判官戊子轉處州司理在任專務教化假差歸巳丑居母喪辛卯起泉州壬辰大計舉廉靜寡慾天下司李第一擢考功主事時有詔三王並封首倡吏部四司上疏諍之且與太倉相反復辨論事得寢癸巳趙高邑南星司計盡黜諸要人戚屬先生實相左右進領選事毎謂吾之觀人於尼聖得五案焉進有非刺之狂狷退無非刺之鄉愿一也大受小知二也衆好衆惡必察三也皆好不如善者之好皆惡不如不善者之惡四也觀過知仁五也又曰天下事君

相同心方做得其次閣銓同心亦做得一半今皆無之止有巡撫提學可選擇而使若盡得人士習民生庶幾小補尋會推冢宰復推內閣忤執政意削籍歸而季時亦以建言謫光州判官歸先生積勞成疾越丙申丁酉始漸愈病中體究心性有得戊戌會吳中同志於二泉之上與管東溟氏辨無善無惡東溟之說三教一貫而實主佛學先生謂佛學三藏十二部五千四百八十卷一言以蔽之曰無善無惡觀七佛偈了然矣故取要提綱力剖四字又以辨四字于告子易辨四字於佛氏難以告子之見性麁而佛氏之見性微也辨四字於佛氏

易辨四字於陽明難在佛氏自立空宗在吾儒則陰壞實教也其言曰自古聖人教人爲善去惡而已爲善爲其固有也去惡去其本無也本體如是工夫如是其致一而已矣陽明豈不教人爲善去惡乎然既曰無善無惡矣又曰爲善去惡學者執其上一語自不得不忽下一語也於時同志北直趙公儕鶴江右鄒公南皋關中馮公少墟輩俱以正學相屬同郡則錢公啟新薛公綸臺玄臺兄弟而同邑高公景逸與公弟季時尤朝夕切磋云錫故有東林書院宋時龜山楊先生棲止講學處後廢爲僧舍正德間邵二泉先生圖修復之别建城外

而故址卒未復至是甲辰春先生乃偕高公及葉閎適陳筠堂劉本孺安我素諸公聞於當路葺係庸堂爲講習之所前爲麗澤堂後爲燕居廟祀先師又其旁爲道南祠祀楊龜山先生祔以羅豫章胡德輝喻玉泉尤遂初李小山蔣寔齋邵二泉七先生是冬吳越士友來會先生手著會約一遵考亭白鹿洞規要在躬修力踐嘗言講學自孔子始謂之講便容易落口耳一邊故先行後言愼言敏行之訓三致意焉季時卒先生哭之慟戊申詔起南光祿少卿先生曰仕宦寧退無進遂乞骸骨時朝論紛紜顧不急於自明每謂高公曰吾黨持濂雒

闤闠之淸議勿持顧廚俊及之淸議於世無所嗜好敝衣粗食蕭然几榻終日冥坐以小心名其齋嘗曰語本體只是性善二字語工夫只是小心二字壬子五月卒距生嘉靖庚戌年六十三先生之幼也塾師爲講孟子養心章前請曰竊以爲寡欲莫善於養心心爲主欲爲役主强則役退聽聞者皆異之葢天頴也而以全力用之於學故不爲一切玄虛奇妙所惑居官雖未得究其用而與天子宰相爭是非者皆關國本廟謨晚年倡道東南引掖後學論者謂其有萬物一體氣象然於邪正義利之辨毫末不少差故其後啟禎末造東林中忠節

輩出不滅東京風俗之美者人亦歸首功於先生泰昌初贈太常寺卿未幾璫禍作目爲黨魁追奪封誥崇禎初卹贈吏部右侍郎謚端文所著有涇皋藏稿小心齋劄記大學通考還經錄証性編桑梓錄等書行於世孫樞弱冠領天啟辛酉鄉薦三副會榜著西疇日抄柄舉崇禎己卯鼎革後與從兄樞並謝公車課農讀書不入城市　東林會約飭四要破二惑崇九益屏九損文多不載其四要一曰知本略曰知本云何本者性也竊見邇時論學率以悟爲宗吾不得而非之也徐而察之往往有如所謂以親義序别信爲土苴以學問思辨行爲

桎梏一切藐而不事者則又不得而是之也識者憂其然思爲救正諄諄揭修之一路指點之良苦心矣而其論性則又多篤信無善無惡之一言至以爲告子直透性體引而合之孟子之性善焉不知彼其以親義序別信爲土苴以學問思辨行爲桎梏一切藐而不事者其源正自無善無不善之一言始而無善無不善之一言所以大張於天下者又自合之孟子之性善始也是故據見在之跡若失之於修究致病之源實失之於悟所謂認賊作子也今不治其源而治其流非特不治也又從而益滋之一邊禁遏一邊崇奉何異揚湯以止沸抑

是而猶致咎于流之不澄何異疾走而惡影必不得矣陽明先生曰無善無惡心之體有善有惡意之動知善知惡是良知爲善去惡是格物其立言豈不最精密哉而卒不免於弊何也本體工夫原來合一夫旣無善無惡矣且得爲善去惡乎夫旣爲善去惡矣且得無善無惡乎然則本體工夫一乎二乎將無自相矛盾耶無善無惡之說伸則爲善去惡之說必屈尚可得而救正耶是故以性善爲宗上之則羲堯周孔諸聖之所自出下之則周程諸儒之所自出也以無善無惡爲宗上之則曇聃二氏之所自出下之則無忌憚之中庸無非刺之

鄉愿所自出也不可不察也或曰告子曰性無善無不善專欲抹下一善字今曰無善無惡是謂至善却乃抬上一善字其立言之指倘亦有不同乎曰固也惟是彼之於善也旣妄意排擯以矯揉造作者當之而善之本相盡被埋沒此之於善也又過意描寫以渺茫恍惚者當之而善之本位竟爾虛懸竊恐均之不必有當於性體耳曰無善無不善塞孟子之性善者也孟子之操懿也無善無惡是謂至善通孟子之性善者也孟子之毛鄭也桀而距之得無過乎曰岐無善無不善于性善一彼一此門戶各別孟子之所性猶在也混無善無不善

於性善面目無攺血脈潛移孟子之所性亡矣岐性善於無善無不善一是一非稍有識者類能言之告子之說猶不得重為世道之害混性善於無善無不善呂巖共族牛馬同曹告子之說且居然竄入羲堯周孔之宗矣論至於此與其混也寧其岐也高存之曰先生之學性學也遠宗孔孟不參二氏近契元公確遵雒閩又曰先生自甲午以來見理愈微見事愈卓克養愈粹應物愈審從善如流徙義如鶩殆幾於無我矣 愚按涇陽先生大道為公方倡教東林尊賢容衆嘉善矜不能於凡當世之陷溺王學者皆欲徐徐誘進之故既辨無善無惡四字立宗之謬又因會約發知本條併闢見羅塘南諸家無善無惡是謂至善遷變牽合之非可謂至矣盡矣而不欲悉詆其功嘗有言曰程朱沒而記誦詞章之習熾矣所以使天下知有自心自性之當返而求者王文成也一匡天下民到於今受其賜文成其庶

幾乎竊謂斯言也針砭之微詞非騎牆之俗論也且先生不自爲贊而借引孔子稱管仲語者此正以霸儒目文成耳謂先生眞許文成謂孔子亦眞仁管仲乎昔孔子先小管仲之器次稱管仲之仁二語原不相背先生之褒貶文成亦然學者勿泥其詞而失其意斯可矣高先生有陽明說辨四首亦因辨無善無惡而推廣之者顧高無二學獨疑其於陽明有異議可乎哉

顧允成字季時南直無錫人憲成嫡弟也生有慧質頗好弄已稟師教幡然好學語其兄曰弟不學恐傷兩大人心萬曆癸未中會試丙戌就殿試時新冊鄭貴妃季時射策數千言以内寵將盛羣小將逞爲憂讀卷者驚怖而殿之會南京右都御史海公瑞爲御史房寰所詆因與同榜進士彭尊古諸壽賢合疏數

其欺妄之罪削籍歸戊子薦起南康教授以母老致
仕後再起保定教授累遷禮部儀制司主事有詔並
封三王與諸曹郎岳元聲張納陛等合疏爭之謂臣
寧死不忍見此舉動負祖宗二百年養士恩於地下
語極激烈已而趙考功南星司內計盡公不撓忤執
政被斥又與同官抗疏極諫謫光州判官先是薛進
士敷教以阻塞言路劾吳時來耿定向二憲長內閣
許文穆公至以貢舉非人自劾季時方里居上書力
辨兵部沈思孝讀而歎曰夫夫義理中鎮惡文章中
辟邪也至是士論益壯之歸從叔兄講學東林持論

深惡鄉愿嘗以狂狷自許叔時先生進之以中行對曰世之中行夫子之鄉愿也毋其兄渾涵脫化處輒以毅然持之辨畢仍怡怡無間或方之二程云嘗歎今之講學者在縉紳只明哲保身一句在布衣只傳食諸侯一句又曰世態易陷人學術易誤人一日讀朱子集有曰海內學術之弊只有兩端江西頓悟永康事功因歎息謂此弊於今尤甚昔分爲二今且合爲一矣又嘗曰吾輩發念舉事須於太極上有分若但跟陰陽五行走便不濟事或疑其拘季時曰若大本大原見得透自然四通八達誰能拘之若於此糊

塗便欲融通和會幾何不墮坑落塹慎勿草草開此一路誤天下蒼生時以爲名言持身端嚴不以私徇人人亦不敢干以私其謫光州當路爲假差歸前後檄致積俸可千金堅卻不受曰吾敢以在假尸祿乎卒年五十四學者稱涇凡先生崇禎初贈尚寶丞所著有季時二大辨及小辨齋偶存行於世子與演貢士以端厚稱

馮子咸字受甫山東臨朐人萬曆癸酉領鄉薦再試不第退隱於冶水之上以紹明道統爲已任讀書力耕以終其身初聞濂雒之學於外父龔端恪公斷以

聖賢必可爲以莊敬自持一切積習力袪之世俗所共趨力矯之曰勿自廣大爲開闊勿自放恣爲洒落尺尺寸寸而已世以爲拘吾無恤焉讀書于宋莊時時靜坐久之自得曰道在是乎其大旨在於識心體而涵養之以推及於禔身應務皆設誠而致行少失怙事母甚孝母病食不知味寢不解帶逾年卒哀毀骨立泣盡繼以血居常歎俗失化敗始於禮亡欲酌古今纂爲禮書推行宜自宗族始修家廟定祭儀立族約設好會名曰敦睦曰凡我兄弟無相遠也以傳之子孫世世春秋無使廢祀事兄長極恭撫弟姪欵

欵篤至必教之以正治家宗顏氏家訓嘗以義勝躬
秉耒耜佐以陶冶自食其力人媿無所受歲大祲倡
宗族與其鄉大姓出粟貸貧民設義倉以備荒客至
不張具班荊而語刈蔬而食之與士言士與農言農
無餘言或問爲學曰須剛須恒不剛不決不恒不久
問敬曰惺惺之謂敬撿束若嚴畏非敬也問廉曰靜
則廉問應事曰凡事歸之當然欲高人則害本體問
處人曰和氣誠心不可出理之外問立身曰有志士
不忘在溝壑之意則立矣事無與人相干涉則酒然
矣問處小人曰不惡而嚴能自守也自守可以化小

人不然卽爲所化矣平居論學以程朱爲歸見近時喜談佛老雖舉一世從之不謂是也而其所宗以爲眞是者雖百折不易也自號本軒卒年四十九友人鍾淑濂稱其貞不絕俗隱不肆志私謚爲貞靜先生所著有日進劄記自警詩錄耕餘筆談讀禮抄藏于家

錢一本字國端南直武進人萬曆癸未進士令廬陵以興起斯文爲已任歷施惠政士民僉悅擢御史首疏彈按臣鉤取庫鑛得旨逮訊按廣西一洗將迎供億之費上建儲論相二疏語多觸忌上崇祀疏推獎眞儒俱留

中會孟給諫養浩亦疏論建儲有旨廷杖謂前疏實開其端併奪官自此里居垂三十六年一意斂息惟事著書講學常守歐陽東鳳建先賢祠旁搆經正堂聚士紳講道共推先生爲主盟時錫山有東林書院遞相往來聯合同志朝議譁然攻之先生曰不見是而无悶不見知而不悔正吾輩得力處嘗言曰旣戴天履地而爲人當參天兩地以有事又曰心術中有許多淫樂慝禮聰明中有許多亂色奸聲身體中有許多惰慢邪僻之氣且去細細查考又曰無信庸目俗耳以是非時事臧否人物又曰天下事我做不如人人做一人做不如衆人共

儆生平無他玩好獨潛心於六經濂雒諸書下至天文地理無不披究而尤研精易學嘗言易者象也象也者像也易有太極是生兩儀聖人首以乾坤兩畫爲人儀合天地雷風水火山澤爲人像而教人之實體是像不參不兩不可以爲像即不可以爲人皇羲立象盡意不待有辭文周繫辭明像即辭即象後世得辭遺象非其辭得象失像非其象夫惟繇辭得象而後無懸空說理之病知象爲像而後有神明默成之學於是作像象管見又言古今以易名家者殆數千百人隨讀隨抄凡河雒圖書陰陽造化方圓分合通知晝夜全體心天以至

十二月三十四宮六十四卦皆列圖而繫以說庶幾參互考訂可以窺無像之象於是作像抄續抄又曰高皇帝止重儒教而異端邪說推尊釋老且欲駕二氏於吾儒之上悖矣乃直揭儒道如日中天類取古今儒學正脈別爲二等遡自伏羲神農黃帝堯舜禹湯文武周公孔孟至程朱而止定爲宗統作源編其餘漢唐宋諸儒訖于有明從祀四君子則以爲如正之有閏作滙編又曰黽者勉也德可勉而修行可勉而至學可勉而克義可勉而奮愚勉而智弱勉而強賢勉而益賢聖勉而益聖於是作黽記他如以書九疇數衍爲四千六百八爻

有辭有象占驗吉凶爲範衍手錄時政大要爲邸抄皆有裨世教萬曆癸丑冬門人吳桂森邀過東林講易匝月而竟易道明焉先生與高公攀龍葉公茂才鄒公期楨錢公學禮及桂森輩同賦詩記事嘗倡里中同壽同善二會勸後生學發乎至誠規人過若恐傷之意向稍善百端誘進有惡難必悉力救之獲全乃已所謂以乾坤一體爲量以經傳格言爲律以宋儒行誼爲標者也先知卒日預營兆域自作寄窩遺客誌及長言數十首皆見道之言至期果逝年七十二學者稱啟新先生天啟初贈太僕寺少卿子春由進士歷大司農有文集

陳㓜學字志行南直無錫人少貧力學於書靡不窺尤好紫陽綱目萬曆癸酉計偕至京江陵相聞其名以厚幣邀致左塾修其世譜拒弗應巳丑成進士令確山歷中牟並有尸祝召爲刑部主事郵囚讞內平反至三百餘人出守湖州惠威兼著去後數十年湖民稱述善政猶感泣不巳自湖遷按察副使予告歸最後徵光祿卿再轉太常卿俱不起官刑曹時有悠爲新說以攻紫陽者刻四書集註刪正流染耳目人多惑之志行抗疏斥其非得旨禁飭手著正刪正以闢之人始知紫陽之不可叛及歸林問偕諸賢游嚴

辨不輟見吳人又有為罪知錄以摘謬宋儒者復著罪罪知一書與前編並行崇正闢邪之志至老彌篤癸丑冬毘陵啟新錢公談易東林志行善其說遂歸自研勤擬成周易管窺與相質曰吾雖八十老人誠自樂此不為疲也竟以此成疾得半稿而終年八十四學者稱筠堂先生所著有欽恤題稿治湖實政救荒全書三方臆斷禮樂考芸堂日錄續錄等書行于世子正卿字並漁敦孝讓飭廉隅早與鄉薦高尚不仕崇禎甲申春憂天下饑亂指其囷語家人曰吾欲以此賑衆則病不給欲自食之則不忍獨飽奈何從

此絶粒每日啜三棗下以白湯遞減至一棗居八日而卒愚嘗見嚴嵩鈐山堂集前刻諸家諛詞其佞人無論文人亦不足凟責乃崔銑趙貞吉作序文呂柟湛若水穆孔暉歐陽德四子題像贊皆當世儒者也吁此應酬之累非黨附之案也昔劉静修題李密陳情表云若將文字論心術恐有無邊受屈人謂少仕僞朝之語原作荒朝晉人改之以入史耳今鈐山堂序贊或時人假托或嚴氏潤色皆未可知即使果眞而諸儒自有生平本末豈以一眚掩也哉然君子於此雖曲原之未嘗不凟惜之若吾鄉邵文莊提學江西不爲宸濠題書畫陳太常與計偕時即拒江陵修譜之招洵白璧無瑕可師可法也已

于孔兼字元時南直金壇人自少事大父父母及其昆季孝友備至中萬曆庚辰進士授九江府推官擢禮部主事累遷儀制郎中磨勘戊子試錄疏發其可疑者數

人皆當路子駁都御史吳時來不當謚忠恪得旨奪謚朝貴咸目懾之旣而累疏爭三王並封議議竟寢及疏救考功郎趙南星語益侵閣臣遂落職調安吉州判元時一赴浙卽投牒歸就邑西郊建志矩堂築八卦亭偕士友講肄其中而時過荆溪至錫山與於東林講席其論學一軌程朱諸新說與舊相鑿者塞耳不欲聞嘗曰學在不事空言無求頓悟惟下學上達躬行君子是儒門眞傳其訓子曰士君子能於羣譏衆詆時立得脚定纔見堅貞能於尊官厚祿時回得頭早纔見知幾能於主少國疑時看得命輕纔見節槩能於從容談笑時解

得急難纔見才識能於淡泊冷寂時無歆想心纔見志趣能於風波震撼時無驚恐心纔見器度汝曹識之當沈四明一貫以妖書加害沈歸德鯉極力周旋得脫于禍人高其誼自解官歸講學之暇營梵川與其弟潤甫營雲林皆擅水木臺池之勝巾車擢舟追逐雲月若未嘗有牽連左官之累優游二十年以壽終學者稱景素先生嘗纂顧學齋十先生述語（薛瑄曹端吳與弼胡居仁陳獻章蔡清徐問魏挍呂柟尤時熙是謂十先生）蓋擇近儒之醇者其弁序斥王學爲霸儒置不錄别著春曹書疏及文集行於世光宗立特贈光祿寺少卿諭祭其墓仲子玉瑞字信甫性至孝父歿

遵遺命以布袍殮終身不衣一帛手錄宋明諸儒書至七十餘不倦崇禎末巡按御史奏旌之

史孟麟字際明南直宜興人九歲能屬文長益砥志于理學成萬曆癸未進士選庶常授工科給事中知無不言丙戌皇三子生有詔封母鄭皇貴妃草疏論其不可草具偶示同鄉姜公士昌姜袖而歸署其名以上一時羣臣連起諍之章凡數十上俱被譴謫而鄭亦止稱貴妃論者稱姜翼儲首功而不知疏之出際明手也癸巳有旨三王並封內閣業擬論以進乃同水部郎岳公元聲率省部諸僚大聲疾呼沸于郎

沸于朝疏既數十上際明更綜集羣篇槩括體要爲條議答問奏之大指謂中宮無待嫡之條元子無封王之例又曰有嫡立嫡不聞無嫡而待嫡無嫡立長不聞有長而虛長其詞委折詳覈俾難者無復置辨繇是並封議寢震位旋定顧政府益鄭之會際明有疏劾中貴遂擬旨予杖聞之已易囚服趨朝待命頓上知其忠有客諭終不譴言官以快近習旨竟留中旣而疏救遷郎趙公南星與朝議忤遂相繼稱疾歸時不識高邑一面後並出山始交善尋掌吏垣並佐察典所排擊多強貴人咸側目高邑因奉旨褫削際

明復疏救亦免歸外艱闋晉太常少卿再丁內艱服闋不補久之特起太常少卿提督四譯館初御史劉光復嘗指斥東林又抨所交淮撫李其及戊午挺擊變作光復廷諍下獄上怒叵測際明方奉差在途見邸報奮然抗疏請立皇太孫赦光復疏入被旨切責謫降運判光復得減死惟伸公是不計昔嫌人尤以爲難前後林居三十年偕同志研求濂雒宗旨既捐其世業就邑中創明道書院復游錫山師事涇陽顧公发事景逸高公出其貲復東林書院相與質疑送難要諸至當詳具所著語錄中生平學不襍禪至篝

燈丙夜危坐澄懷雖老衲枯禪有所不及尤喜奬誘後進出其門者多爲聞人病中矻矻著書閔國是紛紜淡切牛李朔蜀之憂後竟符所億人皆服其先見天啟初補大理丞晉太僕卿未赴卒贈禮部右侍郎賜祭葬學者祀之明道書院及道南祠稱玉池先生所著有明道附言亦爲堂集併奏疏行於世

王述古字信甫河南禹州人萬曆己丑進士三令劇邑遷刑部主事歷郎中值妖書獄起司寇受四明相指囑令誣坐郭正域以及沈歸德信甫正色曰若是則分宜江陵再見今日力持不可比會鞫無驗立具

疏送大理諸人刲之再四禍且不測怡然甘之卒不易原疏一字疏上事得寢未幾又當楚籓之獄司寇以華越謀害親王當論死郭正域主使宗室當如越罪信甫徐語之曰果爾便欲駢戮數十宗室楚宗聞之勢必戕殺撫按大亂之起誰則爲之司寇悟事得再寢於後戕殺撫臣卒如所料甲辰出知常州守正抑邪諸上官大璫率爲斂屈而與武進薛玄臺無錫高景逸共論學居三年以艱歸起補保定晉山西副使兵備陽和奉旨會議代籓廢長立幼事信甫言祖宗定法有嫡立嫡無嫡立長代王內助張氏不得進

妾爲妃次子鼎莎不得改庶爲嫡且引嘉靖間秦府事例雖已奉旨乞請旨改正汪中丞用其言代議遂定搶酋物故請封事起五路要賂無算不決者五年矣信甫力請循往例毫不增減且忠順求婚兀慎擺腰等酋求賞其情更切攝柄在我可操可縱何故倒授于人時五路擁衆城下不懾制府動色相加不懾同事者以貽誤邊疆相坐亦不懾旣而忠順故卜酋款降人馮大梁以故亡去浮賞盡革諸使絕望乃帖然受封往年用撫賞八千餘金今不及三百金敘功晉按察使再晉右籓奉旨紀錄遇巡撫缺推用會中

朝門戶相軋乙卯式士之錄至有云以六經亂天下者信甫昌言排之坐是偃蹇除目卒于陽和初好天文律曆之學後乃邃于道嘗曰四時行百物生默識之義也默識章是聖人做不了事何有於我與堯舜猶病意同又曰孟子夜氣是萬古求仁時候嘗舉六經子史疏于四書之下名曰屑考别著有易筌律筌曆筌等書行於世其卒也高忠憲爲作行狀末讚其一言一動皆足垂世立教學者稱中嵩先生

薛敷教字以身南直武進人爲諸生時巡撫海忠介公卯以忠義士目之每從大父方山公闕邸報憤時

事目眦欲裂萬曆己丑登進士方觀政部中會御史王藩臣上疏不白憲長吳時來耿定向交參之以身曰是欲爲執政箝天下口也抗疏爭之甚力有金陵曲學平津險陂之語勒令回籍歸三載薦起鳳翔教授尋遷國子助教有詔並封三王具疏力諫復貽太倉相書有東門黃犬追悔已遲之語太倉恚甚然並封事遂得寢未幾遷高邑司計事被逐復抗疏申救謫光州學正與多士砥德礪業一以道義相成州人貧況冤者往往赴愬焉所全活甚多迨其沒後光人建特祠于黌宮祀之歸從東林講學痛自刻厲垢衣

糲食有窮士所不堪者出入不假肩輿隨行祇一老蒼頭或見惡人望望而去併蒼頭亦失所在居喪不飲酒不食肉服闋遂茹素終身中年婚嫁相續負郭殆盡或諷其稍通融于交際間以身從容謝曰少秉一節老而逾之辱殆有甚焉即親友問疾所餽藥餌亦稍嘗輒止不欲盡取也性至慈即蠕動不忍加害其於人則油油與偕雖遇俗客終不作分别觀獨耳目所及凶人必剪之而後已至於解人厄揚人善終日孜孜恒若不及嘗曰腳跟站定眼界放開靜躁濃淡間正人鬼分胎處又曰學苟不見性靈任是皦皦

不汙終歸一節又曰今人所以不講學者謂講學爲欺已欺人耳不知不講學者眞能不自欺否吾謂機械變詐畢竟聞誠意之說而滅靡麗紛華畢竟聞無求安飽之說而滅自私自利之人畢竟聞天下一家之說而不至於十分損人害物講學何負于天下哉詩文援筆立成不事雕飾雖終身不用而望重朝野士游東林必問薛先生安在所著有浮弋集泉上雒語續憲章錄等書行於世學者稱玄臺先生私謚清端

孫纘宗字克承南直婺源人向道甚蚤以聖人爲必

可學既壯造詣益深精研易理著有易說食餘於

庠□□春秋高棄去求終養與弟友愛終身菑畬經

史不替金穀年幾九十猶孳孳問學不厭代巡劉公

按部至婺敦禮而褒旌之既沒汪司徒登原弔之曰

紫陽道脉誰爲後死嗚呼克承庶幾於此

陞禹定字吉甫南直嘉定人幼時見羣兒以泥塑孔

子爲弄頫然曰孔聖人我師也豈可爲弄拱而拜之

及長毅然以正人心挽衰俗爲巳任父嘗病瘧九月

思食桃吉甫繞樹求之忽得二枚母病目翳吉甫謂

古人舐目目復明者多矣行之即效邑侯胡公聞其

事召令一見吉甫以不見諸侯義也不往嗣後龔學諭索書爲之書屬文與之文請見亦不往當萬曆末請於父欲以布衣獻書闕下未行嘔血數升期年而殞邑士嚴衍爲立傳門人掇其大行私謚曰孝簡先生所著有讀史隨筆二氏分合大指行於世

劉元珍字伯先南直無錫人父完孺公領萬曆壬午鄉薦諭績溪著教澤剛方清正爲時所宗伯先少失恃承庭訓惟謹弱冠成乙未進士歷兵部郎中乙巳大計四明相當國陰庇私人驅逐異已乃誑上盡復言官之黜者留察疏不下人心憤甚莫敢發伯先抗

言秉成之人旣假公以蒙上復挾威以箝下所關治亂安危非小弁劾刑科錢夢皐頑鈍無耻狀疏入下九卿議四明與其黨經營百端謂不廷杖議不可息將杖之會雷震郊壇竿木上懼乃反杖旨削籍歸四明亦罷去當是時伯先直聲震天下皆曰不有此疏不成朝廷先在南曹劾築江浦城大有輿華屢疏邊事中外畏之至是望益重歸十六年神祖遺詔起言事諸臣召爲光祿卿值瀋陽喪沒舊費盡劉國縉以招撫南四衛官民爲名擁衆數萬入內投揭督餉侍郎令發天津登萊船南濟伯先復抗疏力破其奸謂

宜嚴內外之防固防禦之策國縉議乃寢年五十一卒於官家居從東林諸君子陳說經義有爲怪誕之說者正色斥之曰毋亂我學脉尤惡掃名者謂此輩指吾黨好名以爲口實其寔彼之不好名乃深爲決裂名教地耳平生慎取予重然諾嘗以孔門季路自任故護道甚力而嫉惡最嚴一佞人在其側喉間輒如物梗必吐之而後已當東林在鋒鏑中笑謂同志曰此吾輩一大鑪錘也宜各勉之所著有依庸絜語三畏堂素業湖畔逸農遺稿及文訣文衡等編或行於世或藏于家又嘗創東林志稿高忠憲序之及卒

忠憲爲草行狀總其大都曰剛曰明曰忠曰義學者稱本孺先生仲子明翰舉萬曆乙卯補中書舍人克定府講官甲申寇迫疏請太子出守南都廷議不決及燕京陷獨全節而歸有痛哭詩尋卒自敘東林志曰東林之有書院也以明道也龜山先生揭起於前涇陽顧先生繼起于後胡不介以乎若是有善脉在耳夫善合古今聖凡而一亦合順逆險易而一一者何也善也蓋脉從來遠矣自羲畫剖訣厥中傳心已揭日月行中天孔子承之曰明善孟子承之曰性善善即脉也無善無脉也有宋諸儒遡衍茲脉而探河洛之源發紫陽之派者非龜山先生乎先生之言曰知仁則知心知心則知性又曰人性上不可添一物堯舜亦只是率性所謂率性循天理是也味先生之言可見仁外無心理外無性即性即心是爲善脉晦翁朱夫子得其傳而謹守之雖以陸氏之學本于孟子而端緒稍殊輒危詞鐵砭不少

假借誠恐擇善不精必至苟趨方便執善不固必至別出歧塗惟是因漸思防汲汲不容緩耳乃至今日而無善無惡之說且浸淫於人心夫象山先生直指當下未至離性善之宗朱夫子猶汲汲防之不置況舉心體而槩之以無憑虛簸弄何所不至於是漸決而爲山陰爲盱江甚而爲姚安陽明先生豈虞其流弊至此而今人乃執告子巳陳之芻狗爲先生不磨之律令各爲尊教而寔以陰濟其私此涇陽先生所爲傷然懼也懼而思闢莫若修其本以勝之於是反而求之依庸膚者何即邇山先生所謂不可泰一物者是先生特爲拈出顯示蕩平正直之規驗析影響荒唐之見期與同堂共識本心精求善脈以仰窺羲畫厥中之秘此書院所由復講會所由興也或曰道學之爲世詬也正爲其有善耳盍少貶焉以混于無慮嘻我固有之誰能去之去乎此而道義名節爲贅疣且將入乎彼而不道不義不名不節爲托宿矣人安有安于不道不義不名不節者乎其所以不安者何也我固有之也宋淳熙時有謂誠意正心之論上所厭聞者朱夫子曰吾平生所學惟此四字及入對

首以存理遏欲爲言迨至慶元黨禪樹矣彤復盡矣僞學之網極于彌天而柴中行應制獨自請司云自幼習易讀程氏易傳未委是與不是僞學如以爲僞不願考校蓋前賢寧爲時貶不肯自貶如此今當無忌諱之朝崇理學之日家濂洛而人關閩庶幾直剪荆榛深入堂奧留此如綫一脈常存宇宙間所謂無古無今無凡無聖無順逆無險易無在可容出入可容委棄者其在斯乎其在斯乎志成漫爲弁首以自鞭策矣無負涇陽先生明善同人之旨

張納陛字以登南直宜興人生有夙慧甫四齡伯祖書門字示之對曰門曰誰教爾曰形似無教者因以米火等字揹析其義亦隨對弗爽八歲習破題法値臥懷中父指窗前月爲題立應曰漏清光于暗室掛玉兔於當天九歲攻詩及書翰十四郡守龍岡施公

開龍城社奇其文援應試十六王龍谿講學荆溪上
往聽之遂大感發自此尋師締友學日進萬曆戊子
己丑連中魁選廷試二甲回籍省母壬辰授刑部主
事尋調禮部癸巳春正月御札諭禮部並封三皇子
爲王以登咤歎曰元子封王此國朝二百年來所未
有也偕岳元聲顧允成合疏爭之復約同曹郎諸各
部卿懇各出疏上意動移札元輔元輔乃出三槐三
謨疏請勿王三皇子而請皇長子出閣讀書是役也
一舉而還内降扶震位人謂以登有回天力未幾以
論救趙考功南星再觸上怒斥爲鄧州判一至謫所

給假歸杜門奉母日玩易不輟益以斯道自任旣入東林書院狎主講席復與同里史玉池吳徹如葉偈立麗澤大會每歲與毘陵潤州輪舉切劘訂正務求實益時姑蘇管東溟標三敎合一之宗以登與折難數百言管氏遂屈巳酉八月疾將革日邀諸執友榻前敘論惓惓以國事及兩郡大會爲念不一及身後事前一日索筆書知死知生何所畏懼八字付子元鼎而手訣太母曰孃老矣復邀諸友環向坐以手書至定二字語曰得正而斃徐斂手于胸作肅恭狀遂逝年四十初筮仕刑曹適當典獄有黷盜越獄逸實

在代事前一日例得分咎以登請獨當之曰失事在其宜獨聽叅幸勿他及部堂壯之從輕議以是賢聲遂起居鄉條上荆溪政要十二事當道重其言多見施行其言學毋以端本原敦寔行爲主葢純法程朱一切虛談渺論厭弗屑也學者稱文石先生

馮應京字可大南直盱眙人才高學博早歲知名中萬曆壬辰進士繇戸曹擢湖廣按察僉事在西楚率紳士講行鄉約務以化民成俗心苦力勤值稅璫陳奉貪噬無厭先以好語諭之再嚴祓其狐鼠奉終弗悛乃疏其違旨九事未得命竟爲奉黨誣傷初僅降

謫楚士民有捐廕太府之門者有伏闕交章乞還原職者以數十萬計上愈怒逮訊下錦衣獄坐以擅殺中使罪禁錮八年日與同逮襄陽司李何棟如荊州司李華鈺講學論易參研于主靜窮理之間更詳考太祖制度而表章之時牢戶纖濕霾雨沒膝三人者度而執卷意不知困甲辰上感天變放還里復冠帶以疾終學者稱慕岡先生所著述有朱子錄要經濟實用月令廣義等書行於世棟如字天玉上元人先世無錫人萬曆戊戌進士負才嗜學理襄郡首批稅璫之橫節甚壯既釋就南都開龍德書院會友講學

寓錫山復游於東林諸公間而師事慕岡服膺終身惟謹奉其位斗室中起官至太僕寺卿更以邊事被罪瀕危得免稱豪傑士鈺字德夫丹徒人萬曆巳未進士理荆時殺大猾劉襄忤湘府及力抑璫奉遂罹羅織赴闕受杖第大呼太祖太宗在上不肯妄引明日覆杖肉盡骨露屹不動爲人和平渾厚見刑威則不屈赦歸後與人言學娓娓弗倦葢與天玉畀禀而同操也天啟壬戌邮贈尚寶司卿錄其子

安希范字小范南直無錫人弱冠登萬曆丙戌進士除行人嘗考臺省而格於年有諷以增年者不從轉

禮部主事念母請南或止之曰盍少俟共以銓郎擬
公矣亦不從久之遷南驗封郎恬退自若會高忠憲
疏論執政被斥上疏申救語多觸忌逮而後釋削籍
歸緘口不及時事間從諸公論學東林靜掃一室讀
書其中泰昌改元起廢詔下衆正彈冠獨澹然不問
謂所居膠山之西林懸郭四十里塵事未絕遂命駕
徙吳興之菁山卜菟裘焉蓋預知朝局之必變也未
幾光廟賓天作詩寄憤曰執簡定應書趙盾舉朝誰
請討陳恒又曰受遺元老仍增秩進藥鴻臚也賜金
聞者稱爲詩史尋病卒邑士與小范同薦乙酉者許

世卿字伯勳早孤事大父及母以孝聞放榜日與同志清談竟日人莫知其既捷揭安貧戒五曰莊收田糧干謁官府借女聯姻多納僮僕向人乞覓省事戒五曰無故拜客輕赴酒席妄薦館賓替人稱貸濫與義會出入恒指以自警惟恐其或食言偶有戚麗法持之急適鬻一婢爲輸罰鍰卒不爲緩頰所居敝巷令長下車一謁後不得再覿其面常守歐陽東鳳賢而下士請修郡志一出應之毋自東林歸勑其子曰人何可不學但口不說欺心話身不作欺心事出無慚朋友入無慚妻子乃爲學矣五上公車不第庚子

冬行至桃源河氷堅遂返謝去傳金自號早白老人矢終焉之志嘗於隙地手蒔萊甲曰不如是何能無求於人疾革囑子曰吾有某逋未償某施未報某家人賚未給某故人子典田所入已當其直亟取券還之脩然而瞑著有中解編太玄玄言露穎編藏于家

程汝繼字敬承南直婺源人生而篤學力行一洗紛華奔競之習前後邑令謂其道可肩古廉足範今咸敬禮焉萬曆丁酉登賢書辛丑成進士初宰餘杭日進士民相與講明孝弟禮義一時民風淳正無敢以奇衺進者時蓮池僧倡教西湖自鉅公以至細民尊

信若狂敬承獨召若民曉之曰虛無寂滅最惑人心愼無陷入其疆也嘗憤語倘得備員省會誓杖而祛之五載轉南刑部出守袁州州治相傳古冢在其下守是州者從不敢正位坐敬承毅然曰袁天綱術數士也聖賢所不道奉天子命蒞此民吾何憚爲遂正其位卒無他在袁一以道德飭治淸風善政甲於諸郡凡有餽遺郤之恐浼囊不名一文後以介苦勤瘁卒于任一棺之外無餘貲其子乃稱貸以歸櫬生平嚴氣正性勇于任道亦嚴于衛道至其尊德樂義又視人善如已善也嘗著易經宗義窮極一生精力當

居喪伏其先人之柩忘寢食而屬稿者三年自後身所歷心所至一一於易發之凡古今名説莫不精擇條載識者謂集易學之大成焉又著有疏義課士畧課兒隨筆行於世

吳從周字文卿南直婺源人孝友樸誠學問淹博自爲諸生時即潛心理學精研語錄繇明經司教皖城轉國子學正闡揚程朱卓然師表擢杭州通判臥理錢塘民無冤抑邑人陳俊等十年沉獄甫到郡理出之片言昭雪通郡有吳青天之謠尤以講學明道爲務學者稱平沙先生所著有易經明訓春秋心印語

錄會編諸書行於世

吳正志字之矩南直宜興人父通政數世以上皆名宦之矩繇國子生中萬曆乙酉鄉試成巳丑進士初任刑部主事纔三月上疏盡發諸要臣私狀當軸大怒旣附重比賴臺省公救釋爲宜君典史旋以差歸再起淸河典史移饒州司李召爲儀部主事疏不敢先諸逐臣賜環堅臥不出與遠近鄉達爲會講學力持正論久之始轉精膳員外郎攺光祿寺丞復與朝議枘鑿謫湖州司李擢南刑部主事晉郎中遷江西按察司僉事出鎮湖西能悉心吏事救荒弭盜大著

方畧而家載米數千斛濟人地方德之遇屬吏甚恭故人樂爲用自奉極涼政暇偕二三同志尋安節公講堂舊址商畧學問而已未幾解組歸病卒學者稱徹如先生安節公逵可由進士仕至通政從周怡學與鄒元標友善刻楊爵劉魁周怡三忠集

張維機字子愼福建泉州人萬曆甲午冬江右見羅李公寓漳州子愼自泉來受業書所見爲質問畧云宋之諸儒求其彷彿孔顏者惟程明道而集諸儒大成者獨有朱晦庵故嘗謂道宗於宣父顏曾思緒其傳至孟子而始著道章於孟子濂溪張邵繼其絕至程朱而始著乃一再傳而不能不錮於見局於域墮

于蹊而流於支則後儒之咎也吾黨未覩一斑奈何輕評先輩今人士有不誦習朱註者乎青衿而遵之繫籍而變之猶曰見有異同也甚至病以楊墨斥以戎翟則豈免逢蒙之罪王新建卓識宏才畸得議之乃其徒何紛紛也有憚於修辭而逃者矣敗於名撿而逃者矣躓於聲利而逃者矣不知孔門四科果爾錯雜耶大都晉六朝之談崇莊老而明擠之聖人之下今學者之談斥佛老而陰奉之聖人之上宋後儒之支離不過割裂於訓解今學者之支離反至割裂於心體云云時粱谿高子謫揭陽以差歸道由漳過

李寓見之不勝快心曰此此其言雖聖人復起恐亦不能易也爰載拜納交約爲同學友退而錄其語於三時記中

濉閩源流錄卷十一終

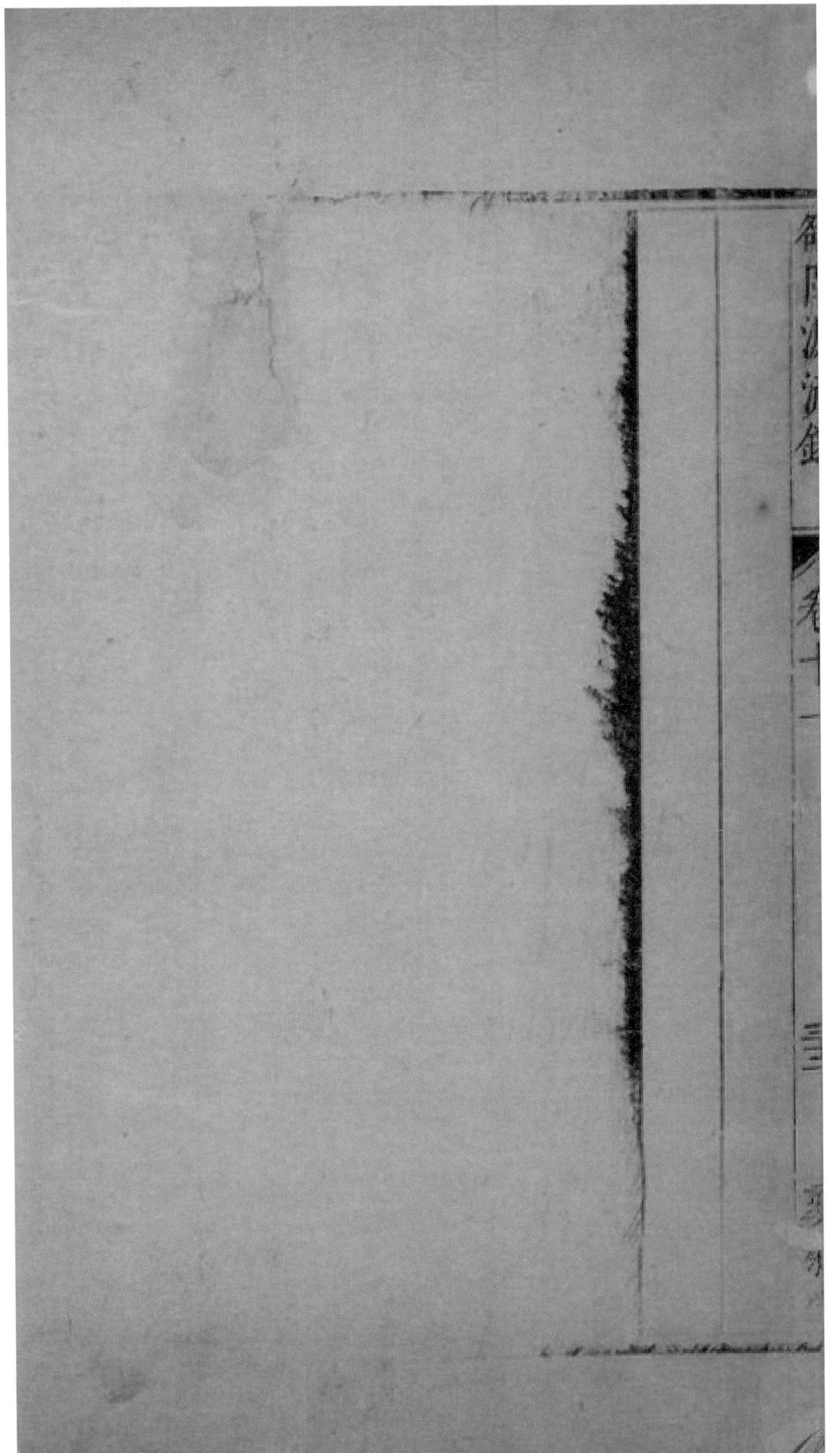

洛閩源流録

（清）張夏 輯

清康熙二十一年彝敘堂刊

3

鳳凰出版社

第三册

維閩源流錄卷十二

無錫張夏纂　門人婺源黃昌衢、昌徵校

高攀龍字存之，南直無錫人。祖靜成公材，令黃巖，祀名宦。父靜逸公較，本生父繼成公德徵，代有潛德。先生自幼齋莊閒靜，不苟言笑，毋授果餌，必傴僂而承，或命自取依前所命數而止稍長學藝於邑儒澄泉茹公凡七年卽湛見名理弱冠舉萬曆壬午應天鄉試時邑令元冲李公諱復陽江右李見羅門人也與涇陽顧先生講學泮宮往聽之聞止修之說始志於學載讀大學或問見朱子言入道之要莫如敬遂一意整齊嚴肅持心方寸間久之見程子言心要在腔子裏解曰腔子猶言身子耳悟渾身是心不特方寸葢志學時卽以程朱爲的矣已丑成進士出高邑趙忠毅公之門尋丁艾憂歸謝人事讀禮及易服闋授行人適四川僉事張世則疏詆程朱欲改易傳註獻所著書求頒行天下先生因上崇正

學闢異端一疏得旨程朱正學崇尚已久豈容輕議高攀龍所言有關世教再疏論大本大機欲人主搽心講學言極剴切趙忠毅時在吏曹因得以所學相證深味薛文清粹言至一字不可輕予人一言不可輕許人一笑不可輕假人惕然有當于心作日省錄又輯崇正編夜臥至平旦氣清卽擁衾危坐一日坐久精思閑邪存誠句覺當下無邪渾然是誠先生初字雲從至是始改存之奉使金陵南皐鄒公見之謂是海內有數人物先生益歆然以身下人還謁毘陵啓新錢公姑蘇少湖王公啓新曰孔門聖脈凡事只求天知少湖曰士君子須

立得大節居鄉勿爲鄉愿居官勿爲鄙夫先生時時服膺斯語癸巳抵京上君相同心惜才遠佞疏語侵閣臣降揭陽縣典史甲午赴謫所自念於斯道尚未有得發憤曰此行不徹此事兾負此生矣舟中嚴立課程兾有證徹潛叅苦究至廢寢食行二月登陸過汀州旅舍小樓前山後澗偶見明道有云百官萬務兵革百萬之衆飲水曲肱樂在其中萬變俱在人其實無一事猛省曰原來如此實無一事也一念纏綿斬然遂絕見得六合皆心從此方好下工夫凡往返三時自謂出門至此已三轉手勢詳具所作三時記中時先生年三十三在揭

陽官舍倣近思錄例編集朱子節要歸過漳州謁見羅李公見羅謂修身則心意知物各止其所格致誠正不過闕漏處照管先生謂大學格致即中庸明善是初學喫緊第一義學者須辨志定業此心光明洞達無毫髮含糊疑似以爲自新之本然後爲善去惡意誠心正身修善所以純粹而精止所以敦厚而固也條目次第自有先後不宜籠統說過其恪遵程朱如此丙申連居本生父母喪戊戌作水居於湖濱作靜坐說復七規程大意以見性爲主會蘇常諸友于二泉之上辨管東溟無善無惡之非甲辰與復東林書院及成涇陽先生作學

約而先生序之每會必取儒釋朱陸眞修眞悟之辨眞切指示嘗曰勤物敦倫謹言敏行此東林八字訣也至甲寅七月先生年五十三始作困學記大抵前得力於揭陽之行後歸功於東林講習而以朱子半日靜坐半日讀書法爲始終工程敘歷年進修灼然不爽丙午方實信孟子性善之旨丁未方實信程子鳶飛魚躍與必有事焉之旨又四年辛亥方實信大學知本之旨明年壬子方實信中庸之旨謂中者停停當當庸者平平常常有一毫走作便不停當有一毫造作便非平常本體如是工夫如是天地聖人不能究竟況於吾人豈有涯

際兢兢業業斃而後已云爾困而學之年積月累厥惟艱哉而不足以當智者一笑也同病相憐或有取焉是時先生道德已成矣天啓改元起光祿丞溯自癸巳去國幾三十年至是入都次年轉少卿裁諸無名費内璫相戒勿横索會廣寧失事外戚勳貴中官之家皆奸細窟宅疏陳京師禍本不可不除請逐鄭養性誅李可灼讀孫淇澳宗伯論紅丸疏歎曰此一部春秋也因主其説不稍顧忌羣小爭欲中傷之未幾轉太常少卿疏言明理以明心明心以出治極辨忠孝歸罪方鄭奉旨切責福清相力持之得罰俸已轉大理少卿晉太僕卿適

南皋少墟二公開首善書院于京師給事朱童蒙騰疏顯詆鄒馮去位先生亦疏辯謂講學何罪頓空法紀之臣禁學何名發自聖明之世疏再上福清相勉留護持益力亾何奉差歸舟中著周易孔義謂五經註于後儒易註於孔子說易者明孔子之言而易明矣每自言一生用易此書與朱子節要尤精力所注也居數月即家拜刑部左侍郎辭不允乃與門人華水部允誠同舟北上至謂當事曰今日內閣法用和婉外廷法用正直二者不相疑而相成始有濟當是時趙忠毅爲太宰值總憲員缺亟推先生先生居恒謂此衙門得人可以救世

以師生不應分掌部院辭復不允入臺申嚴憲約疏請責成撫按司道下逮府州縣以安民生具條例五十餘款請頒行之懸榜通衢禁絕饋送糾一極貪御史崔呈秀贓之法風規肅然羣小滋不能容盡逐羣正於是忠毅行戍先生亦削籍歸踰年毀天下書院首及東林先生屏跡湖上玩易不輟聞繆公昌期周公宗建被逮自度不免先一日肅衣冠拜道南祠至晚看花聚酌如常時夜半整衣起從容入書室作字二紙鎖篋中謂二孫曰明日以字付官旂卽命暫退移時趨赴園池天啓丙寅三月十七日子時也平立水面衣履儼然先生之整

齊嚴肅蓋終始如一云發篋中書一遺表謝上言大臣受辱則辱國故從屈平之遺則君恩未報結願來生一札别及門華允誠言一生學問至此亦少得力心如太虛本無生死何幻質之足戀乎質明而官旂果至崇禎初上覽公子世儒訟冤疏手褒爲孤忠遂學秉節正終追贈太子少保兵部尚書謚忠憲（初擬忠純）特命祀郡邑鄉賢祠蓋其爲學以敬律身以靜窺妙窮理則好惡自誠見性則殀壽不貳退藏于密而顯仁于造次顛沛此其所以爲先生也歟晚號景逸學者稱景逸先生時人競言良知言止修先生獨言學必繇格物而入每命學者

先讀小學近思錄等書次令靜坐以培深厚之氣謂佛氏以心爲性老氏以氣爲性而極斥三教合一之說其駁禪學尤嚴謂聖人之學異於釋氏惟一性字聖人言性異於釋氏惟一理字釋氏無理故最忌分別如何可以綱紀世界扶植人倫故在武林作異端辨在揭陽作陽明說辨各四篇詞繁而不殺一則斥其誤看紫陽窮理立論偏重遂使學者謂讀書是徇外空疎杜撰一無實學再則斥其以朱子之致知爲聞見之知故其爲宗旨曰良知然大學致知本非不良之知非自陽明良之也又斥無善無惡之說以之明心性者十之一以之滅

行撿者十之九且云學朱而弊爲實症學陸則流於虛症畢竟實症易消虛症難補閗者以爲朱陸定論生平不二色不取一介燕居屋漏未始有惰容洵所謂盡其道而生死者矣前後廷臣屢請從祀文廡雖未及行公論翕然歸之所著有周易孔義春秋孔義正蒙註天完錄就正錄家訓等書門人陳龍正合奏疏語錄詩文訂爲高子遺書二十四卷行於世季子世寧別繕未刻稿六卷藏於家從子世泰又合纂高子節要十四卷偕世寧編年譜二卷刻之購復園池立止水祠後吳侯興祚以世泰祔

兵部職方司員外協贊本司郎中事臣華允誠題爲帝王之致治本于道人臣之事君本

于學學術之邪正關係治亂甚大特懇聖明亟祀眞儒以明正學以醒人心事臣聞天下治亂始于人心人心邪正繇于學術學者天地之心生人之命人心之所以不死綱常之所以不墜忠臣義士之一綫所以常昭揭于宇宙而不爲亂臣賊子所磨滅者恃此學以維之爾三代以前人君學道以出治三代以後人臣學道以事君自孔孟闡明堯舜禹湯文武之道以開來學遂尊爲萬世帝王之師孔孟而後則有宋之周程張朱爲世大儒歷代崇祀而我朝若曹端薛瑄胡居仁陳獻章王守仁兹數儒者皆孔孟眞脈也于今則有臣師故左都御史高攀龍焉臣師之學遠宗孔孟近法程朱其大旨以復性爲宗以知本爲要以立志爲基以敬義夾持爲功以天人一貫爲至居家盡孝所絡明者千古之學術立朝竭忠所挺持者千古之綱維至其一段愛君愛國之誠寤寐不忘終始無間皆其生平學問得力天下所共仰也觀其聞逮之日齋沐焚香告天告君告祖宗從容詳審無異平時遺表數言義盡仁至迄今凜凜有生氣也人知其首劾奸樞崔呈秀獨炳幾先見以爲功在社稷而不知其四十年講求于孔孟程朱之學實踐于綱常

名義之大成仁取義至死不二此等學術實賴聖祖
神宗培養以至于茲方之本朝崇祀諸儒如薛瑄輩
可謂後先輝映而世道人心匡扶不小往時論者多
以講學爲諱甚至以東林爲門乃逆璫魏忠賢竊權
專政以向來之攻東林者胥入于稱功頌德而後先
死義若楊漣魏大中周順昌李應昇左光斗繆昌期
諸臣皆臣師平日相與切磋砥礪共肩此學者也繇
此觀之東林何負于朝廷而講學之功顧可泯與蓋
講學一事似迂而無當實至切而不容已自天子至
庶人無一人不成于學自修身至平天下無一事不
根于學皇上以堯舜之資樂堯舜之道工瞽蒭蕘無
不喜納典謨經傳無不博覽而所日夕氷兢者則又
不在詩書政令之末而在幽獨隱微之地一則曰清
心寡欲一則曰虛中無我即此兩言而臣有以窺皇
上之深于學也斯用人行政之本也雖然欲幾易萌
已見難化戒懼稍弛未必無竊發之竇聰明過用或
反爲偏蔽之端忠邪之介未清或以混淆爲公普上
下之情微隔或以猜貳爲精明虛公二字殆難乎其
言之而臣竊仰見皇上之心方乾乾焉日進而無疆
也且皇皇焉若有求而弗得也嗟嗟使臣師而在今

日知必爲皇上啓心沃心以孔孟之學而佐唐虞之治當無難者而惜乎其不遇也臣竊歎學問如臣師品識如臣師忠貞雖露其一端經綸未顯其大用徒令爲成仁之逢比而不能爲應運之皐夔此臣之所深痛也而亦海内人心之所共痛項者蒙恩優恤備至且特褒曰孤忠遂學秉節正終天語煌煌若揭日月臣師之身雖死而臣師之道亦幸不泯矣乃臣更比例薛瑄等以從祀請者竊謂國朝文明最盛而理學一脈先臣曹端實開其始臣師舉龍則集其成宜與薛瑄諸臣並祀孔子廟廷使天下曉然知正學之所在于以破除功利激發秉彝其有補于風教有光于聖治豈其微哉至東林及各處書院亦宜盡行修復之蓋書院之來舊矣向毁于璫相今毁于逆璫既以毁之爲非自當以復之爲是苟不復于聖明之世恐誚爲千載遺議如必曰學宮自足以講道明倫試問今之學宮果何如也模不模範不範所講者何道所明者何倫而謂書院無功于學宮乎而謂有學宮遂可無書院乎功利之習中于人心舉天下不知有聖人之學天下不知有聖人之學則羣聚于學宮者秖區區章句之習以之梯榮階進則可以之輔君治世

則毫無補也于是先覺者出焉建爲書院相與講習而倡明之而世道人心卒以喚醒則書院之設與學宮正相表裏以贊襄聖化何可一日偏廢也伏乞皇上勅下廷臣會議如果臣言不謬臬論僉同即將攀龍從祀孔廟幷將東林書院及時修復俾後來俊髦相與講習其中以無負聖明之作養以無替先儒之準繩則學術可明人心可正教化可興太平可臻此皇上中興第一根本之要計也風厲世俗昭垂謨烈媲美唐虞端在此舉伏望　皇上曠然遠覽採擇追崇臣愚不勝激切屏營之至　栢鄉魏氏曰高存之先生天姿清虛不染嗜欲而學力有以濟之觀其一生涵養在于主靜主靜非求寂也以觀吾性之未發耳用力在于格物格物非多識也以明吾性之本善耳而其教人先讀小學近思錄其言曰中庸二字乃千聖傳心之妙堯舜禹湯只此中字至孔子添一庸字中字始有着落中不庸則中落于懸虛庸不中則庸落于迹象又曰學必繇格物而入有物有則則者至善也窮至事物之理窮至于至善處也觀此則先生博學篤志切問近思而無近日學者之失可知矣先生之方軌文淸而紹繼朱子無疑也

馮從吾字仲好陝西長安人先生九歲時父保定郡丞友手書陽明箇箇人心有仲尼詩命習字且命學其爲人先生卽知向往服膺弱冠以恩選入太學比歸許敬菴督學關中延入正學書院與藍田王秦關論學有契登萬曆己丑進士選庶吉士應館課不規規詞章曰文人何若聖人著做人說二篇惟與涂鏡源焦漪園徐匡嶽諸公立會講學改授御史視中城中貴有半刺通者峻御之一疏斥司城之結首揆紀綱爲厲京圻者再疏斥政府私人之以掌垣壅蔽言路者權貴俱斂避天下入覲官不敢行苞苴三疏請復朝講斥言上於酒後多

甃侍者神廟怒下旨杖之以長秋節輔臣趙志皐救免命巡按宣大不拜請告歸與故友蕭茂才輩講學於寶慶寺著疑思錄六卷起巡鹽長蘆清課革弊行部所至必進諸生講學著訂士篇輒與要人左用他言官株累削籍歸道宿村寺屬吏供帳以候者不處也抵里日事講學著學會約若干條期於求益規過又著士戒以勉諸生著諭俗以曉衆人讀者莫不感發未幾以怔忡處一斗室足不至閾誡客刺無得通親知無得入蓋精思默證辨疑似析異同因養疴力學者又九年而體漸復然後出仍會講寶慶執經問業者日益衆當道於寺東

築關中書院以居之先生爰開天中閣詠關中四先生詩呂涇野柟馬谿田理韓苑洛邦奇楊斛山爵關學從是復振先生雖重講學而處空言不足以倡率每刻厲闇修躬示之嘗簡所知曰近日學者多侈異說而略躬行妄欲以身挽之而力未逮自歸山一切時事不敢聞兩京縉紳書來一字不敢荅其餘見仕諸公非有書來不敢先以書往靜攝荒庄非公事不至偃室非赴書院會講不入城市嘗併日而食室人交謫而不敢以貧告人也居二十年疏薦百十上不報庚申光宗立以大理少卿召次年憙廟改元始應詔歷遷左副都御史疏條經撫失機喪地罪

寘之法載論紅丸梃擊二獄侃侃無少假朝論韙之時偕總憲南皐鄒公僉院龍源鍾公就都城倡立首善書院講學其中或迂之先生曰國家多事士大夫不知死綏抱頭鼠竄者踵相接宜喚起親上死長之心講學不可少也而閹者忌之交章詆毀先生因疏陳講學創自孔子而盛于孟子故孟子以作春秋闢楊墨爲一治至孟子沒千有餘年宋儒出而始有以接孟氏之傳然中興於宋而亦禁於宋是宋之不競以禁講之故非以講之故也伏惟國朝以理學開國我二祖表章六經頒行天下天子經筵講學皇太子出閣講學講學二字實爲

令甲臣等建立書院秪以南都各省俱有書院而京師爲首善之地天子之都反獨無之甚非所以壯帝都而昭一統之盛況今外寇憑陵邪教猖獗正當講學以提醒人心激發忠義奈何反用爲訾議上報聞尋屢疏乞休去又二年起總憲臺未赴卽家拜工部尚書會逆閹禍起致仕歸旋遭削奪遇疾卒學者稱少墟先生初先生在都門嘗從顧涇陽先生游爰力駁陽明無善無惡之說曰陽明爲善去惡一句雖非大學本旨然亦不至誤人惟無善無惡一句關係學脈不小此不可不辨何也心一耳自其發動處謂之意自其靈明處謂之知旣

知善知惡是良知可見有善無惡是心之體今曰無善無惡心之體亦可曰無良無不良心之體耶嘗曰吾儒論學只有一善字又曰儒佛如薰蕕氷炭之不相入儒以理爲宗佛氏以了生死爲宗又曰邪固不能兼正正亦不能兼邪吾道本大何必兼二氏而見其大又嘗作善利圖題詩曰聖狂分足處善念是吾真若要中間立終爲蹠路人其精嚴如是景逸高公稱其學至明至備至正至中非修而悟悟而徹者不能素衣吳氏著真儒一脈敘顧高錢爲東林三先生而馮先生附焉聞者遂以涇陽景逸啓新少墟爲東林四大君子蓋論道不論

地也崇禎初詔復原官謚恭定所著有疑思辨學等集二十二卷元儒攷略四卷行于世後新安洪琮施璜同纂馮子節要十四卷序行之

附錄關中四先生詠涇野呂夫子嬌嬌崇正學挾冊游成均馬崔同切琢射策冠時髦聲華何卓犖傑俛仳龍鱗封章凌五岳講堂重躬行乾坤在其握吁嗟橫渠後關中稱先覺 卓彼馬光祿聲望高山斗弱冠崇理學平川稱畏友立朝無多日強半在畎畝富貴與功名視之如敝帚垂老學逾虛一步不肯苟吁嗟如先生百代名難朽 偉矣韓司馬造物鍾奇异讀書探理窟著作人難企生平精樂律書成雙鶴至立朝著謇節居鄉譚道義繫有五泉子孝悌稱昆季嗟余生也晚景行竊自媿 挺挺楊侍御直節高今古人知直節難不知問學苦獄中究理學周幾日揮麈歲寒節彌堅不茹亦不吐之死誓靡他淵源接鄒魯嗟彼虛憍人敢與先生伍

孫高陽承宗馮副院詩 少墟窺道域一見契予深顏氣憐孤注春風坐滿襟天中關上月皆識平生心

闕去月仍在誰堪對月吟

葉茂才字參之南直無錫人萬曆己丑進士仕至南京工部右侍郎學者稱園適先生家故貧少事親至孝痛母先逝館歸必同父寢初授刑部主事甫三月告改南工部以便迎養俗例新第謁座師有贄先生獨於半月後致芽茶二封人多怪之既而得其淸節轉加敬服始入工曹大司空欲覩其才令攝六篆事並治㩁稅蕪關一以寬卹爲主胥吏以常例請默不應請至三爲詠語拒之曰無論若輩雖刻四金剛擡我不動矣去關廿里有雙港往譏防漏稅風濤不測

易爲商厲立命弛其禁差竣上羡三千金助餉疏請勿爲例神祖嘉之賚白金松布旌其廉爲南同鄉畤有袒四明崑宣反斥言事諸臣爲護奸者抗疏諍之不報乃貽書當事謂公論明則治不明則亂明于上則治明于下而不明于上則亂此理亂大機也閣臺中有欲禁旁囂者作旁囂止囂說見年例考選不愜輿情有上鄭太宰書歸而睠懷君國則每于詩章寓之題三朝要典後曰事有三尺童子曉然明白而聰明特達之士反眩瞀而不能自決者何也心無偏主雖愚必明心有繫累雖智必昏其勢然也張差一案

劉廷元以爲風癲科臣何士晉部臣王之寀陸大受以爲別有主謀而神廟聖斷以張差付法司以兩內侍付司禮俱寘極刑內外帖然矣然士晉卒不免外補之寀禁錮大受被察而廷元獨無恙也進藥一案舊輔方從哲賞之舉朝爭之最後孫宗伯發憤極言而可灼遣戍文昇尚漏網也立后立妃一案禮臣孫如游執奏于前科臣楊漣道臣左光斗等力主移宮于後而當時依違其間徘徊觀望者則從哲與諸大臣也此三案者或見于聖諭或見于章奏在朝在野莫不耳而目之秉史筆者據事直書足矣可以人情

二字抹殺天下萬世之公論哉初偕顧端文高忠憲倡道東林端文卒忠憲主其事忠憲出山以主會推先生再拜囑曰畢竟此事爲吾輩究竟此行原殉君親二字可歸即歸不使東林草深也先生敬諾後書院毁作十詩志感慨忠憲和之及忠憲被逮先夕自盡官旅令長行逮其子獨匍匐當道力免之而跋其遺表曰屈平之節先生之所優也先生之學非屈平之所望也識者以爲與正叔之稱伯淳亾異先生于世泊無所嗜通籍四十餘載官臻九列布衣蔬食出則徒步不以僕隨所居老屋數椽絕無輝煌區額第

標曰三世無訟時指以訓子弟薄田百畝不殊寒畯仰成父志去官而家去城而鄉短檠曲笠以奉杖屨拊胞弟茂德極其鞠哀居恒論學以雒閩爲正宗以守身爲切務自題小像曰人生宇宙間但以形論與動植之物等耳有超於形者在乃能參三靈萬與天地相終始予懼鬢眉徒具至道罔聞軀殼如斯性靈靡著因箴以自警曰爾貌甚癯爾性易蔽何以圖終夙夜自艾飢食渴飲勿等兒戲造次顛沛必止于是嘗講易東林門人問易道陰陽詩道性情一乎二乎先生曰一也陰陽理而草木蕃無言之詩也性情調

而位育臻無體之易也蛙聲蟥簌豈曰能詩數罍尋行未爲善易吾弗取也又曰大易不言有無言有無諸子之陋也蓋性一太極極本無極謂之無則太極也謂之有則無極也有無俱泯爲物不貳不可析而分也嘗語所親曰斷不可輕受人恩一受人恩便爲人所制所交顧高外若許孝廉世卿馬郡博希尹薛璽丞敷教皆白首不渝而郡博子世奇璽丞孫寀更同時受學稱入室弟子厥後大節凜然可以溯流見源矣崇禎初方需名用病卒子光輔請于朝得祭塟如例先是天啓甲子先生謫告家居時魏閹肆逆客

妖內比賊害皇子楊中丞漣發之事尚未著適長洲姚希孟入朝過錫山先生登舟送之曰公行矣好語諸公宜思其大者請信耶出閣講學此今日根本計也未幾憙廟賓天思陵繼統竟除閹禍若出成算希孟作神道碑始表出之凡先生之善人不能悉知多此類也朝議擬補謚廕遇變亂不果祀崇正書院所著有見聞摘錄旁囂錄八貞女傳典至吟等編行於世光輔字潛夫貧而介從馬文肅公學契甚嘗以廕得官不就鼎革後悲憤不已聞登東林講座發砭俗之論聞者悚然一日肅衣冠祀先畢飄然出門厥明家人求之死舍後池中有遺筆志遲死之媿嘗著詩草數卷題曰典至亦吟藏于家

張夢時原名大受字伯可南直無錫人早穎進止若成人七歲工對偶九歲能詩侍塾師坐一書樓手題云上此樓去一動一言務遵聖訓下此樓去一事一念務慊親心父參政公異之命名大受十歲攻舉業十五以縣試第一補諸生明年行冠禮老儒姚潛坤作字說以贈之益自勵久困塲屋入太學踰強仕始登萬曆癸卯賢書明年甲辰同邑顧高諸公創起東林書院復翼以左右書室約六人爲築而伯可適下第歸首任其一解橐受工遂潛心性命之奧與諸公切偲往復者二十年刻有會講商語蒲榻笑拈二編天啓

壬戌謫遷知安吉州歷遷常德府同知山東鹽運司運同並著廉惠將有殊擢竟告老歸草彛歸小逑耄而嗜學日讀書寸許雅喜書法日揮數幅爲樂案頭惟存彭澤香山明道康節白沙陽明數編以當尚友每見孫造膝必與評文論古或拈經書一二章令細參之次第質問移時不倦以爲常居數年崇禎丁丑自述五千言以槩一生題曰偶述客有稱其于死生之故爽然有會遠過莊周者徐荅曰爽然生死之故從而玩之所以爲莊周者流了然生死之故從而慎之所以爲曾孟者流玩以求樂耳慎則何求然而樂

莫大焉吾與其玩也寧愼客拱手曰先生眞當世之曾孟與曰曾孟則吾豈敢全要看臘月三十日（臘月三十日高子遺書中語）及病革呼筆大書曰朝聞夕可千古光輝浮生如寄視死如歸落地一靈終天敢逝伯可字可自反庶幾書訖湛然坐逝壽七十八學者稱弦所先生

余懋衡字持國南直婺源人生有異質爲學推本紫陽精研天人性命之故而以身驗之舉萬曆壬辰進士授永新令潔已愛民復學宮鑿石渠改邑東門築浮玉洲江右未行官解法始請通行以紓民困至今稱便徵拜

御史論罷礦稅傳旨逮杖忽殿角有聲如雷上心動乃改罰俸一年視鹺長蘆一切例鍰悉無所私贍貧賑飢全活億萬計巡按陝西劾稅璫梁永繩以法永窘賄庖人以蠱進中蠱瀕死夢神示得解上聞之爲撤永併罷天下礦稅閱視固延兩鎮條上十事上嘉納下兵部通行申飭掌河南道理外計刻計典七條著爲令癸丑詔監會闈閣臣葉向高典試兼票擬持國請勿令文書官入簾以遠嫌疑中使至欲入力拒之怒去誣奏御史不容送票擬上問爲誰以衡對上曰是在陝西屢劾梁永者耶命收回本章天啓辛酉名爲大理卿尋授僉都御

史協理京營戎政日訓軍實盛暑不廢操練定雙糧單糧法以示激勸晉副都御史理內計改兵部侍郎時提督巡捕郭欽爲逆璫魏忠賢姻親營升都督同知駮寢之又忠賢等乞請諸璫弟姪及保姆客氏男俱世襲錦衣衛官以武職非軍功不世襲婦寺冒濫非典具疏封還兩勅璫遣人力求屹不爲動旣以陪推遷南吏部尚書五疏力辭遂予告歸臺省交章乞留不報明年太常鄒德泳特請名馮從吾余懋衡曹于汴置論思之地以輔聖學正士風尋起原官引疾不赴及總憲楊漣劾璫二十四大罪有南太宰北少宰皆黜陪借用爲逐等語

璫益嗛焉丙寅僞學禁厲削籍爲民初持國于新安之紫陽書院創典理學及令永新善鄒元標建明新書院按陝西引馮從吾闡明關學憙廟初年鄒爲總憲持國與馮同爲中丞復開首善書院于都門譏者業有煩言至是魏璫驅除正學御史張訥請毀首善且言海内書院最盛者四東林江右關中紫陽南北主盟互相雄長余懋衡馮從吾鄒元標孫愼行爲四大頭目並宜處分遂俱削奪一切書院皆毀賣以助殿工婺有三賢祠故朱子所築以祀周子二程子者亦在毀中持國廢圭田償之獲免崇禎改元詔復官誥追敘川功賜金幣復推

南銓以病卒賜祭葬部擬補謚遇國變未果學者稱少原先生所著有乾惕齋太和軒關中集語錄經翼百餘卷奏議古方略各數十卷行于世從兄懋交字全之以貢兩除學訓居恒研精易學敦行喪禮不以弟居顯要稍通于交游之際惟造就後生是務學者稱定宇先生

汪應蛟字潛夫南直婺源人總角能賦詩矢志聖賢之學踰冠登第授南京兵部主事以抑囑託失貴人意遂引疾歸補南客部表方正學先生墓爲封碣置墓田歷副使叅政遷天津巡撫晉貳司空予告歸家食十有九年體解精審力行不怠每六郡六邑大會

與顧涇陽馮少墟高景逸史玉池鄒南皐祝無功桂珍吾諸公往復商證理無畱解嘗曰仰鑽至欲罷不能方見卓爾敬信至篤恭不顯纔是闇然以祿入之餘置義田五十畝周贍宗族闢正經堂春秋舉會嘉惠後來重修三賢祠偕馮邑侯余少原潘節菴暨諸生講學其中泰昌改元郎家起南大司農未幾轉北念催徵要在養民疏愛民十八條于時奢藺發難關中流寇日滋增餉募兵不可億計乃建議于鹽屯鼓鑄之外一切寢之且持屯田開荒永不起科之說尤力謂吾儒平居耻言桑孔柰何自蹈其轍令桑孔笑

人起科之說遂寢阿保客氏挾求墓地逾制執不予以老病乞休疏七上得請加太子少保辭疏中極陳堯舜敬修心學尤以敬修一語爲十六字傳心之要且箴及宦官宮妾未幾果有逆奄妖姆之禍時毀書院禁講學潛夫乃作默識解示門人嘗讀史有感作竊述編以繼春秋未就而卒崇禎初賜祭葬學者稱登原先生所著有中詮寱言古今彝語獨言蜀語詩禮學略津門疏撫畿疏計部疏病吟草九問寱語鄉約記諸書百餘卷嘉善陳龍正纂爲理學經濟二編刻之

堵維常字冲宇南直宜興人敦孝行恕于書無所不讀補諸生以文行受知于常守杜公承式一無干請守敬之薦于江都官室厚幣聘行以親老辭遺之金又辭退就村塾盡心講授嘗言孔子一生只自任爲誨二字以臆測之爲誨應非兩義力學所以爲教也已之不正何以正人推誠與人所以誠身苟誨倦即學厭矣萬曆辛亥在毘陵得疾將革咨其子以忠孝之説子對曰顯親揚名孝也委身致主忠也冲宇曰未也飯疏飲水無孝乎草莽甿隸無忠乎夫無念不愛孝也本之臨深履薄以來無念弗謹忠也根諸實

影盟余而達誠以吾儒一生事業文章或有時待惟忠孝兩者無待恒當下猛提終身不愧斯即所以顯揚委致耳吾無長物遺爾惟此數語而已又曰敬身行己之道莫著切乎禮爾即讀之其能簡束爾者此經足也命具衣冠舉筍出經盥手以授子再拜受展誦樂正子春下堂傷足一章諄諄反復未竟而暈既復蘇強起南向再拜遥別二親以不逮終養痛自咎恨遂卒年五十是時子纔十一齡書治命爲卷永矢服膺後舉進士兼樞相稱明末遺忠即牧游先生也冲宇於詩禮春秋皆有箋未脫稿牧游因之輯三經

澤書從孫景濂又廣禮經澤書爲禮記貫屬牧游序其端

詹時明字爾用湖廣黃崗人生性淳樸薄訾寡言及長好古力行日偕執友講明性道鄉里目之曰古人天啓壬戌由明經司訓常德聚生徒論學竟日夕不輟監司友白杜公折節下交尊以師禮爾用亦不讓曰師道不行久矣杜大人能倡之吾何爲不受遷諭武寧釐學租孵株累僉稱廉仁前後課諸生學主明理而旁暢實用曰四科三塗寧僅區區呫嗶哉擢筠連令不赴而歸與門人譚道講藝如故壽七十四學

者稱冲黙先生

曹于汴字自梁山西安邑人萬曆壬辰進士與同榜盱眙馮公應京以聖賢之學相鐮礪繇淮安府推官入居諫垣論奏皆天下大計在吏諫掌內計佐太宰孫公丕揚澄汰仕路一二小人護其黨羽相與摩牙爭之久之自梁與孫公相繼引去一時衆正遂空泰昌登極以太常少卿起家屢遷都察院僉都御史未幾魏璫竊政羣小謀去自梁及少墟馮公會當推少宰應屬少墟迺越次而用自梁葢欲設械兩甚之自梁固讓不可爲吏部左侍郎不旬日堅請去家居杜

門沉研理學奄黨卒不能加害人仰其見幾之哲崇禎初璫伏誅名爲左都御史身在憲府一毫不假百僚肅然居常持重寡言人或以衰晚目之及國有兵事戒嚴論札日數十下條對商搉不移漏刻精壯少年皆斂手推服始知其爲有用之學也尋溫體仁爭枚卜閣訟大起自梁據法守經力爲糾正旣乃引年乞骸歸而自梁之生平遂與黨論相終始矣初爲諸生時卽講求兵農錢賦邊防水利之要故稱有經術入仕後無日不淬厲于學用以守身應務嘗言小心卽大勇又言神氣嘗在凝定又曰容人者樂寡欲者

遜又曰出處輕而臣業衰取予泛而士節隳又曰一介不苟方是廉印證在臨財之際一毫無私方是公參驗在發念之時皆自勘得力語也學者稱眞予先生胡東渠先生貧無積粟零糴以食或請其乘賤多糴曰逢貴喫貴眞予先生述其事而稱之曰當時若言無錢便似瞭清且人不之信反費呶呶矣前輩老成可法如此竊謂眞予之勉就少宰旬日卽歸不居讓名亦不處爭地得免于當禍猶是意也

吳桂森字叔美南直無錫人幼有至性父喪哀毀如成人長從顧端文高忠憲諸公講學不倦以序貢應廷試歸遂絕意仕進學易於毘陵錢啓新先生日夜探索幾忘寢食錢先生沒每歲偕同志在其廬論學靜坐志築

室三年之意天啓初忠憲出山爲東林主會擇人拜托葉公開適次及叔美蕃豫屬之也尋璫難作忠憲赴止水叔美往娶之捐金以佐官旂急費時書院已毁僅存丘墟乃約同志鄒經畬忠餘兄弟輩就道南祠班荆敘舊相唁也已而相勗及逆璫敗奉有表章書院之旨季美亟謀興復而摧殘之餘人情頗渙遂獨力建麗澤堂又搆小齋名曰來復講易于其中羣儒翕集稱東林再興焉其說易也謂第一要明陰陽大分蓋陰陽非一亦非兩其質則有大小貴賤剛柔動靜之殊其用則剛大所以主柔小而非柔小亦不成剛大柔小所以承剛大

而離剛大便不成柔小故用九用六總之一用所以繫辭曰陰陽合德明得陰陽大分然後看八卦八卦性情得然後六十四卦三百八十四爻從源察流條理脈絡一一分明而又有易中真血脈如程子體用一原顯微無間邵子天根月窟張子一神兩化錢子卦者掛也掛出一太極掛出一箇天地儀象于人身等語皆四聖之真傳也每剖析易義精邃無遺蘊聽者靡不歎服晚年充養日純晬盎可挹鼓舞來學如有一言可採必筆而藏之申誡子弟曰凡子弟有過父兄必任爲己之責即父兄有過子弟亦必任爲己之責如此交相勸戒家聲

庶幾不墜又倣義門鄭氏家會及五經會聯屬宗人子姓以爲常學者稱素衣先生卒祀崇正書院所著有像象述像象金針易說談易隨問眞儒一脈一斑錄書經說曲禮說註釋春秋大全皇明開泰錄息齋筆記等書行于世

鄒期楨字公寧南直無錫人性至孝九歲時患痘劇甚作癢恐驚父母寢力制之比長輒苦讀年三十始稱郡諸生屢舉不售祁忠敏公彪佳始以待御廵按吳中式其盧舉賢良方正亦不出嘗設講席邑之洞虛宮問字之履闐戶斗室不能容復他徙他徙者再又不能容乃

就文昌閣下闢軒二架以居之度可容百五六十人如是者歲率以爲常立文行社約三章以繩束而諸負笈邪癖者相率匿影去語具高忠憲文行社記中自是春秋兩榜科必有人先生嘗言聖賢下語如化工肖物一字不虛故其說書最解人頤弟子之日益進以此頗獨以爲此口耳之學非其至者因謁濂雒關閩近在吾鄉求之有餘師矣蓋指東林主盟諸先正也一日從忠憲商及靜坐先生曰調息亦頗有益忠憲曰不屑也聞之憮然已而從先儒存養省察諸法徧叅之最後獨心旨忠憲所論觀未發工夫一語大率謂觀未之學以主靜

爲訣以主敬爲宗以禮經之九容爲把柄九容色色停當身心內外自一齊收斂如是則終日研求經義亦栽培本體之助并復往來憧憧之擾此其學問得力後證嚮語也東林自吳徵君桂森重建麗澤堂後賴先生左右于前提唱于後每歲聚學者說書堂中風雨寒暑無愆期故講席得以不墮先生正氣強骨身列章縫而心憂社稷聞廟堂興革進退當則喜否則憂見胥曉當食廢匕箸當三案議起不勝憤懣撰爲委巷謠抒寫不平皆愛君忠國之言及啓禎間見天下將亂著有弭亂臆言救荒末議固人心論活井田說惜無能推而行之者

晚年涵養純熟氣象雍容接人寬樂坦易詳誨曲誘不厭往復嘗令後生小子不言意消室故懸磬値庚辰辛巳連歲大祲饘粥時絕幾持水齋日玩易一卦或編輯見聞一二以當渴飲飢食可謂貧而樂者矣崇禎壬午冬卒年七十六學者稱經畬先生門人嚴瞉等私謚爲懿長先生祀崇正書院所著尚書揆一一簞軒劄記鶴湖小詠東林諸賢言行錄四種行于世别纂皇明洪範經世要語國朝名臣言行錄摘等書三十餘種未刻藏于家弟期相字公寅有學行廪于庠與兄分主講席崇禎中以賢良徵就粵西州判轉衞經歷痛甲申國變感

疾卒年六十嘗自謂不可與父兄師友言者不爲不可與父兄師友爲者不言著有易書孝經四書筆旨藏于家學者稱忠餘先生門人錢肅潤等祀之道南祠二鄒先生及門不下千人彀與肅潤皆高隱不仕覃精著述彀有東林書院志二卷吳郡姚宗典序行之

孫承宗字穉繩北直高陽人萬曆甲辰舉進士出孫文介公愼行之門廷試擢第二授編修歷官坊局在朝與關中馮從吾以性學相勵毎聒言必移晷時廷臣方競門戶分異同穉繩語臺臣左光斗曰同中小人異中君子是惟寛之使其自來徐之俟其自化激

之則甘爲小人而勢合光斗拜而受之尋以禮部侍郎掌詹事府值乙卯五月六日梃擊變起御史劉廷元以風癲二字蔽其獄提牢主事王之寀拷得其實疏請窮究主使上猶豫不忍發旬日後發諭於風癲之下特加奸徒二字而御史劉光復更以首功奇貨攻之寀一時羣論紛紜上下惶惑次輔吳道南以其事詰穉繩于鄖對曰事關東宮不可不問事關皇后不可深問龐保劉成而下不可不問也龐保劉成而上不可深問也獨皇上能了此須中堂密揭啓之耳道南用其語以導上於是上立御慈寧徧諭羣臣而

挺擊之獄遂定人不知爲穉繩一言力也天啓二年拜兵部尚書大學士奉命督師出鎮山海先是遼廣繼陷險阻盡失爲經畧廵撫者舉不敢窺關外一步遂有築城八里退守關門之議至是穉繩出關視師力以恢復爲已任選名將分布要害練水陸精兵十餘萬拓地四百里東廵至醫無閭將大興師而逆賢竊柄忌其握重兵于外汰其兵將勸回關門是時中朝縉紳被禍穉繩聞之亦遂萌去志抗疏自别曰臣故孫愼行所取士而高攀龍左光斗之所嘗薦引也義不幸掊擿未及自爲聾啞姑容于天下詔慰留之

、一日上遣內臣胡良輔等四十餘人齎白金蟒衣賜督臣出帑金十萬犒將士且以內府器使給軍穪纏執奏曰中使關涉兵政自古有戒兵不可嘗典或以美而成駴例或以暫而爲久天下不明皇上過信大臣之心而或疑皇上有不信大臣之心是皆足以害政臣願皇上嚴于兵事毖飭使臣令其宣布德意無遂以此行爲常無遽以觀兵爲威福居四年竟引歸崇禎二年京城大警起鎮通州穪纏聞命即刻抵危關收悍將復遵永四城調度諸將分路追逐指顧而定旋移鎮關門又三年復予告歸歸七年戊寅冬高陽陷竟以在籍老臣與城俱亾闔門殉難事聞予卹特謚文正稱繩自少倜儻英毅爲舉子時仗劍遊塞下周歷亭障阨塞訪問故將老兵遂通知邊事故雖廻翔舘閣當時皆以將畧推之然竟使功不成而節獨完者則妨功害能者之罪不可勝誅也嘗曰先帝以漢武鄉唐晉國擬我我則何敢成敗利鈍非所逆覩生老病死時至則行庶幾竊比于二公乎其論學則一主程朱嘗敘馮忠齋庸緒云予讀庸緒而覺信紫陽之過也予過信紫陽與世信紫陽者異世信紫陽以其博物而予信紫陽以其非博物也予謬格物

爲格本末之物而紫陽云窮至事物之理予遂信其事物至他日釋孟子曰知性則物格之謂也盡心則知至之謂也予遂不覺信紫陽之深矣其發揮旁通若此所著有文集一百卷學者稱愷陽先生鹿善繼字伯順定興人萬曆癸丑進士授戶部主事用便宜扣留金花銀兩以充遼餉神廟怒勒令補還持不可得旨降調泰昌初復其官改兵部職方主事天啓間高陽以閣部督師關外伯順請從詔許之時太宰欲遷之吏曹固辭高陽當關六年嘗倚之爲左右手布衣瘦馬出入亭障間延見老校退卒與相勞苦以勾

稽將士察識營壘鼓勇敢拔距跳躒尺長理小過爲務歷武選郎中告歸崇禎時起尚寶卿轉常少復告歸丙子秋定興警至伯順方郊居以爲邑在涿州保定間背障神京慮孤城不支遂入城督兵助守城破死之蓋先高陽殉二年也事聞贈大理寺卿謚忠節容城孫徵君奇逢嘗與切脯酌酒定交楊椒山墓下及卒嘆其道力深厚後來罕儷所著有認眞草學者稱乾嶽先生

陳仁錫字明卿南直長洲人年十九領萬曆丁酉鄉薦屢試不第發憤歎曰吾得爲白沙足矣以師禮拜

啓新錢先生之門錢先生辭之曰此禮不輕施亦不輕受也要以他年相見無負今日面目不則勿爲煩氏三任始納贄遂受易學得槩要天啓壬戌登進士廷試擢第三人授編修丁內艱服闋起補充日講官在講筵每以進忠直遠奸佞爲言魏奄聞而惡之值奄冒軍功累爵上公給鐵券明卿當視草辭不可或怵以禍不爲動於是不旬日而有孫文豸之獄連坐削籍即日就道奄發十數騎偵之無所得行至濟上有吏受奄指遣邏卒窘之執從人及舟子加箠楚舟中人皆跳去獨坐舟中忽風作檣櫓幾壞諸卒遽散

得脫歸時羣小日嗾奄不殺吳門三詞林局不定謂
明卿及文公震孟姚公希孟也家居岌岌懼有後命
丁卯秋逆奄伏誅戊辰起原官稍遷中允典武闈試
奉命宣詔三韓凡亭障徼塞險阨之處皆詳志之作
籌邊圖說一書後嘗進御覽庚午遷國子司業侍經
筵敷陳必切時務上爲聳聽遷諭德掌司經局事辛
未分較禮闈得士爲盛有錦衣張某者奄之餘孽也
中以蜚語禍且不測會其人自敗獲免尋奉命册封
周藩壬申復命假歸甲戌起南祭酒未任而卒年五
十六謚文莊學者稱芝臺先生素篤人倫居父母及

大母喪皆哀毁如禮宦歸捐俸置義田以贍族於錢先生敦受道恩比没爲木主事之題其室曰如在朝夕必拜其於經史書籍則飲食寢寐於其中至老不倦所著有四書語錄義經易簡錄淵天紹易同患淺言等書其纂述批閱諸書不下數萬卷今行于世

秦爾載字彦熙南直無錫人少從葉司空受書志向純正司空嘉其能親賢遠佞已而稟學於高忠憲隨侍水居習靜坐法悠然會心因自號水菴倣水居也及從游東林於大會三日外糾同志數子立一小會每月十一日赴書院講習有所得輒疏記以就正于

諸先生而日注其言動于籍以自糾考弗求人知嘗爲忠憲刻所披近思錄所輯朱子節要二書忠憲有心服之師一人曰茹濂有偕隱之友二人曰吳志遠歸子慕皆延于家師事之所友惟吳巒穉鍾巒馬君常世奇二公餘不妄交居家事嗣母談本生母吳交盡其孝自奉極菲而粥餧者絮凍者櫬殍者歲以爲常無稍替嘗纂有經傳語錄若干卷藏于家武進薛寀爲之序以爲高門之羽翼卒年三十三疾革命三子鏞鈇鍈拜忠憲于榻前誡之曰自今一言一行必以吾師爲法厥後鏞卒成大儒世所稱弱水先生者

也欽鍈亦皆有學行其友恭爲晩近所希覯宗黨翕然稱之

江旭奇字舜升南直婺源人曾祖軾連州守祖一鵬知瑞昌於潛兩縣並有賢名父世科年十二以奇童舉鄉謚敬敏先生舜升幼孤事寡母余氏至孝十餘歲以家累羈縣獄從獄中上書求試主者奇之拔第一自是知名尋與二兄分田兄華闇得瘠者乃以所闇善者奉華當應鄉試値華病劇罄所領路賓佐醫藥不足則又典鬻以益之小試輒冠軍久之貢入太學前後七上京兆試不錄崇禎二年正月駕幸太學

御彞倫堂舜升具疏面進其所著孝經疏義兼請頒行小學疏畧曰宋朱熹八歲通孝經大義即書其帙曰若不如此便不成人元許衡敬小學如神明臣以爲厚人心淳風俗實爲王道誠於考試間以命題則孔曾傳授之畜旨與朱熹嘉惠後學之盛心爲世誦法自能培植根本延綿命脈魏李先謂益人神智莫若書籍臣謂益人仁愛無如二書疏末又請祀諸葛亮張巡岳飛于文廟使萬世皆仰盛典詔旦得温旨褒嘉下部議奏部覆以孝經小學下直省學臣命題試士而三臣從祀格不行未幾皇子誕生舜升復具

揭禮部乞慎擇保姆以端胎教部爲咨司禮監行之蓋推前疏意且有鑒于近時客妖之禍也初舜升之進經也太傅襄城伯李國楨爲板行其書一日四譯館欵待遠人有遠人跪求孝經疏義曰外國知有是書久矣館卿乃移文翰林院取給之銓司以舜升積分久資爲上所知擬授淸秩顧是時四方迂儒闒風希進者踵至瀆奏不倫上遽厭之命御史榜禁當塗欲懲首事抑授安岳簿稍移台州衛經歷尋棄官歸越二年癸酉病卒在安岳署令篆增祀名宦寓賢若于人岳俗尚塑像不列姓氏爲更置木主且立石題

名系以詩作論學論俗二編以教士民在天台作天人對數十萬言則其契悟時也生平篤信朱學嘗自敘吾卽身沒後魂魄當不離朱夫子左右其論學以格致爲入門以誠正爲築基因著朱翼百卷探天人事物之原析古今朝野之故以暢其說少從同邑余懋交學教以篤睦寡營誦之終身又以從弟旭升僑居錫山往依之得游東林故手著諸書東林諸先生皆爲之序居家每不能舉火讀書自若絕不介意晚年吏隱非其所好在署日事著述不輟至鎔所佩帶以給刻工或姍笑之弗顧也所著有朱翼尚書傳翼

孝經翼孝經考異孝經疏義小學衍義檀弓詮釋四書朱註評定三國志世說廣義皇明通紀集要武經七書集注筆華齋集等書皆行於世其後從子正迎重刻傳之

張雲鸞字羽臣南直無錫人爲人孝讓廉信負文名最善解經著經正錄耑闢溫陵李氏之非崇禎三年伏闕上疏曰國朝制科取士聖賢之書家習户誦而其說壹宗先儒學者守之脈絡甚正世道昇平遠過漢唐所從來也不意神祖時有舉人罷官李贄猖狂婬恣首倡邪說所刻有焚書藏書說書及批點諸書

隨被焚劾奉旨挐問搜燬其書嚴禁私藏詎意天啓年間其書復行人心士習皆壞于此畧舉其一二言之如李斯者燔詩書坑儒生矯詔爲逆者也而稱之爲才力名臣如呂不韋李園者陰用姦謀潛移國姓此萬古巨盜大猾也而稱之爲智謀名臣如曹操者弒伏后簒獻帝此亂賊之最憸惡者也而津津稱其才智如馮道者歷事五姓朝爲君臣暮爲讐敵而稱之爲吏隱諸如此類未易枚舉至于詆毀聖賢則謂孟子執一害道又謂孟子舛謬不通又曰孟子顧學孔子此吾所不足于孟子者也又謂孔子之事功非

有加於管仲又曰以孔子之是非爲是非則無是非其書之妄誕悖戾一至於此乃士子見其書如飲狂藥旣喜其新奇又樂其放肆舉業文字染此習氣寖入邪詭識者憂之臣嘗編輯講義凡遇邪說惑人處提出點破名曰四書經正錄伏乞聖明採納疏入得優旨下提學御史查生平行止如果端謹量與獎賞部覆上准貢給旗扁時羽臣年近六十杜門養高終不謁銓士皆仰之丙子春卒別著孝經講義東林講義皆可觀又有四書尚書說統則舉業之書也

李呈芬字明晦南直靈璧人有將材而好理學以桑

一克雄以沉濟敏萬曆壬午試武科巳中復落見倭將入犯著禦倭集知巳知彼制勝三編總督楮公鈇素一知其賢授之官令募兵船于海上以同事者非其人一辭歸中軍支送應得廩糧不受時曹公于汴司理淮安聘爲諸武弁約長隨材勸導不納贄幣蕭然饘粥精諳實踐爲衆畏服巡按御史周盤特疏薦之大司馬田樂請於上命往征四川以都指揮行事會楊酋平移病歸講學四方如龔特布素焉愚按志傳稱明晦膂力絕人以武人講學固是奇士第不知其所講何學耳然爲真予先生所禮聘則其學之正可知故錄之至如嘉靖間有萬表者字民望浙江寧波人世襲衛指揮僉事管浙閩歷掛印漕帥南都坐營錦衣中府

都督僉書建卻俊功喜談學學庸論孟皆有解義其他著述甚多嘗與羅達夫論道于臨江達夫躍然而歸貽書盛稱之余嘗考其言皆說參說悟張皇幽渺非愚所能知也

朱蘊奇字子節陝西右護衛人家貧甚僦屋而居與妻子織網巾爲生嘗併日而食從學少墟馮先生聽講寶慶寺寒暑不輟敝衣破履雜鮮華中不恥偶其子以差繇下獄會天雨不食者四日矣或憐之取官米少許爲粥以食之雖瀕死不肯食也人有周之者必擇而後食道拾遺物輒追還其人父早喪養母曲盡其孝母沒毀幾滅性秦俗人死多用青烏之說當於其日時避殃謂死者之魂來辭家而家人或廢幾

見之也而罹之者凶以故當避子節曰使果有此殃也吾猶可藉此一見吾母使果無此殃也吾又何爲避之伏棺痛哭竟不避而終亦無恙年五十一以布衣終馮先生誄之曰朱生操行如是固天性使然亦講學之效不可誣也同時華州有張本德者寄跡工賈亦聞馮先生講學有感遂購先儒語錄潛體密玩每有所會即舉以告人惟恐人不同歸于善兼遊曹于眞張忠烈兩先生之門

雒閩源流錄卷十二 終

雒閩源流錄卷十三

無錫張夏纂　門人婺源黄昌衢昌侃挍

金鉉 猶菴先生　洪德常　張采　朱之馮

馬世奇　俞汝楫　江世育　黄廣

江彥明　李奇玉　宿夢鯉 泰重泰附　丁明俊

陳龍正　卞子靜　黄淳耀 夏雲蛟附　陶琰

華允誠 允謀合傳　吳鍾巒

金鉉字伯玉南直武進人北京留守衛籍年十八舉天啟丁卯順天鄉試第一崇禎戊辰成進士除揚州府學教授日進諸生講濂雒之學燕居言行俱有規格被服

造次居然老成人比之胡安定遷國子博士庚午遷工部主事時上方銳意綜核內臣張彝憲奉勑總理戶工兩部錢糧特建公署先生慮開交結之漸決廉耻之防疏請罷之不報未幾檄兩部司屬謁見如部堂體又疏彝憲妄自尊大以皇上迪簡之臣子而屈抑刑餘之下臣委質聖朝不敢匍匐中貴之庭致干交結之條有旨切責亡何差摧杭關未任以造炮違式革職張彝憲糾之也自此絕意仕進杜門卻埽淡究性命之學初號在六至是自題所居曰猶庵耑讀正公文公文清忠憲四家書謂古今學脉之正無出乎此用以自究極斥姚江

無善無惡之說謂使天下日淪於禽獸嘗言欲力挽邪風倡明正學其要有二一在表程朱之學問一在窮六經之本末而其大要不過程子兩言曰涵養須用敬進學則在致知而已生平不妄交游惟與杞縣劉中允理順嘉善陳儀部龍正及妻兄朱中丞之馮友善書問往來以道德相砥礪壬午冬上御文華殿命科臣舉清官以孫承澤面薦起補兵部車駕司主事甲申二月寇從蒲州渡河晉省全陷宣府告急上使內臣杜勳往監視先生疏言撫臣朱之馮忠義素著宣府屹然可恃如遣內臣監視倘意見稍岐爲害不淺不聽杜勳至而寇已

廹竟同總兵王承胤出降之馮果死節三月十九日都城陷先生方巡視皇城行至御河橋聞變號慟具衣冠望闕拜又望寓拜母卽投入御河從人援救齧其臂急赴淺處時河淺俛首泥濘死之年三十五母章氏年八十亦投井死妾王氏隨之弟錝塟母三日後復投井從死是年南都䘏贈太僕寺少卿謚忠節其後 皇清錫謚曰[illegible]賜公祭一壇祭田若干畝所著有語錄傳于世學者稱猗庵先生幾亭編朱子語類其序例本末皆出猗庵倡意幾亭致書稱爲字字實錄如向後世之士而親告之因復以朱子文集屬芟其十之七入倣語類例立編後未知成書否猗庵答書云數月來家君居北家母寓南途次兵荒所在見告兩地懸懸此心殊欠寧帖又米鹽瑣屑之務弟

躬自料理亦不得靜坐讀書以見日新之益只得隨時隨事警醒提撕在紛擾中不敢忘改過遷善工夫遇行有不得處一意自反頗覺得力因悟千聖之學咸本修身修身之要只在慎獨千變萬化無不始終於此此此亦是學問常談而弟却覺是向來未見底意思不識十年來所作何事甚矣其根之鈍也意欲從此加功日積月累將來可望有的實見處明眼導師尚何以爲之鞭策也　愚按循菴先生欲崇讀四家書無論不雜他氏即濂溪明道横渠敬齋尚在徐讀之列立教至嚴防弊至審此其識力豈諸儒所能及觀答幾亭書則知以修身慎獨爲本要以改過遷善爲工夫字字得下學實際使其假年演造豈不接武薛高哉惜乎見其進未見其止也然御河之死大節凜然一門爭殉又可徵其修齊之化夫固以身驗學垂範千秋南北諸公雖與之俱學瞠乎其後矣

洪德常字常伯南直歙縣人少有大志薄視經生制藝嘗歎曰此碌碌者足爲吾業乎文不秦漢學不程

朱而自號學者雖聲聞無益也於是做朱子西山讀書分年法自十三經下逮國策史記漢書晝以歲月務彊記初輯左策史漢約選一編以爲古學所自出年旣三十研心六籍取有宋諸儒之說及明薛文清馮恭定諸書旁考折衷謂大易後發明性道莫先中庸著中庸要領又時與同學汪子月巖輩數會于紫陽書院一遵白鹿洞會規間參以己意而折衷之條爲六事歸重于存誠寡過其言曰孔顏克己復禮爲仁又曰約之以禮禮愈嚴則仁愈篤書四勿箴于座右又輯有周程張朱五子學約知行合一錄養正格

言變化氣質論蓋歎夫末學之無成一惑於私心冥悟而或致越閑一牽於講習訓詁而鮮能渙然自得其弊始於蒙養不正而浸淫決裂以遠於道也方七八歲時喪母哀慟如成人比長就試揚州聞父病昌風浪遄歸舟幾覆而免居父喪廬墓哀毀謹事繼母兄弟友愛時有雙竹連生馴鳥就食掌中說者以爲家庭和氣所致讀書每至夜分體稍憊或止之歎曰一息尚存吾寧已諸既而疾大作配許太君羨股進少瘳又二年崇禎乙亥卒年三十九後祀鄉賢子三琮珣球俱知名

張采字受先南直太倉州人早孤事母至孝與州人張溥交若兄弟獨不紊譜系共倡復社以古學振起一宇內士而受先尤束身名教留心儒先嘗刊布宋名臣言行錄以見志天啟丁卯登賢書崇禎戊辰舉禮闈第三人客有勸其納妾于京邸者愴然曰甫釋褐而即背糟糠吾不忍也篤義薄嗜類若此除臨川令下士恤民廉惠著江甸召入為禮部儀制主事丁母艱歸尋卒婁東號為才藪競擅詞章風流煽溺向或以儒冠為怪誕以講學為姍笑自受先起而其時同學楊彝顧夢麟二子始相與纂四書說約表章大全

蒙引存疑淺說諸編俾學者悉掃新箋復主朱註又共後陸世儀著思辨錄陳瑚著確庵文稿駸駸乎有關雒風論者歸首功南張焉沒未久而遺業彫零妻孥無倚知者悲之然眞儒廉吏之澤不泯矣

朱之馮原名之喬字德正北直大興人弱冠登天啟辛酉賢書雅好程朱語錄是年見羅近溪集又好之遂參讀薛文清王文成二子書皆有悟入乙丑成進士授戶部主事丙寅督搉河西務悉郤羨金入公帑輿晉漕中官忤具疏劾未上聞父艱歸崇禎庚午補原官疏辭魏奄所遺冒濫殿工加級忌者不悅出爲

浙江布政司理問遷行人司副歷山東參議分巡青州道秩滿加副使留任戊寅冬賫表入都值亂道梗權頓家屬于濟南己卯新正二日濟南陷室馮赴井死太母李絕粒六日卒德正聞變戎服奔濟收殮之遂徒步扶櫬歸塟廬于墓終三年足跡不近城市時史公道隣亦讀禮城外偕金公伯玉就廬次論學問及兵法因作在疚記語詳記中而金公則少長夙契先後以二姊妻之者也服闋補山西河東副使念室馮慘殉不復娶毎元旦後必守太母位哭泣粥飲過十五日以太母殉難露骸半月始得就殮也會蔡中

丞懋德撫晉崇重理學德正首捐貲創河東書院集官民講聖諭六言朔望親臨講性理諸書相爲倡和聞流寇自秦逼晉日備禦河干凡所以除內釁馴叛卒者不遺力壬午春應詔陳言廷中稱善擢巡撫宣府右僉都御史癸未二月抵宣受事嚴核將士劾去庸懦二十一人勾補虛糜千八百餘名拜疏請纓願爲天下倡上嘉之聞邊報急即督兵進居庸關防護陵寢上以爲忠勤遣官賚賜金幣須銀千兩分犒將裨以下及撤防又賜金增秩還居宣府衆軍以餉久缺縛擁餉司鼓噪至院前勢甚惡德正輿出門外以

數語徐遣之翌日命中軍官執首惡七人立斬以徇衆遂定甲申二月聞太原寧武相繼陷卽露宿城上命分兵扼防三月朔設太祖神位于樵閣率文武紳士歃血痛哭誓以死守簡署中僅有衣被一篋出以犒軍取大紅公服一襲付中軍陳績顯曰城潰以此殯我既而監視内臣杜勳至與總兵王承胤叛附于賊勳忽款語諷降德正厲色叱之曰汝不念君恩吾斬汝矣欲以計招承胤至併誅之不果冦至親率標兵北面背城與賊砲矢相加者兩晝夜忽二叛開南門迎賊入從城内夾攻軍民驚散德正亟命轉砲内

向日我親擊賊取火欲燃數賊露刃至前德正拔佩刀奮率家丁斫落城下左右環哭擁行大喝曰離此一步便非死所遂登北城樓易公服南望九叩發遺疏併遺書付提塘官立刻懸腰帶自經時三月十一日辰刻也年四十三遺疏勸上收人心培節義遺書訓弟子則謂呂新吾先生呻吟語不可不讀及自言朝聞夕死之意事聞上特諭首輔從優議卹後贈資德大夫都察院右都御史謚忠莊學者稱勉齋先生自少篤孝友率三弟課業一堂父没後以時冠昏靡不盡禮居家吉凶一遵古典當官廉恕慈斷持大畧

小所至民懷之臨難前與金忠節各馳手書問答詩諄期不負生平竟兩踐其言仕宦二十年田宅玩好一無所置藏書至累架雖鞅掌之餘手不釋卷工文詞不喜存稿葢其自任者確乎有在也其所作在疚記自敘踰冠時寓蕭寺中方鈔讀大慧集一夕於花月下豁然大悟自以爲奇樂越五年感觸百患迺悚然曰此虛景非實獲也又二年讀中庸至可離非道也句廢然而返乃喟然歎曰良知其謂是乎因題曰天地人物只此一生又曰全體是箇仁大用是箇禮自是隨時循省覺有安身立命地而虛景易混當機

粗心後數年喪母廬墓痛警徹骨始知變化氣質之學益亦如整菴羅子之攬衣將起恍然有悟流汗通體而其後漸知其是心非性者所著疏稿書札及手批程朱諸集俱佚不存惟在疚記一卷今行於世

馬世奇字君常南直無錫人父涵盧先生明經修行爲諸生時首具呈學臺請興復東林書院仕爲郡博棄官歸教其二子蚤著文譽人以三蘇擬之二子長即先生次則世名字君閒者也先生年十九以三試第一補邑諸生久之繇序貢舉南京兆成崇禎辛未進士改庶常授編修丁丑分校禮闈已卯典江西試

所鑒拔多當世知名士巳而奉勑諭山東江西湖廣
諸籓悉郤餽遺癸未再當分挍以從子瑞方應試避
之瑞得中式乃推典武闈會試甲申春遷左春坊左
諭德時寇警孔亟上數召廷臣問討先生奏言目前
要着在收拾人心而收拾之方須從督撫鎮將約束
部伍令兵不虐民民不苦兵始不然恐賊勢不可復
支上以其言諭樞臣勑行之未幾賊竟入畿輔三月
十九日京城破明旦先生方早食聞之輟箸起曰是
當死其僕曰奈太夫人何先生曰正恐辱太夫人耳
作書別母訖遂肅衣冠捧所署司經局印北向望闕

拜曰臣不能報國一死以謝陛下又指印囑其僕曰上如出幸以此上行在否則投之吏部遂先視二妾從死殮訖乃從容含笑自經而絕先生自少篤志嗜學無綺靡奇麗之好好爲古文辭及評選制舉義四方士爭購讀之稱爲潛寧居潛寧居者先生書齋取以顏其選者也居恒不妄取予未嘗疾言遽色鄉邦有大利弊慨以身任罔恤勞怨所至好推獎後進扶植善良惟不喜立門戶城府崖岸一切不事嘗曰處世宜存生機勿萌殺機居官宜尋退步勿爭進步其見道深矣方差論諸藩楚府賜宴潮廣學道王永祚

乘間言曰倘有兩郡新案未發先生若不解其意者答曰此主司盡心之日也使客曷聞焉永祚慚而退及過江西學使侯峒曾以衡鑒自負揚言歲試黜劣卷四千人先生大駭曰一試黜士四千得無過當乎彼孤寒不幸遭此無論絕進路且永失館穀矣峒曾踽躇曰案已發奈何先生因教以覆試拔等之法於是收復者過半居父艱日蘇州司理倪長玗爲丁丑本房門人欲以罪贖三千金助喪及佐膳先遣客致意先生辭之曰蘇方大饑留此賑民可也長玗又請以羨金三百犒從者金至立命以原封送錫庠供修

學費說者以爲此風自邵文莊後錫邑百年再見他如逐貪令絕逆宦辨非族祛左道復學基清役米倡官糶恕亂民重建西定橋以通涉作鎮力脫寃陷諸生後有登第者爲德殆不勝指數少從顧端文高忠憲葉司空三先生游最親且久卒殉國難人以爲不愧師傳其及門若龔廷祥諧胤錫蔡鳳戚勳蕭琦王漢萬發祥王錫劉渤劉日杲等皆後先死節人又謂淵源所被云是年贈先生禮部右侍郎謚文忠 皇清錫謚曰文肅賜公祭一壇祠田七十畝學者稱素修先生所著有澹寧居詩集行於世其文集忠鏡錄

藏于家夏生也晚事先生日淺然潛學居之面教及佩潛公之交許至親切矣雖垂老何日忘之竊見先生嚴氣正性檗絕邪黨顧爲東林弟子不喜傍東林門戶以是立朝居鄉並號孤立既忠且孝洵百世之師也詩集三卷向得崇巖王公付梓文集十二冊世兄丙玉珍藏篋中困頓家難日摧抱書泣血遺文未行謂非吾黨之責乎

俞汝楫字仲濟南直華亭人仁慈樂易終身不見喜慍之色少有文名究心實學遂綜經濟之務與於東林講席顧涇陽高景逸諸先生莫不虛左迎之嘗奉大宗伯命輯禮儀志百卷以疾卒鄉人私謚爲端懿先生知府方公岳貢跋曰清惠

江世育字夫南南直婺源人郡諸生幼孝友居喪一

遵古禮既祥禫猶茹淡廬外與兄弟百餘指同爨尺布不私家故貧兄弟俱以舌代耕又不屑問家人生產毋歲時自館歸兄弟怡怡膝下競市珍異奉堂上歡論文析義自相師友毋葉顧而樂之忘其貧且老也雖攻舉業不求宦達以古聖賢自期其爲學一以治心爲主養氣爲輔友教諸生以身爲鵠師道尊嚴遠邇推服偕同邑曹子鳴遠汪子志稷輩結會講藝以文行相砥名曰正社卓然爲社中師表嘗與金太史聲書反覆儒釋之辨縷縷千萬言太史是之晚年臥疾夢中作語有詩曰大道存乎我超然生死墟胸

中有天地旦暮且蘧廬忽正襟危坐命筆書學古志道四字付二子而逝所著有四書正義十卷近居錄二卷朱王異同辯四卷藏于家

黃廣原名伯英字冠龍南直無錫人先世常熟人建文朝忠臣叔揚公鉞之後避居錫西胡埭代有耆儒冠龍幼敏且恪隨父塾游涇里因登顧端文尙寶兩先生之門初命題中庸何爲而作也句千言立就端文奇之及長從於東林乙丑丙寅間書院毀璫焰熾日趨書院舊址講習不輟會忠憲赴止水有司欲縶其子旋奉旨究漏洩因上臺責保狀急高氏四顧無

應者慨然要華孝廉國才同署狀極陳罪不及孥之意獲免嘗奉部檄修神光悳三廟實錄綽有史法以貢除鎮江郡博合兩庠士訂三山社入我籛笪公天心書院擢令安遠甫任捐俸竣城工初邑有重囚董傳羅江譚應瑞鍾世修者讞辟候決忽流寇至斬獄釋囚脅之曰從行者賞否則誅董傳等數囚佯從之中塗紿以家近挈妻子仍奔赴獄明年寇再至數囚復請願出死力守城城得不潰當事者未有以請也至是部移適下數因在決中爲力請于郵部曰囚罹法愚也不從賊志也守城功也謂罪必不可贖乎何

以勸後。郵部疏題得開釋。其識時勢、達經權類若此。居二年，卒于官。著有《禮樂合編》《承天紀》《世覽》及《玉磬齋詩集》行於世。

江彥明，字晏其，南直婺源人。幼孤，受學歙儒方時化之門，相與講明性道，不屑舉子業。年二十六，承母命始應試，補諸生第一。與友人汪元兆讀書蛟池山，究心《性理大全》。居母憂，遵禮盡制，三年不入內室。萬曆乙卯、崇禎庚午連落副榜，遂退而明道淑人，以畢初志。疾革，語其子蕃等曰："兒無憂也，死生患難，賢者不免，顧所學何如耳。"言訖而卒。所著述有《五經圖考》《詩

經箋疏四書約言諸史彙抄及天文地理陰陽卜筮諸書百餘卷藏于家

李奇玉字元美浙江嘉善人幼時志趣超軼不羣甫一冊擅文名偕兄奉常奇珍有二李之稱與同邑吳子往崑山歸季思友善學日進奉常先成進士召入諫垣而元美始以萬曆癸卯舉然不汲汲于進獨研思易學時高忠憲公與錢啟新先生講道東林一以孔義函象一以像象顯理各闡庖犧闡奥元美北面就正焉盡變叅微師資通朐忠憲以顯仁藏用之旨勗之曰發吾蘊者子也署教丹徒以自課者課士天啟

壬戌魁南宮歸奉二親諱至崇禎戊辰賜釋褐當得縣辭就武學教授轉國學歷遷兵工兩曹皆以清愼稱推守寧國假歸不就再補汝寧值中原寇熾念義不辟難驅車赴之至則劫燹城守寇隨遁去尋以簡禮失貴客歡在郡僅數月引疾歸慨然曰吾素志學道誤落塵網爲纓紱所累今可究竟茲事矣於是謝客掩關發篋中所箋注與同志無錫吳叔美金壇周仲純研析疑義不釋卷不停筆者又十年而雪園易義成說者謂雜撰備錯綜舉圖書會理象融而三才總銷歸于一心能自致其精微與師說相發明云居

家儉樸是甘不與寒素終身不置妾婢即奚僮亦無
解音律者甲申聞國難悲憤欲絕哭臨三日神色忽
悴得疾不旬日卒易簀時惟以易稿授二子桂槐曰
此吾四十餘年精神之所存也其善藏之語不及他

年七十二學者稱荊揚先生

宿夢鯉字龍吉南直無錫人萬曆丙午魁南闈高忠
憲序其行卷曰無不讀之書無不了之義不持一刺
不取一文爰命其三子師事家塾者積十有六年屢
試不第以親老就祿令松陽先郵勻軍繼請兩臺弭
三大患及上平田六大大議諸廢具舉乃修建文朝御

史葉公希賢祠以風勵邦人會織造監李實阿魏閹意一疏殺六君子株連黨錮龍吉在松亦幾爲士獨所搆亟自免歸著有易纂全書課兒說苑等書壽八十一學者稱仁寰先生同邑泰重泰字原博尚書端敏公玄孫自少以德行經學與羣從相切劘長領庚子鄉薦掌教鄆城遷長樂令力行惠政偶忤當道意即稱足疾引歸杜戶潛修以仁讓訓率後人晚舉賓筵不赴其恬退渾惇一時與宿松陽爲伯仲故同庚相善也卒年六十五祀長樂名宦學者稱澹緣先生

丁明俊字彥超南直無錫人孝友端莊表裏如一尤

存心慈惠雖蚊蚋虱蚤之屬誡人勿加害曰此宇宙生氣也自言年近三十始志於學故以困勉自勵居家一遵儒禮屏絕淫祀治喪不用浮屠每日必靜坐思過雖盛暑不弛冠服或徹夜不寐及旦終日卓然因曰莊敬日強安肆日偷二語吾試之良驗論學一宗紫陽謂四書集注一字不可移易間以象山語粹一帙授門人曰吾取其論治心工夫如刀刮鐵穿痛切不可當耳門人問朱陸異同何如曰何遽論此惟取益自淑可也家故屢空喜解推以賑貧困每歲修同善會及除夕賑不恤勞怨曰能通物我之謂仁欲

求仁者莫若强恕先生稱名諸生數舉不錄嘗手錄經史古文辭不厭數過見者羨其楷法謝曰程子有言非欲字好即此是學吾意如是每教人家子弟讀小學習古禮親善類遠匪人謂不繇是無以成人材而日憂寇禍之將至崇禎癸未四月遘病卒年四十八通邑太息及門服心喪門人惠奮飛字羽豐貢大志守道寡合自幼爲先生所器隱居東亭亦中歲卒

陳龍正字惕龍浙江嘉善人少師事梁溪高忠憲先生而與同里魏忠節大中同學天啓辛酉舉京闈第三人乙丑璫禍作忠節首被逮送之至錫山因謁忠憲遂學

者累日時璫焰日張有疑其成纂者惕龍料其必敗作大疑解以破之及崇禎改元天下想望大平獨徵窺上意將疑外廷而向内臣心憂之著定本說言皆驗初以文章經濟自負自中年後悔其無本一意反求身心遂悟天地生生之旨見得著落在人倫關鍵在存誠而推行則在於愛人值寇迫民饑嘗散家廩千石以賑鄉人設莊田五頃以資族衆及倣行同善會于邑中當計偕北上寄挾智勇士厚資之令徧歷賊巢所在偵得其地形併賊率姓名以歸孳孳於獲真才拯禍亂年五十登甲戌進士丙子分校順天鄉試丁丑授中書舍人以分

掞事被議降二級戊寅五月熒惑守心上養陽好生二疏規切時失六月進特闢撥職二疏申責輔臣以人事君之義大忤執政意是冬奉使晉藩己卯再分掞順天鄉試事竣與纂修會典十月彗星見詔求直言或問當言何事答曰言事止論一事不若格心疏畧曰語曰事天以實不以文臣請曰事天以恒不以暫何謂實皇上今日求言䘏刑之誠是也何謂恒願皇上歲歲勿忘此求言䘏刑之心是也蓋星變有時弭而直言無時不當受人命無時不可哀是心也豈僅覩彗星而動哉願皇上歲歲存之日日存之疏入閣票該部知道而御筆於

事天以恒不以暫及後叚歲歲存之等語連加硃圈楷筆批票曰此疏宜褒嘉改票上斯時屬意欲擢之矣未幾立冬日大雷電雨雹上請正郊期疏謂先王以至日閉關而後世以至日郊天於禮殊戾孔子對魯定公曰周之始郊其月以日至其日用上辛夫冬至不恒遇辛則用辛爲冬至之月明矣云至日者則爲冬至之日云日至者則是日至之月而非本日也上特命閣臣會部議奏久之會奏駁上辛之不便應仍用至日乃再進郊期考辨疏御批娓娓數十言從容清問閣部皆恚及三疏四疏上卒格不行惕龍遂合閣部所顯駁士友所私

疑一一剖之名郊期咨應巽此禮明于後世更著東天民傳以見志庚辰奉命冊封擇府因假歸辛巳乞致仕不允壬午入都應詔陳言進生財平憝禦邊三疏俱蒙優荅翼日進用人探本疏留中上嘗諭諸司有利民救時之策悉開款送内閣彙奏煬龍著有墾荒議投閣未進而輔臣黃公景昉先述以告上一日舉姓名問他輔至再無荅者既而戶垣楊枝起疏薦諸正人復及是議宜令縉本進呈有旨取原議入覽煬龍補疏申言金非財惟五穀爲財典屯不足以生穀惟墾荒可以生穀起科不足以墾荒惟永不起科可以墾荒五穀生則加派

可罷加派罷則民生可安部覆辛以起科撓之又著掌上錄言兼足公私申明宫府内平外郤四事而以格君心擇治人爲之本錄成蔣晉江德燝請觀而梓傳之忌者摘其言以爲譏切且搆分闖宿案訐奏惕龍竟不自辨癸未四月朝局稍轉進剖析僞學疏并研通州二相各令人道意講一見辭不往十月聞闖逆破潼關爲詞衣帶間云南箕靜聽常依主北闕閒居也致身甲申正月調南京國子監丞三月抵家繳憑南監求題致仕五月初聞國變驚慟屢絶遂得疾七月南都遷禮部祠祭司員外見新政不綱乞休至三始允乙酉林居卧病六

月間聞南都潰韯聞劉念臺先生殉節狀遂絕粒而卒惕龍居家盡道居鄉盡仁自忠憲忠節亡後與金樞部鉉劉宮允理順蔡中丞懋德爲學問友俱先後殉國稱能盡義嘗銘於座曰人前屋漏日裏雞鳴得於隨處體驗者至矣丁丑始定格物正解曰天生蒸民有物有則格者卽物而求其天則也格之爲誰固不患其逐物而遺心矣尊忠憲之傳甚至表章甚力及定高子遺書病其君子有黨之說累於知人害於經世著羣黨解以正之閱朱子節要刪其與留丞相論朋黨一書於陽明亦瑜不掩瑕輯爲要書以存其是凡持論要于公正不爲

一偏教學者則隨材造就皆令得益而去惟不欲建院升席以矜標榜滋門戶所著有學言二十卷政書二十卷文錄二十卷因述二卷總六十二卷稱幾亭全書行於世所纂有程子詳本朱子語類朱子經說高子遺書陽明要書等編又輯皇明儒統以爲本朝學術自白沙傳金針于甘泉雜禪于儒其後諸家繁興立說彌肆姝爲斯道懼今盡芟其悖道之語存什一于千百使後人讀之皆足裨益身心而無簧鼓其聽覩雖目諸家皆醇儒正學可也用意忠厚若此其古今大聖大賢贊文廟從祀議三篇及求言生財漕運籌邊諸議皆可傳于揆

著有省心日記二編幾亭論諸儒曰富貴貧賤爲仁者之大關也人情輕於進輕於受者多過於退過於辭者少白沙終身不仕相知者欲爲建一山房終不肯受高潔之性瞻乎不滓矣其學涉禪其人則儒以其涉禪淺故猶守儒規　陽明慧辯絕世有過於退快處及問之未免遁詞如論精金分兩而曰堯舜萬鎰孔子九千鎰自是欠確後來有以此爲問者不答而言他　講學正者易淺淺者易差近儒醇正而精微自高子外惟有顧端文口筆玲利最醒人聽徹覺太盡少蘊蓄令人思耳然其心細而虛其行端而決無黍真儒矣　心齋畧工夫龍谿畧行誼　狂者行不掩言力未能副志也豈獨欲哉龍谿爲人在在託於不顧人言以自便鄉愿托無非無刺之中庸而後世又托有非有刺之狂者偭以講學爲名　南皐鄒氏少以直節顯後其學純尚禪而報援四子周易以傳會之講論倏彼倏此無實見無定指自以爲入神而君子嫌其多遁詞也　進退取予之嚴文清而下念臺劉先生獨至矣其行誼無愧真儒論學微有偏處　陽明先生稟異學透然力駁朱子朱子躬行心得持世垂教朗可駁耶間有滯語謂朱

及思孟則可亦豈真有背道而馳者自是後乃有若王龍谿幾有若羅近溪汝芳有若周海門汝登皆尊陽明畢嚮翕幾已見斥於念菴羅氏諸儒而汝芳則楊起元奉之若神然至於混儒以入佛陰借佛以攻儒而百方敺擊嚮翕或本程門之言或徬龜山之語恣情蔑剝一詞一罵惟汝登最甚又陽明以來未嘗有也其講學也如宰予短喪猶曲加廻護大抵輕人倫而贊私慾得罪聖門極多予不忍存之以禍後學故盡削之　學至孔孟千百世之的矣後學無狀者少敢非孟子尤莫敢非非孔子宋楊簡居身立朝清修直節固有足多其學最無狀謂操則存舍則亡孔子本意賤操而貴舍孟子誤認而有存心存神之說又謂孟子以正心爲戒而易云洗心大學云正心皆非孔子之言不知聖人立言各有攸當乃欲借孔孟以證成其意見見孔子所言偶合已意則執孔以詆孟見孟子所言偶合已意則執孟以詆孔其視周程以下蔑如也而近世周汝登遂直謂喝佛罵祖古今一人隱然以儒門中釋迦可奪尼山之席究其邪見將使棄父者乃真孝背君者乃真忠其爲斯道斯民之賊不又甚於鄉愿耶　自來迄今士大夫悅禪談禪

者纍纍矣大抵浮游恍惚未足以傾世又皆有所忌憚未敢直非孔孟又或身負瑕釁考實者蹙焉惟宋楊慈湖及近時周海門猖狂特異著本體似超渺無倫卑工夫似夌厲獨步其心實抑儒以伸釋其言更扭釋以罔儒又皆品行清高使惑之者益易蓋操戈入室彎弓向師誣素王排命世未有若二人之最者也噫可畏哉學聖人者廓清蕩二人之營壘其餘不煩攻也已

卞子靜失其名子靜其字浙江嘉善人禀性迂戇受學高忠憲之門嘗偕同邑吳子往崑山歸季思過梁谿侍忠憲習靜于湖上之水居客或爲水居四友圖以記之旣而周旋諸公璫禍閒不少避幸無恙後遭乙酉兵亂年已老矣竟以志節終有遺詩云豻狴半閒如地壘靈臺一點倚天空又云精光不盡爲銷鑠

靜坐功淡得宴如可以窺其所得

黃淳耀字藴生南直嘉定人自少沉潛好書博學工文詞爲諸生即名噪江東毎勵著書明道之志著自監錄知過錄後更爲日曆晝之所爲夜必書之崇禎壬午舉於鄉癸未成進士出周太史鳳翔之門釋褐後寄弟淵耀書曰吾廷試傳臚時見鼎甲先上人皆嘖嘖稱羨吾此時歎息無限天地間自有爲數千年一人數百年一人者今人必不肯爲數千年之一人而必欲爲三年之一人又曰近見他人品骨不如我意思見識不如我不免有輕蔑時俗之意坐此學力

不進然在寵辱塲中壁立如鐵則所謂辭爵祿蹈白刃吾自信無憾過此以往弁心一向終有一立脚處不徒然而已客中無可與語買得唐詩數冊通鑑一部窓虛几白風急天高誦詩讀史自嗟自樂恨千載上人不從吾遊也天下事不可爲可爲者惟有己分內事勉之勉之此書可以槩其自命矣蘊生見當時事勢已壞遂無仕進意策蹇南歸杜門不出與窮交數子砥礪益堅天性純孝家居無私財所得廩旣束脩盡以歸之親丁內憂毀瘠骨立自弱冠至登第後不苟取一錢其友人有一親戚以官事連染屬蘊生

白兑之其親戚以五十金爲壽友人懷之以餽及覿面不敢出諸袖潛置書笥中經數日忽檢出大駭亟還之介摻類若此乙酉兵至訛傳父死遂同淵耀自縊于西城僧舍臨死神氣閒暇如平時題壁有進不能宣力皇朝退不能潔身自隱讀書寡益學道無成耿耿不昧此心而已等語士林聞而悲之所著有劄記二卷語錄二卷吾師錄一卷史記雜論四卷詩文若干卷藏于家後人稱爲陶庵先生淵耀字偉恭邑諸生同里有夏雲蛟者字啟霖奇貧力學與藴生同館于侯通政家講習相契一時有黃夏之稱篤行孝

友精研性理以程朱自期著有豫章游草心學直指二編乙酉秋亦以兵死

陶琰字圭屖南直崑山人爲人溫醇端慤特深於性理之學雖爲諸生恒厭薄時文好博覽諸儒語錄訪道不遠千里乙酉之亂有友人朱集璜字以發者居圍城中拒守不下及城破赴水死時圭屖居雞鳴塘去城二十餘里躬率其徒奔救至中塗聞城已破徬徨久之乃還曰以發其死矣後之哉是夜距戶自經死

華允誠字汝立南直無錫人少從其兩兄汝翼汝正學

踰冠稱諸生萬曆丙辰偕汝正因族叔訒庵以師禮見
毘陵啟新錢先生受源編滙編及管見像抄始識學脉
之正閏尋赴東林講會讀忠憲高子靜坐說心性說更
知心學性學之辨氣靜心靜之殊遂以復性爲宗是年
始從兩兄舉家會荊溪儲恕行氏邑中忠憲素衣兩公
咸與焉以三九月爲會期歲舉不廢天啟辛酉冬赴會
試聽講于首善書院時關中馮少墟吉水鄒南皋兩先
生主其事少墟有言曰身不妄動易心不妄動難汝立
聞言當下反躬體認曰心不妄動不易身不妄動尤難
壬戌成進士假歸復因訒庵執贄于忠憲且言私淑雖

久不如親傳忠憲乃授以主靜之學甲子忠憲還朝因隨行謁選至淮陽隨講學於王心齋祠至寶應隨講學于范文正公祠在途寓書于家自幸得所依歸有云所謂無行不與今乃益覺親切而忠憲貽素衣書亦云鳳超整齊嚴肅殆若性成此天成道器一路受其益不少又許爲生知安行宛然性象其相得若此鳳超者別字也及京除工部主事值魏奄用事馮鄒諸賢俱放逐拂衣歸崇禎巳巳起補與箕我箴李荆揚劉康谷章格庵諸公論學轉營繕司員外督琉璃廠郤羨以萬計其冬北兵入塞都城戒嚴諸曹郎分守各門上微行察勤怠

多被譴逮有杖死者而汝立守德勝門獨完所製懸簾修廣如式上壽顏嗟賞頒白金二十兩加俸一年辛未調兵部職方員外協贊郎中事乞休不允疏陳三大可惜四大可憂內言國家罷設丞相用人之職吏部掌之閣臣不得侵焉今次輔冢臣以同邑爲朋比惟異己之驅除閣臣兼攝吏部之權吏部惟阿閣臣之意綫索呼吸機關首尾庇同鄉則逆黨可公然保舉排正類則講官可借題逼逐又言喪師誤國之王化貞宜正法潔已愛民之余大成有可矜疏入奉旨切責回話再疏直糾次輔溫體仁冢臣閔洪學罪狀二臣亦各疏辨奉旨再

着回話三疏欲追理洪學所冒之軍功追奪洪學所叨之恩蔭極言體仁紾臂塗顏廉隅掃地通衢露布徧體瘡痍上察之止鐫俸未幾以終養歸上尋釋余大成于獄寘王化貞于理皆前疏有以啟之也里居十年餘當甲申南渡召爲吏部驗封司員外郎署選司事至京閉門謝客貴陽相投刺竟不報先是荊溪再召過錫投刺且托人致意欲以京堂市亦未嘗報謝也見時事日非在署僅十三日謝歸乙酉後以舊冠衣杜門日惟飾巾待盡戊子四月寓堵家爲游兵執至金陵始終不屈遂與從孫尚濂同死神色晹晹如平時年六十一初汝立

登第出相國賀文忠之門文忠在闈夢神語曰明日閱第一卷眞士也因得汝立卷後先殉國固非偶然而忠憲之臨止水也特書一帖以授曰心如太虛本無生死夫固以後死嫡系屬之矣汝立十六失怙太安人訓之嚴歸養日母老患心痛每夜伏于床以氣噓之旦必露禱請代三閱月病良已伯兄旣喪固邀仲兄同居侍母盡其歡至于置役田葺祠修宗譜廣同善會尤造福族里方忠憲聞逮自溺有詔根究汝立旣偕郡守曾公輩周旋其間又轉托都人多方調護高氏得無恙論塟時以在京不及送比歸特補奠墓下知地不吉卽代營

改甦纂高子年譜一卷特詳于為學入道之序誠高子嫡傳也在兵曹草疏二千言力請崇祀謂國朝理學一脈先臣曹端實開其始臣師攀龍則集其成宜與薛瑄諸臣共祀孔子廟庭使天下曉然知正學之所在疏既具因杜掌科先言之而未允不果上會仲兄書來曰高先生崇祀一疏真吾弟身上事然斷非今日所宜言亦斷非一疏可了設使言之今日無論側目者必以門戶相詆即在同志中有灼然確見以為當然者幾人哉區區之意以為吾弟既身任之又必博求而審訂之察二三同志中淡知先生之學者相與極力表章使先生之

學大著於世而後可議及此比之目前一疏爲力更難搘子尤重所以謂今日且作歸計休養精神以圖不朽可耳非畏首畏尾之言也汝立得書喟然自此敦勵益至薀汝立之學爲能得統高子者家庭剴切之力居多晩年擬作易解細讀周易孔義輟筆歎曰吾無贅矣澹有味乎介石之義乃更號豫如學者稱鳳超先生所著有春秋說四書大全參補藏于家汝巽名允謀踰冠舉萬曆庚子鄉試下第後游東林一見錢顧高吳諸先生汗出浹背竟夕不寐反顧盟心務屛習心遠習氣洗滌磨礪篇押清苦尤研精於易一卦一爻莫不反求諸身

心立家會率子弟興起於學天啟壬戌就賓應敎諭以身植範諸生中有爭地終歲不解者至是化其敎各讓不取爰卽其地築興讓堂集諸生講習其中嚴立規條以正人心辨是非為急曰是非明而好惡公好惡公而賞罰當賞罰當而勸懲備從善去惡反正易邪之念決矣初到任請祀劉駕部靜之于鄉賢祠五選賓筵惟劉學博春宇一人先於天啟未卒高忠憲志其墓稱燕超先生汝正名允誼號龍超晚更後庵與同邑呂誠之高彙旃嚴佩之祺先輩會講東林著有三像粹精春秋傳戴記纂疏等書訒庵名貞元卒俱在汝立殉節之後别有

傳茲錄不載門人張光家曰光家夙聞華夫子得高子之傳丁亥正月十五日偕弟光庭過鵞湖奉家伯父書請執弟子禮夫子謙讓久之止齊受四揖仰見夫子肩背竦直目不妄瞬峩冠修髮袍袖雍然眞偉人也坐定首問靜坐之法夫子曰以定心氣耳勿思效驗純閉目則游思易生只用垂簾爲是次問爲學之方曰高子遺書盡之矣問經學曰大易是聖人之體春秋是聖人之用近時易解惟管見說得親切因論時事曰逆案之定朝廷最爲失着旣知其逆卽當誅而不赦矣赦而不誅又存其案則國法未伸徒以毒小人之心而翻後日之案甚無謂也留飯用五簋酒止三行備甚和洽時方率子姪輩節錄春秋傳義多主公羊說傍晚告歸夫子曰遺書管見二帙卽當簡出爲贈明晨將發則二書已送至舟中矣其樂于引掖後進如此

吳鍾巒字巒穉一字峻伯南直武進人初讀陽明傳習錄悅之繼讀釋氏壇經及聞養生家言又皆悅之弱冠

奉父教受業端文顧公公亟賞其文時四方來學者衆每課試必列第一載從忠憲高公游聞其講論始悟向來所悅之皆非學術一軌于正一時名碩若孫文介張清惠繆文貞馬文忠相得甚歡而李忠毅應昇偕兄應昃北面問業幾于無言不悅當忠毅觸璫被逮親戚交游俱避匿不敢送緹騎自江陰過郡城巒穉乃出逆于道舍之家論學數日訂婚姻然後去比忠毅就獄慘死輯其前後詩文書札爲端友集以表之其後巒穉以貢試至都門石齋黃先生負重望在詞林一見喜曰吾雅慕李仲達恨不得見今見先

生如見仲達矣相與飲酒竟日而別巒稱二十補諸生至五十八崇禎甲戌始繇光州學博連舉進士選爲長興令方赴任在途述孫文介困思抄爲守身法以自省在長興靖盜安民暇則與諸生講德考業浙士爭師事之獨念旱潦相仍地方憔悴催餉不中額丙子分考浙闈得士錢肅樂等己卯中使崔璘以巡察鹽糧出其見郡縣體與撫按同巒稱矢志不肯屈膝爲時人所忌遂中蜚語罷歸庚辰家居讀易朝夕不輟時四郊多壘士爭談經濟巒稱曰不明于死生必不能忠義不知忠義必無經濟作勸學說與同志

祇礪焉荆溪再相自以有故舊招之出補官鑾稱笑不應辛巳詔蠲逋賦湔除外任錢糧參罰各官補紹興府照磨居一年量移桂林府推官甲申六月聞國變痛絕復蘇曰馬素修必能死節已而果然是年冬擢禮部主客司主事以清獄未行乙酉七月抵南雄聞南都復潰留不進自是轉徙閩浙兩粵間辛卯八月自普陀渡海入昌國衛城至九月二日積薪自焚於文廟左廡樓下年七十五鑾稱嘗作十願齋說以教子孫其一曰吾願子孫世爲儒不願其登科第其二曰吾願其讀聖賢書不願其好釋典乞靈西竺其

未則曰吾願其見危授命不願其偷生事佚其示閑亦嚴矣居海外時親友有以書招其歸者作止歸說謝之吳之先本無錫人洪武間始祖肇以徵辟官御史建文遜位棄家從亡後遇赦還托醫藥爲業戒子孫勿入城市三遷至武進之横林鎮卒葬其鄉及變舁歸骨從葬墓側論者謂吳氏祖孫忠節與明代相終始學者稱霞舟先生所著有周易卦說大學衍註霞舟擕卷語錄雜著若干卷藏于家

呂高培曰聞之先大父曰吳儀部邀東林時年甚少端文忠憲兩先生亟相引重而孫少宰栢潭公讀其文以其甥女劉氏妻之亦具服也哉至吳氏之門多節義先死瑞禍者爲江陰李侍御仲達同死海外者爲浙東錢員外希聲

未仕而守死善道者爲吾錫顧孝廉所止固不愧一脉也高培又按都人士並師顧高而死節者儀部與馬文肅最著又有華學正紫梁諱白淼者明末爲養利州學正值交阯入寇城陷乃登明倫堂具衣冠拜闕題詩自經妾姜氏撲殺三歲兒亦縊于堂西事在戊子十二月初八日與其家吏部公同歲死人謂之華氏雙忠吏部公者卽鳳超先生師高而淑顧者也吾師之爲是錄耑主理學不偏取氣節故不及悉著錄中然令而觀之可以見端文忠憲之澤未亡功在名教亦大矣

錫山源流錄卷十三終

雒閩源流錄卷十四　江門

無錫張夏纂　門人婺源黃昌衢 昌修 校

陳王二家之學端相引也然迴陳之本初固與王殊科陳雖尚靜悟喜簡佚而極守規矩厲廉隅孳孳矻矻以躬行心得爲務從未敢顯肆一言詆賢侮聖降至王而決裂太甚前斂後放亦判然矣惟中間變爲王湛此曰難靠書冊彼曰不須讀書此曰有覺無覺彼曰無善無惡雖挾持非一而欲盡掃宋儒直接羲孔之意見則不謀而同爲其徒者又出入二門互相推贊遂牽而合之有若所謂湛

先生之體認天理卽王先生之致良知者噫白沙當日不過欲救俗學解粘脫縛云爾豈料再傳而後有此逗漏又有此浸淫流弊無窮也哉雖然未可一律論也惟荆川子有言陽明津路宏濶求濟者或迷其所白沙一綫之津得而守之問渡差易此言近似亦語向陳而意推王者愚則請以宋人斷之葢白沙猶康節也陽明猶象山也昔朱子輯近思錄衹取周張二程不採康節及錄伊雒淵源乃躋康節于四子之列或嚴或寬義各有取而象山未有與焉茲錄于陳王又可以竟削乎又可以

無差别乎爰取江門師弟子另編一帙見陳氏主静之教有若此病根在剽禪搴儒先正具摘之彼亦不能自掩而其爲教能使一時學者敝屣功名富貴以自致于君親之際可狷可狂而必不可爲鄉愿清風高節亦何可及也若夫增城之傳爲獨盛而其習頽寖偷觀涇野稚川二子致訾之言可見崖畧猶幸晚年進修表伊川議象山稍砥越學故其門下多篤實之儒啓歸正之漸不可謂無功於江門矣愚故併著之嗟乎若斯人者本原則潔品地則高學術則偏使得聖人而裁之磨明洗翳

絕似求眞其所就豈止此而已哉

陳獻章　莊　昶　賀　欽　陳茂烈

李承箕（丞芳合傳）　陳　庸　張　詡　林　光

李孔修　謝　佑　何廷矩　湛若水

區　越　梁　儲　丁　積　朱伯驥

馮　裕　方重杰　何維栢　霍　任

唐伯元　劉秉鑑　洪　垣　方　瓘

謝　顯　潘子嘉　汪尚寧　鄭　燭

林挺春　郭　棐　鍾景春　蔡　璦

顧應祥　韋商臣　唐　樞　許孚遠

王愛

陳獻章字公甫廣東新會人宣德戊申生于都會村父先一月卒母林氏夢白龍入室其光如晝翌日公甫生幼秉奇悟讀書一覽輒記弱冠中正統丁卯鄉試再上禮部不第歸而歎曰學止於舉業而已乎天下必有知道者聞江西吳康齋講學臨川遂棄舉業而往學焉康齋師道尊嚴教人多舉伊雒成語公甫至絕無講説惟使之斵地植蔬編籬作字則使研墨客至則使接茶居半載別歸竟未知入處歸而杜門讀書徹夜不寢少困則以水沃其足久之歎曰夫學貴乎自得也然後博之

以典籍則典籍之言我之言也否則典籍自典籍而我
自我也築一臺名曰陽春坐其中耑求所以用力之方
令家人穴壁饋飡幾至心病益自臨川歸苦心考索者
三年閉戶嘿坐者又十年而後有得見此心之體隱然
呈露常若有物於是渙然自信曰作聖之功其在是乎
是時年近四十矣故其教人以主靜爲先嘗曰爲學須
從靜坐中養出箇端倪方有商量處未可全靠書冊成
化丁亥復遊太學祭酒邢讓試和楊龜山此日不再得
詩覽之驚曰龜山不如也爲颺言於朝以爲眞儒復出
繇是名振京師羅一峯章楓山莊定山輩皆與游賀欽

時爲給事中聞公甫議論即日解官去公甫旣歸白沙四方從學者日益衆與門人講學或至漏下亹亹不倦楚人李世卿來學築楚雲臺以居之進士姜麟使貴州特取道如新會以師禮見出曰吾閱人多矣未有如先生者至京師或問公甫何如人對曰活孟子活孟子庚子江西布政使陳偉輩修復白鹿洞書院致書幣聘爲山長謝不往成化壬寅以廣東布政使彭韶都御史朱英薦赴京師名試吏部辭疾不往越數日赴試至部復以疾驟發引退卒不就試上疏乞歸養憲宗親閱再三明日特授翰林院檢討許親終疾愈仍來供職上表謝

不辭而去至南安知府張弼問出處曰康齋以布衣爲石亨所薦以故不受職求觀秘書冀開悟主上惜南陽不悟以爲實然言之上令受職然後觀書殊類康齋遂决去獻章以聽選監生薦又疏陳始終願仕故不敢餙僞詞釣虛名或受或不受各有攸宜耳時年五十六自後屢薦不起事母甚謹時或在外母有念輒心動馳歸果然母信浮屠法及病命以佛事禱從之始懼學者障于言語事爲之末也恒訓之曰去耳目支離之用全虛圓不測之神其後懼學者淪於虛無寂滅之偏也又恒訓之曰不離乎日用而見鳶飛魚躍之妙或勸之著書

不答別號石齋既老號石翁身長八尺目光如星右臉有七黑子如北斗狀固異人也弘治戊午遘疾庚申二月卒年七十三門人湛若水服心喪三年所著有白沙集學者稱白沙先生萬曆初從祀孔子廟廷賜謚曰文恭

公甫嘗以周易疑義質康齋康齋曰過清江可叩龍潭老人龍潭老人者陳海雝也公甫如言往謁適老人雨中簑笠荷田問之即海雝乃延至家籬落蕭門人無至者與之對榻信宿辨析疑義公甫歎服而去海雝因語其子曰吳康齋非愛我者　呂涇野曰陳白沙徵到京吏部尚書問曰貴省官如何曰與天下省官同請對坐郎坐無辭此儘朴實有所養　陳清瀾曰白沙之學專主靜坐明心而以經書爲糟粕與程朱異尚當時若章楓山懋何椒丘喬新周翠渠瑛胡敬齋居仁張古城吉羅整菴欽順陳益菴驥皆有名言訾其爲禪愚於學蔀通辯亦已辨之至尹蹇齋瑣綴錄則詆訾已甚誣實相半尚論君子識焉

莊杲字孔暘南直江浦人自少穎異長益不羣貌古而心和學博而志曠與陳白沙同道交善世稱定山先生登成化丙戌進士選庶吉士授翰林院簡討同編修章懋黃仲昭上培養君德疏諫止上元燈火忤旨予杖謫湖廣桂陽州判官未幾言者論救改南京行人司左司副尋丁母憂會父贊菴公感風疾臥病五年孔暘在憂苦中延醫選藥扶侍不少離父終哀毀逾禮既免喪以疾不起移居浦子口偪江流吞齧遷入定山所居諸峰環抱依高為亭鑿卑為池兼具竹木花卉之勝巡撫王恕入山訪之欲以白金十五鎰佐理敝廬固卻不受衆

徒講學垂三十年弘治甲寅被薦名用巡撫何鑑躬詣勸駕入京謁吏部三揖不跪冢宰耿裕起揖延之茶令四司送出部門孔暘謂人曰弟令不失巳官職外物耳内閣徐溥言當復官翰林而丘濬等持之吏部乃題復行人司副乙卯内閣李東陽語吏部曰留都根本之地定山還當官此遷南京吏部驗封司郎中到任十二日偶病遷延野寺中以病告丙辰春不待報允而歸司察者注以老疾葢終忌之也孔暘生平持身慕伊川法度接人慕明道和氣嘗曰天生聖賢爲世道計也孔子六經諸傳註喚醒聾聵所以引其不及者至矣今世降風

移學者泥於聞見至淪胥以溺非制其過可乎故進而當行道也吾義所安不違道以干譽退而當明道也吾志所存不立異以求名其持論率若此每厭俗學膚淺不足以濟時通治故經濟之志多見于文字間雅好爲詩趣多自得不獨踵唐人風格說者謂詩之變自定山始所著有定山集行于世時白沙爲學渙然于本心定山與之同趣每言當于經書傳注外超然自得爰作活水溪雲亭以見意而丘瓊山公博學多識闢陳莊語學驟異心嫉之又惡其皆不仕曰率天下士夫背朝廷者二子也是不爲君用當誅蓋國初嘗立是法然申戒祖訓中而丘言至此已甚矣其時又以立異爲名高發之會試策問及丘柄國莊再薦不得已而起竟敗名雖見幾少濡忍亦行止之路固狹耳　愚按甘杲序定山集有曰定山題白沙詩云才力凡今我與翁百年端許自知公慣

渠老筆須終勁周子通書自不同蓋以周子謂白沙而以横渠自謂也記定山祠有曰先生之學宜與白沙先生同而白沙先生嘗語我曰定山人品甚高恨不曾相與問學不知其後問林緝熙否緝熙又何以告之此猶若有未盡然者何耶竊以爲此陳莊大同小異之槩也至于定山之將致仕白沙寄詩曰欲歸不歸何遲遲不是孤臣托疾時此是定山最高處江門漁父卻能知則又規頌皆寓其中矣予故于陳莊連類書之

賀欽字克恭遼東廣寧人少穎敏沉厚好學偶得近思錄朝夕玩讀得其旨要遂厭俗學成化丙戌舉進士授戶科給事中聞陳白沙議論歎曰至性不顯寶藏猶霾世卽用我而我奚以爲用卽日抗疏解官去執弟子禮惟謹既歸肖其像懸室中有大事必啓焉弘治初薦起

爲陝西布政司參議撫治商雒以母老病上疏懇辭陳四事一曰資眞儒以講聖學二曰薦賢才以輔治道三曰遵祖制以處內官四曰興禮樂以化天下因力薦獻章天性高明學術純正乞任之內閣經筵俾參大政養君德疏入朝廷允其辭而所陳四事黜以浮泛罷之正德己巳逆瑾括民田東人驚疑思亂義州以守臣貪故遂先發聚衆縱火劫財城中大擾相戒無驚賀公鄉人請克恭往撫之衆皆羅拜乞生路克恭曰渠輩旣知悔卽不殺人猶可活鎮城有體勘人來渠輩但乞命毋殺人已而體勘人果至須臾人報發軍來剿衆復呼譟相

衆曰賀公素無誑言再往問之克恭曰城中擾亂至此鎮城焉得不發兵兵雖至爾等弟不殺人無害也衆唯唯退城中竟不傷一人克恭家居杜門潛心理學不務博覽惟讀五經四書小學靜思嘿識反身實踐冠昏喪祭遵用家禮毎教人讀白鹿洞規雖嘗尊信白沙及白沙謂賀子少自得宜誦佛書毅然弗之從也晩好易究心象數手不釋卷淸修篤行鄉人化之稱曰醫閭先生及卒祀之陵溪釣臺子士諮鄉貢士博學愼行嘗陳十二事論王政不報辭病歸終身不仕賀子不從白沙誦佛書事載崔后渠士翼中

陳茂烈字時周福建莆田人世隸興化衛戍籍少喪父補總旗晝入公署夜歸讀書祖母憐其孱弱亟止之乃韜燈默誦不少輟年十八慨然歎曰善學聖人者莫如顏曾顏之克己曾之日省學聖之法也作省克錄以自考嘗赴會試道遇盜剽貲盡亾獨友人所附金在畢歸之附金生請分謝曰我金去君金存何謂分乎弘治丙辰登進士奉使廣東因從白沙游教以主靜退而作靜思錄終身佩其教初爲吉安府推官持大體開至誠郡守嚴擊強豪能輔以寬當道尚深刻徐開解之得和齊信孚上下豪家利寡婦財誣許婚斷從守志妻有夫死

而嫁其孕妾者既生子歸承其業族人爭之驗類其姊爭者愧服考績歸至淮幾凍死所知覆以敝裘救之拜監察御史敝衣羸馬身若無官劾罷尚書侶鍾諱以母老乞終養母進甘旨妻子服食粗糲躬治畦隴以給出則手執小油蓋入臥破席無帷人皆不堪獨泰然自足一女適彭惠安公孫嫁具涼薄亦不以自嫌也侍母之暇日坐斗室究極經書體驗身心隨得隨錄嘗曰儒有向上工夫詩文特土苴耳正德中吏部以其孝養清苦奏改爲晉江教諭資其祿不拜復援侍郎潘禮事例奏給月米上從之制曰陳茂烈清苦可嘉着有司月給米

三石以資孝養又具疏辭不允時周以母年九十未有嗣息日夜爲憂方抱疾而母卒強起號哭寢于地親負土石成墳疾轉亟亦卒遺命立族子遠揚爲後鄉達林俊爲治殮都御史王應鵬奏稱茂烈廉約如石守道而所養獨純孝行如徐仲車而所處尤困請卹之詔表其里曰孝廉祀之鄉賢恤其家學者稱梅峰先生愚按白沙定山皆以心悟勝狂能包狷也醫閭梅峰二子最服膺白沙之教而莫不尚躬行狷善學狂也是四子者進乎道矣愚故於此並進之夫別之於門派而尊之於位置非有二也以道爲衡而已

李承箕字世卿湖廣嘉魚人幼有大志不喜舉子業好古文辭非禮不言動初赴成化庚子鄉試考官桑

悅首選其卷監臨者不從而罷悅乃上書政府論薦至丙午與兄承芳同登賢書每上公車定以元旦不忍以令節違親已酉除夕兄弟侍親榻至中夜母歎曰今夕有二子在明夕當何如世卿聞言即泣下不忍去勸兄就道已酉奉覲遂棄科名不復言祿仕久之兄棄官歸相與日夕奉母怡愉一堂及母喪寢苫枕塊不離喪次凡再入粵訪白沙事以師禮讀書大崖之峰因號大崖家徒壁立家人告不給適兄弟對坐相視曰吾道非耶後竟以學行名天下世卿爲人寡言笑終日端坐人莫窺其所存爲詩文下筆立就

若不經意工草書人爭傳之所著有大崖集卒配享濂溪祠承芳字茂卿幼穎異生七月以筯畫灰作土地二一字年十四伯父中丞公田指鄉富貴者示之曰兒志及此乎對曰富貴不淫貧賤樂兒志也成化庚戌登進士授大理寺評事居官清苦嘗謂人曰予得俸錢三十緡可津而南矣及遷寺副遂謝病歸與弟偕隱以講學爲業其論治以教化爲本所著有東嶠集

陳庸字秉常廣東南海人力行好古舉成化甲午聞江門之學往師事之白沙深取其德量年踰五十親

友強之仕補荆門州同知蒞任五日不能隨時俯仰
拂衣歸足不履城市督學王弘請與相見竟謝不往
友人謝佑卒貧無以塟罄囊助之病革沐浴更衣設
白沙像焚香再拜而逝年八十六所著有東峰語錄
其徒多以科第顯倫文敘最著

張詡字廷實號東所廣東南海人少負經濟好探名理
不爲口耳之學莆田彭韶見其所作詩美之曰嶺南
孤鳳也因陳庸以見白沙或詢詡爲人白沙曰余知
庸庸知詡何問焉成化甲辰登進士移疾歸久之授
戶部主事尋丁艱歸隱居二十餘年弘治辛酉廵按

御史費鎧疏薦部書下有司速駕以疾辭不起正德初御史程材王旻前後疏薦部書再下堅辭如故既而吏部及巡按御史累疏學行以聞有旨起用甲戌拜南京通政司左參議乃先具疏引疾勉赴南都拜孝陵而歸不閱旬卒年六十愚按白沙門人張東所溺禪尤深卽白沙嘗訾之見整菴廿泉問答書中

林光字緝熙廣東東莞人自少苦學不懈博綜經史父彥愈嘗手書范文正晝虀粥事爲勗已復購文正全集畀之年十七補邑諸生讀吳草廬論學諸書益大感悟建得趣亭日讀書持敬涵養其中成化乙酉

領鄉薦己丑會試拜白沙於神樂觀語大合遂從歸江門曰吾得師矣白沙亦深期之父聞而喜手錄朱子語類至四十三卷課之曰汝學能立吾啜菽飲水死不恨矣紆青紫耀閭巷何有於我哉蓋父子間自爲知已如此既而築室樵山與白沙往來問學者二十年巡撫朱英勸之仕報曰夫人幼而習之於小學必求所以事上長而進之於大學必求所以治下善學者不汲汲於施爲成敗利鈍之際而汲汲於吾心權衡尺度之間寧學成而不用未有不成而苟用者也父艱服闋毋强之出甲辰會試中乙榜授平湖教

論以身爲教勉學者反躬修行探本窮原上敦風化養廉耻疏得旨飭行廵撫彭公廉其賢待以賓師之禮丙午分考福建弘治己酉主考湖廣是年總修浙籓憲廟實錄辛亥修嘉興縣志壬子復同考順天凡三較文僉推藻鑑部使者以卓異薦遷兗州府教授會內艱歸起補嚴州府教授按察使孫需疏薦擢國子博士作正學解教胄子解諸生翕然宗之會孔廟災上疏言孔子之心必不安于天子禮樂之祀宜題木主曰先師孔子時論韙之三載乞休不允尋遷襄府左長史進中順大夫遂致仕邑大夫歲時請爲鄉

飲賓皆不應曰惟靜坐讀書嘗言所謂聞道者在自得耳讀盡天下書說盡天下理無自得入頭處終是閒也別號南川自師白沙外遠與定山爲友見愛重亞于白沙詳見定山集中壽八十一

李孔修字子長廣東順德人僑居廣州之高第街混迹闤闠人不識也張詡識之薦于其師白沙及見白沙亟稱之賢名始著嘗輸糧于縣縣令異其容止詢姓名不答第拱手令叱之曰何物小民乃拱手耶再拱手令怒笞之五竟無言而出有庶母交没改適誣子長奪其產縣令鞫之卽操筆置對曰母言是也縣

令疑焉徐得其情乃大敬禮之敝廬薄畦疏食不繼未嘗一糶其胥詩字不履前人自爲戶牖或觀山水歸而圖之見者爭愛而酬之平居皂帽深衣入夜不達二十年不入城闉惟攻周易城中兒童婦女皆稱曰子長先生吳廷舉縣縣令爲藩臬在粵最久與爲布衣交兩人高風在塵埃之表粵人嘗道之此兩人亦相成也自號抱眞子卒無嗣憲使李中少參王崇教經紀其喪尚書霍韜葬之西樵山西樵人祭社以子長配東莞祁衍過其墓有詩不見高人李抱眞淸風巢許必爲鄰歲時伏臘村翁事芳草淒淒又一春

謝佑字天錫廣東南海人嘗從白沙游一聞主靜竅綮遂築室葵山之下栖焉妻甚併日而餐襪不掩脛晏如也塵世名利不少罣胸臆病中寄友人湛若水詩曰生從何處來化從何處去化化與生生便是真元處未幾卒後若水祀白沙于白雲山以天錫配

何廷矩字時振廣東番禺人爲郡諸生以文行爲督學胡榮所器重見白沙卽棄舉子業從之游會將秋試時振毅然謝去胡公遣人乘馬追之謝曰泉石疾已在膏肓矣遂不復出所著有禮意大全三卷存羊錄十卷皆本周禮云

湛若水字元明廣東增城人性穎敏自少知好學弘治壬子魁書經尋從白沙游即以隨處體認天理爲說白沙曰此子參前倚衡之學也自是潛心默會日有所得遂焚去路引誓不復出後以母命出赴南雍祭酒章懋試晬面盎背論甚奇之乙丑會試南昌張元禎爲主考無錫呂元夫爲同考拔置第二賜二甲進士選庶常授編修時王守仁在吏部各用其說倡道京師聲望日著而元明場屋所取士修撰呂柟主事王崇輩又交和之久之使安南册封國王黎賙悉卻餽遺正德乙亥奉母喪歸葬荷塘廬墓三年墓產

瑞瓜既而卜築西樵多士來學支與日給錢米命就禮舍至齋戒三日習禮成而後聽講講必端坐觀心不遠與言嘉靖初以侍讀遷南京國子監祭酒開講院刻心性圖說門人在監者永康程文德武陵蔣信最著皆極力薦拔後至通顯俄遷禮部侍郎先後有勤聖學等疏凡數十上彙爲獻納編又倣大學衍義補作格物通以進累遷南京禮吏兵三部尚書置新泉三山二莊講學于其間他如江都休寧貴池等處皆建有書院元明在南都久春時勸農躬詣田畝憫俗侈泆定喪祭之制頒行之有劉公廟聚衆燒香爲

沉其像於江以絕衆惑貧者或以火葬乃買田四郊爲漏澤園以處之且置田供時祀費盡毀私創菴院僧尼勒令歸俗後生子多以湛名者蓋久而殄化大行秩滿奏績上以年踰七十許致仕平生志爲力勤無處不授徒無日不講學從游者殆徧天下斯時天下學徒不歸王則歸湛謂之王湛凡足跡所至必建書院祀白沙[illegible][illegible]莊亦然嘗至衡山特築白沙書院置田五頃歸復取白雲山爲白沙祠其所論率本師說而參以己學甚闢陽明子之言空聽者心折焉學者稱甘泉先生或稱增城先生庚申四月卒于所居

小禺洞年九十五有大星隕于廣州之河南其聲如雷所著有遵道錄樵語古文小學四書測二禮經傳測春秋正傳古易經傳測學庸訓測及前後詩文集數百卷行于世謚文簡涇野跋甘泉書白沙語曰右甘泉先生書白沙先生數語蓋見道之言也夫其曰道有以言傳與否者以人言也有由積累而至與否者以學論也人品有上下故於賜則欲無言於回則言之終日若認道不可以言傳則異矣人學有生困故羲黃爲生知堯舜已兢業若認學不由于積累則誤矣是故志學耳順積五級而後得詞不可已裒六經而始備故曾子郎禮而問乎諸疑顏氏竭才以事於四勿觀是書與言者當求之意表不可泥之辭中衡甘泉先生之門生也因掌科之問遂并識其後以歸方氏

區越廣東新會人少游白沙之門正德初由進士知

嘉善縣性慈祥政務簡靜得親民體以最名入爲戶
部主事平居無疾言遽色以涵養稱
梁儲字叔厚廣東順德人成化戊戌會試第一殿試
居二甲首改庶常授編修正德初歷冢宰兼學士崇
典誥勅掌詹事府事爲逆瑾所絀瑾敗名復官遂入
閣爲大學士歷加少保少傅少師兼太子太師華蓋
殿大學士請名還舊輔楊廷和至則遜居其下前後
諫止武廟游幸命草勅自稱大將軍廵邊及予秦藩
牧地入寧王世子居守俱有回天功後受遺詔迎立
興邸是爲世廟事具國史晚號厚齋别號鬱洲居士

著有艷洲集卒年七十七贈太師謚文康少及白沙門未悉其授受本末蓋講師弟子之禮而自立者也白沙諸高弟在粵者以重望莫若厚齋以廣教莫若甘泉此外又有鄧德昌易德元者品槩清高皆南海人

丁積字彥誠江西寧都人成化中除新會知縣聞邑中有白沙陳先生喜曰吾得師矣請白沙門人梁編修儲李主事祥爲先容旣至事以師禮月分其所得俸給之白沙謝不受有所聞行之惟恐後其爲政以風化爲本而主於惠利申洪武禮制參以文公四禮

儀爲書擇邑老成人主之月朔進問于庭優禮其能者嚴賭博竊盜之禁榜門示耻良家子游惰不作業者聚廡下使日誦小學書親爲講解以需變化于是表邑中節義祠墓各置田立守及時歲祀諸上下往來非經之餽一切杜絕盡罷向來民間私歛當月錢其甲首納均平錢畢自歸田弛然無復事白沙賦樂歲詩曰長官願似丁明府甲首終年不到衙蓋其實也歲大旱春盡種未入土彥誠深憂之築壇山頂晨夕齋沐伏壇下禱得疾卒歸德里有一嫗夜哭而哀或問之曰來年當甲首丁父死吾何以聊生其得民

如此

朱伯驥湖廣通山人成化癸卯舉人築室溪南耑精墳典與俗違尚就選廣州府推官一見白沙接緒論即浩然有歸志退而上書論古今人才不相及白沙以爲知言遂棄官歸横經講學時放歌自適自賀欽至朱伯驥共十五人皆白沙門人

馮裕字伯順山東臨朐人以先世戍遼東生于廣寧少孤貧刻苦讀書聞義州賀醫閭倡明理學往師事之輒充然有得歸而客叩身心動靜語嘿雖微必謹家無積書借覽以資見聞精心經學雖箋注隻字必

窮研洞豁然後已正德初舉進士授華亭令時逆瑾煽禍邑人張文冕任近侍為瑾腹心以家托之及至邑一無所私冕怒愬于瑾將逮繫之伯順知禍在旦夕略不為動已而逆黨伏誅歷蕭縣令晉州牧所至多惠政去後民見思遷戶部郎出納一循法制數忤權貴權貴潛遣人偵之踰歲無所得其人歎服再拜辭去出守貴州遷按察司副使後先七年屢建平蠻功嘗一言解鬬南裔以寧後解官歸青州不治生產僦居十餘年力不能酬其直囊無遺鏹瓶無遺粟弗問也性重厚剛介人不敢干以私居官居里凜凜自

持非義一毫不染晚年端坐陋室手不釋卷與諸同志結會講道嘗爲醫閭先生集序疾亟猶更定字義命筆皆正俄而整冠斂衽卒子四惟健惟重惟敏惟訥俱登第醫閭門人

方重杰字思輿廣東南海人尚書簡肅公之冢子幼著孝行母病籲天割肱和粥以進母啖之尋愈父沒廬于墓側有朱蛇盤旋廬舍中弗去者旬日臺司行檄獎扁其門受業于東所張子據養漸充正德巳卯舉于鄉再上春官不第遂脫迹名場潛心道奥甘澹泊絕嗜好以顏子淵程伯淳爲渠矱妙契疾書根極

要領著希明錄以見志後病嘔血卒屬纊之日令其子講疏食飲水章歌歸去來辭自作挽詞至死不亂大理卿黃鞏贊曰簡肅之有思與猶張忠獻之有南軒也東所門人

何維栢字喬仲廣東廣州人少游三水庠見同舍生臨祭而譃輒引避以爲辱巳衆皆愧服嘗慕西樵泉石之勝負笈讀其中值湛文簡霍文敏亦山栖與語多所默契登嘉靖乙未進士選庶常授御史疏止沙河功德二役省費百萬再疏罷征安南極論毛尚書伯溫奪情上亦納之尋謝病歸西樵與劉模王漸逵

王激衷徃來論學復補御史出按八閩賑䘏飢民存活計數十萬因條救荒十策著爲令首發少師嚴嵩罪狀比之李林甫盧杞上震怒遣官逮繫所過士庶遮道攀畱緹騎持之益急諸生大哭喬仲謝曰此予處定而後發人臣之義自當如是何哭爲逮至幾死杖下竟削籍歸屏居僧舍聚徒論學隆慶改元復原官屢遷至左副都御史協理臺務萬曆初轉吏部侍郎前後疏請修聖德勤聖學飭羣工語多切中會少師張居正遭喪奪情衆議保畱尚書張瀚私叩之答曰天經地義何可廢也語泄見忌出爲南京禮部尚

書次潞河遂乞骸骨歸角巾野服恣遊名山闢天山書院聚講發明白沙宗旨薦紳之士即皓首猶北面就弟子列卒謚端恪所著有易學義禮經辨太極圖解天山存稿及編陳子言行錄行于世

霍任字尹先廣東南海人少同兄韜讀書僧舍衣冠相對即暑夜不違人服其端莊兩試不遇遂潛心理學以主靜為根宗絕玩好斷戲謔於聲色名利澹如也父母沒哀毀成瘠齋素三年廬墓西樵服闋因移家墓下兄方歷顯要秉銓衡而尹先托迹溪谷間與白沙高弟鄧德昌輩泉石自娛不與世事然赴人之

急甚於其私有被誣殺人罪者初未識面鬭其冤輒爲雪釋其人致百金謝麾不納歲祲令家人減食以賑見債負苦累貳代償焉有兩田吏鬭乙不勝毆甲先隴以洩忿甲將訟于官諭之不聽乃具脯酹在拜其隴躬餙之甲驚曰吾世田吏何以當此遂不復訟矣栖西樵垂四十載山民父視之比卒聞者莫不流涕著有心性説解宙山剩言

唐伯元字仁卿廣東澄海人萬曆甲戌進士知萬年縣改泰和俱有惠政秩滿晉南京戶部主事去兩邑民並祀之後爲郎進石經大學上留覽焉以言官謫

共詆斥新學貶判海州以何轉保定推官擢禮部主事疏請端大本間引世宗遺詔語極忠剴上為感動辛卯典湖廣試得士備一時之選歷遷吏部文選郎中上方督過銓衡同官懼罪兢兢仁卿一意剔弊銓地清肅會太僕少卿闕太宰薦入未下兩疏乞休歸踰年卒年五十八仁卿學本誠意為文根極理要所著述有醉經樓集禮編易註太乙堂釆芳亭稿白沙文編二程語類諸書以上三子白沙後學

劉秉鑑江西安福人早孤勵名檢壯益嚮學出甘泉湛公之門與呂涇野鄒東廓為友惜陰會起盛暑霆

雨必赴共兄沮之曰子事母孝事兄悌奚以講學爲從容對曰兄觀吾外謂可免怨尤吾觀吾內猶有未眞切者兄拊掌曰審若是老夫當率以聽嘗爲副使兼理河道忤巨璫賴義誣逮讁判韶州

洪垣字峻之（號覺山）婺源人十六補諸生嘗取顏氏其殆庶幾者苦心探求久之而恍然有悟旣登第及甘泉門論學相得繇永康令考最拜御史按視兩淮鹽政巡按廣東主考在臺七年疏諫巡幸選宮嬪革餘鹽清選法黜貪汙討篡逆前後章奏累百出知温州四載致仕居官務行其所學絕不以寵辱介意

宦轍所至捐俸各立書院創膳田羣人士講論即下逮氓庶吏胥亦令環立而聽欲以斯學徧醒人心旣歸林日與同志論學切劘卒年八十七著有歷朝史說周易玩詞理學要錄緒言闢言應迹言等書

方瓘字時素號明谷南直婺源人聞甘泉講學南都往師之承命指導國子諸生勤心晝夜不避寒暑甘泉曰吾道不孤矣爰相從北上比歸以所學策勉同志遠友來學有不給者輒贍之坐是屢空無怨意後甘泉還廣城遠造請益返而同行友王子墩罹瘴死舟中例不載屍乃秘不發同屍寢數日至韶適有故人

爲韶守始發喪得賻殮轝歸載偕洪垣往粤卒業甘泉喜名其所居曰二妙樓督學胡植按部聘入試不舉遂絶意仕進居家敦行孝弟卒年四十五門人彙錄其遺言名正學存稿

謝顯字惟仁南直祁門人生而沉慧異凡兒稍長苦志問學家貧甚或勸之治生惟仁曰治生孰若治心弱冠抗顏爲人師嚴毅方正不狥時好聞人有謔浪語輒不懌鄉里敬憚之博綜經史尤邃于易嘗自誦曰欲爲天下屠龍手肯讀人間非聖書會甘泉講學南都往贄焉屢問而屢不答菸然自失覺其始之所

學猶外也退乃於靜中求之久而有得甘泉嘉之歸搆神交館與謝芊方瓘等日相究竟嘗言人一念差一言差則天地萬物為之解體又曰精神須醞釀得到又曰此學如過獨木橋相似絕無挐貼倚靠有立腳處卒年四十九所著有聖論演易說併文集諸編

潘子嘉字汝亨南直六安州人鏜之子幼承家學頴異老成聞甘泉開觀光館于南雍負笈往從問學甘泉曰在聞道問聞道曰在立志必真知而後志立志也者其聖學之基乎問道曰道天理也心之本體也子能知本體之自然則知道矣問自然曰心之本體

不假人力故知勿忘勿助之間無所用力者斯得之矣問忘助曰忘助皆私心也滯于物勝于事皆忘也矜持欲速皆助也問勿忘勿助之間曰無在無不在也中正而不息易所謂神而明之存乎其人聞之頓然有悟乃與蔣道林洗艾陵諸子日夕研究歸聞當道有惡人講學者遂謝去飱糜讀書山中越六年聞人督學廉其恬退命有司以禮致之强令復學與歲薦未幾歸病卒汝亨居家孝友事繼母不違顏色待異母弟推財讓產壯年失偶不再娶皆人所難著有惺菴集

汪尚寧字廷德南直歙縣人嘉靖己丑登進士歸將受室聞甘泉以列卿居留都往學其門乃抵里成昏擢行人司副歷官至副都御史撫南贛開周濂溪祠羣諸人士講學其中大猾僭號稱王勢漸張授方略馘渠散從事平或請疏聞敘功竟置不言久之彗星見詔議罷諸大臣坐免歸時年四十七父母俱在怡然子舍絕口當世事意問學年七十卒著有周潭集廣資錄日錄及四晚抄事物圖說諸書

鄭燭字景明南直歙縣人少嗜學補郡庠游甘泉東廓二公之門歸而講業郡邑及門者數十百人持論

一稟中庸或有據先哲遺行發人隱者問輒不答敝衣糲食潛心遺經前後學使者衡文行並首舉之貢入成均選河間府判主寄雲餉嚴出納謝耗羡閭左便之改判辰州守官如故暇則進諸生講學咨决所疑以身下人尋奔父喪歸時年六十餘哀泣羸憊至不勝喪踰年卒自號遠齋著有石田稿

林挺春字少和廣東順德人少從甘泉學事親至孝籓臬旌其門謝不受以舉人教諭僊游悉取田租散諸生嘗自作籩豆禮器或謂有主者曰學佛乃捨其身吾何惜錙銖而儉夫子遷知零陵調南靖值兵燹

後洪水又至乃改邑于大帽山下首正經界均田賦招流移撫凋瘵南靖大治遷知霑益州以親老不赴持身醇謹罷官益貧爲士紳師表

郭棐字篤周廣東南海人弱冠繇儒士領嘉靖己酉鄉薦師事甘泉與聞心性之學壬戌成進士授戶部主事改禮部會穆宗卽位次日傳封七夫人御禮篤周力諍納還曰方今先帝廟號未尊中宮母儀未正而遽有此舉何以示天下事得寢與新鄭相語忤遂請歸養祖母疏陳十事如設史局官錄于謙後進薛瑄陳獻章從祀皆允行旣而出守夔州作仰高夔龍

二書院選郡邑士躬董教之兩載蜀闈所得皆知名士尋以湖廣屯田副使改四川提學時執政方行汰士法篤周守正不阿去取公恕歷遷雲南右布政加光祿正卿致仕居十年卒平生外絕攀援內屏聲色自講學之外一無所事著有粤大記夢菊全集嶺海名勝記廣東四川通志齊楚滇蜀諸稿

鍾景星字叔輝廣東東莞人少習舉業聞甘泉講學西樵遂受學焉久之相從至都下與陳謨郭肇乾相策勵終日正襟未嘗少懈如是者數年充然有得餙躬砥行毅如也家最貧然毫不苟取雖往來諸名公

間終身未嘗有所干人以此益重之卒年七十四何端恪公銘其墓

蔡鐀字天章北直真定人初從甘泉學甘泉稱其體認力行不尚言語時講學者共推為會長及為御史以言事罷歸建浚濱書院聚徒講學立論純正不盡襲湛氏之說嘗曰天下無性外之理亦豈有性外之道吾心具此仁義禮智信之理是以有君臣父子夫婦長幼朋友之道君子之所以異於人者以其能盡性也異端邪說既不明性之為理焉能盡其性耶又曰古之君子窮達皆樂易曰樂天知命故不憂道德

在我窮達之遇如寒暑風雨之序而已不與焉又曰
朝廷以教化爲先士君子以廉耻爲貴士君子奔競
之風息斯朝廷正而教化行風俗厚而天下治士節
不立教化不行求治於典章文物末矣時人稱爲浚
濱先生

顧應祥字惟賢浙江長興人弘治間進士僉廣東憲
時有擒勦海寇功累遷都御史巡撫雲南多所建置
更定添設永昌等府學較師儒申明射禮晉刑部尚
書奏定大明律例致仕歸嘗從湛王二公游然不甚
傳依其說大指以孔子豈自愛其聖必晚而後施之

曾氏吾驟而語以由天德之知彼嘵嘵然而以天德之知自命而卒未離聞見知也且性命非空懸而無寄者吾日愧於倫物而談性命得無爲識者笑耶其所持衡足破世學之陋而不爲門戶及教授諸生以故無傳者語散見惜陰錄中卒年八十三贈太子少保著有人代紀尚書纂言歸田詩選授時曆法測圓海鏡唐詩類鈔明文集要等書

韋商臣字希尹浙江長興人嘉靖癸未進士釋褐時值甘泉在都倡道往侍教席毅然有希聖之志甲申授大理寺評事會言事諸臣多被罪遂循職掌上疏

論救愷切忤旨謫靖江縣丞丁亥量移德安府推官
屢辨冤獄郡中稱神明乙丑遷河南僉事分司汝上
帥兵討平永寧巨寇捷聞璽書嘉勞伊府莊王無嗣
濟源王入繼以宿忿虐殺其妃及其戚屬四人冤久
不伸廉得其狀悉論如法奏上報可乙亥轉四川左
參議以執法忤權宦中察罷歸明農課子之暇高臥
一小樓不下優游以終

唐樞號一菴浙江歸安人少即矢心求道從甘泉游中
嘉靖丙戌會魁授刑部主事以忠勤勿欺自勵服官
半載讞獄者三必求情罪允當以疏論李福達事忤

旨罷職歸是時年三十九益奮詣聖賢之學以討眞心爲宗從游者甚衆監司直指及守令毋式廬請益爲創一菴書院于湖城中來學益廣許司馬孚遠王北部愛錢武選鎮輩皆出其門陶鑄賢才不可指屈一菴見地旣高而飭躬實踐一言必有著落一介不苟取予尤留心經濟身歷各省險遠若川廣黔滇以及九邊躡屩茹草以游一生淡泊至七十三易簀筐床竹籠而外別無長物是歲學使直指各爲文致祭檄祀學宮又即其講堂爲耑祠春秋祀之所著有木鐘臺集三百卷續集一百卷藏于家愚按王以致良知爲宗湛以隨

處體認天理爲宗立宗已近禪門矣至一菴唐氏更以討眞心爲宗語益不雅而舉世附之何耶然眞心固不可失討之是也嘗考陳王宗旨其初無大相遠也而得江門之傳者多輕富貴任質直沿姚江之流者多嗜功利用機權則心之眞假所由分焉耳中庸曰不明乎善不誠乎身此二家者皆未善也彼善於此吾學取江門焉　自劉秉鑑至唐樞十四人皆甘泉門人

許孚遠字孟中浙江德清人少負不羣志中鄉舉後從歸安唐一菴學登嘉靖壬戌進士授南京工部虞衡主事督龍江關瓜儀河道皆著廉仁聲調南吏部考功在留都盛講學調北稽勳適文選郎中胡汝桂方鎵鎵自附講學每引之欵語諸僚忌之以爲必議流品各遣人竊聽無所得疑卒不解更調驗封隆慶

畋元移疾歸後三年新鄭高文襄起吏部以與華亭有隙痛抑講學者起考功主事卽推廣東僉事值廣有倭警乃發十策大約以水陸夾攻爲要領先後遣使諭賊及身航海抵賊舟擒降甚衆又建善後十二議提聞詔賜金旋移閩臬當內察會前忌者掌考功乃謫兩淮運司判官自閩歸將遂終隱往問於一菴一菴曰我二十九建言歸今七十四矣此四十六年中未嘗一日忘起也惟枉己則不可耳今子雖暫挫然前途自平坦但踏實地行何害異日追悔晚矣遂之官萬曆初擢南太僕丞遷南文選郎中又明年請

告歸繼丁內艱服闋補車駕郎中時江陵當軸頗知重孟中而忌者復搆之出為建昌守在郡廉謹不廢講學居二年鄒給事元標特疏薦之遷陝西提學副使以身範士考核肅然擢應天府丞築高淳堤成會李都御史材以滇事被逮孟中投揭諸司申救獲免其死而南道以此疏劾降二級調外歸數月丁外艱服闋補廣東僉事轉廣西副使遷右通政晉右僉都御史巡撫福建疏請罷倭乞封弛商海禁及定飢民之亂免呂宋之罪閩人皆德焉在閩二年擢南大理卿尋晉南京兵部右侍郎是時倭尚未靜當事者以

其熟倭情故北兵左袒其在南都以開曹講學與禮部楊起元俱以部堂爲領袖持論不同旁觀者頗起口語將借講學中以外計孟中行至淸源聞之稱病乞歸五疏得允居家不殖生産孜孜以講學爲務生平質直無飾言飾行事至立斷一以至誠無欺待人萬曆甲辰七月卒壽幾八十賜祭葬贈南京工部尚書學者稱敬菴先生著有敬和堂集行於世高子曰敬菴之學以無欲爲主自迥別于世儒然不必以大學論離合也當時濂溪之學亦主無欲但其時大學未彰表章反覺潔淨今日人人自爲大學欲執此以病彼氣象便局促耳

王愛字體仁浙江秀水人生而孱弱十齡外始受書

輒能解大義尋補諸生聞唐一菴講學茗溪負笈從游受討眞心之旨又因沈給諫石雲問學於龍谿爰悟良知眞心詞異指同嘉靖癸卯領鄉薦公車往來徧交宇內名流推明師說游南雍值故人永康松谿程公爲大司成倡會雞鳴山屬爲都講風動金陵歷六試成己未進士就順天府學教授晉國子監並舉其職擢刑部主事曰高皇帝律令即堯舜欽恤心法吾學所爲致用也有相公二客犯禁逮治之不少貸又不詣相公謝相公怒有讁言自是有去志尋以遷㙜得請歸遂不起故業蕭然益好言學至老不倦偕

諸同志朝夕研討凡天眞文湖之會天眞在杭城文湖在秀水歲必至特不爲標榜懸八戒於堂中以自警上虞同年徐公學詩以論劾分宜削籍貧甚至不能爲子娶婦乃罄橐中百金以給之臨沒神色不亂顧謂諸子曰我生平無善狀惟於此學稍有窺見庶幾得全歸以無負爾祖父之教從容詠黃鶴詩而逝以上二子一菴門人

雒閩源流錄卷十四終

無錫張夏纂　門人蔞源黄昌衢昌僑挍

愚聞之子高子曰姚江之學與濂雒之脉絶信斯言也茲錄於陽明及陽明之徒固不得列也夫陽明詆朱子比于楊墨侮孔子不及堯舜而謂蘇秦張儀其說不窮亦是窺見得良知妙用處其自處當在何等所謂雒閩源流必其鄙爲最下乘不樂居者也奚列之有其徒初傳爲山陰泰州再傳爲山農心隱三傳爲盱江溫陵浸淫而爲大洲東溟決裂而爲海門石簣而連約掎摭于其間者且合

江左右而徧楚粵焉非掃工夫謂世有無階級無門路之絕學即掃文字謂世有不讀書不識字之大儒非掃行撿謂嗜慾即是天機好色貪財不過應迹即掃儒宗謂三教同一源本成儒作佛祇是證心一唱百和如狂如醒至其後遂相與捏神弄鬼膜拜伽文而顯然務尼山之統於弟子之位噫欺天侮聖惑世誣民至于此極不可復語于儒者況其以雒閩云乎哉嘉靖中魏莊渠與后渠書有云近世講學者日以多憂方大耳蓋爲陽明之徒發也雖然猶是天也猶是人也則亦猶是道也以

先聖賢之傳法加以其時數大君子之竭力匡正口燥唇乾而謂此中無學者焉固無是理平心而論陽明言無善無惡非也而其言良知是也其言先行後知似顛倒也而其言致良知則固易知簡能也是以別徑造道者也爲其學者有眞有僞其僞者弊極徒玷陽明其眞者類能反躬克治信心直入足以挽緣飾倚藉之私滌支離膠固之累而其切磋于師友間也亦未嘗不虛已受人固莊渠所謂陛學雖粗却是實做者也視學者揀取何如耳嘗考其及門一時人物若東廓南江彭山晴川

三吾諸子皆在朝立節在野淑人光明俊偉有功名教載攷其後學淺之善于制偏淡之變而得正有面規二王子者矣有辭闢盱江以下諸人者矣其後來成就便足植忠孝輔道德不著其本末於策又何以見濂雒之脉雖絕而有不終絕者耶嗟乎以夏之固陋敢於陽明存其眞而削其訛於其徒則不嫌引進十之二三者非謂新學可從也所以明舊學之不絕於斯人而匡正者之功不可泯沒而已矣世之君子黨同伐異知邪正不並立不知玉石可相攻知毫差不容混不知片善不容棄

必疑吾言爲調停爲寬假而滋蔓而引蔻矣是泥高子之言而反失其心也大道爲公其謂之何今自陽明子而下錄及門爲一卷二十五人錄後學爲二卷共四十餘人

王守仁　鄒守益　季本　徐愛

魏良弼（良政等附）　陸澄　王瀍　徐樾

唐愈賢　歐陽德　穆孔暉　南大吉（紹逢吉附）

王道　路迎　馮恩　歐陽瑜

劉陽　劉魁　周衡　梁焯

蔣信　劉文敏　劉邦采　黃弘綱

何廷仁　朱得之

王守仁字伯安浙江餘姚人父華成化辛丑狀元仕至南京吏部尚書母鄭氏妊十四月生伯安少有才名年十八過廣信謁婁一齋謂聖人必可學而至心契之始志於學平素善謔至是遂習端坐語人曰吾昔放逸今知過矣踰冠舉鄉試連下第登弘治癸丑進士上言邊務八事歷刑兵二曹與湛甘泉若水共倡學京師正德初劉瑾亂政南京科道戴銑等以諫忤旨下獄伯安首抗疏論救乞誅瑾瑾大怒縛杖闕下幾死謫貴州龍場驛丞學乃進初伯安效宋儒作

窮理工夫而心不喻也舊傳有思先儒謂一草一木皆涵至理須是格因官署中多竹即取竹格之等語遂遇疾姑隨世就詞章之學已而出入二氏者十餘年漸悟其非尚未有得至是謫居力學幾忘其爲疾病患難因念聖人處此更有何道忽中夜大悟格物致知之旨寤寐中若有人語之者不覺呼躍從者皆驚始知聖人之道吾性自足向之求理于事物者誤也乃以默記五經之言證之莫不吻合遂著五經臆說伐木構龍岡書院日玩易於其中明年提學副使席書聘主貴陽書院始舉知行合一之說瑾誅量移廬陵知縣始教學者靜坐尋遷南京刑

部主事調北京吏部分考辛未會試薦鄒守益第一是年極論朱陸異同癸酉以後洊登卿寺在滁陽金陵耑一教人存理遏欲用省察克治工夫曰吾年來欲懲末俗之弊引接後來多就高明一路以救之學者漸有流入空虛爲脫落新奇之論吾甚悔之擬諫迎佛疏不果上擢僉都御史巡撫南贛汀漳等處至任置二匾行臺前榜曰求通民情願聞己過時寧王宸濠蓄逆謀江西上流山谿中劇盜四出劫掠焚官府篡獄因廣東湖廣江西諸撫臣相觀望久之積至數十萬濠又輒與諸賊通曲護賊伯安疏請提督軍

務以便討賊兵部尚書王瓊請於上許之即予兵符先已平漳寇兩年間西攻橫水桶岡東襲三浰九連寇次第平之爲開縣興學三奉勑獎賞賚遷副都蔭子錦衣百戶加副千戶疏辭不允伯安雖出入賊壘而與門人薛侃歐陽德等二十餘人聚講不散謂朱子大學章句非聖人本旨乃刻古本大學以明原無經傳之分亦無闕傳可補又謂集註或問屬朱子中年未定之說至晚而悔悟未及改正爰採集其語刻朱子晚年定論寇既平四方學者輻輳修濂溪書院以居之是年薛侃刻徐愛陸澄所貽傳習錄于虔十

四年宸濠將反令其黨安福舉人劉養正來説曰寧王尊師重道有湯武之資欲從門下講明正學伯安笑曰殿下能舍去王爵否既而遣門人冀元亨先往講學以探其意元亨至語矛盾濠怒遣還密使人殺元亨於途不果至六月濠舉兵反伯安適奉詔勘事福建中道聞變急返吉安與知府伍文定謀起兵討賊先遣諜行間以疑宸濠使不敢犯南京或走蘄黃趨京師俟其出兵攻南康九江安慶即進兵擊破南昌還擒宸濠將獻俘而諸奸佞導上南巡欲攘其功議將縱宸濠於鄱湖俟上親與禦戰擒之而後奏捷

行賞連遣人追至廣信伯安不從行至錢塘遇太監張永與夜話大悅知其無他郎以濠等付之會有兼廵撫江西之命遂返明年正月上在京召入見太監張忠定邊伯許泰等復矯命拒之蕪湖欲加讒害伯安不得已入九華山每日燕坐草庵中上遣人覘得之曰守仁學道人也召之郎至安得反乎乾七月中重上提音武廟回鑾是役也論者不難其成功而難其處變焉嗣是在江西始揭致良知之教嘗曰某於此良知之說從百死千難中得來不得已與人一口說盡只恐學者得之容易把作一種光景玩弄不實

落用功須此知耳又曰吾良知二字自龍場以後便已不出此意只是點此二字不出與學者言費却多少詞說今幸見出此意一語之下洞見全體直是痛快不覺手舞足蹈學者聞之亦省却多少尋討工夫學問頭腦至此已是說得十分下落但恐學者不肯直下承當耳尋命錄象山子孫送金谿學肄業以彰褒崇之意大會諸門人於白鹿洞勉以共明此學世廟登極始錄擒濠功封新建伯兼南京兵部尚書參贊機務遣使迎至京宴勞諸忌者復嗾言官論沮之不使入朝未幾外艱去服闋竟不召讒謗益起屢形

奏牘癸未南宮發策斥爲異學伯安語門人無辯且當反求諸己會門人南大吉守紹興數問學闢稽山書院請主之諸門人復立陽明書院于越城學者因稱陽明先生嘉靖五年用大臣薦命兼左都御史總督兩廣征思田寇臨發門人王畿錢德洪論本體工夫各持一偏不能決請問伯安命移席天泉橋上交箴之因曰二君以後與學者務要依我四句宗旨無善無惡是心之體有善有惡是意之動知善知惡是良知爲善去惡是格物以此自修直躋聖位以此接人更無差失舊傳有今旣說破亦是天機該發洩時等語疑非眞今刪去畿又問

本體透徹後於此四句宗旨何如伯安曰人心自有知識以來巳爲習俗所染今不教他在良知上寔用爲善去惡工夫只去懸空想箇本體一切事爲俱不着實此病痛不是小小不可不早說破是日洪畿俱有省然其後只單提致良知三字而四句宗旨竟不復道伯安於此巳寓罕言微意矣行至南昌講大學於明倫堂至吉安會士友於螺川驛及至梧州奉勑兼巡撫兩廣遂開示恩信班師撤旅岑猛遺目盧蘇王受等自縛來歸乃薄示懲罰遣令歸農即用蘇等與永順保靖土兵還自嶺南者潛師犄角轉平八寨

嶺表以寧捷奏以病乞致仕還至南安疾革家僮問何所念答曰他無所念學問方纔見得數分未能與吾黨共成之爲可恨耳門人南安推官周積問遺言答曰此心光明亦復何言遂卒年五十七値朝議曰咻盡停卹典伯安天亶忠直材雄文武方上宸濠僞檄末謂陛下在位一十四年屢經變難民情騷動尚爾巡幸不已以致宗室黠者謀動干戈冀竊大寶且今天下之覬覦何特一寧王天下之奸雄豈直在宗室與言至此悚骨寒心昔漢武帝有輪臺之悔而晚節奠安唐德宗下奉天之詔而士民感泣皇上宜痛

自刻責易轍改絃罷絀奸諛以回天下豪傑之心絕跡巡游以杜天下奸雄之望則太平尚有可圖臣民不勝幸甚既又上言宸濠發謀之始逆料大駕必將親征先于沿途伏有奸黨期爲博浪荆軻之謀今不旋踵遂已成擒法宜解赴闕門式昭天討然欲付之部下各官誠恐潛布之徒乘隙竊發或虞意外臣死有餘憾葢爲危言以尼駕出羣小見之滋不悅故事後百計搆之若其用兵如神伐謀制勝機審算深對客笑談萬衆遄集擒渠斬馘獻凱轅門左右尚不知也以良知立宗而未嘗不預防其弊嘗謂學者曰良

知之妙真是周流六虛變動不居顧假以文過飾非爲害大矣見好談儒佛者則警之曰二氏之學其妙與聖人只有毫釐之間故不易辯惟篤志聖學者始能究析其隱微非測億所及也聞摘議晦庵者則戒之曰有心求異卽不是吾說與晦庵時有不同者爲入門下手處有毫釐千里之分不得不辯然吾之心與晦庵之心未嘗異也若其餘文義解得明當處如何動得一字或問異端曰與愚夫愚婦同者是謂同德與愚夫愚婦異者是謂異端皆格論也當大禮議起伯安居越中霍韜席書黃綰王誠甫輩前後以書

問俱不答夜坐碧霞池有句云無端禮樂紛紜議誰與青天掃宿塵衆莫能測厥指論者謂其敘古本大學則倒置經文集朱子晚年定論則遷就歲月至以金喻聖以金之分兩輕重喻聖人才力有大小而謂堯舜猶萬鎰文王孔子猶九千鎰禹湯武王七八千鎰又謂蘇秦張儀其說不窮亦是窺見良知妙用處其立言固有失之太險太恣者焉初伯安少游江右鐵柱宫遇一道士靜坐與語悅之遂相對終宵後謫龍場恐瑾使人暗害之托爲投江死者逃入武夸山中遇前道士指示間行赴謫所又嘗歷險訪地藏洞

與人其言曰周濂溪程明道是儒家兩箇好秀才論者以爲此其入門本色而左籠右罩以神其說不虞底裏之卒露也然則象山白沙猶其借徑矣所著有陽明全集居夷集五經臆說大學古本旁註及門人所記傳習錄則言行於世隆慶初贈新建侯謚文成賜祭塋補給誥券許子孫世襲萬曆初詔從祀文廟愚按陽明年譜載陽明少時見宋儒解格物遂格及官舍中之竹幾成心疾天下豈有此癡學問哉不過借此以形容宋儒之窒耳今爲此傳寫陽明存眞有美行不敢掩有疵言不能匿而於此等傳訛及夷誕處皆竟削之即天泉證道四句宗旨余嘗疑爲龍溪緒山贊設之詞但此一段乃越學大把柄亦其眞破綻不可不備存以供辨論若夫原其入門本色出于鐵柱宮道士地藏洞異人則其

徒方欲躋諸濂洛之上列諸鄒魯之間必不肯甘服要亦其年譜自爲供狀如此非敢虛加之也

又按嘉靖間首疏請祀陸九淵再疏請祀陳獻章以爲祀王守仁地者守仁之徒行人薛侃也隆慶初主祀守仁而不果者輔臣徐階也至萬曆初而卒成之者內閣申時行及宗伯萬士和也其申請之不遺力者御史耿定向也蓋薛耿二子自以爲功在王門矣豈知其助焰揚波足以燼程漂朱也與觀於侃之以妄言獲罪及定向之晚年纍節其言又何足據與方時議之請祀守仁也給事中蔡汝賢獨上崇正學祀真儒一疏乞以羅從彥李侗祀正論快之蓋王詆朱學而羅李乃朱學所自來名爲祀羅李正欲尊朱以抑王耳然未能勝也前後疏祀羅李者如福建提學金賁亨輩不一而足至萬曆四十一年提學僉事熊尚文上疏侍讀學士何宗彥等博議禮部侍郎孫愼行主其事覆疏以程朱擬孔孟謂孔有曾思而後孟子接其傳程得羅李而後朱子衍其緒羅李之功與曾思等宜將二賢列宋儒楊時之下入廟崇祀詔從之而國家所以尊朱者亦云備矣乃考愼行之學終不免

雜王疏失諸臣初意則信乎時桀之難馴也與

或問子爲是錄於陳王取之淺矣乃於陳則進諸羽翼之列而於王獨否何也余曰陽明豈無獨得處但其所得不中不正且自信太過語言之失甚多上得罪先賢下開誤後學訖今禍尚未艾如何混進得他

鄒守益字謙之江西安福人父賢繇進士歷福建僉憲精春秋學謙之年十七舉江西鄉試正德辛未陽明王公爲會試同考薦會元殿試賜第三人授編修踰年告歸壹意問學嘗讀中庸歎曰程朱補格致傳而中庸首言慎獨不及格物者何耶會陽明開府虔臺往叩之論辨反覆間夙疑冰釋曰道在是矣自是從於擒宸濠周旋兵間者久之嘉靖初起官復謁陽明於越留月餘别

去陽明謂門人曰曾子所謂有若無實若虛犯而不較謙之近之矣入都諫大禮忤旨下詔獄謫判廣德州在廣德惟務以誠心感民頑發奸摘伏一境稱神每自訟曰如保赤子愧未能也撤淫祠建復初書院延同門王艮輩暨諸賢講學興禮風動隣郡遷江左右丁亥遷南禮部主客郎中逾年聞陽明訃服心喪辛卯請告趨越哭陽明存撫其孤聚同門講學于天眞書院戊戌補南吏部考功郎中已亥召入爲司經局洗馬兼經筵講官應詔上薛文清公從祀議俄遷太常少卿兼侍讀學士掌南院蓋當事者忌而遠之也尋改南監祭酒乃遵成

憲申章程立號冊俾出入相友淑慝相勸歌詩習禮六館士爭慶得師居亡何九廟災大臣當自陳謙之疏中寓交儆意譏者因中傷之竟解官歸前後在兩都歷廿年與湛文簡若水呂文簡柟徐文貞階羅文恭洪先唐襄文順之輩劘切互至而主陽明良知之學嘗語學者曰人心之靈萬古一日目分黑白口辨甘苦鼻別香臭今之人有異三代乎是非在人猶黑白甘苦謂人無是非之心誣其心者也夫孩提而知愛敬入井而知惻隱嘑蹴而知羞惡又豈待學而後能哉自慊自欺在已而已又嘗曰順逆境界只是陰晴出處節度只是語嘿此

中潔淨乃無往不潔淨也又謂求安求飽是千罪萬過之棄曰持論平實類若此居恒與學者接不言而使人意消得春風和氣遺意學者稱東廓先生壬戌九月寢疾召家人訓飭之諸子扶坐正衣冠而卒年七十二隆慶初贈南京禮部右侍郎謚文莊著有文集行于世子善太僕卿孫德涵按察僉事德溥太子洗馬皆論學能世其家

愚按大學聖經八條目首先格致非程朱強爲補傳也中庸首章先原性道教之謂即明善也而格物致知在其中次言戒懼慎獨即誠身也而誠意正心在其中末章亦先說爲己知幾引入內省微信分明先格致而後誠正則是學庸二書論工夫原無詳畧頓漸之殊也自陽明表章古本大學必謂格物是誠意工夫而欲驅去程朱補傳以爲多事則亦將以聖經格致爲贅語乎況存養省察雖日一串事

而子思子必說戒懼幾及慎獨尙要分靜動節次世有謂戒懼卽慎獨者便畧郤靜中一段工夫一所全先生嘗詳闢之矣而謂中庸不及格物與首言慎獨可乎東廓之疑是當時王門設疑固如此東廓亦因而疑之未有的解云爾及往叩陽明所謂辨論反覆夙疑氷釋者度不出復古本首誠意之說而巳矣然欲以此強合學庸而反支離學庸欲以此復大學之舊而反失大學之全抑何不思之甚乎愚竊以爲大學必有格致補傳則其第五章乃明善之要第六章乃誠身之本而大學合于中庸矣中庸不曰首言慎獨則首明道之本原出于天而不可易其實體備於巳而不可離次言存養省察之要終言聖神功化之極而中庸亦不異于大學矣葢大學格致屬學誠意屬修未有卽修以爲學者中庸言道不可離莫見莫顯屬知言戒懼慎獨屬行未有不知而可行者合之則一轍朱子章句何可易也東廓於陽明師生之分異于他人旣而棄學宜無柄鑿不必以此一端論離合而其發明良知兩字叅合孟子特爲醒確宜其前諍大禮後陳支黻直行其是非之本心白刃可蹈爵祿可辭進退語默不違乎道也而又好善忘我若無

若虛與矜言自信自任者迥異竊謂東廓承傳家學且嘗參究于涇野谷平諸君子間夾持調劑取益弘多矣於王門之士吾必以東廓為巨擘焉安可概目之哉

季本字明德浙江會稽人少受春秋於其兄木遂以經名諸生中弱冠舉于鄉尋丁父母憂家居十二年未嘗一日釋卷於書無所不讀每讀一書必竟其顛末乃巳巳而師事陽明獲聞良知說乃悉悔其舊學而一意六經潛心體究久之旣浸溢懼學者騖于空虛欲身挽其敝著書數百萬言大都精考索務實踐以究陽明未發之緒又見學者多以自然為宗而厭拘檢因為龍惕說以反之以龍喻心以龍之警惕而

主變化騐心之主宰常惺惺其要歸乎自然而用功則有所先間以質諸同志或然或否卒自信其說不爲動始以進士理建寧盡心平反及召爲御史以論禮謫浮沉者二十年止長沙守其爲政急大節畧小嫌絕不知有世情卒以是齟齬而歸歸二十餘年家徒四壁立借居禪林以著書談道爲樂卒年七十九疾革猶進門人於榻前講易不輟爲人表裏洞達無城府人人樂親之稱爲彭山先生沒十餘年鄉人思慕不已相與建祠禹蹟寺西林顏曰景賢買田以供祭祀所著有廟制考義春秋私考讀禮疑圖四書私

存孔孟圖譜樂律纂要律呂別書著法別傳說理會編詩說解頤易學四同凡十一種百二十卷或行於世或藏祠中愚按嘉靖朝自偏崇本生之後諸佞臣托於非禮以爲禮其或甚多而進太宗號成祖則父子並祖祧仁宗祔典獻則七廟中絕允爲悖逆罪在不赦今觀彭山爲御史以論禮謫未詳所論何禮殆有守正違時者歟弟余嘗讀其春秋私考一開首即以仲子爲隱毋姝覺武斷其論閔僖逆祀既是左氏矣又疑公穀昭穆之說其爲書大都是臆見喜翻案鑿空杜撰不本前人不忌後人適成其爲王門習氣者也聞潮州文起祠祀昌黎以彭山景逸配稱謂三子先後以直節聞固同而學術醇疵迥異若彭山者或可厠於韓之旁恐難安于高之右矣

徐愛字曰仁浙江餘姚人正德戊辰進士出知祁州値劉六劉七之亂有保障功疏陳十事多見採納遷

南京工部員外歷郎中廉勤克舉其職請告歸卒年僅三十一曰仁娶於王益陽明之族妹倩也弱冠領鄉薦適陽明謫龍場歸論學於稽山往聽而悅之遂納贄稱弟子後數年壬申陽明自考功遷南大僕曰仁亦自祁遷南工部同舟歸越論大學宗旨益踴躍痛快如狂如醒者數日傳習錄即是時所編也其自序曰愛因舊說汨沒始聞先生之教實駭愕不定無入頭處其後聞之既久漸知反身實踐然後始信先生之學爲孔門嫡傳舍是皆旁蹊小徑斷港絕河矣如說格物是誠意工夫明善是誠身工夫窮理是盡

性工夫道問學是尊德性工夫博文是約禮工夫惟精是惟一工夫諸如此類皆落落難合其後思之既久不覺手舞足蹈當陽明官南都時四方同志雲集至不能應每令曰仁分接之咸得所欲而去及卒陽明哭之慟後每語及輒傷之

愚按陽明傳習錄極有透語亦多落邊見而曰仁錄編之又自序先疑後信蓋以其身爲世說法與堅人信向之心斷其疑根塞其悔路後來吉州胡直嘗論陽明之非見東廓念庵而悅安福王時槐堅執程朱之說見兩峯兄弟而悅總是一箇繇徑於是耳食之徒中本無主聞其言莫不隨跟轉鄉矣爲禍至此安得不重作俑者之罪耶　又按紹興府志徐愛季本二傳後孫鑛跋曰自文成倡道稽山一時從遊之士無論四方即吾越且百數十人今所爲傳僅僅徐季兩公何寥寥也蓋兩公者省志邑志之所已載且其人沒久而論定矣其

他賢者固多而習乘未載固未敢遽入也乃若姚江錢先生德洪山陰王先生畿兩先生者及門最先聞道又最早始以從學旣復以奔喪兩停廷試不急于進取已又爲之植遺孤攝家政不啻若父子文成沒數十年而良知之緒綿延不絕天真水西創祠聚徒若文成之未喪其尊師衛道之功安可泯也而王先生壯年斷慾勇增上蔡其所見解尤超玄入微不落階級兩先生皆有會語數十卷雖途徑稍別要于師門宗旨各有所承不信今必傳後無疑者顧余拘儒也終未敢破例而爲傳尚有俟于後之君子焉愚因思孫氏以越人而尚論其鄉先生顧特論若此於錢王二氏竟闕如是必有真見且有所受之矣而宇內之爲越學者輙盛稱龍溪緒山何爲乎無亦徒炫于生徒著述之末而未考鄉評乎緒山吾不得而知竊聞龍谿欲究竟此學老不廢游旣分居家出外爲兩截而又從事于謌甚至闖說媒利大不厭乎人心豈陽明之敎固爾耶聽言觀行詎可忽諸然如徐季二子品雖正而學終偏又非孫氏之所能知也故愚於是錄凡越學之不錄者視錢王而已其入錄者視徐

季而巳

魏良弼字師說江西新建人當陽明撫江右倡新學時直指唐公龍督學邵公銳皆韙守舊聞與諸生言王公天資高難學諸生各習常業毋奔鶩為虛譚聞者頗憚避王門而師說獨偕其弟良政良器良貴趨受學焉師說性資剛毅操履方嚴自縣宰陟諫垣屢進讜言受廷杖亦屢復職每杖患甫愈又以直言拜杖下獄雖獄卒為之流涕直聲滿天下隆慶初晉太常少卿致仕人稱水洲先生良政字師伊舜友敦樸渾然天成聞道最早燕居無惰容嘗曰學問頭腦既

明惟專一得之氣專則清精專則明神專則靈又曰不尤人何人不可處不累事何事不可爲發解江省乃遂卒水洲嘗言夢中見艮政流汗浹背其生前可知矣艮器字師顔艮貴字師孟兩人亦多所自得

陸澄字元靜浙江歸安人始謁陽明於留都月一至已益親後請掃廡下之堂而旦暮侍焉性故豪邁後曰雍然自持慊慊然自以爲不足也其記陽明語首云持志如心痛一心在痛上豈有工夫說閒話管閒事蓋其篤也已欲屏絕文字耑于學又以多病頗學養生陽明皆諭止之詳見語錄中元靜官止尚書郎

執父喪哀毁失明矯潮俗於禮陽明爲表其父墓

王潼字本澄浙江錢塘人幼嗜學讀朱子語錄遂絶意干進拜陽明于嵇山留受教陽明嘉其篤志命輔其子仲肅爲學亡何配任氏卒本澄年甫三十餘念任有淑行遂不再娶性好遊嘗歷齊魯燕趙登泰山覽日觀西望太行薄遊都門循海而南道吳適越東下武昌訪竹樓赤壁之勝悉以其所得發諸詩書說者謂有沂雩遺風焉亦勤著述於陰符經程張諸書皆有補註

徐樾字子直江西貴溪人早師陽明與聞良知宗旨

後卒業心齋之門登嘉靖壬辰進士繇部曹出爲貴州提學副使一見儒士孫應鰲大奇之許必解額榜發果以禮經中第一人時應鰲年十九卒爲名臣世以此服其衡鑑嘉靖壬子簡任雲南左布政使值南滇那賊纂立奉命聲討子直奮不顧身直入沅江伏義撫勦不意那賊詐降縱兵象衝突遂遇害學者稱波石先生其爲學陶鑄二王至傳之趙內江而其說益荒矣

唐愈賢字子充湖廣沅陵人幼穎敏比長有大志從陽明遊而歸充然有得修業桃溪山中登嘉靖丙戌

進士知寧海縣政教並舉民建生祠擢御史疏劾奸黨抗言時政遂引病回籍道過武穆祠題詩曰奸邪何代無秦相忠孝誰人似岳家一日與門人論學畢衣冠升正寢召親友環坐對食盡歡自歌而逝

歐陽德字崇一江西泰和人弱冠舉于鄉聞陽明公論學走虔臺上書師事焉研窮剖析至忘寢食不赴春試者再嘉靖二年舉進士知六安州適歲祲捐俸倡賑隨地設粥活數萬人擢刑部員外改翰林編修尋擢南京國子司業日以道術誨廸在監諸生遷南尚寶歷常少鴻臚丁外艱與鄒文莊羅文恭輩聚講

于青原梅陂門人益進薦起南太常卿召入掌國子祭酒事晉禮部左侍郎改吏部兼翰林學士掌詹事府事教習庶吉士謂庶吉士號爲儲相不宜直攻文詞而已也時聚一堂析理論政究極聖門明體適用之實際丁內艱服闋召拜禮部尚書踰月遂召入直與聞大政當議建儲二王婚禮雖時上章忤上意上察其持正卒優容之宇度弘粹孳孳講學務以真知實踐爲主接引後進如恐不及在官措施皆當事理協人情可傳永久以疾卒于官年五十九謚文莊刻有南野遺集行於世

穆孔暉字伯潛山東棠邑人淳懿溫恭早負文望弘治甲子陽明主山東試舉第一乙丑成進士改庶常授簡討正德間宦瑾擅權卿僚皆伏謁跪拜伯潛與崔子鍾何粹夫獨長揖瑾怒矯旨調南京禮部主事瑾誅召復翰林遷南司業尋以左庶子充經筵講官因攄所得懇惻規切嘉靖初進學士掌翰林事以忤權宰改南尚寶卿科臣葉淇上言孔暉昭代醇儒留之左右足以裨益聖德不聽轉南太常卿致仕平生無疾聲厲色變故猝至神色怡然或擬諸程伯子居官三十年茅茨僅庇風雨研精六籍返證一心而於

二氏諸書亦時擇其精者詳說之曰吾性原無分別相則其偏蔽也卒贈禮部侍郎謚文簡著有讀易錄尚書困學諸史通編大學千慮等書

南大吉字元善陝西渭南人正德辛未進士爲陽明分考所得士幼穎敏絶倫稍長有言懷詩云誰謂予嬰小忽焉十五齡獨念前賢訓堯舜皆可併弱冠以古文詞鳴當世入仕尚友講學漸薄詞章猶豪曠不拘小節嘉靖癸未由戶部郎出守紹興值陽明自江右歸因從卒業得實踐致肯綮處乃大悟曰人心果自有聖賢也奚必他求由是時就請益闢稽山書院

講陽明主教聚八邑彦士躬勤講習與爲倡和偕諸
同門録陽明講語爲傳習録付之梓其治郡以循良
稱有學士侵王右軍謝太傅故地悉剷歸其主坐是
買怨而當事者更以抑陽明故斥之中察典去既歸
益以道自任啟渭水書院以書抵馬西玄諸友闡析
良知惓惓于慎獨改過之訓出其門者多篤行士卒
年五十五著有端泉集及紹興志渭南志俞逢吉字
元真九歲通戴記大義領鄉薦後因兄元善師陽明
已舉進士歷副使以條奏邊事忤執政意罷歸居家
敦行孝義不怠卒年八十一著有姜泉集越中紀傳

及註解會稽三賦刻于越

王道字純甫山東武城人未冠舉於鄉正德辛未成進士選庶常時山東盜起將奉祖母避地江南疏改應天教授召爲吏部主事歷考功文選郎中閣臣方獻夫薦其學行醇正可任宮寮擢春坊左諭德引疾固辭三疏允歸而聲望益重居一歲遷國子祭酒端執申約諸生翕然向風人比之宋仲敏拜吏部右侍郎閱月病卒贈禮部尚書謚文定純甫英敏絕人精擇強記於書靡不究其要指已厭博反約紬繹聖經嘗師事陽明執友皆一時名儁不欲標門戶自表暴

久之神解渙然自信盡破世俗拘攣之見著有易詩書春秋大學億持論多前儒所未及

路迎字賓暘山東汶上人正德戊辰進士授南京兵部主事與堂邑穆伯潛武城王純甫同師事陽明嵩務講學以相切劘轉郎中歷知襄陽松江淮安三府愷悌廉平政先惠養至制馭胥吏操切獨嚴治稱第一累官藩參臬使擢僉都御史巡撫宣府晉副都巡撫山西召入三遷至兵部尚書上疏乞休得命從容就道祖餞屬路莫不歎其知幾卒年八十

馮恩字子仁南直華亭人嘉靖丙戌進士以行人差

江右勞軍見陽明薦東修爲弟子陽明甚器之已擢御史疏論當時分建南北郊欲令皇后出蠶北郊二議非是巳忤權幸意會彗星見東井抗論冢宰汪鋐爲腹心彗及張孚敬方獻夫二相宜亟罷復倣范希文百官圖例悉品諸大臣得失上震怒逮下詔獄當會審向闕跪不爲問官所屈觀者歎其鐵膝鐵口鐵膽鐵骨有四鐵御史之稱署律當斬上閱其子訟冤疏悟其忠得減戍雷州後赦歸雷人祀之十賢堂以配宋寇準李光諸公子仁廢後置田贍貧爲德於鄉甚備隆慶初晉大理寺寺丞年餘七十不起再加朝

列大夫晩號南江著有蒭蕘集

歐陽瑜字汝重江西安福人自少端慤鮮嗜慾從陽明學雅見器異將别請益陽明曰常見自巳不是此吾六字符也汝重奉師教終身力踐之旣舉于鄉歷數科不就公車曰有老親在王天下不與易也丁外艱守制不處内者三年旣甃廬墓側虎毎環廬而嘷不為動服闋授通州學正萃諸生論學值州守缺署篆數月雪寃抑奬良善輕罰節費民甚安之遷南監博士大司成松溪程公故重之與為忘分交轉南大理評事釋大冤十數晉本寺正擢雲南僉事艱歸起

補廣西潯積牘逐娼優禁龍舟審捕眞盜釋冤獄二十餘人歷左江兵備四川參議拂袖歸歸而壹意講學以勵後進雖隆冬盛暑不輟席而槩不爲奇僻語更謙虛受人後生來學有所陳說亟稱賞不容口性寛厚鄉人或侮之至詬辱絶不爲較其自持甚堅少時人有欲敗其守者誘致妓館中鑰其門去汝重燃燈達旦動以羞惡本心妓亦感泣具道其不得已之故及明其人啟鑰視之燈瞳瞳未滅妓含泣道故其人愧謝不已陞宗伯稱之曰宦廿載恒產不及中士年九袠守身恒如處子皆實事也

劉陽字一舒江西安福人兒時端重若成人恥私食食必廣坐年十三請焚先世積券弱冠如虔見陽明稱弟子陽明覘其修幹疎眉飄飄有世外之態顧謂諸生曰此子當享淸福巳又語之曰若能甘至貧至賤者斯可爲聖人嘉靖四年舉鄉試任碭山知縣居四載九被薦拜御史時世廟改建萬壽宮爲永僖僊宮百官表賀諸御史推主筆一舒毅然曰此當諫不當賀已而廷臣有容促賀表者謂天威叵測衆咸洶洶歸過一舒曰卽有譴請獨當之卒亦無恙故事部院接疏中官持疏南面一舒乃謂同列曰疏在中官

手北面可爾既授疏猶俊然當尊謂朝廷何竟東向揖中官中官雖甚恚然訖不敢出一語官舍蕭然日恒蔬食尋引疾歸執親喪墓棲三年既祥被召陪點光祿少卿辭不起日與邑士人談學不倦嘗會復眞蔡公夜講罷門弟子就一舒遮牀趺坐退若有得也體氣清癯嘗登太山絕頂及遊衡岳夜半坐祝融峯披羊裘觀海日曉闢雲霞館於三峯翠微坐半雲洞天與諸同志講道悠然樂之發爲詩文自成一家言皆根極理道關切人倫與人言依于踐履嘗曰美堯舜之孝弟而無稱于鄉黨小溫公之誠實而不踐其

然諾言獨言幽乃無忌于可覩可指言著言察乃未及乎行之習之蓋力破學者之隱疚而戒之也又每語人曰孔子之學率十年一進藉令其壽加乎七十又當有進於從心所欲不踰矩者及卒鄉人相與祠祀之稱爲三吾先生

劉魁字煥吾江西萬安人嘉靖間鄉舉人判寶慶五年守鈞州七年同守潮州遷工部員外郎上時務十事皆嘉納有詔徙雷壇禁中煥吾上疏諫自分獲譴先授家僮囊金三兩治後事疏入上震怒杖之廷入獄創甚有百戶戴經者藥之得不死日與同繫楊公

爵周公怡淬礪以不能積誠意感悟自責而門人尤
子時熙官北雍日候牢戶質疑義答之如常是年八
月得旨釋放爲民未逾旬復遣逮者至煥吾猶在
道先繫弟元北行煥吾至螺川得聞卽買舟馳赴武
勸且潸歸煥吾不可賦詩寄家人有孤臣此日勞明
主萬里何心保此生之句抵京復上疏稱願獻愚衷
以死報國其言指切執政奉旨仍舊監着明年祈雪
不應獄禁加嚴不得食有較尉楊棟者食之得不死
又明年宮禁火赦還煥吾自幼稟父訓躬擽古行既
學于陽明子堅志返觀動有依據至放歸後蕭然一

布衣鄉邦共倚重之稱爲晴川先生

周衡字道通南直宜興人髫歲以孝聞雖甚暑至毋裼不敢裸體稍長從仲兄衢受尚書篤志力學聞善必從年二十四領鄉薦明年中會副司訓萬安日會士課藝談經不倦旌孝子劉靜以勵風教刻孝經刊誤養正羣書以代口授擢應城令朔望召耆老詢利弊效陽明門設二扁署一曰疏通民情一曰願聞已過立十家牌創常平倉建謝上蔡祠而刻遵道錄上蔡語錄心政啟鑰頒訓民間專務以德化民民爲立生祠以耳疾改邵武教授其教視萬安加密復鄉賢

游先生祭蒐集遺書付其裔孫景壽督學端峯邵公銳與論學而重之壽遷唐府紀善屢以正學啟王先上定志修學以防逸豫又上修德裕後十二事而明聖學近正人二條尤切時王世子以讒間者十餘年道過乃徐動以慈孝至情王大感悟愛世子如初閱歲念母老假使事歸省在途得疾將瘳矣聞母訃一慟而絕年四十七學者稱靜庵先生初在萬安聞陽明講學于虔即往受業得聞致良知之說自應城之京復從甘泉遊得聞隨處體認天理之說覃思精研辛會於一故王湛亦交稱之陽明曰吾門穎悟莫如

徐曰仁篤實莫如周道通甘泉則曰知行博約究其指歸及沒而其友古庵毛憲爲之誄稱其不溺于禪不流于俗

梁焯字曰孚廣東南海人正德甲戌進士過贛從陽明學辨問居敬窮理悚然有悟拜禮部主事己卯三月與葉龍等十七人疏諫南巡上怒罰跪五日大杖三十車駕遂行會佛郎機加必丹未等三十人入貢江彬領四家兵馬從上遊豫導引火者亞三謁上喜而留之比入京師入四譯舘不跪日孚執而杖之又番人寫亦虎先與其甥米黑兒馬黑麻以貢獻事誣

陷甘肅文武大臣皆被桎梏幽囚而倚彬等爲比目益驕横亦以法約束之二番人相謂曰天顔可即主事乃頑不可即耶彬聞之將以凌虐駕下人員執奏遇武宗晏駕彬及二番人皆伏誅得免嘉靖初陟職方郎告歸養卒

蔣信字卿實湖廣常德人少克諸生居身有法處約不移年二十五始與同郡冀惟乾論學嘗曰釋氏只悟得一空即根塵無安腳處吾輩體認天理若見得時則私意自退聽矣又嘗論大學曰知止當是識仁體惟乾躍然而起曰如此則定靜安慮即是以誠敬

存之當陽明起自龍場寓郡西潮音閣因偕往受學陽明語惟乾曰如卿實便可作顏子矣偶養病道林寺閉目趺足默坐澄心晝夜不就枕席一日忽香津滿頰一片虛白燗燗見前冷然有省而沉痾立脫戊寅冬甃母槩不用時日方向拘忌之說嘉靖癸未應貢入京謁甘泉於邸舍相語而契丁酉入南雍甘泉時爲祭酒試學者須先識仁論契益深戊子中應天鄉試壬辰登進士年已五十矣授戶部主事歷遷四川按察僉事庚子監鄉試性學一策出其手筆有道士以妖術憑愚民武奪于通衢官司使人攝之莫敢

近獨卿實使呼之道士作術如初禜不復驗遂寘之
法遷貴州提學副使作聖諭衍訓以崇約束置陽明
祠田若干畝有土酋匿黠民烏合其衆止城外演武
場聲言欲爲變撫院謂當招撫之卿實力爭謂寧亂
而斃我無撫而損威卽遣牌嚴逐諸酋戢衆而歸按
院趙公薦于朝請畀以宮輔成均之任不報癸卯奉
督撫檄委抵辰沅議邊事而言者以擅離職守劾遂
奉旨回籍聞報束裝以正學書院記未脫稿遲二日
乃行撫院劉公見之歎曰先生方作文字耶可謂眞
道學矣去之日貴人士皆號泣持輿不忍別因留詩

昜之甲辰聞甘泉遊南岳往從之一切家事不問至巳酉春始歸十月卜築精舍於桃花岡學徒大集乃作訓規以示之遠方來者即以精舍田所入稟之惟四孟祀先一歸城居餘日端坐慎獨中心堂大觀樓與諸生究極微言或臨池或陟阜席地坐命諸生歌詩一二首而時自詠乾坤二卦文孟子牛山之木生我所欲數章以寓警發進修遊息各有節度巳未冬感痰疾門人環侍孜孜屬以進學此外一無語有勸以服藥者荅曰古聖賢如孔子七十三明道五十四聃庵七十吾德不逮而壽過之俟命足矣更何藥爲

疾近殆而神氣爽然談笑自若賦詩曰歸住青山十六年歌游多在萬桃間萬桃如我浮雲耳請借西風吹上天又曰吾儒傳性即傳神豈向風塵滯此身分付萬桃岡上月要須今夜一齊明越二日漏下四鼓瞑目端坐而逝年七十七學者稱道林先生

劉文敏字宜充江西安福人幼就塾竟日勑書無少嬉惰比長與族弟邦采共學思所以自立於天地者或至夜分不能即梳謂邦采曰學苟小成猶不學也巳讀傳習錄所論格物致知之旨與宋儒異展轉研思未能融貫乃歎曰非親承師授不可即買舟趨越

中見陽明執侍門牆往復三歷寒暑歸而與邦采砥切於家一以致知爲宗殫精畢志摻存克治瞬息不少懈出而偕東廓念庵諸公交修共證嘗七宿松原與念庵極論盡洩底裏念庵初覺未一已乃傾信旣別貽以詩曰歎息卓爾域千載能幾喆目擊中有存意會言無乖其淡契如此早謝諸生試布袍疏食歲光晦景沒齒不求人知學使存齋徐公欲召之貢竟辭焉卒年八十四踰月卽祀鄉賢祠學者稱兩峯先生及門王時槐而下若陳嘉謨賀涇王育仁皆其高第弟子

劉邦采字君亮江西南昌人初爲邑諸生即厭舉業銳然以希聖爲志曰學在求諸心科舉非吾事也趨越中謁陽明稱弟子陽明嘗稱之曰君亮會得容易丁外艱疏水廬墓哀誠篤至服闋遂不復應試嘉靖七年秋當鄉試學使趙淵檄縣強起之固勸始出及見學使下席延之君亮以棘闈故事令諸生脫巾露體而入非待士體某不願入也於是巡按御史儲良材令十三郡諸生並得以常服入闈免其撿察比揭曉得中式已乃授壽寧教諭以所學廸士士多興起以薦擢嘉興府同知尋棄官歸自陽明倡道後學者

承襲口吻浸失其眞君亮嫉之乃極言痛斥以揣摩爲妙悟恣縱爲樂地情愛爲仁體因循爲自然混同爲歸一者之非謂心之體曰主宰貴知止以造於惟一心之用曰流行貴見過以極於惟精是謂博約並進敬義不孤性命兼修之學如車輪鳥翼不可偏廢後學能領會者葢鮮晚乃著易藴二篇詞旨淵奥實發其所自得每諸生叩請能以一語開其宿錮令人豁然比疾亟門人朱調問曰此際視平時何如答曰夫形豈累性哉今吾不動者自若也第形如槁木耳少項遂卒年八十六學者稱師泉先生

黄弘綱字正之江西雩都人丙子鄉舉第七人下第歸丁外艱從兄弘藝墮父貲不能償父怒將杖之正之代措三百金以解陽明聞而異之嘗謂士人曰黄君來何遲也既小祥始上謁居三日而悟心理合一之旨從陽明去虔至歸越不忍相離者四五年戊子冬陽明道卒門人倣築場義葬擇一人紀其家正之居守二年甲辰授福建汀州府推官執法明峻能聲漸著戊申召為刑部主事自庚戌之變邊臣多逮西臺務為深刻以希上旨正之獨持平不輕進退往往忤同官意以故譏者四起辛亥考察例當謫調乃上

章請得原職致仕報可既歸與同志論學不倦嘗曰以意念之善爲良者知爲有意之知覺爲有意之覺臭腐元氣同爲本領江右人稱爲黃洛村

何廷仁原名秦以字行別字性之江西雩都人爲諸生時友人黃正之以所聞陽明之學盡告之廷仁曰我昔與子恨不及白沙之門意斯道不復有聞于後也由今所聞又奚他求是不可不聞于管義泉義泉者亦其執友也于是同趨虔臺至則陽明方提兵楄岡又相率趨南康執贄焉是時廷仁有繼母之喪斬然以衰服見陽明曰是可謂不學以言而學以躬也

嘉靖壬午與義泉同領鄉薦已而陽明在南浦則左右于南浦在越則左右于越陽明沒後辛丑始謁選爲令得新會喜曰茲非白沙先生之鄉耶數十年夢寐今始及門至則掃祠宇召諸生爲期而會設條而教久之聲教溢然乙巳遷南京工部主事辛亥卒江右人稱爲何善山與黃洛村齊名廷仁亦嘗學於涇野呂氏之門有問答詳見涇野語錄中

愚按涇野先生語錄所以曉廷仁者甚悉有二條載第八卷本傳後一言良知是渾淪說話非聖人因人而施之教一言程張二子交譏正是道學正脉無物我之私學者不可耽已見不知廷仁當日亦稍有省否余嘗思東廓善山輩業稱王門高弟而復遊於高陵似有墨者夷之求見孟子之意其時呂先生往往隨機旋導

之然不聞共無默受命也先入爲主耶抑風尚使然耶如近世幾亭陳氏初固並推王高及晚年乃定格物正解尊高獨至謂薛非不悟而修居多王非無力而巧偏重一修悟一巧力惟吾先生其人彼俗儒或圖於方所而欲曲護其鄉先正或恃其成說而不肯一旦幡然舍己從人而幾亭氏皆不然斯誠豪傑之士也已

朱得之字本思南直靖江人幼學時能於傳注外時出意見尤好說中庸疑朱子格致之學而未知所從入有傳陽明傳習錄至者披閱連晝夜曰此濂雒之流也走越執贄焉究極良知宗旨比歸陽明爲書修道說貽之後聞陽明殁于粤走數千里至南安迎之哭之盡哀平生勇於爲義而孝友天至摯從諸弟多

不相能爲之隨材誨化皆成善士或問王學院有弊而特進東廓念庵西川雲浦四子抑其師而揚其弟絕其源而續其流亦有說乎余應之曰君子與人爲善昔者金沙于氏嘗述十先生語序王學而錄西川則東廓念庵雲浦視之矣且以難學之陽明而四子善學之是猶幹蠱之子補過之臣也設拘師弟子授受之成檄而槩謂非則俱非否則又疑是則俱是豈因物付物鑑空衡平之謂哉

維閩源流錄卷十五終

維閩源流錄卷十六　姚江二

無錫張夏纂　門人婺源黃昌衢昌僊校

羅洪先　胡瀚　劉淛　尤時熙

薛甲　張棨　游震得甯得　余世儒

周怡　張緒　來知德　孫應鰲

[illegible]時英　萬吉　王漸逵　殷士望

詹一麟　查鐸　胡大賓　劉週

羅洪先字達夫江西吉水人年十一讀古文慨然慕羅一峯之爲人十五聞陽明王公講學虔臺私心嚮往遂甲視舉子業比傳習錄出奔假手抄玩讀至忘寢食二

十二舉於鄉歲丙戌鄉逵谷平李公方家食趨拜受學
嘉靖己丑廷試世廟親閱所對策御批曰學正有見言
黨而意必忠宜擢之首者賜狀元授修撰其舅氏賀之
曰幸甚我甥成大業也達夫面赤曰丈夫事業無涯此
與三年遞一人得耳何謂大業是日猶自袖米詣蕭寺
論學抵暮而歸明年告歸侍養父訓飭不殊童稚言動
少錯詞色必厲客至令衣冠行酒拂席授几忻忻從事
焉已而居憂哀慟湀至苦塊疏食不入室者三年一日
讀楞嚴經得反聞之旨遂覺此身在太虛視聽若寄世
外友人覩其顏貌而驚服之忽自省曰得無誤入禪耶

乃反求諸孔孟與同郡鄒東廓守益輩切劘無虛日召改左春坊贊善值世宗久任西內遂與同官唐順之趙時春因辛丑元旦朝會預疏請定東宮朝儀忤旨罷爲民歸就里中闢石蓮洞居之間出會講于雪浪閣贛江水漲宅舍漂没妻子假宿田家巡撫馬公檄縣出向所郤坊價數千金爲搆室助固辭會荆川以兵事起官約偕出達夫曰天下事爲之非甲則乙某欲爲未能者得兄任之即比自効可也奚必我出時相亦貽書致意答書願畢志林壑年踰五十謝客屏居居止所製半榻默坐榻間不出戶者三年事能前知人或詡之答曰是偶

然不足道比荆川計至哭始下榻邑當造賦冊念詭灑重爲民病戚里中按畝收賦督冊憲使卽以邑冊請主之於是宿弊頓革貧者歡若更生及疾作子世光適赴省試家人問何言答曰兒歸但語以莫厭窮窮固自好諸生環侍以意示令扶起危坐正巾歛手端默而逝年六十一達夫之學始致力於踐履中歸攝於主靜晚徹悟于仁體嘗言聖學正脉必遵濂溪無欲之旨無欲故靜是一切染不得一切動不得無然畔援無然歆羡故能爲立極種子若是認幽閒暇逸以爲主靜便是有欲卽使孤潔自守一隅其與未學者何異壬戌龍谿王氏

以專靜不達順應爲疑訪於松原達夫與極言動靜合一工夫且曰世間豈有現成良知良知非萬死工夫不能得也今人誤將良知作現成看不知下致良知工夫奔放馳逐茫蕩一生有何成就又曰吾輩所以必須學者皆緣習氣作梗要得消磨蓋自有知以來積染咸習如油入麪未易脫離誠不可以平日虛見爲得手須是終日應酬終日收斂不使習氣乘機潛發始不負一生耳語具所作松原志晤中癸亥序陽明年譜末云善學者竭才爲上解悟次之聽言爲下世有侍妙悟而不知反躬至不副夙期者多矣蓋滌乎有矯偏救弊之思焉

自陽明倡良知說學者始知舍聞見而求知於心然其傳始訛也語心體而遺工夫則墮虛而無益其又訛也以欲爲理以任情爲率性以戒懼爲戾於自然併心體而失之達夫憂之切故其爲言曰近時學者語知矣而不必良語良矣而不能致其病且甚於晚宋支離之失又曰陽明良知本之孟子故嘗以入井怵惕孩提愛敬平旦好惡爲證然言怵惕必以擴充繼之言好惡必以長養繼之言孩提必以達天下繼之其意可見矣雖其宗主陽明始終回護而不靳苦心斡旋開口剖白有若此此其天資極美使無見異而遷得醇儒而終事之豈

不亦入聖人之室乎達夫始歸田攻苦濟鍊無寒暑晝夜躍馬彎弓考圖觀史大若天文地志儀禮典章漕餉邊防戰陣車介之事細逮陰陽卜筮靡不精覈至人才吏事國是民隱彌加諏詢曰苟當其職皆吾事也後覩時事日非乃絕意干進而饑溺由已撻市引辜之衷則未嘗一日忘天下士想望其出以卜治平而竟不果莫不惜之初在京師與唐趙二僚居相比唐甚推服趙尚未深信一日邀達夫出遊屬其內子謁曾夫人窺室中啟敝篋一無所有乃曰羅君內外皭然如此歸後以先世所遺田宅盡讓二弟石蓮洞中嘗絕糧處之裕如也

著有念庵文集行於世學者稱念庵先生隆慶元年詔贈光祿卿謚文恭

愚按忠憲先生推服念庵甚至而余友何艮所則云觀念庵之言亦未嘗不知陽明之失然與陽明之徒王龍谿輩深信篤契恐於孔孟正學終有未達處楊紐玉亦言念庵於禪玄俱不能無染抑愚竊有說焉聖賢立言豈能一口說盡只隨時指示自前後相發本體工夫總離一不可有合言本體工夫者如大學說明明德是也固爲無弊其他論孟之中有時專說本體使人見心有時專說工夫使人用力亦不爲一偏若孟子說良知原以不慮而知證其爲本然之善以孩提知愛稍長知敬證其爲不慮而知而陽明所以提出此二字者亦正欲洗俗儒記誦詞章之習耳今念庵乃曰良知非萬死工夫不能得無乃欲矯現成良知之病而掩不學不慮之真與予徵其說而不得而其徒爲之解曰學是學此不學慮是慮此不慮知得不學不慮脈路任人只管學只管慮幾于不成語矣其云近時學者語知而不必良語良而不必致却自說得清楚正不必挑萬死工夫反使人疑本體之明頓息若已失而復

得也至于雙江聶氏又以良知爲性體著良知辨其與歐陽南野書謂良知本寂感于物而後有知知其發也不可遂以知之發爲良知而忘其發之所自也引陽明集中良知是未發之中寂然大公之本體二語爲證併良知二字亦改換面目且似以知爲已發良爲未發竟不成語矣豈非其所謂良知非孟子之所謂良知而其所謂未發之中亦非子思之所謂未發之中而實假儒以逞禪乎詞愈淫則指愈僻令人侗所適從寔念菴昂地非雙江比其論良知必以擴克長養達天下爲言固不離孟子之宗特其萬死工夫一語使學者驟聞之必有逿求高遠流入異端之失非特滯工夫捲本體而已總之宗主一差即救正皆差竊意忠憲所以推服念菴者只不欲沒其善云耳設因其近正而遂躋之則其救正處似是而非未能破良知之偏而其宗主處愈堅愈僻適足增亂德之障認賊作子爲害匪小如序陽明年譜而曰善學者竭才爲上解悟次之聽言爲下語皆未免惑人然則良所組玉之言豈刻論哉

胡瀚字川甫浙江餘姚人七歲端重如成人一日問

塾師曰學孔孟以何爲入門塾師大異之其從父支湖公召語之曰孺子願學乎學在心心以不欺爲主川甫唯唯著心箴圖就質于陽明王公公喜曰吾小友也時龍谿緒山皆與爲忘年交嘗會講天真書院諸學者各持異同爭辨未決川甫曰考亭當註疏附會之時不得不擷精茹粹以發蒙陽明當支離割裂之餘不得不指點頭顱以證世俱正法藏雖異而同學者服之晚年以貢得華亭訓導尋轉崇明教諭歸築今山署曰松篁小塢靜坐其中觀喜怒哀樂未發氣象憬然自得病革爲詩示兒孫神色恬正所著有

今山文集一百卷行于世

劉淛字君東江西泰和人生時父太僕策齋翁爲慈谿令故名五歲能受西銘九歲問天地窮際日月往來之故年十二讀書鴛部齋閣時椒山楊公以劾奸相坐罪死西市終夕遶屋空行至夜半聞已死慷慨歎曰楊公千載有餘烈矣始冠著尙志論隆慶改元舉鄉試試南宮下第大學士李公得其遺卷心奇之欲致一見君東謝不可曰落第書生豈可呈身相門耶後張江陵欲致之東閣亦拒不相見荆王太傅李九標爲孝廉時相善李無子有一女杯酒修好未聘

亡何李死女之母亦死人謂李氏一門衰落兩家子女尚幼且無媒妁盟必寒矣君東乃折柬告親友曰使李君未嘗見吾稚子而許之吾猶當撫其孤女也矧言猶在耳渝之不義遂迎李女歸至長乃婚其子及李氏爭產起訟太守欲以半產予女獨辭不受曰吾成盟爲義也若分其產豈不反吾初心乎太守義之八上禮闈不第遂懸車投牒不仕搆終慕堂築自怡園辛丑建太子覃恩詔天下舉人不仕者授都察院都事予冠帶友人勸就之軒然曰吾眞者已弁髦之假者何爲嘗感時事欲入燕上書過少宰鄧公勸

沮之歸搆焉文館以見志其學極尊信姚江咸徵其其說則曰吾家大人得諸先生長者不敢忘也直指桐城方公欲表其閭且疏薦于朝乃託友人力辭之太宰羅文莊公學宗程朱爲西昌理學宗自世講良知而文莊之學湮君東曰程朱一脉豈可遂廢較編文莊集行于世學者耳目爲之一新末年謝交遊廢登臨一意默坐讀先儒書信文成益至萬曆甲寅七月卒年七十一學者稱約堂先生愚按當時川甫爲陽明小友君東奉父教推尊王學極至於朱子整庵皆並存之而後世之祖述陽明者必襲其口吻相與詆朱詘羅不巳此不可曉也或曰川甫尊朱不悖其家教君東表羅不沒其鄉達是皆予之所取與余應之曰二

子之得失迥然不侔也夫支湖先生其學辨苦心苦口不啻諄切矣川甫爲其從子顧舍置之而從于天真之會出調停之詞爲一時風氣所驅即非豪傑士况爲子弟而不率教是舍家求野下喬入谷者也若君東所處則又不然昔韓魏公知歐公不信文言繫辭未嘗與辨而亦終身相對不言易友道尚然况父子之間乎君東旣守父教宗陽明矣而又表章羅文莊編行其遺集彼困知記三篇中言言王氏藥石也蓋黙寓裁命之意焉此君東不以言傳而後人當以意會者也其權衡至微矣故二子相似而君東爲得川甫則失之或曰然則君東其遂足法乎曰未也能如曾子之於曾皙以臨淡履薄維洛沂風雩斯大孝斯足法矣然曾氏父子同師孔子故能得變化豈可望之父子學陽明者

卯

尤時熙字季美河南雒陽人先世本吳人高祖某從軍隷河南衛父錦母姜氏生母王氏季美生而警敏不羣

稍長爲諸生輒有聲弱冠舉於鄉是爲嘉靖壬午計偕入京讀陽明傳習錄即厭棄詞章一意聖賢之學壬辰除元氏學諭甲午丁父憂服除補諭章丘尋晉國子學正時徐華亭爲祭酒特重之令六館士俱師焉壬寅年四十因念古人道明德立語自詰曰我今道明否德立否不覺淚下謂學無師終不能有成乃以師禮見晴川劉先生晴川陽明高弟也適以建言逮獄則書所疑契時時從犴狴中質辨不少輟甲辰遷戶部主事榷滸墅關纖毫不以自汚自奉澹苦人弗堪也長洲令某負氣與部使者抗季美廉其人實賢者初不與較他日代榷

者至問吳中令孰賢季美首稱長洲代者曰此非抗君者耶季美曰吾儕論人惟其賢何至以細故雌黃其間耶以母老乞終養歸歸三十餘年明道修德足不履公門郡守以帖二張遺官地若干畝峻謝不受居常坐小齋見後進來學喜甚啟廸不倦其所問答隨人淺深要歸于提撕其本心令問者各有所省其爲說大率祖良知而得於所自體驗者爲多齋中設陽明位晨起必焚香展拜來學者必令展謁迨其晚年病世之學者崇虛見而忽躬行甚且誤認不良之知而越繩墨以自恣慨然歎曰孔門教人必以孝弟爲先忠信爲本其慮深矣

又曰夫良知無終始無內外安得更有向上一層故其議論必依乎中庸切於日用而不爲玄虛隱怪之譚說者服其善學陽明而能救其末流之弊陝洛間士聞其風擔簦笈而至者百數十人士大夫道洛者咸以一覩顏色爲快孟我疆秋稱其溫和純粹有明道之風孟雲浦化鯉其門人也稱其褎然爲一代真儒鄉人號西川先生萬曆庚辰九月卒年七十八沒時含殮不具子孫貧乏不能舉火有司祀之鄉賢又築祠特祀所著有擬學小記聖論衍行於世萬曆末金沙于景素進明儒十先生語錄斥王學不與獨以西川爲殿古絳辛復元寄

詩張抱初曰三川同浩蕩五岳並嶙峋三川者謂伊川月川西川也天啟三年鄉人呂維祺揭稱西川及雲浦上衍洙泗之傳中接伊雒之派宜從祀廟廷謚典殊缺因著尤孟二先生謚議陳之兩院四年三月鹽臣李日宣等具題請謚奉旨下部未及行愚按涇陽少墟景逸三先生俱嚴辨無善獨未嘗闢良知涇陽謂陽明特揭良知超然自信獨往獨來自是痛快駭之者不敢爲然少墟七十自壽詩云誰哉我之師人心有仲尼考亭嚴主敬姚江致良知景逸困學記云此道絕非名言可形程子名之曰天地陽明名之曰良知蓋良知二字出于孟子指點最妙又拍合大學致知而曰致良知立言亦工今西川先生切指良知以爲無終始無內外辨向上一層之非服季怫忠信之教自修自證由已及人其從事新學卒成真儒所謂青出于藍蓋謝青斯因王門之所不能圍東林之所不能外也于景素氏述十先

生語列諸莊渠養齋之次豈無見而然乎　又按西川語錄多微語不可雖述內有云古今人我本同一性載籍言行即是師友但須忘我乃能受益　又云是公共的心雖相背實相成是偏黨的心雖相合實相賊玩此二條亦可以愧王學之我慢貢高飾非拒善與夫名迹相蒙者矣

薛甲字應登南直江陰人嘉靖壬午舉于鄉己丑成進士擢兵科給事中時方士邵元節用事乃連具四疏指斥甚力邵黨劾之謫湖廣布政司照磨歷轉寧波府通判保定府同知四川敘瀘兵備僉事晉江西副使備兵于贛又以忤分宜父子解任而歸雖經遷謫而職無不舉在蜀解蒙撤累世之仇靖永播方萌之患其績尤偉歸後杜門靜養斷歸家事一切無得

闢白其學初以紫陽爲準的載復取象山陽明遺書而參伍之益有所得故其言曰格物即所以致知慎動即所以存養成物即所以成巳無暴即所以持志與夫一在精中貫在一中約在博中恕在忠中此意了了則六經四書與夫大而乾坤細而毫芒無非此理皆可一以貫之此學所以爲易簡而非遺棄物理之謂也論者以其言精實寡弊羣推爲姚江後勁所著有易象大旨四書旨義心學淵源錄心傳書院講義藝文類稿續稿併文集行于世學者稱畏齋先生

錢十峰曰豐陽理學寥寥前推孫大雅後稱薛畏齋乃大雅爲饒介之宋景濂所讚許至黃蒙谿而

繼之夫其鄉賢不可曉者而畏齋之學亦不甚顯傳聞雜念庵自江右來訪及門見高座不入而反以此爲時所貶然畏齋自敘平生受益固從貧病患難中來述得懼遯庵先生序年譜而論定矣

張棨字士儀號靜本南直涇縣人幼聰穎異常嘗聞雞聲忽呼其母曰小學云雞初鳴咸盥漱今雞鳴矣何不起母笑曰汝纔讀書便曉其義耶對曰我欲爲此豈徒曉而已八歲就外傳十一徧治諸經十三遭父喪朝夕哀悼不離喪次執禮如成人年十七督學北江聞人公首拔應試嗣是屢試居首而守已嚴介毫無私請中丞澤江歐陽公撫江南延爲塾師越二歲歐陽文莊公爲南祭酒在師之文莊與之語即言下

領會因服習其教累年不歸繼復從鄒文莊公遊學日益進廣德張守聚徒百餘人敦請主教未數旬多士翕然興起臨行以百金爲贈辭曰吾得英才而教之足矣堅卻一無所受產不及中人或勸爲子孫計笑曰終日營營爲子孫謀吾實耻之事母董氏至孝母卒哀痛逾常築永思山房守墓不離尤敦睦宗黨著張氏家規歲值荒歉多方賑貸倡建水西書院迎諸公歲臨主會合併論學涇人士津津有興者繇是水西之會名天下

游震得字汝潛南直婺源人初爲諸生婺令曾公汴

授以良知宗旨繼游歐陽文莊之門叅證于湛文簡鄒文莊兩公間克然有得中嘉靖戊戌進士授行人擢給事中侃侃言天下事議東宮禮請講學疏尤切直論方士禱祀熒惑羣臣阿附非禮世廟震怒逮廷杖創臥讀易所著怡悅錄即此時筆也復與分宜語左亟求外補備兵南贛叅政湖廣所至賑災賉役歷楚臬閩籓晉右僉都御史巡撫福建以倭陷興化引咎代還隆慶初起原官總督南京糧儲言者牒前事不已遂歸里內外交薦不復起嘗謂近日學者喜妙悟而疎踐履崇虛譚而鮮實用惓惓以躬行未得爲

訓創建虹東書院以永講習著有周易傳義會通三
書附註性理纂要談藝要錄湖北民隱錄藥囊膚言
等書弟再得字汝見少讀近思錄遂發憤于學與伯
兄自相師友嘗作四箴爲伯兄規兄欽容謝之壯年
謝去諸生敦行益力屢主郡邑大會闡釋經傳言皆
簡易眞切學者稱兄爲讓溪先生弟爲連山先生
余世儒字汝爲南直婺源人八歲能文一日中兩試
瑞麥表下筆立就辭無複者年十六領鄉薦卽與周
都峯共研性學載訪東廓緒山兩公師事之後以親
老謁選得瑞安令時兩浙有倭警乃內撫疲瘵外贍

單輿民倚之若慈母丁父憂歸再起南康令更役法
課士稼風分校得人最開推恩所生擢守合州遂謝
病不赴歸築中心精舍與同好講業越五載遘疾且
劇適母諱旦猶強起奠如禮已而考終後祀鄉賢兩
邑名臣汝爲幼時見俗學泥古今人不相及者颺言
曰然則後世遂無聖人耶斷然以堯舜可爲自信又
嘗言文章爲立身岐路詞翰爲行已外篇吾人安身
立命當在何處人生百年如石火易滅一念係違大
事去矣故孜孜體解力行無怠湛然神明于酬應之
閒著有幼學稿未信稿破蟋蟀集行於世學者稱念

山先生

周怡字順之南直太平人少負奇氣居常以丘壑不忘自礪聞鄒文莊倡道南都徙步從之游兼師事龍谿王公登嘉靖戊戌進士授順德司李以治狀徵拜給諫疏論內外大小臣工幾數千言而大指則劾嚴嵩崔鑾市恩修怨私許背誣大敵在前而文武搆釁非國之福上恚疏中有陛下日事禱祀而四方水旱未銷語嵩以重發巳間入詔廷杖下錦衣獄偕御史楊爵員外劉魁同繫五載乙巳採箕僊語釋之閱月復被逮丁未二殿災復釋之旣歸猶及事母湯藥數

日示訣人謂忠孝所感歲丙寅居陽羨山中時與二三知已商訂學問隆慶改元召用擢太常少卿遣祭岳瀆瀕行疏陳定君志重詔命敬大臣擇左右勤朝政五事忤旨調山東海右道僉事轉南國子司業明年晉太常少卿提督四譯館未任卒于家其論學以大同爲旨以至誠無息爲宗以不愧屋漏爲要而尤以曲成後學爲萬物一體之驗居恒未嘗特立門戶即以忠謙顯卒未嘗自居其名嘗言吾讀孟子尹士語人章羨其惓惓愛君之心直是無已彼一激而去者不過尹士者流耳即斯言以推蓋其忠義之氣駸

駿至道矣卒後臺臣張佳胤郭莊檄縣建祠祀之郡人私謚曰莊簡學者稱訥溪先生有訥溪文集二十七卷行於世

張緒字無意湖廣漢陽人生九歲隨父佃於中川劉翁家翁課以偶句對云千年賢聖轉身來翁奇之養爲巳子曰劉燧弱冠登嘉靖庚子賢書時有欲危劉翁二遺孤者恐無意爲之庇廼百計中之賴朱廉憲白其事得俱無恙自念旣報劉恩不可身居嫌地由是復姓名歸其宗游學四方師鄒文莊赴會試初場爲母忌日先不欲入爲同輩強入涕泗終日而出次

一科不就試就桐城諭轉南監博士歷吏部司務戶部員外自以爲與江陵相年友也謁之據上坐無屈江陵謂太宰曰某郡太守缺可起補之無意曰故人知君君不知故人太守稱二千石予奪在上口威福以私德慾此介谿所以敗也江陵怒而起椅隨身折無意曰椅折乃我與公已矣不謝而出降五級諭繁昌癸德陽令郎撫見羅李公迎主講席未幾拂袖歸會見羅被誣逮下獄臺省救之弗聽爰手一疏擬請代將上而獄已解乃止家居論道垂二十餘年萬曆癸巳秋忽自齊安徧辭諸門人及所識言風濤亟歸漢

上語兩子曰生死事吾自師文莊後便已看破且其身久已許見羅先生今死遲也言訖遂瞑年七十四學者稱甑山先生私諡介肅愚按先王制禮不敢不及亦不敢過也甑山遇母忌輟初暘得無念母而廢事君乎設其當官執我祀大事亦以母忌格詔令乎此舉似有近名之意若夫抗權宰甘降官最為介特矯矯可風視同時黃梅聘君之所為貞邪判矣論者慎無嫌其沽激也

來知德字矣鮮四川梁山人中嘉靖壬子鄉試頻上公車不第以父母春秋高不復試南宮留家侍養二親繼沒塟祭廬墓一軌諸禮旣塟後遨遊五岳求友四海往來峨嵋太華太和廬山之間老而歸隱梁之

釜山坐九喜榻作八關詩畫三戒圖又有入聖工夫理學疑心學晦明解省覺錄省事錄河圖雒書論皆叩心著理其訓格物則即以君子三戒當之謂先格去三大物欲不盡同程朱說也已而研窮易道崇注易象猶嫌釜山紛沓乃去梁之萬縣求谿山中絕來往捐形骸反復思維夜以繼日二十餘年超然悟伏羲負圖之爲錯文王序卦之爲綜以錯綜二字盡易象之變發十翼奥旨闡四聖微言巡撫郭子章親禮其廬知其學宗孔孟之傳軼接嚴光邵雍之侶會總督王象乾交章論薦上俞允授翰林待詔疏辭不拜

時年巳七十八矣學者稱瞿塘先生愚按格去物欲之說涞水亦主之雖非格物正解而有功于人至瞿塘指出三戒尤令人有下手處第君子有三戒分少壯老豈格物亦分三時耶此遵陽明宗旨而變化其說者其以錯綜說易更稱卓識雄辨學易者所宜詳玩

孫應鰲字山甫貴州清平衛人生之日適衛人饋六鯉因以名幼就塾日誦數千言正襟危坐求解大義年十九以儒士應鄉試督學波石徐公一見大奇之許必解額榜發果以禮經中第一人嘉靖癸丑成進士入翰林改戶垣出補江西僉事流賊起捍禦有法一道晏然九江三百人譟坐賊黨一言出之尋轉陝西提學副使實意作人身先爲範遷四川參政土官

薛兆乾執叅將賀麐以叛或疑討之必爲麐禍都御史谷公以問山甫曰昔英宗北狩于懸肅公數語國威益振卒返乘輿今者豈惜一叅將耶谷從之擒兆乾而麐不害隆慶改元以僉都御史巡撫鄖陽疏請勤學勵政親賢遠奸等十事及劾奏太和宫提督巨璫罪狀上皆納之已而致仕萬曆初起仍前任援恩詔懇卹建文死事諸臣舉朝目爲昌言召入爲大理卿晉戶部右侍郎改禮部掌國子監祭酒事在監申飭監規倣涇野先生遺意極言舉人回籍自便之非及至愚不肖入貲汙蠛之弊皆得旨著爲令丙子八

月駕幸太學進講虞書無教逸欲有邦上稱善命坐賜茶以病乞告築學孔書院於西城之陽晉南京工部尚書卒賜祭葬謚文恭所著有易談四書近語教秦語錄雍諭彙稿續稿春秋節要律呂分解等書行於世

余琦英字景淳南直婺源人九歲時聞日者言母命不永與姊相持泣每夜靜拜天祈母壽十二三讀書餘閒習種植樵採事喜曰今而後能紓二人憊矣尋從洪垣及兄鏞講性學十九冠貧不能行禮取冠禮冠義莊誦之二十二婚首以善事二人厚其弟與婦

約始受徒苦志夜讀不設枕席一疾幾殆夢人飲以藥酒而愈慕鄒文莊之學往師之得所入處又從周都峯游言下有省時學者每以朱陸耑內務外爲辨景淳曰今人夢夢坐不知性耳性有動有靜靜合萬殊爲一本若在內也然內者未嘗不外動分一本爲萬殊若在外也然外者未嘗不內吾所學不內不外不朱不陸惟性之求性定而學定矣性一而學一矣性無內外學無內外矣子一龍成進士自令江山至轄浙藩凡大政必稟教故所至有立其初入江署也一龍命取二布民間將成衣以獻聞之慍甚罰令一

龍及子婦跪於前而責之立反之其訓廉類若此萬曆丙戌抱微疾命童子開隐語諸人曰吾心之明有如此月遂逝年七十九歲六邑學者祀之於會所著有孝經集義行於世其經子性鑑諸書纂抄十七種藏于家

萬吉字克修南直宜興人爲人方嚴剛峻自禮義廉耻大防至于拱揖進趨冠履飲食之節畫綫而蹈不失毫髮見者望而知爲莊士事親盡孝居喪中禮弟善病與共寢食三年不懈弟病愈然後入內室至老未嘗異錢帛教諸子先志行後文藝諸子雅飭孝謹

一如其父以貢爲桐廬訓導夙夜勸課力明義利之辨時舉釣臺故事以激發諸生桐俗頓振未幾致仕歸其爲學宗尚程朱初聞陽明致良知之說於同邑周道通意不甚契及交唐荊川聞其議論乃歎曰道通愛我今荊川子語多與之同固未嘗悖于朱子我恨不及道通之存也晚而和易如冬日薰人人樂親之稱爲古齋先生

王漸逵字鴻山廣東番禺人父傳爲泰州學正隨之任時年十歲即知潛修默誦未幾扶父櫬歸年十九登嘉靖丁丑進士假歸娶室授刑部主事告歸侍母

至十二年有旨凡養病三年落仕籍久之以薦復原官至都疏陳四事留中不報因引疾乞休執政嗛其言直罷之歸奉母諱值寇亂避之省會館于小雲谷之精舍就右溪倫氏與古林何氏解疑辨難所得益深著觀水記正學記四書邇言學庸釋畧讀經記春秋集傳嶺南耆彥傳王氏宗禮靑蘿集等書其讀五經自得尤多於春秋深辯周正之非於詩多從小序之指謂易非因河圖而作謂書當以安國爲宗嘗謂學者當體得吾心之生意生意即性也仁也求之古聖賢如孔子之樂在其中顏子之簞瓢不改曾點之

舞雩詠歸子思之無入不得孟子之萬鍾何加皆是也孔門教人求仁莫先於此千載而下惟周程得之其次李延平云其於近儒則尊慕白沙陽明二氏見所與王龍溪項甌東二書中要亦不盡同也卒年六十一隆慶初邮贈光祿寺少卿

殷士望字德逵南直丹徒人性通敏孩提時得菓食必先奉二親朝夕數問安否五歲誦經史七歲能文章遠近爭欲識其人稍長益盡孝嘉靖間倭犯丹徒縛其父去德逵奔救倭將加父刃即長跪呼號請身代甚哀倭曰此孝子也兩釋之督學御史耿公嘉之

遂不次以附學充貢亡何家被盜盜縛其母欲撻之時德逵先出遊學其女弟名金者亦呼號請代甚哀盜亦曰此孝女也又兩釋之耿公並爲奏于朝下有司建坊旌表題曰麟鳳聹由壽州訓遷新建諭又遷衢州教授三任學職朔望同州縣官鄉先生羣諸生講學不倦以老乞歸年八十一偶疾忽起肅衣冠拜二親木主畢因正色危坐召門人子弟言曰吾將安靜以養微陽父母之身今得全而歸之性學斷續則在二三子矣微笑而逝學者稱同仁先生其生時宅傍先後產二麟人以爲孝瑞云

詹一麟字孟仁南直婺源人性本豪邁而學甚淬厲言動一準於禮孝乎宗族信重鄉閭補諸生食餼就歲試學臺極鑒賞其文以缺論發令補作回稱不記題目不敢欺心學臺怒乃降等抑之孟仁恬澹自若從海內諸有道訂正學脉不憚跣步千里家故貧取給筆耕歲暮館歸遇一人受人責償阨之急遂傾修脯助之空橐歸室如懸罄不以介意晚益透悟揹歸本根不落枝節嘉靖丙寅徵修郡志從遊者日益盛欒平太守軫光其高弟也學者稱東鏡先生

查鐸字子警南直涇縣人爲諸生兼攻道藝嘗曰匪

學胡文匯聖胡學嘉靖己酉舉于鄉報至猶偕同志聚講抵暮而罷如弗聞也數下第成乙丑進士授德安府推官徵拜刑科給事中轉戶科右再轉刑科左屢疏勸經筵覆邊功定營議舉人才言皆切要休暇輒從海內名碩結會論學以爲常未幾新鄭起相兼冢宰勢張甚欲修舊隙庇私黨而子警向中會試出其門連執不從遂大相左出爲山西參議適當表賀疾不行撫臣迎新鄭意論罷之及新鄭免以薦補舊任定爲藍儀勒民互察遂革蒲東停喪敝習有妖似獨能匿形而人言多煽惑出示驅之妖謝相知者曰

查公正人吾不敢犯爲避去遷廣西副使丁父艱不行後領廣西驛傳纔三月移疾歸中丞郭公六下札留之不可遂翩然東返爲復水西書院倡明理學其立說篤信陽明致良知爲三字符更闇然自修不事表襮最後疾作族兄秀視疾問曰心得無動乎曰能病吾身耳吾心何病旦起索衣冠端坐移時遂瞑年七十四學者稱毅齋先生

胡用賓字晉卿南直婺源人少補諸生試輒第一嘉靖巳酉薦賢書即從鄒文莊呂巾石諸公遊透悟姚江良知之奧而不詭于紫陽丁內艱疏食墓廬者三

年登隆慶戊辰進士授樂清令以父耄留妻子侍養僅挾二蒼頭往日再食脫粟每公出畏飯蕭寺中大不知爲官也興利剔蠹造士維風靡不殫慮樂人德之四載以召行撿俸餘僅十六兩行李一肩士民郎潘簡肅祠祀之額二賢祠遷南御史巡按江西獎廉去墨江甸風清事竣乞終養歸夜抱父足而卧居被火恐父驚悸紿以他故躬負之出室燼而父不知父歿哀毀羸憊不異喪母時服闋起補北臺歷遷南太僕少卿即乞骸骨奉特旨進太僕卿致仕嘗上疏請祀鄒文莊惓惓崇躬行證慎獨救空談之弊甚切所

著山間漫語於中和眞體愼獨眞功體驗至精密而儒釋眞似同異之辨更足以開世迷又著有觀俗膚言皆平實語汪司徒登原狀其行稱爲純孝純忠至廉總目之曰慥慥君子

劉週江西萬安人爲人好澹素惡聞褻媟卑鄙語事母李以孝聞重諾輕財諸焚券巳責者甚衆晚聞越中致良知之學肫肫服習建梅陂書舍以待學者後談學者言徑超喜頓悟陋持守羣然和之週兀兀衆中獨求寡過若巳詘然巳而言頓超者多蹐躓相牽愧屈而週一未嘗自多聞人過懲爲掩覆弗忍出諸

口也人以篤行稱之

愚按王門醜態百怪千奇不可名狀徐愛夢瞿曇語以與顏同德同壽是以顏子自處也王畿送王正億而曰我丕師門一唯參是以曾子自處也錢德洪與畿廬師墓三年是以子貢自處也徐珊不對會試策而出是又以尹彥明自處也傚孔門程門旣不成徒爲王通之董常王安石之馮澥陸九淵之楊簡而已至於王艮駕車行教則又竟以孔子自爲居之不疑自以爲是故其門下率誕爲甚朱恕韓貞村歌野唱時謂巫風李贄謂大道無分男女與梅澹然爲會贈詩相昵載焚書中時謂淫風吉州人何心隱永新人顏鈞師生拳毆事發抵刑時謂亂風且何必隱本梁氏子名汝元字子期忽自更爲何必隱尤屬不經此輩亦何足汙吾黨之筆獨怪夫事之以師禮奉之爲執友者皆世所謂賢士大夫耳原其自來則陽明似有假借之失焉舊傳王艮見陽明于江西服古冠服執木簡賦二詩爲贄其蹊徑與董澐相似此最俚淺可耻乃陽明不能拒而有吾擒宸濠心未嘗動今爲斯人

動之語是何言耶抑傳之者妄耶大抵稍涉游詞便成標榜流俗無識闢陽明重艮而併重艮之徒待以師友非無因也吾於此輩既盡削去爲王學洗誣而欲爲君子著失言之戒故不得已而責及之後之君子可以鑒矣

雒閩源流錄卷十六終

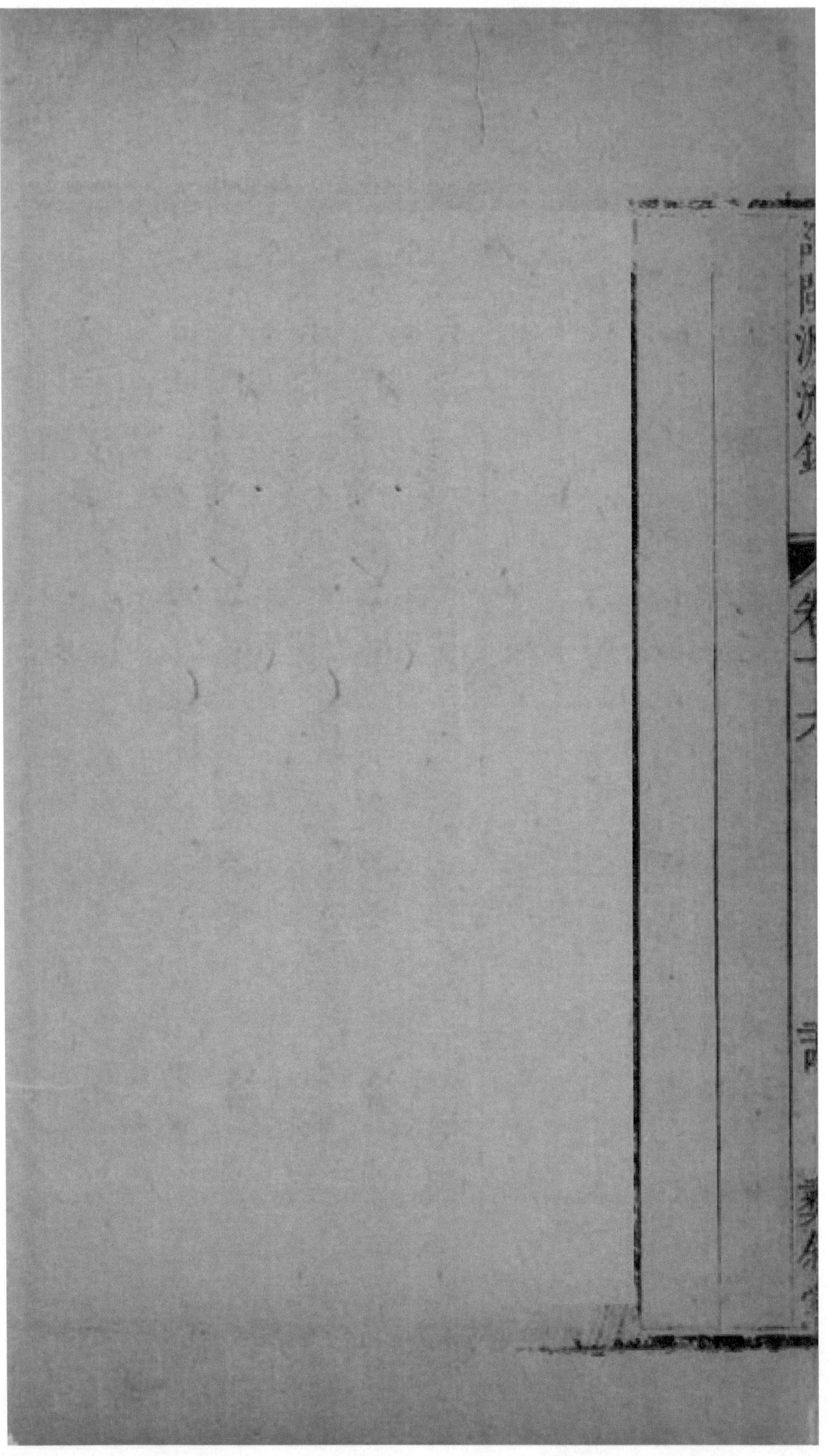

雒閩源流錄卷十七 姚江三

無錫張夏纂 門人婺源黄昌衢朝潛挍

李材金宗潮附 朱英骯 賀時泰 辛全

張後覺王表等附 孟秋 張元忭 孟化鯉

劉元卿 李天植 鄒元標 方大鎮

孫愼行 施弘猷 蕭自麓陸粹明附 笪繼良

呂維祺 蔡懋德 劉宗周 黄道周

李材字孟誠江西豐城人嘉靖壬戌進士授刑部主事歷兵部員外郎萬曆初出爲廣東僉事尋轉副使以論學兼立功稍見忌于當路遂引疾求退精學問

者十年癸未起官遷雲南參政乙酉冬晉按察使管金騰兵備事值緬賊内訌洞蠻黨逆孟誠謂此可討間難用宜搗窩令把總匏崇德等橐金攜其交蠻果悔禍而反攻緬諜至令把總杜栻等間道會擊爰有遮浪之捷師還諸弁論功請賞有差而孟誠得擢僉都御史撫治鄖陽丙戌春夏間事也明年丁亥以滇事爲勘功者所奏上怒逮問諍者愈聒上持愈堅繫獄至六年刑部郎中高從禮奏曰材用晉攻緬不無闢國之功據揭申文自抵罔上之罪會按滇御史馮應鳳在地方廉得其實亦疏白之始得減死出戍遇

赦得還時耄矣猶講學不倦四方學者尊爲見羅先生嘗患世之學者每以朱王兩家格物致知之說爭衡聚訟其流至於身心割裂知行離叛爲斯道病因揭修身爲本一言以明孔曾宗傳所在欲使學者皆知反求諸身即吾彝倫日用動靜出處之間實修實踐精神收歛心志凝一更無恍惚支離則其道乃有補于天下國家又曰知止即知本知修身爲本而止之乃爲止于至善格致誠正修齊治平皆所以止乎至善之實事本末終始一以貫之者也於此參究分明合下知得止於至善則大學之樞柮在我故曰知

止而后有定此其闡學大指自以為直扼一貫宗傳與足以劑救兩家偏弊者也然謂通篇格至善似矣而欲散置格物於八條之中說者病其失之於支焉所著有大學古義道性善編論語大意嵩臺講義觀我堂摘稿數學錄經正錄等書行於世其門人成名者甚多有南昌涂宗濬字鏡源萬曆癸未進士仕至宮保尚書篤志講學宇內推為領袖著有易義隆砂證學記焉亦定最稱之夅感熊氏曰致良知三字無病陽明說得有病修身為本四字無病見羅說得有病之病而其言亦有病者不是症源相反乃其經絡愚按見羅欲救陽明傳變也見羅謂果明宗果知本真有心意知物各止其所而格致誠正總付之無所事事此正不脫

良知稟自耳所以輕視條目次第作大段工夫況堅主無善無惡是謂至善之說其伏病在胎裏安得不東滅西生也哉

朱英骯字賓桃楚府宗室昭王六世孫鎮國中尉思泉公長子少築共學堂延四方儁彥講貫其中江夏則有賀陽亭段煥然孫善長李文臺諸子黃陂則有武皋守拙兩黃子又與其弟賓桂賓極互爲師友年及三十有衡陽甯太虛耒陽曾金簡至楚會檄十五郡人士聚共學堂商確見羅李氏止修之旨賓桃爰與往復印証舉廿年攻苦一旦豁然由是四方學士不貴虛悟敦摯躬修者咸奉之既而兩臺疏其孝行

神祖旨下嘉慰尋有詔建宗學博求可爲宗子師表者御史宋公賢從衆請以名應詔報可遂拜大宗正居十五載楚宗協化數登賢書念生母選配盧氏年届九十拘例未封乃間關數千里叩闕陳情上報曰念宗正綱紀諸宗多年多勩其特封爾母盧氏爲恭人他不得比例又念宗正老賜几杖馳驛護送以歸歸而拜母上壽人莫不手額稱孝賓桃旋病革惓惓以盧母爲子姪囑卒年七十一所著有河西務悟道詩四十首問道書札若干卷

附錄毛成字侶鶴北直玉田人萬曆間爲内官甘貧篤志手不釋卷潛心濂雒泰薦薛文清王文成

諸君子之書更留意六書音韻天性剛介未嘗趨謁顯要蓄書甚多壽七十餘卒塟玉泉山麓生時自題其墓碣曰於呼藍田耕夫之墓　愚按此條見劉若愚酌中志觀成自題墓碣比於耕夫其諱恥刑餘之意著矣彼篤嘗道讀儒書而悔悟可立反初服爲內官且奈之何使其果賢則寺人孟子詩固錄之呂强楊光復張承業綱目取之正不必論其品類今成別無表表建䇿恐若愚同列貂璫或此輩好名粉飾未可知耳存此亦可想見當年道風之盛至於其人其事闕疑可也故附之

賀時泰字叔交湖廣江夏人嘗遇歲除家貧不能具一杯羹以一母雞豆二升易米七升五合支度歲三日糧賦詩自礪曰淸苦丈夫志風霜善自持陽和非不愛義命貴安之是時長子文忠公尚幼風度端整屹如老成莊士叔交目顧而心許之自是益樂饑課

子年二十七患耳聾自念奉親遺體曷由全歸乃簡閱古今經籍遇有關身心秩序者即手錄之冀開聾聵久之成帙題曰人模樣讀者方之念臺人譜及文忠既貴即大書聯句堂前云當年雞豆未忘志此日兒孫莫妄思其訓廉成忠若此又著思聰錄一卷首條云王陽明致良知三字道破古今次條云有本體有工夫有效驗良知本體自家認透徹了只下致字工夫去做效驗自在其中此其了當語又云士人所守若未能定先從鄉黨中尋一箇真節婦人做樣子便不難了又云若愛一文錢不值一文錢從來有名

士不用無名錢其學其守俱可見矣與古絳辛復元手書商學交最善學者稱陽亭先生別著三世事小錄及女箴二十四則藏于家文忠公郎諱逢聖以在籍輔臣死癸未獻寇之亂者也

辛全字復元山西河汾人稟厚修純居家力行孝弟不求聞達于世以諸生老與洛陽尤季美江夏賀叔交輩爲學問友著有樂天集養心錄二書高忠憲公與曹于汴札以吳康齋許之亦爲良知之學而進於信質者

張後覺字志仁山東荏平人事父母至孝居喪哀毀

骨立三年不御私室早歲得姚江之傳于顏博士鑰犇去舉業淡思力踐雖隆冬盛暑不爐不扇久而有獲嘗曰耳本天聰目本天明順帝之則何慮何營又曰真知是忿忿自懲真知是慾慾自窒懲忿如沸釜抽薪窒慾如紅爐點雪推山塡壑愈難愈遠當時門人孟秋趙邏趙維新獨契宗旨海內名流道荏山者往往紆軫請益督學鄒善郡守羅汝芳兩建書院集齊魯諸生延之升席使爲山長以歲薦任華陰訓導視邑篆起仆弭亂境內晏然歸之日士民遮道泣送里居教授著有弘山教言時恩縣有王牧者字汝謙

領巳酉鄉薦官溫州府通判一介不取與志仁友善辨析仁體往復數千言卓有濬諳東阿陳職邪文舉二子亦相與月旦聯會並著賢名愚按懲忿窒慾所以修德求仁也可以爲難矣仁則吾不知也是爲原憲說仁者先難而後獲是爲樊遲說不可執此以廢彼故先儒推山填壑之喻當以用功言弘山抽薪點雪之喻當以成功言使不務先難而遽思化難易混先後此其言亦中聽不中用耳學者思之

孟秋字子成山東茌平人早歲從外傳受毛詩至鄭衛輒棄去更治尚書巳聞張弘山講良知之學執贄受教下帷發憤慨慕前修家貧甚嘗撤屋瓦鬻之以供膏薪提學鄒公善講道濟上召與語大悅曰功利

之俗孰能不波不意乃有孟生登隆慶辛未進士知昌黎縣政尚清惠萬曆初遷大理評事尋轉職方主事守山海關當關政久弛之後嚴譏察裁供億竟爲前官所忌中考功法調外轉刑部主事進尚寶司丞少卿卒子成雅志澹泊嚌嚅聖眞貌癯然若不勝衣遇事神閒氣定萬夫莫能奪與人交樂引其所長而覆其短晚年徧質四方同志問學洞徹其論中和已發未發犁然有當于中庸之旨鄒爾瞻張子藎並讀而善之曰此孔門嫡派臺省交章請易名格于例未果所著有二明一脈經翼行于世　愚按許敬庵曰遇張秋訪孟我疆之

廬盈丈之地瓦屋數椽其旁有茅舍倍之此風味大江以南所未有也觀此可槩我疆之品矣又益智錄曰王龍溪在吳中與蔡春臺講學語及陽明龍溪曰先師已造位神人焚之火而心不與俱焚溺之水而心不與俱溺者也人哂之孟我疆曰必到此地方知此旨觀此可窺我疆之學矣然益智錄中多刻詆王學之言吾不知我疆果有此語否

張元忭字子蓋浙江山陰人總角時聞楊忠愍公諫死遂爲誄詞慷慨泣下霑襟父大奇之隆慶辛未賜進士及第第一人授翰林修撰萬曆初元上疏直御史某且請進講列女傳于兩宮以修二南之化不報久之遷左春坊左諭德兼翰林侍讀尋充經筵講官每當直講喁喁然盟心待對冀有所感格焉初父太

僕公嘗副滇臬擊武定叛酋有功後中蜚語華問時子蓋方舉于鄉掖父萬里赴逮自越如滇復自滇如燕未怠也逋籍後遇上御曆覃恩即疏白父冤請以恩及已者移復太僕公冠服至是復申前請忤旨格不行仰天泣曰吾不可以下見吾父矣居常念父功罪未明願以身代父報國而卒且徼國恩報父故終其身有緹縈之恨竟以此鬱鬱致疾疾革顧弟子呼陛下者再又曰朝廷亦多有人乃瞑子蓋故江陵所取士方江陵盛時不隨不激有以自守嘗語同門曰其門人也皂囊白簡之事當以待他人若乃丧請留

病請禱其即死弗爲矣性至孝友侍父母疾湯藥非口嘗弗進比卒欒欒柴瘠喪葬悉遵古禮盡革燕賓祟佛諸傚俗拊異母弟二人恩禮隆備身飯脫粟衣浣補而賑施宗黨若不及學宗姚江然不空事口耳耑務以實踐爲基謂朱陸同源而末流乃岐之非是手摘考亭所論著與陸王意符者彙觀之題曰朱子摘編學者稱陽和先生愚按陽和朱子摘編外詩文各一卷敘稱定論未必盡出晚年而摘編則皆平時之言此欲爲陽明掩過適以著之者也使朱子平時所學既不偏即早晚皆無差矣彼象山往來紛呶之辨與陽明集中分袒之說又何爲者哉

孟化鯉字叔龍河南新安人其先有好古者洪武初自

秦中始遷新安五傳至秋娶衛氏衛氏夢有光如日大於斗遂誕叔龍蓋嘉靖乙巳閏正月念四日也幼而警敏長而端莘修度美髯見者識其非常人見時嘗讀小學八歲讀孝經論語十三讀易旁通經史及左國秦漢比爲文自搆一格不傍人籬下十七補諸生即慨然以古道自任歲乙丑既冠往師西川尤先生讀擬學小記曰濂雒真傳具在於茲凡西川所言手自籍記成帙會督學試文行皆置第一已巳膺恩貢第一監試第二有友郭青螺黄慎軒孟我疆而我疆尤密聯會講學癸酉中河南鄉試第九故事同年具呈坊價叔龍矍然曰吾

輩方將起家淸仕路抑奔競乃先行請託耶獨不列名郎訃借驛金亦峻卻不受庚辰成進士授南戶部主事時相欲致叔能爲重終不往謁尋丁父艱起補戶部主事筦銀庫痛革宿弊出榷河西務口不言錢惟與子衿耆老講聖諭六言發明正道比去士民肖像祀江干丙戌江南山左大饑奉命往賑哀益稽核全活無算尤厚賚善士是年攷驗封主事會母卒歸前後兩艱哀毀骨立喪制一準家禮斟酌合宜可爲法式不茹葷不入內不妄言笑居恒孝事兩尊人無間或慍則率婦長跪請過父易簀時叔能方之留都任在途以兩叔父視含殮

比襄事毎謝必稽顙曰見兩叔父即見吾父母也起復補稽勳歷文選郎私念用人本朝廷公典而或干以私豈不上負君下負所學故一意孤立雖大貴人氣焰薰灼不少徇徃例銓法多先白政府然後補牘叔龍不爲動中璫請託毫不假借勅守關勿通一刺凡諸舞文吏所得自行其意者捜剔殆盡內外率側目張可庵棟以都諫建言國本謫時論韙之弗敢用也叔龍疏起之上業令票旨政府封還陰陽其詞遂忤上調外以中外力救再削籍叔龍神色自若猶夙夜治文書付所司始跨蹇歸歸之日簪紳絡驛出祖于郊見行李蕭然家奴徒

步皆歎曰賢者去國我輩尸位獨無愧于心乎郡邑長吏率求一見不可得或負弩津途問選君何選而叔龍已徵服過矣初從西川遊歸而設會講學寒暑不輟多所興起西川每對人曰吾道西矣嗣與我疆諸公講學京坻又於川上建兩賢祠西川方山後爲宗賢樓聚圖書羅俊乂四方士聞風負笈若陝澠嵩永雒孟汝羅秦晉聯翩而至無慮數百人至是歸諸弟子迎於黃河之湄歌詠之聲遏雲振木而叔龍於道益精進所發明益開朗澄澈非獨擴良知之緒矣叔龍所至孚格在權滿貪墨之風在銓抑奔趨之塗在籍則以恬澹古樸爲里俗先

故其里不用聲歌不曳綺羅婚嫁不論財非嘉燕不用
鼓吹人咸謂新安有古昔遺風雖窮鄉幽谷之人無不
稱曰孟師孟師云叔龍精神強毅每漏下五鼓即起課
諸子弟夜分伊唔不倦亡何疾華弟化鯨侍藥猶孳孳
勉以爲學口占詩云靜室焚香理病身琴書手卷日相
親胸中自覺無他物但聽啼禽報早春又云養德從來
即養身如今二豎苦相親摻存未到和平地漫說宮中
六六春聞者以爲有聞道未足之意遂瞑門人相向哭
失聲城爲罷市滙有老嫠婦聞而悲之曰天下無福耶
其感人之深若此時萬曆丁酉正月念六日年五十有

三蓳城東函谷之阜其學以無欲爲宗其教人則耑以孝弟忠信愼獨爲要不爲高淡幽渺之論平實易簡進于純粹門人王參君以梧者自總丱師事最久尊信尤篤贊曰仕以達道學本無欲紀實也卒之明年祀鄉賢大中丞鍾襄惠公疏請從祀未允先令有司建耑祠春秋致祭天啟壬戌贈光祿寺卿所著有巳千錄尊聞錄讀易寱言諸儒要錄理學功臣言行條名賢卓行條樊黃蓳冠儀注文集八卷及摘句通鑑增減性理音釋四書五經並行于世其易訓大都以心體立說與程朱訓異虞城楊東明讀而訝之答曰易萬古心學之源也而

觀象玩占淺孰甚焉故謬歸諸心俾學道者知所原本耳學者稱雲浦先生

摘錄讀近溪集臆言九條

本來面目先正借以明良知面目即良知也若近溪云云則良知又有个面目矣似失之鑿且何必究論此等處況四字又出釋子語乎此葛藤何時是斷絕期耶　孔子開口便只說謹言慎行孟子開口便只說孝弟忠信此非當下耶只在當下亦釋氏語　善緣功德報荅等皆釋氏之流弊也可稱述乎　近溪說出嘔噎一聲不若孟子赤子之心之言爲雅　孟子曰仁人心也言仁即是心心即是仁非有二也　程子曰義禮智信皆仁也隨出異名總是一仁　仁則只是此心而曰心觀仁義等宏且淺不亦鑿乎　靈妙即是心心本生生也而曰心本不生日以靈妙　而生則心爲死物靈又是靈心又是心矣有是理哉　既云赤子之心渾乎其天是有善無不善矣　却乃云無善無不善無不善不亦自相矛盾耶　所謂繼之者善成之者性豈若是混耶　天命原只是善　孔子言學即是大學明明德於天下之學曰時習者學無間斷之謂如必曰時即聖時之時時

習謂習乎聖時則當云學時而習之矣得無好奇之
過乎
摘錄已千錄七條　嘉靖甲子歲曾夢與友人書扇
自爲七言律詩一首當時未習爲詩既寤尚能全誦
夢中句心頗異之迨旦止記首句云翠竹麒麟錦馬
鞍又三年爲丙寅西川先生側偶述請正意先生必
有妙解先生但曰夢也音旨嚴重鯉于言下有悟荅
心體未明晝已屬夢而又夢中說夢且欲求解於不
可知之鄉宜先生之不我與也自後有夢亦不復識
聞陳司敗議其黨自以爲幸此是孔子好學處氣
象心術何等平易何等眞實何等廣大如今被人規
過便求解脫且不論其過只解脫便是最惡的念頭
便不是眞切好學與孔子氣象心術奚啻萬里　不
緣眞心之端而別爲功利之緒此眞異端也　學者
纔說習氣纔說稟賦便是無志至于橫逆報施纔說
有數纔說相稱便是欺心此但可以恕人自修者宜
痛省猛克也此正今日切要之功　見人講論定要
出已見說向前一步此是粗心浮氣　若反到自身上
尋證修服方是爲學　以善服人尚不可況未善而
責人乎　陳實夫一日意欲出門因書爾出幹甚緊

要事七字于門頂是後睹之即無出門之意念此豪傑之士便有這等見識便有這等方法似此用功決無有不上進者愚三復其言爲之歛袵　顧氏小心齋劄記云孟叔龍德宇溫然而其中甚介罷官歸家中丞仁軒張公饋之一程亦謝不受最後書問都絕宦其地者欲踪跡之而不得也又云孟叔龍與孟我疆符卿以道義相切磋官都下聯舍而寓自公之暇輙從步過從飲食起居悉共焉時人稱爲二孟陽和太史作二孟歌記之　愚按雲浦先生臆言論仁即是心心即是仁直印程朱心統性情性即理也二語正解而葬壓洗矣已千餘論人求解脫必出已見而祿惡念頭不獨破盡象山告子不得於言勿求諸心之病且善寫聖人好學心事好學氣象其得於西川先生者深矣造詣變化至此宜其爲顧張諸公所推服也安得復以王學議之

劉元卿字調父江西安福人少時入吉安爲青原遊與夫語曰昔之青原挾妓酒人歌新聲達旦自兩鄒

公子入遂絶響聞之惕然而懼兩公子即命憲汝海宫洗汝光也時自東魯歸嘐嘐然以家學倡諸里人調父入山汝海試與語喜動於心歸而陳諸宋儒語錄堆案盈几玩而三思汝海退與汝光必畏者久之時周太守鶴皋羣諸士試得其論大奇之以爲眞儒再出入闈遂魁江右仍偕師友輩以學相砥切隆慶辛未業入彀主司以其策多憤激語姑置之江陵聞而大怒下禮部以飭多士甲戌下第遂抹其引杜門不出從遊者日衆調父於諸先輩語淺生厭淺生疑乃出而謁蘭溪徐太常聞其言機稍動再謁黃安耿

司農得生生謂易一語始欣然信心而於所刱復禮
識仁中道一德諸院歲有常會西鄉習俗故稱健訟
至是皆化於其德無一字吏犯官府南昌守范淶嘗
列其名與鄧元錫章潢並薦于朝調父卒不出卒年
六十六學者稱瀘瀟先生所著有山居草還山續草
大象觀諸儒學案賢奕編六鑑舉要國史舉凡畧語
測言思問編何莫編先正義方禮律數要明賢宗解
婺江證學大學新編等書
李天植字性甫南直廣德州人少聞良知之說恍如
夙解復從鄒文莊諸公商證融徹中隆慶辛未進士

授平陽府推官徵拜吏科給事中疏數十上皆天下大計時江陵相當國奪情議起排衆昌言曰異日謂羅一峰何如人既吳公中行趙公用賢艾公穆沈公思孝及鄒公元標先後具疏有旨杖斥遂上疏論救備極詳懇江陵恚甚計中之無何有旨選淨身男子若干人又力陳儒生進學數少中貴選用太盛兩事倒置語攻政府益急遂借年例出分守江西饒南道江陵議毀天下書院阿意者欲併廢白鹿洞膳田力持不可且捐俸增益之羣諸生講習其中所興起甚衆閱二歲遷湖廣副使鎮長寶二郡延張太史元汴

講學岳麓惜陰兩書院湖南人咸知向學癸未楚大饑日夜籌畫捐俸薪及贖鍰賑之全活無算尋叅政四川調曹濮兵備屢忤當道亟引歸累薦堅不起卒年七十二於易禮二經皆有疏義

鄒元標字爾瞻江西吉水人少好學幽居扃戶集程王六子語以自勗萬曆丁丑登進士方觀刑部政疏劾江陵相奪情拜杖戍貴州都勻衛直聲震天下江陵敗擢吏科給事中約同志集於演象所月有講會執政亦過而問焉後以內廷火進言忤旨降南京刑部照磨歷遷兵吏二部主事吏刑二部員外刑部郎

中書循職掌請褒解縉羅洪先諸儒及論朝儀久曠儲位尚虛言極剴切引疾家居遭艱不起建仁文書院聚徒講學其中光宗即位起大理寺卿天啟初遷刑部右侍郎歷都察院左都御史特疏請卹先朝廢官一百二十人詔從之命南北三品京堂推添注以疏淹滯餘着酌量敘用請追錄江陵相十年輔弼之功補身後卹典天下尤服其公又請亟修光廟實錄以進藥一案議論紛紜宜早定信史也上允而未行其後卒有要典之禍人以是服其先慮適長安馮公從吾爲副院並以講學名重一時諸侍御因其建首

善書院於西城牆下兩先生每由署後不拜客不赴筵輒入書院講學都人士聽講者無不虛往實歸衆心興起而忌者亦從此始於是邪黨競相訾議爾瞻上疏辨得旨慰勉尋告歸亡何卒卒後璫禍始烈削奪官誥崇禎初贈太子太保謚忠介學者稱南皐先生爾瞻雖從事首善奏記東林而初偕郭子章從胡廬山遊其學主於自得歸之實詣嘗作許敬庵祠堂記曰自朱陸分馳步趨朱氏者嚴關鍵飾藩籬人無得而間之而或病其隨事格物未免棄內狥外之弊河津餘干確守其說至新會陳氏悟自然之宗餘姚

王氏發良知之旨大抵宗象山而王氏雄鋒朗暢足以發抒其藴於是學者盡宗新學其弊也乃至闊畧躬行吾謂學無可見見之於行敬庵恪守先程方正篤實其不必與餘姚合者乃其有功餘姚也作陽明祠堂記曰予讀先生格物之說謂格其不正以歸於正戒懼慎獨之語謂本一體工夫非有二事恍然會心先生倡道當時如清風披拂學者各得其性之所近於世亦有所補獨怪夫萬物一體圓融無礙之說倡而學寖以僞也夫先儒之一體也合天下以成其身後儒之一體也借天下以濟其私先儒之圓神也

本之方以智後儒之圓神也流於詭與隨藉口交道接禮之說無論宋薛齊七十五十百鎰皆可受矣藉口委曲行道之說轍環列國爲是不稅冕而行非矣藉口獵較猶可之說和光同塵爲是先簿正祭器非矣藉口中庸之說鄉愿賊德味道摸稜皆所不討矣藉口汎愛衆之說孔子不必瞰亡于陽貨孟子不必示默于王驩矣流弊至此夫豈先生之教使之然哉葢欲兩救其弊故不偏持一說若此又嘗答友人曰學問中一段機權詭譎之術先賢決無此家法又曰學人不可先橫一是非同異之心在胸中惟當自參

自悟久之自不言而喻又曰世多虛談害道者皆繇實學者鮮不足以轉移之若實學者多則虛者自消皆自得語也而自少矜厲名節既而投荒萬里遯野三十年涵養銷鎔幾于冲粹其實詣尤不可及矣所著有存真集願學集及奏議若干卷行於世

愚按萬曆諸賢之倡學也大成嚴于程昌而寬於辨脉方東林初建顧高爲倡宗朱闢王乃其大指縣依庸堂記及涇陽誌文皆出南皋手筆豈計其道之不同哉不惟是也首善書院之役鄒馮共事一堂亦各講所學其爲說不相徇亦不相犄豈當日以同調寥寥不欲於同中立異耶抑和而不同正欲於此徐求併一耶以愚妄臆相蒙若是其小人忌之既滋門戶標榜之議共後學惑之亦有徘徊岐路之患傳曰毫差千謬是以君子有弗辯辯之不明弗措也夫南皋產自螺川早樂新學亦天挺豪傑破除尋

常吾鄉高忠憲公嘗述其在刑部堂上望見羣囚便高聲念佛畧不知有儒釋之防而武塘陳幾亭氏覆其全集罔其學純尚禪而輒援四子周易以傳會之講論倏彼倏此無實見無定指多是遁詞竊謂南皐以無修無證爲說謂之正人則可謂之醇儒未也學者其愼擇諸

方大鎮字君靜南直桐城人萬曆己丑進士居官公廉惠愛所至有聲尤尚風節崇理學初授大名府推官加意平反一案至活百三十八人壬寅拜江西道御史以病乞歸丁未起浙江巡鹽釐醝弊免白糧稅商民交頌戊申請告壬子按河南福府莊田四萬屢奉嚴旨比例執奏竟減其半且疏請儲講差未竣而移病天啟壬戌起按京畿計臺資巳閱二十餘年遷大

理寺丞晉左少卿盧心評駁凡出死囚十三人奉命
使蜀陛辭疏請經筵四事併請召用諸理學正人時
憲臣鄒南皋馮少墟兩公建首善書院於都門聚同
志講學君靜與焉及還自蜀尋小方排斥理學毀書
院兩公皆去位君靜筮得同人於野遂乞休自號野
同翁隱於白鹿山與門人講學不輟有詔起爲南京
光祿卿不赴難進易退始終一致天下高之嘗言性
善徵諸仁義仁義根於無所爲而爲之心此爲至善
此爲良知此爲窮理居敬作論六篇力排異學他所
著有聞斯錄桐川講義易意詩意禮說等書鄒馮兩

公嘗歎曰方魯岳天下士吾道中一人也其學亦由入鄒焉間在臺時嘗上疏爲陳簡討獻章胡布衣居仁請謚又請褒崇先臣鄒守益顧憲成等則其所學之廣博持論之和同見一斑矣性至孝太恭人没君靜年垂七十禮惟衰麻在身獨哀毁廬墓朝夕孺子泣竟以過傷及禪而卒學者私謚曰文孝先生

孫愼行字聞斯南直武進人萬曆乙未進士廷試一甲第三人授編修妖書事起時宰有所羅織欲窮其獄聞斯抗疏言宜存國體時論韙之前後以艱歸冊封歸請告歸歸輒楗戶著書不通一客累遷禮部侍

邸視篆有福王之國事時神廟靜攝久典禮廢弛乃疏闕治亂者數事因及之國期率十日一請而堅持莊田如潞府例奉旨切責訖不顧又連請東宮出閣已而上命所司擇吉忽內降更期後年時福清當國皇恐持未下聞斯擬伏闕爭而亟以九卿公疏候命闕下者二旬每與諸大臣旅會詞氣慷慨輒曰今日是其死所還向福清曰今日是相公死所九卿相顧感激爭出危言佐之聲朗朗徹大內於是福王自請減莊田以行而大典告成如期然忌者不免以居功相目矣他若慈聖太后廟號王貴妃藏主諸王選婚

諸禮皆守正力爭楚獄久冤議爲平反釋其幽滯者數十人代籓廢長立少念其事正與東朝相類亟正之以杜小人窺伺者而庚戌科場之弊卒按法持之以其暇請祀羅豫章李延平於文廟千秋曠典一朝得補在部逾年請告去竟被京察得旨照舊調理昌啟間再召爲禮部尚書遂首論紅丸事先是光宗大漸有鴻臚丞李可灼進紅丸服之明旦駕崩廷臣交章劾可灼首輔方從哲票令引疾去從哲亦引疾間斯上綱常大義一疏引春秋書許止弑君之事謂從哲與聞乎故得旨下九卿科道議議上詔奪從哲一

官而戍可灼二三逢內者意不懌尋以爭泰藩封爵非例忤旨告歸會楊忠烈漣劾逆賢二十四大罪璫恨甚諸修門戶郄者附璫爲虐大起詔獄忠烈旣拷死而闓斯以論紅丸坐戍得寧夏極邊合之少司寇王公之宷爭挺擊忠烈爭移宮爲三大案復修三朝要典布告天下坐諸臣以罔上不道之罪禍且不測闓斯坦然就道而上晏駕璫伏誅得解戍復故官未幾以原官協理詹事府事召高臥不起崇禎八年有旨擇在籍堪任閣員者廷議交推奉旨特召闓斯時已病疏辭不允扶曳應命甫至都而卒天下惜之年

七十一贈太子太保諡文介學者稱淇澳先生初喜誦佛氏書旣而曰儒衣破綻不可以袈裟補也遂一意宗儒年四十六始受易有初易二易三易四易題曰周易明維義又以中庸愼獨與易相表裏作愼獨義百餘章嘗言知止可盡大學愼獨可盡中庸忠恕可盡論語性善可盡孟子卽變化氣質之說猶以爲出入荀孟問作困思抄百餘篇日以五事自課一靜坐二玩易三文藝四書史五不廢臨池晚乃一切屛去耑求之反躬一路歸于知止因以止躬顏其齋時時體驗而有得焉表章諸儒以朱晦庵陸象山王陽

明三先生爲依編選合若干卷蓋聞斯爲荆川外孫沾濡有素故雖身遊東林而學兼陸王若此又因諸史舊文作事編以才節兼全者爲上其次節勝才或才勝節又其次則節不足而才堪裨用者亦荆川之餘緒也顧庸庵云程朱易至矣近世若孫文介明雒義倪鴻寶兒易黄石齋易象正皆吾所不解

施弘猷字允升南直宣城人少即砥礪名行年二十六師祁門陳文臺履祥得聞良知之緒締六邑會四郡會十四郡大會聞一賢人雖甚風雪必吐哺而馳之年三十七始列諸生郡守西華金公礪延入高齋五子社御史楊公表其居曰理學醇儒巳酉冬得疾

瀕危文臺爲齋戒三日作祈命詞謂繼往開來不可無施子禱於神願以餘年贖禱畢果愈未幾文臺應歲薦卒於京訃至爲位朝夕哭服齊衰迎櫬邗上要同門會葬雲山創耑祠以祀終心喪三年假館白下講道揚盧問有性習之辨性無善惡之辨無極太極本末之辨又因門人吳允清允齡著問答一卷首性善篇次無惡篇則既直宗孟氏而撤無善無惡之障矣嘗辭嗣產闢義塾置義田爲亡叔舉四喪嫁三女其費悉取諸典貸終不肯鬻義田施族賴之卒年四十六鄒忠介志其墓所著中明子集語錄行于世二

子晉譽並有學行晉字曾省早卒亦著有語錄及巢林集藏于家

蕭自麓或云名梓廣東潮陽人以主敬爲學出羅念庵之門而最服魏莊渠之教萬曆甲午冬高忠憲謫尉揭陽至潮特訪之自麓出念庵諸書與觀之款以五盞盡祛繁儀忠憲將別請教自麓徐言曰公當潛養數年不可發露先輩皆背地用一陣堅苦工夫得成就耳既而與書極論敬一之義末謂學貴含蓄淡固最忌洩漏某嘗自思維只用功不密洩露太早敬爲執事誦之無若某之徒老而自悔也其門人陸梓明字

古樵新會人居恒淸苦澹默終日靜坐或閉戶至經月不出偶訪學吳越間與嘉善吳子往爲友是年八月先偕子往遇忠憲於武林因謂曰只要立大本一日有一日之力一月有一月之力務要靜有定力令我制事毋使事制我忠憲旨之遂介其書以交於自麓焉

筥繼良字我箴南直丹徒人生之日父夢楊忠愍至其家因名以繼盛及萬曆乙卯舉鄉試父曰吾願汝爲良臣也爲更今名少與華鈺劉覲文徐大用王孫雲輩結鳴合社以文章節義相勗勉而潛心良知之

學初署寧國教諭作廟祀考禮樂考二書示諸生又上黌宮六議于學臺遷鉛山令講易鵝湖書院晉守絳州申揭祖訓弭靈丘宗藩之鬩絳民以寧方半載左遷上林良牧署時魏奄勢正熾附之者擬置祠上林我箴執不可尋轉順天判遷工部郎董北河稱㡳績總河都御史請加銜久任魏崔惡之不報魏忠節大中㯽過張秋我箴爲文弔于河干哭甚哀閹聞大怒矯命以東林邪黨削籍崇禎改元起戶部郎首上賦役便民議奉命監海運新太倉核省倉儲溢額二萬出守汀州値閩寇鍾成旺鍾凌秀嘯聚汀之石窟

巖我箴入境即倡義勇擊賊一撻於冠朝再撻于綺岡賊遂遁未幾晉副使分守河東執政者以異已排擠遂歸歸而鎮江守印司奇郎潤城南郭築天心書院朔望設座請臨教巡撫張公國維巡漕盧公世漼皆會郡邑博士弟子從者數百人一時絃誦彬彬梓有天心說尤精于易著鵝湖讀易十二卷身忤逆奄遺黨錮於剡復遯臨之義三致意焉卒年八十一祀汀州名宦潤州何棨曰蔵川子錄明儒於我丹徒得四人焉一爲丁先生玉夫一爲華先生德夫一爲殷先生德遠一爲笪先生我箴玉夫爲人以考亭朱子自待眞足稱繼閩後學其爲中翰日送無錫邵文莊守許州勉以半日讀書工夫與錫山道脉本同而德夫之先由錫山徙居又世傳東

林之學者也宜爲蕺川子所取若德遂之從龍谿近谿遊也學以主靜爲本頓悟爲宗我箴固嘗繫籍東林然大意亦主良知爲是與前二公不無少異至求之立身行己間其宗族至今稱殷爲孝子而笪以不媚魏閹削籍著節一時蓋其生平誠篤實行言相顧卓有足法者擬諸丁華二公倘所謂殊塗而同歸者耶錄中列玉夫德夫於前續德遂我箴于後立法嚴而用意厚觀者可以興起矣

呂維祺字介孺河南新安人父孔學事節母孔氏以孝聞詔書兩旌其門母孟氏夢月入懷生介孺萬曆癸丑進士授兗州府推官清執有名歲饑設賑全活萬衆兗故無保甲法介孺始行之卒以此弭蓮妖之亂乙卯分考陝西戊午分考山東徵入爲吏部主事歷稽勳驗封考功文選四司光廟上賓請見嗣君于

慈慶宮門中貴導駕幸小南城抗言梓宮在殯大寶未登不宜動屬車輕萬乘正色當階仗出中止再疏調護起居禁近侍干政請選侍移宮按問諸醫侍疾無狀語直而公人多側目天啟間歷遷驗封郎中告歸山居學道不干世事適天中建逆祠發募簿勅令鄉紳助工介孺曰如此士風掃地矣卒不與璫聞而啣之先嗾御史疏詆後矯旨考察吏部將中以危法會熹廟崩中寢崇禎改元薦起尚寶卿改太常少卿尋陟爲正提督四譯館上敬陳堯舜之道及保泰防微八事二疏上嘉納之庚午遷南少司徒兼僉院總

督糧儲先是上以南糧逋欠日多特賜總督侍郎勑一道有侵欺錢糧者五品以下就便提問介孺念勑簡甚重乃大破有司急北緩南之習釐窩戶積逋虛報之弊先疏湖廣原留黔餉一十三萬石歸之南部復條具十事二十四弊以聞與其屬講求區畫定期會之令以趣辦除導行之費以勸徵有司累息奸吏斂手又請開鑪鑄錢而申薄小錢之禁更法凡兩月三鑄令鑄速而私錢少舊例糧米交倉三篩三曬而交場則不曬以給軍士謂之水兌故倉耗加一場耗加二五介孺示各解戶有當交倉願改場者聽仍薄

其耗以勸之且以囿基不足命于空倉隨便收納卽准水兌每年得耗數萬石以佐軍儲之乏以建文忠臣卓敬曾爲戶部侍郎疏請立祠聞上遣內官監視四出又上疏切陳自古中貴典兵之禍不報未幾拜南京兵部尚書乙亥賊自汝寧來走鳳陽犯皇陵折而西陷巢盧江一支北出潁州都督趙世臣守關山之兵潰走烏衣南都大震遂上疏自劾致仕歸與同邑邢紹德葉開院講習介孺之學原本躬行多所自得而以遯世無悶爲密功以成仁取義爲顯効方在南中作豐芑書院雖日籌兵核餉與諸生談學不

輟家居則著孝經本義或問大全三十餘卷表請進經筵端豫教頒諸學宮爲永法有芝生于庭十有八莖如顔本篇目之數門人共建芝泉書院以表之最後乃著存古十二篇士戒七則其說歸于敦本訓俗因世示教其他奏議纂述及考正六書之文不下百餘卷居七年辛巳以慮寇自新安入維從福藩屢勸王出帑助軍不能用及城陷被縛道遇王奮首呼曰王死生命也名義至重無自辱遂大罵賊以死事聞贈太傅謚忠節學者稱豫石先生

蔡懋德字公虞南直崑山人萬曆己未進士授杭州

府推官以廉平稱秩滿内徵同邑相國某以銓部相餌公虞謝之止授儀曹郎崇禎初擢江西提學副使獎恬抑競崇雅黜浮士風爲之一變巳歷浙楚齊豫寧前所至以勞績聞嘗上疏勸學言極剴切上知其才召對稱旨擢僉都御史巡撫山西時流寇警報疊至即悉力防禦壬午冬方扼守河上忽北方震動遂整旅勤王旋奉命扼防龍固至癸未夏始撤防回省其秋闖賊臨河立拜疏南馳駐防蒲澤會督師孫傳庭以數十萬衆敗于潼關三秦瓦解長河二千五百里之防山西獨當之南北策應挫賊者再大將高

傑復縱兵擾晉百姓苦之乃諭以大義約束甚備至
冬保德州告急馳歸省城守河道將聞警奔潰平陽
遂陷公虞欲自將往援爲宗紳士民所尼留守太原
俄奉旨革任聽勘或勸乘此解任或移鎮候代皆不
聽立誓衆死守甲申二月初賊大至馬步號五十萬
公虞登陴禦賊殺傷甚衆裨將朱孔訓牛勇戰死已
而城東南角樓砲裂焚燬風霾陡作對面莫辨公虞
知事不可爲草遺疏藏衣幅間翌旦聞城猝破乃出
遺疏授贊畫知縣賈士璋引佩刀欲自刎爲衆所奪
曰吾封疆之臣應死封疆汝輩自去遂至書院三立

祠南向自縊中軍應時盛在旁候氣絕亦自殺未逾月而京師陷矣公虞固爲良知之學而在江右梓胡敬公居業錄以廸諸生在浙西與幾亭陳氏爲學問友問答景編不悖於正卒能成仁取義豈不偉哉南都賜謚忠襄錫特祠以應時盛祔學者稱雲怡先生

劉宗周字起東浙江山陰人萬曆辛丑進士丁內艱甲辰授行人歸養辛亥補原官旋告病至天啟辛酉起禮部儀制司主事時逆賢初任用外庭未有言者起東首發其奸狀未幾果竊柄亂政如所言遷光祿寺丞累遷太僕少卿以病歸甲子起右通政未赴而

冢宰趙南星等斥朝局變迺疏辭陳人臣進退之義有旨削籍居家潛心理學立身清介持正人不敢干以私面折人過郡邑皆憚之士林望如山斗崇禎初復官起順天府尹策一蹇就道其子隨之徒步而已甫蒞任卽以直諫被黜丙子起工部侍郎屢進昌言會太僕寺馬價告匱內閣溫體仁等請捐助起東極言其非忤旨引疾歸行次天津補疏論體仁罪狀以爲大奸似忠大佞似信窺其用心無往不出於身家利祿陛下往往不察而用之則聚天下之小人立於朝而陛下亦有所不覺矣又言今天下卽乏才亦何

至爲一二寺人下而毎當緩急必倚以大任此在前日已成覆轍乃者三協有遣逼津臨德又有遣蓋重其體統等之總督中官總督將置總督于何地總督無權將置撫按監司于何地是率天下而奔走於中官也於疆事必無幸矣上怒斥爲民壬午起改吏部左侍郎陳聖學三篇晉左都御史上言建道揆貞法守崇治體清伏奸懲官邪飭吏治六事請復首善書院及社學罷廠衛上意頗嚮之以申救諫官熊開元姜埰忤旨罷歸甲申之變聞信即赴杭省跣足衣麻被髮勸浙撫勤王不允請即舉哀或欲俟哀詔至起

東曰豈有子聞父喪不躃踊之理詔至再奉行未爲不可也弘光立起原官未至都特疏先告不署銜自稱草莽孤臣謂封疆諸臣宜誅謀國諸臣之不忠宜誅典禮諸臣宜誅又表勸親征併劾四鎮淮撫戰守失宜之罪時宰惡之復見逐乙酉六月山居聞變不食卒學者稱念臺先生其學以慎獨爲功以知天爲歸而本之敬誠極推頌姚江顧力能鎔鑄之嘗曰象山不差慈湖差陽明不差龍谿差此其折衷大槩也敵蕺山書院從游累千人梓所述人譜以授學者游于東林與高忠憲爲執友先後以其身殉道方絕食

待期訓門人曰吾比靜坐小庵中胸中渾無一事浩然與天地同流又曰本來原無一事凡有事皆人欲也若能行所無事則人而天矣殆亦忠憲所云心如太虛者與所著有劉子全書百餘卷及諸著述二十種門人毘陵惲日初先輯劉子節要十四卷附年譜行於世

愚按念臺道統傳自薛文清而下皆有貶詞凡以為陽明地耳其著聖學宗要則直謂孔孟既沒越千餘年而有宋大儒起而承之使孔孟之道復明又三百餘年而有陽明子又謂周子再生之仲尼明道不讓顏子橫渠紫陽曾思之亞陽明子見力直追孟子故以周子太極圖張子西銘東銘程伯子定性書朱子已發未發說合以陽明拔本塞源論及與程朱相發明之言蓋宗王之極也雖不至軒王輊朱見解亦偏矣然觀其末後一着斯何愧躬行君子也哉

黃道周字幼玄福建漳浦人不詳其師友淵源其論學大指不離閩宗而嘗言欲爲姚江刮垢磨光則又自鑿一戶牖者也自少耐攻苦尚氣節爲文典奧原本經術登天啟壬戌進士改庶常除編修崇禎庚午典試浙江轉右中允屢有建白爲上所知壬申告歸乙亥補原官丁丑分考會試隨具奏乞休不允時五日內繫兩尚書幼玄疏請慎喜怒以回天意再上求言省刑疏謂方求言而建言者輒斥方清獄而下獄者旋聞言極切直尋遷左諭德兼翰林侍講具疏自劾三罪四耻七不如再擢詹事府詹事與修玉牒克

日講官戊寅楊嗣昌奪情視事抗疏劾之及召對與嗣昌爭辨上前犯顏諫諍不少退沮旁觀者莫不戰慄直聲震天下黜爲江西布政司都事未幾巡撫解學龍以地方人才薦上益疑爲黨併逮入京予杖百下詔獄將殺之戶部主事葉廷秀太學生涂仲吉相繼申救並杖戍旣而嗣昌敗周延儒再召與蔣德璟乘間勸解始得旨赦出載命復官堅辭不赴後以抗節死于金陵之笪橋有中書賴雍蔡繼謨從死未死前閉一室中絕粒不食有求其筆者輒書孝經一兩章予之人甚珍之時當事勸降良切故特寬其桎梏

一而幼立卒不奪也論者謂其三黜不辭剖心一生強半廬墓國亡與亡實爲一代完節之臣所著洪範明義月令明義緇衣集傳儒行集傳四種表進御覽其三易洞璣易象正孝經百種大滌函書榕壇問業奏疏文集刻行于世又詩晷正春秋表正解齊環若干種藏于家學者稱石齋先生

愚按右三卷通錄王學皆近正與得正者也此外法當嚴絕者則有二種一曰侮聖一曰諱禪侮聖者著道統正宗而始伏羲終姚江著聖學宗傳而始伏羲終盱江中間雜以荀況楊雄敢立異幟非聖無王罪不容誅矣諱禪者謂陽明原闢佛氏學之者過焉而禪不罪教者而罪學者又彼法中所謂改頭換面訶佛罵祖者也此其據爾巧而堅矣其餘口頭良知固無足問欲正侮聖之罪前有寄

高之源編源編後有栢鄉之知統錄翼錄及艮所之傳道編欲破諱禪之蔽前有整庵困知記支湖異學辨清瀾學蔀通辨涇陽證性編高子陽明說辨後有祁陽之辯道錄李感之閑道錄及月巖之聽斷兩若之正王諸書具在有志正學者盡取衷焉

雒閩源流錄卷十八補遺一

無錫張夏纂　門人婺源黃昌衢 昌儁 校

是錄以康熙壬戌刻於京江館次深自病其掛漏見例言中書出問世有謂不當續一人者以是錄人雖未備而緒論已具欲搜盡羣儒勢固有所難能也然余見聞之所及何忍輕棄且其言其行有關吾道可無表章乎有謂錄中某某當亟刪者蓋欲尊一代文獻之傳則寧嚴無泛也然鄙意善善宜從長又降居儒林之列其等已辨何爲是紛更者乎有謂錄外某某當亟增者曰善鈞從衆未可

執獨見而抗衆論也然一出一入有吾側在與其失續貂寧失遺珠吾何敢用游移而毀防閑乎於是取向所已見而姑闕與向所未見而遲至者選錄共得二十八人題曰補遺其次序一遵時代而學脉附辨其中焉讀者試合全錄觀之固可以驗吾之褊衷焉耳乙丑四月旣望張夏識

朱善　孔克表　王沂　許繼

程通　黃寬　趙復　張廷芳

潘府　劉閔　徐顥　陳交

王宗聖　許象先　王獻藎　張洪

鄒觀光　吳瑞登　薛敷政　王永圖

余玉節　汪康謠　熊祚延　戴思孝

儲瀧　劉理順　李邦華　郭正中

朱善字備萬江西豐城人少穎敏好學九歲通經史大義能屬文當元末隱居纂述以聖賢道學爲已任事繼母李氏甚孝避兵扶母竄匿者十餘日相失復全人謂孝感所致明祖既定天下開設學校乃以豐城仍舊爲富州州守強富中請爲訓導教有成效南昌守許方奏之遷郡教授洪武八年徵赴京廷試第一除翰林院修撰署院事兼知制誥踰年以家屬註

誤謫教遼東在塗著遼海集未至賜還鄉十七年召授翰林待詔上疏論婚姻律上是之明年奉旨主考禮闈卽撤棘之夕超遷文淵閣大學士五月上御文華殿備萬進讀心箴讀畢復詳言任人圖治之道上優納焉九月侍經筵進講周易至家人卦稱上旨忽得危疾告歸卒年七十二卒之前夕有星如虹墜于所居著有詩經解頤詩經輯釋史輯行于世正德中補謚文恪

孔克表浙江平陽人至聖五十五代孫博聞篤行尤精史學嘗登元至正戊子進士洪武六年徵至京授

一翰林修撰時太祖留心經籍深病從來傳注詞繁旨深反掩經意之害乃詔克表偕御史中丞劉基秦府紀善林温等取羣經要言析爲門類以恒言注釋之使人皆得通其說而盡聖人之藴又恐儒臣未達注釋之式親製論語解二篇以賜俾取則焉克表注四書五經成書進覽上悅賜名曰羣書類要由是篤眷之凡有著述拜獻咸稱上旨愚按克表以元進士改節仕明學行無大過人處其可考見者惟奉詔注經一事耳然親爲至聖裔孫故特補錄之以附于春秋書曹會之義

王沂字子與江西泰和人幼讀孟子即明義利之辨長從師受易有得徧研六經及濂雒關閩諸書旁通

百氏蓄富察精於凡天人治亂之故皆能言之明而嚴之確歲時葬祭悉循古禮燕處深嚴未嘗啓口談人過失而軌範自然不繩削而合當洪武間辟舉皆不就不以平險易其操不以貴賤貳其節學者稱爲竹亭先生

許繼字士修浙江臨海人見時即有大志以古賢哲自勉善賦詩言暢而旨深一時名流咸歎賞而自修不以自多玩心天人窮賾探微將博稽約守以爲致用之地與方遜志友善切磋罔間然士修甫壯得病病三年而遜志每見之未嘗不覺其獨進也先遜志

蚤卒卒時神志不亂洞然於晝夜死生之故云

程通字彥亨南直績溪人少有至性非禮不動初讀書卽勵志聖賢之學洪武間以縣學生貢入太學聞父喪徒步歸葬廬墓下三年哀慟毀瘠妻子至不相識先是祖父平讁戍延安至是已老彥亨乃上書言臣壯而無父祖猶父也臣祖老而無子孫猶子也更相爲命願代其役詞極懇切上歎曰孝哉若人命兵部除其籍驛送平還鄉彥亨尋舉應天府鄉試授遼王府紀善以祖喪免歸復廬墓三年服闋進左長史從王之國靖難師起朝廷使人告急彥亨草上封事

數千言進之文皇既入立知有封事指斥詔械詣京師收之家人戍邊錄其家得田數十畝遺書數十卷而已

黄寬字浩中江西崇仁人幼孤弱冠始知學問中更若飾慕先正吳草廬之爲人自號曰希吳與人談每樂道吳之學於書無所不讀而易尤深恬默自守不慕紛華晚年卜居近郊地極幽曠遂課子讀書於其中糧屢絶而意色充然及卒吳聘君與弼表其墓

趙復字無疾福建晉江人隱邑之孤山博通經史不求仕進泉俗冠昏之禮率敝於侈靡喪葬之禮多壞

於浮屠無疾惓惓以古禮爲之倡人多化之卒年九十五門人私謚曰莊節先生

張廷芳福建晉江人世居方山下父謙齋以文學召爲石井書院司糾廷芳世其業以講明理學爲已任冠昏喪祭一遵朱子家禮自號退客翁嘗著易經十翼章圖蘊義十卷未上卒於家

潘府浙江上虞人弘治辛丑進士仕至提學副使乞終養不出後以薦晉太僕寺少卿改太常寺少卿致仕府性至孝嘗疏請天子行三年之喪及上聖學淵源中興治要諸疏居家有篤行好著述鄉評重之間

論溫公不當廡祀其畧曰溫公孝友忠信恭儉正直其學無所不通一時師儒賴之領袖其居政府尤有旋乾轉坤之功惜乎所見畧偏不無可議如非孟子而好楊雄則扶持聖教之功有歉矣黜蜀漢而帝曹魏則羽翼聖經之功有愧矣俾之從祀孔子吾恐其進無顏以見孟子退則諸葛亮文天祥之徒皆以無功著述不得同享焉其心亦將有不安者矣持正論若此嘉靖初卒巡按御史潘倣爲請乞祭葬禮部復言四品文臣例有祭無葬上以府孝行可嘉令有司量與營葬蓋特典也著有孝經正誤等編行于世

劉閔字子賢福建莆田人家甚貧孝事其母母或怒則衣冠跪牀下竟夕不敢起以父與祖母二喪不克葬遂斷酒肉遠房室訓徒隣邑朔望必奔號于殯所如是者三年隣族憐之爲助其葬母没廬墓側衰絰蔬食終其喪祭祀必齋沐率男婦奠獻一如朱子家禮閨門嚴肅妻失愛於母出之終身不復娶林少保俊起西臺疏于朝曰劉閔學行高古雖詞藻不逮而德宇道風人自難及宜徵侍青宮不報御史宗彝知府陳效又薦之詔授本縣儒學訓導前後按部大人及守令率與鈞禮時致餽以周其乏著有家禮考注

昭穆圖宗子說孝經刊誤五倫啟蒙行于世

徐灝字子淳浙江錢塘人正德辛巳進士授南京刑部主事練達刑名數剖疑獄顧恥以刀筆自居折節講學慨然慕明道晦菴之爲人素倜儻不羈高論殊出人意表至是一變頓爲沉默簡重意氣雍如也晉員外郎郎中就署內建澄心亭暇輒靜坐其間丁父憂服除起原官少宰唐公龍薦爲儀制司郎中嘗建議天下歲貢生得附試京府著爲令出守臨江夙興勤政五年不調考績行過家病卒年四十二性敦孝讓少時善飲酒父誡之絕口不飲及燕鹿鳴以未奉

父命僅一舉觶而已父嘗患怔忡疾不帶衣者半歲及父没而養母躬備甘脆家事必禀進止有弟三人廩祿資財悉委付而均通之

陳交字汝同南直常熟人幼就傅卽儼然自持舉止不苟同舍生有竊玩淫書者奪而焚之曰愼無壞人心術嘉靖初舉于鄉屢試不第授武康令一以誠心爲治下不忍欺裁驛費剖疑獄散土寇之黨革溺女之俗全活甚衆改知興寧薦當遷竟以念母引歸兩任自奉皆取諸家辭俸郤羨世未有也內行純備嘗以財產讓伯兄更厚植其孤歸之金卒業南雍時

隣女奔之明日即徙其寓亦不以言於人鄉人有寃獄爲白於當道釋之後以女爲謝正色拒之平生絕無姬媵見人畜孌倖心惡而斥不少貸年八十餘病革命其子啓篋視有書冊五皆平日手錄名儒粹語誡曰以付吾孫令熟識之所著有心說圭一稿藏于家

王宗聖字汝學浙江義烏人由進士除興化府教授遷國子助教正巳率人大司成古冲李公雅重之累官福建僉事倭寇猖獗調遣有功致仕歸築室繡湖之濱督學屠公禮聘講學於邑之明倫堂與邑令趙

公大河發明經權忠恕之義聞者推服著有濱河稿權政記太極圖跋等書行于世

許象先南直歙縣人補諸生以聖賢爲必可學篤修實行不尚浮靡父没於淮奔喪歸葬三年不入內室有同門友爲徽貳守禮待優渥皇木商以百金求爲寬限族兄弟相訟賄以求理皆嚴拒不納嘗從呂涇野先生游問答甚悉見涇野語錄中歸而潛心體驗率族人爲家會講明正學務期折衷至當無詭師指母病旦夕侍側服藥必先嘗後進及母没痛甚半月卒於苫次有司申請祀鄉賢祠

王獻藎字德忠南直歙縣人父兄皆顯宦德忠天性孝友人無間言杜門自守以成父兄之德族有千金之產乏嗣以繼議及者引義不就自少希慕聖賢動循矩矱博覽墳典尤嚴心於三傳著爲論說發明聖人筆削精意居常惟下帷授徒聞呂文簡公講學留都往師事之其學以躬行爲先以經世匡時爲務未及施而卒

張淇字子期南直無錫人曾祖愷由進士歷官醝使以廉正稱與邵文莊同年友善子期髫歲事陽湖邵公聞陽明致良知之說及壯從方山薛先生游益勵

學已乃亟稱考亭曰畢竟盤不過此老十八補邑庠

二十食餼試輒最其曹晚貢歲薦待選都下申吳縣

迎致邸塾甚嚴重之以是乞訓吳庠艱歸補休寧還

諭英山不藉吳縣一言汲引其門人顧憲成允成兄

弟官清要負重望從未向貴顯前一齒姓氏會休寧

令祝世祿考績至吳下或告之大爲嗟服語人曰眞

高品也性至孝友爲諸生授經得寸絲一粟必以奉

親逾壯而母氏性嚴間于箠楚輒嬰啼受之每館歸

必侍寢榻下不入私室至于婚弟嫁妹拮据備具纖

悉曲到務慊親心然後已三任學職所至以身爲教

禮賢育才恤窮伸枉諸生莫不信愛一日題齋壁曰靜中自念常憂國夢裏思親輒過家遂拂袖歸歸而與弟偕隱課孫爲樂及病革子楷請遺言曰做人須收拾身心吾儒致中致和實不外此薛文清讀書錄吾家祖業也空付兩孫遂瞑壽七十二初號原雒晚年專意懲窒改損齋學者稱損齋先生萬曆庚子秋子期年六十八視及門二顧子于涇上論學彌日因言邇來異說橫行始而侮朱終而侮孔其害眞酷于戎翟禽獸遽掀髯起曰恨予不作睿司寇磔此奴于兩觀之下須臾飲盡一斗仰天而呼噫吁不已後叔

時志墓而詳著之然則二顧之學之正有自來矣又述其自序有云忠信孝弟出自天性謹守繩墨不敢妄爲所得於吾儒義理性分爲多論者謂之實錄

鄒觀光字孚如湖廣雲夢人四歲解諸書大義九歲補諸生十歲餼食十八歲舉萬曆癸酉鄉試第四人庚辰成進士授中書舍人與同榜顧涇陽先生友善以學行相鏃礪丁父艱歸三年間人無得見其一面起除銓部粗衣糲食每策羸馬入署手不釋書久之遷郎中壬辰覺計事先發諸吏僞增減文書得拜官者數百人抵罪部弊一洗及計典出黜陟公允越明

年癸巳趙公南星繼之論者稱雲夢許外高邑許內爲天下兩絶時新進士顧允成諸壽賢彭尊古以上書訟海瑞寃幾廢黜孚如獨拔用之有兩舉子以冒籍被桎梏孚如念是雖躁進律以無分民之義固無大罪遂白免之歷四司所具疏上俱報可偶有所陳請不合即乞歸養母潛心正學嘗歎曰今教化翔洽家性命而人堯舜而議論愈精世趨愈下維世君子惟當以躬行立教斯救時第一義乎爰顏其講堂曰尚行精舍而屬涇陽爲之記在告十餘年始補南職方郎無疾卒卒後數日遷貳同卿聞者咸慨惜之學

者稱大澤先生所著有讀大學衍義補尚行錄先憂類抄鄒子衡言皆素堂草孚如全集雲夢縣志諸書行于世

吳瑞登字雲卿南直武進人性淳厚爲諸生熟于講授勤於著述以貢授光州訓導薦入六館續修憲章錄大學衍義補獻闕下校讐繕錄晝夜不輟致疾而終嘗與秦關王之士論學而合相與取嘉隆以來正儒辨析新學之詞萃爲一編而折衷以巳說明覈公恕讀者識其爲有德之言常守歐陽東鳳要諸賢修毘陵人品記尤嚴於近人獨採鄉評錄雲卿傳入記

中（有題陽明傳後語一條見第十卷鄭環浦傳後）

薛敷政字以心南直武進人少偕弟敷教同稟學於大父方山先生硜介絕俗食淡衣粗同氣一德爲世家子所難後弟十八年而後舉當萬曆甲辰東林載建時（敷教字以身）已在謫籍以心方滯公車遂共肆講林間議者方之二顧兄弟居三年成丁未進士除永新令砥礪清勤久之舉卓異入覲舉天下廉能第一擢御史天啓改元奉差巡按四川會土司奢崇明殺撫臣徐可求等攻陷夔慶諸郡是時兵權無主合省震驚以心馳入軍門收撫臣敕印圖籍立題請左布

政朱燮元爲廵撫乃以便宜調勁兵倡義同守成都晝夜登陴捍禦出城督陣躬冒矢石大小百餘戰連挫賊鋒三月餘矢盡糧竭斗粟至累鎰不可得以心吞布絮充饑腹三軍感泣忍飢願効死力遂檄石柱土司女官秦良玉內外夾擊擒斬無算賊奔潰復灑血誓師以大義勉良玉等恢復州郡道路始通卒平賊成再造功忌者掩抑之僅遷太僕寺少卿而卒後按臣陳睿謨到蜀廉其寔具陳戰守狀得旨予䘏典以後人貧厄竟中格而道南之祀亦以晚仕後亡未獲與以身並侑公論惜焉學者稱純臺先生

王永圖字惟懷一字新之南直宜興人父彝叙爲諸生時偕無錫顧端文入郡守龍岡施公龍城祉名齊志合以貢仕爲馬平令同邑若史孟麟吳正志張納陛皆出其門惟懷年甫十四德性醇密端文一見稱之曰此子凝道之器也許妻以女攜至涇上親自課教之爰以錫籍補諸生尋食餼越十載領萬曆庚子應天鄉試甲辰從端文與起東林書院交宇內賢豪印證學脉其爲學以澹泊爲宗而自信則在勿欺不爭四字故處鈍處後見者靡不化服久之選冀州學正歷國子博士戶部司務所在有績遷刑部員外郎會魏

奄以冒功膺茅土封京官爭題楔詼之同列請署名惟懷笑謝曰吾若列名于是有愧元祐石工多矣堅不許後璫敗諸署名者皆得罪獨得無坐人始服其先見崇禎初晉郎中奄黨若五虎五彪諸獄悉屬孜案爲之引繩披根無所枉撓其案呈凡數千言奏下之日輿論大快至如改勅關節兩案事係國體尤持論平允大司寇倚重焉出守韶州數辨冤獄敷惠政韶人畏愛交至俄罹謗賴廷議得白當調以病乞假歸道卒居恒孝友廉讓事大父母死生協禮事繼母得其歡心爲宗黨所稱著有儉齋文集藏于家其書

法最有名

余玉節字聲子湖廣大冶人幼稟奇穎十齡應里選即以答策該雅見重於有司既長博覽羣書留心世務所居宮臺里在山谷中來問字請文者屨恒滿未壯膺貢旋中萬曆丁酉鄉試登辛丑進士放榜日聞父訃慟絕而蘇馳騎奔喪啜粥寢苫揮淚盥面行三千里無一人識其爲新貴聞者知求忠於孝矣服闋授戶部主事差榷臨清關稅處脂弗潤寬商束胥僮求及額而止差竣空橐還家守先人田廬未嘗少益尺寸久之起刑部郎屬璫焰方張刑獄多濫獨能執

法弗阿平反積案用以抑邪保正一時有徐杜之稱奸黨咸側目因力求補外得江右吉安府吉故鄒爾瞻居里方在籍講道聲子至則率治屬士紳赴白鷺洲書院從爾瞻析疑問難娓娓忘疲而兼與東林泉正鄒簡論學日有商確以措於政事士民交頌之未幾逆璫矯旨徧毀天下講壇白鷺尤所指斥催檄日數至又所在官紳爭議祠璫聲子念毀此立彼世道治亂攸分慨然謂僚屬曰先儒舊跡詎可滅也設有罪禍吾自當之耳竟寢閣不報時各處書院剷伐騷然而白鷺得巋然獨存吉人懾其嚴正亦遂無敢以

祠璫請者崇禎初璫誅廷議將召用適妖賊狂逞嶺北撫按爲地方擇人奏改爲虔州兵備參政專畀以討寇之任是時小民承宴既久聞風股栗將懦兵弛無不怯戰思走者衆官皆主撫聲子獨主勦受事之日不別妻孥單車就道訓兵揀將清野足糧諸城守斥堠號令賞罰方略所布如宿帥然兵民始有固志不浹月遂覆賊壘討平之詳具佐虔制勝編中捷聞擢都御史候代未上以勞疾卒于虔署自袍服圖書外笥無長物同官入視者莫不歎息流涕居恒有才弗揚收斂恬默及臨事遇變輒能不顧禍福炊生毅

然以身當之惟義是赴而大節有光人以爲識明膽定皆由學問之效學者稱振衡先生

汪康謠字淡東南直休寧人精研理學以紫陽爲宗弱冠舉于鄉萬曆癸丑成進士授諸曁令摘奸剪暴不避權貴晉戶部郎監草場毖防有功司庾臨淸値白蓮煽亂爲捐俸籌防禦賊知有備從他境去遷郎中出守漳州歎曰是紫陽舊治也一考故憲申之爲自約者八約屬者三又有八禁五不儗著爲令皆實心實政數讞積獄全活多人有洗海遭颶風者七十四人鎭將及僚佐利其金誣坐爲寇獨廉其寃盡釋

之漳故有洋餉上供外歲羨數萬亦纖毫無染舉卓異第一推漳南叅籓適魏崔肆焰崔爲同門友嘗授意招致澹衷不從守漳三載迄不通一字崔銜之大中丞周起元坐賍數萬下漳州籍没士民洶洶泣訴澹衷泣謝之乃閣其事不累漳一人益忤璫意推陞疏上遂矯旨削奪聞命遄行窘甚至鬻藏墨以佐行李去漳三載民思其德奉祀朱文公祠額曰新安兩夫子崇禎改元擢福寧兵憲時閩海多事爲之廣什伍集亭障嚴接濟嘗以元旦馳師賊不及備斬馘無算且謂使功不如使過海舟有驍勇絶人者重囚有

謀勇出死力者破格用之屢奏奇功寇平以疾告歸日講學天泉還古兩書院精治尚書原本朱子之意而爲之註偕諸兄弟立約按季出錢用資貧乏名曰偕與會宗黨賴之自初仕以至宦成從未至郡邑干謁歷官二十餘載清貧如故見地靜定遇死生利害絕不以動其心年六十八卒所著有書傳删補蓑潇園集閩讞漫紀行於世學者稱鶴嶼先生子鼎和字公調事繼母孝撫諸弟友從學余少原鄒南皐兩先生崇禎間以明經舉賢良方正至京上精鑒別防壅蔽二疏皆深中時弊尋辭官還籍坐所居焉文草堂

日會友講學亦著有薛文清讀書錄發明小學闡義諸書

熊祚延字祈公湖廣孝感人自幼莊重寡言笑弱冠補諸生略文藝而志道德恒自念賦資魯鈍不敢矜敏悟奐提獲求如孔門曾氏以魯得之而已爰裒集曾子生平言行編爲一帙題曰希曾錄朝夕展玩事父母色養兼至母病篤籲天請代至甞糞以驗平復交友則然諾重於金石急人之急憂人之憂見義勇爲雖賁育不能過也四方學者造門請益每教之曰聖學無過求仁仁道至大其體無方其用不息學者

求仁誠非弘毅不爲功彼二氏之謬妄百家之支離正坐不弘不毅耳復著弘毅解以示諸生揭諸齋壁以自警勉其讀書先博後約自經史外如天文地理河渠兵法禮制樂律一切經濟實用之書靡不洞悉原委而尤究心世務默坐澄觀籌度百不爽一崇禎甲戌流寇蔓延秦蜀楚豫間祈公角巾儒服亟詣當道上勦撫二策大約謂秦蜀利用勦楚豫利用撫娓娓數千言當道不能用因歎曰世事不可復爲矣遂挈家避難于邑東之白雲山將爲終老計旣而寇漸廹鄉里諸父老匍匐涕泣來請倡義共保宗族墳墓

祈公初不欲行衆請至三激以仁不避難之義乃不得已隨衆出山糾集義旅旬日間得萬餘人爲之布部伍申約束立營寨整器械軍務略具隱然成一重鎮賊黨知有備潛引去相戒勿犯熊公里初祈公謝絶試場人有勸其應舉者輒大言曰天下將大亂何以應舉爲迨歲庚辰錫山高公世泰督楚學蒞鄂城首遴通省賢士與起濂溪書院修明正學祈公聞之始携弟祚永出就試遂入室而考道焉嗣是益有見于濂雒之宗直接孔曾之脈粹然一臻於正歲癸未夏獻寇破楚會郡縣悉潰里左有陽附義而陰通賊

者忽勾引賊衆大至爲亂與戰失利竟被執脅之降不屈徐語其徒曰我心如皎日亦復何憾言訖即大駡賊而及于難時義旅赴救從死者千餘人論者謂其殉學曾氏始而戰陳有勇終而臨難無免克成殺身之仁無悖守身之孝矣甲申春有司具事狀請䘏典值逆闖破燕京事遂寢後三十年始祀鄉賢祠著有弘毅齋集若干卷藏于家學者稱弘毅先生

臧思孝字子永言南直婺源人少端靜不逐羣兒戲甫受經輒通大義弱冠補郡庠臺試屢冠軍與同邑十一子締正社以正學相勉勵謂吾儕居近紫陽歷世

未遠雙湖雲峯少原登原一脉相承泰爲後劾不應聽其中絶由是新安士行爲之一變踰壯舉明經見當世已亂遂棄去以授徒著書終其身於經書大全性理綱鑑及經濟百家之言靡不研究其極居家事父母及繼母盡孝處鄉黨謙謹特至臨子弟一嚬笑不苟雖盛暑不廢衣冠族姪某母貞子孝爲特請于當路表其閭從弟怡孝蚤世無子婦矢靡他爲立嗣分羨給之自少至老嗜古尚義病中强起自銘其木曰爾德不類爾名未遂讀聖賢書有懷汲汲越數日而革惟以積行讀書二語貽二子年六十七學者稱

華渚先生著有四書解壁經解閱史隨筆編年家訓
及文集六卷藏于家
儲瀞字剛甫南直宜興人少爲諸生有聲受學于錢
啓新先生遂棄舉子業專心理學人以爲迂獨浙江
章宸一見執弟子禮無錫鵞湖華氏延之家敬問業
焉崇禎初巡按御史祁彪佳聞其名請見必欲得所
著書將薦於朝剛甫以疾辭乃表其門曰理學真儒
所著有易疑諸書
劉理順字復禮河南杞縣人萬曆丙午舉于鄉累試
春官不第垂三十年至崇禎甲戌中會試上親閱對

策擢第一人而攺原擬李焆首二甲士榮之復禮曰王曾生平志不在溫飽吾志猶是也授翰林修撰居都下與同年金公鉉陳公龍正考究身心不厭往復巳卯典試福建其程式皆深於理學湛於道德之言癸未分考禮闈遷左春坊左中允兼翰林院侍讀時內外交訌闖獻分突楚豫秦晉連陷寖逼燕京復禮無兵戎之責而時與金陳二公私憂之甲申三月十九日在圍城中聞召肅衣冠入平旦門未啓忽報賊騎入城衆官相顧愕然尋傳上崩于煤山復禮撫膺慟曰理順荷上特簡生不能出一奇殄亂致逆賊披

猖國家論喪臣之罪也亟還寓北面再拜自縊妻萬氏妾李氏子聖箴庚午舉人及婢僕數人死之題壁曰成仁取義孔孟所傳信公蹊之吾何不然既掇巍科豈可苟全三忠祠內不愧前賢初復禮報狀元鄉人題其門曰天從人願至是有河南賊數十人下馬入寓呼曰公居鄉厚德吾輩感恩未報今同來救護何圖公竟若此言訖相與痛哭羅拜而去是年䘏贈詹事府詹事謚文正贈萬氏淑人　皇清錫謚曰　賜祠田若干畝至康熙初丹徒張公九徵提學河南有文表閭修墓併行杞縣查明子姓俱加優䘏云學者

稱湛六先生

李邦華字孟闇江西吉水人萬曆癸卯與父廉同舉鄉試甲辰成進士令涇縣有能名擢御史直言無隱奏減福王莊田遂之國巡按浙江聲望尤著孟闇嘗師南皐鄒公受萬物一體之學故羣小攻東林者忌及之丁巳側轉山東參議病免久之起廢籍爲光祿少卿未任遷都察院僉都御史巡撫天津尋入爲兵部侍郎協理京營戎政時奄黨崔呈秀等欲舉諸名賢一網盡之作天鑒同志點將等錄皆列名其中樞輔高陽孫公擁重兵在關外請入朝　奏邊事魏廣

徵唱言朝堂承宗與晉陽之甲李邦華名之來耳璫懼甚嬌旨勒孫還鎮倪文煥遂疏論削籍謫戍嶺南崇禎改元起原官尋遷本部尚書巳巳之變日夕練京營兵焦勞備至然竟以是免巳卯起南京兵部尚書憂去壬午起原官掌都察院事癸未南北告警大帥左良玉擁重兵有跋扈之形潰而東下陵京震動孟闇先移檄正告動以大義開陳禍福約勿過安慶一步乃飛騎會皖撫發九江關庫銀十五萬以餉之遂得帖然翌日親入其營慰勞將士良玉具橐鞬立鵠首以見是歲獻賊破武昌鬟鬟及江右因上保東

南裕安攘一疏謂長江衣帶非僅僅守九江守安慶可恃無恐也爲今日計宜增兵以扼險江撫駐九江贛撫駐吉安以壯虎豹當關之勢往來策應責在監司上嘉納之會掌院缺特旨簡任凡大事大獄許不時入奏禁廷天語商確多秘莫聞甲申春寇兵犯闕孟闓知勢危急有密疏請太子南遷撫軍併請永定二王分封江南立撤關寧兵入衛而主意則在發内帑待外援以戰爲守君臣効死勿去上心是之以語泄羣譁不果行三月十九日辰聞城陷急叩大内闕門堅閉不可撼趨拜文丞相祠返寓閉門書版曰堂

堂丈夫聖賢爲徒忠孝大節誓死靡渝臨危授命庶無愧吾君恩莫報鑒此癡愚仍入祠繫帛信公坐榻自經而絕是年卹贈太保吏部尚書謚忠文 皇清錫謚曰 賜祠田若干畝學者稱懋明先生前後林居時多從此部老無恙讀書談道篝燈布席依然兩書生以是益篤于學晚年修講堂定教條立宗祠恤緦役惟諭諸生誦法孔子於儒釋門庭未遑斤斤區別也子六人長士開次士國與母而特友愛以試事同舟行士國墮水湍迅急倏忽失所在士開欲救不能乃號哭赴水遂兄弟俱死先奉旨建坊旌表鄉

人劉同升爲之記

郭正中原名凝之字大來浙江海寧人踰冠中萬曆乙卯副榜入太學天啓甲子舉順天鄉試僅高忠憲公爲御史大夫受業其門遂于無欲故靜之旨日事體貼久之有獲崇禎甲戌在北都著困學記丁丑謁銓得四川廣安州滇人馬乾得山西代州乾親老不能遠離大來援以柳易播之義力請相易未赴推舉纂修曆法時言曆者四家原設大統曆及回回曆别有西洋人湯若望爲西局布衣魏文魁爲東局彼此攻擊言人人殊大來念諸法各有短長離合請會通四家

而求無差之定法西人欲主西法而以中曆爲佐大來則欲主中曆而以西洋諸曆爲佐曰自堯舜訖今歷歲四千二百七十四年其間修改七十餘次創法十有四家未有嵩從外教而毀棄中法者故西人作崇禎曆書既成而頒朔仍行大統者皆其力也大來雖在曆局不屑以史祝自處慷慨論列皆天下大計首疏日月頻食京師地震此冤獄所致宜因熱審之例廣爲寬審淸貴人之獄先及罪宗再疏天下之亂由於貪吏欲懲貪吏莫若顯淸望名臣令其表率百寮風厲有位因薦劉宗周李日宣黃道周華允誠

又言銓政之弊官吏皆出頂首之金當令方正大臣保舉銓司及郡縣官保舉胥吏則頂金可革及言衛所之軍宜隸有司民壯之設非供役使上皆報聞惟論奏先儒當廡祀者九人上以輕議大典斥之戊寅六月抵代聞京師戒嚴請提兵入衛督撫壯其言而不之許居一年自劾歸後舉邊才起山東沂州兵備副使甲申乙酉間條上封事皆四鎮輩所不便因被訐奏尋經喪亂播遷閩粵不知所終著有疏集同困學記行于世

雒閩源流錄卷十八終